JN435592

Child Development

아동발달

문정화 · 나귀옥 · 박경빈 · 오선영 · 김은영 지음

도서출판 피린마음

머리말
Preface

"어떻게 키운 자식인데 이 모양이라니…."
"요즘 아이들은 갈수록 말도 안 듣고 이기적이라 정말 가르치기 힘들고 재미없어요. 하루에 열두 번도 더 그만두고 싶어요."
"문제 아이 뒤에는 반드시 문제 부모가 있더라고요."
"쏟아지는 아동문제, 도대체 무엇부터 해결해 주어야 할지…."

무조건 사랑만 베푼 부모님, 아이들 가르치는 일이 짜증스럽기만 한 교사들, 아이와 부모를 상담하는 카운슬러, 보육정책 담당자, 이 책은 바로 이러한 분들을 생각하며 쓴 것이다. 특히 급변하고 있는 정보화 시대에 아동이 잘 적응할 수 있도록 아동 교육에 더 많은 관심과 전문적인 지식이 필요한 때이다.

이 책은 지금까지 아동발달에 대해 알려진 모든 것들이 포괄적으로 실린 백과사전은 아니다. 대신 아동발달의 영역 중에서 실제로 현재까지 가장 중요하다고 제안된 연구들에 초점을 맞추었다. 특히 필자들이 수년간 아동발달 강의를 직접 해오면서 반드시 필요하다고 여겨지는 주제들을 선정했다. 따라서 이 책에서는 발달 내용에 대한 기술을 연령별 발달단계 구분 방식이 아닌 다양한 행동 특성들의 변화과정을 중심으로 다루었으며, 아동의 발달과정 그 자체를 중요하게 생각하여 제목을 《아동발달》이라고 명명했다.

'아동발달 영역'에는 많은 이론들과 연구 결과물, 견해들이 있다. 때로는 개인이나 이론가들, 심지어 아동 전문가들조차 아동의 문제를 다르게 보고 다른 해결책을 제시한다. 이 책에서는 보다 다양한 이론과 연구결과들을 제시하여 아동발달에 대한 정보의 폭을 넓혀주고자 했다. 따라서 특정 연구결과가 내용을 좌지우지하지 않도록 언어 선택에도 신경을 썼다. 그리고 각 장의 처음에 그 장과 관련된 인물이나 사건들을 실은 '미리보기' 를 통해 내용 이해에 도움을 주었다. 또한 아동발달의 핵심부분에 해당하는 성격발달을 하나의 장으로 따로 꾸몄다.

이 책의 내용은 모두 5부 15장으로 구성되어 있다. 제1부에서는 아동발달의 기초(제1장)와 아동발달 연구방법(제2장)을 통해 아동발달에 대한 전반적인 이해를 다루었으며, 제2부에서는 유전과 태내발달(제3장), 출산과 신생아발달(제4장), 신체 · 운동 · 지각발달(제5장)로 구성해 아동발달의 생물학적 이해를 살펴본다. 제3부에서는 인지발달(제6장), 지능과 창의성(제7장), 언어발달(제8장)로 아동의 지적 발달을 고찰하고, 제4부에서는 성격발달(제9장), 정서 및 기질 · 애착발달(제10장), 자아개념 및 성역할 발달(제11장), 도덕성발달(제12장)로 구성되어 아동의 성격 및 사회정서 발달에 대해 살펴본다. 마지막 5부에서는 가족과 아동발달(제13장), 또래, 교육기관, 미디어와 아동발달(제14장), 그리고 발달장애(제15장)를 포함한 사회환경과 발달장애에 관하여 다뤄보았다.

아동교육은 '수리수리마수리' 하면 색종이가 비둘기로 변하는 마술이 아니다. 아동은 하나의 씨앗이 땅에 떨어져 새싹이 나고, 적당한 수분과 햇볕, 양분을 필요로 하고, 비바람을 참아가며 커가는 나무이다. 튼튼한 나무로 키우기 위해서는 나무의 특성을 알아야 하고 무한한 노력과 정성이 필요한 것처럼 아동교육은 그 이상의 것이 필요하다. 이러한 아동교육은 바로 아동을 이해하는 데서 출발한다. 이 책이 바로 그 아동을 이해하는 데 도움을 주는 길잡이 역할을 하기 원한다.

다만 이 작은 길잡이가 무엇보다도 미래에 아동 교육을 담당할 학생들과 아동발달 전문가들, 아동 정책을 입안하는 실무자들, 그리고 실제로 아동을 양육하는 많은 사람들에게 큰 보탬이 되기를 기대한다. 시간에 쫓기고, 여러 사람이 집필하다 보니 아쉬운 점도 보인다. 이 부분에 대해서는 독자들의 충고와 독려를 바탕으로 추후에 좀 더 개선하고자 한다.

아동교육은 '마술' 이 아닌 차라리 '예술' 이라는 생각을 되새기면서, 최고의 책으로 아동교육 발전에 동참하겠다는 출판사 '파란마음' 황호철 사장님과 편집부 직원 여러분들께도 깊은 고마움을 전한다.

2008년 12월

저자 일동

차 례

Contents

PART Ⅰ 아동발달의 이해

PART III
지적발달

PART Ⅳ 성격 및 사회정서 발달

PART I

아동발달의 이해

CHILD DEVELOPMENT

Chapter

1

아동발달의 기초

미리 보기

Victor, 아비뇽의 야생소년

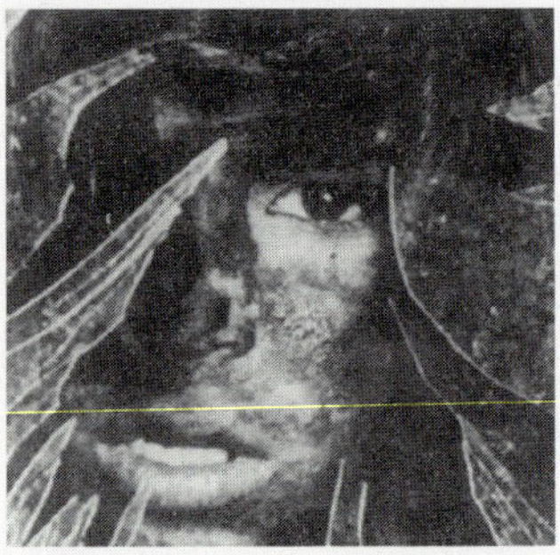

1800년 1월 8일, 얼굴과 목에 깊은 흉터 자국이 있는 한 소년이 벌거벗은 채로 프랑스 중남부에 인적이 드문 생-세르냉(Saint-Sernin) 마을 외곽에 나타났다. 키는 137cm밖에 안 되었지만 나이는 12살 정도는 되어 보였다. 사실 지난 2년 반 동안 그 소년이 나무에 오르거나 네 발로 달려 시내에서 물을 마시거나 도토리와 나무뿌리를 파먹는 것이 눈에 띄고는 했다.

생-세르냉에 왔을 당시에 이 검은 눈의 소년은 말도 못 했고 묻는 말에 응대도 못 했다. 또한 차려주는 음식을 야생동물처럼 거부했으며 사람들이 옷을 입히려 하자 찢어 버렸다. 부모를 잃었거나 오래 전에 버려진 것이 틀림없었다.

이 소년이 나타난 시기는 지적(知的)·사회적으로 격동기였다. 당시에는 새로운 과학적 견해가 그동안 신비스럽게 여겨 온 사고습관을 대체하기 시작했다. 철학자들은 아동발달 연구의 중심이 될 인성문제에 대해 논쟁을 벌였다. 인간의 자질, 행동, 개념들은 타고난 것일까, 후천적일까, 아니면 양자 모두일까? 인간 형성기에 사회적 접촉의 중요성은 어느 정도인가? 사회적 접촉의 결여를 극복할 수는 있을까? 격리되어 홀로 성장한 아이에 대한 연구가 "천성"(타고난 특성)과 "교육"(양육, 학교 보내기, 다른 사회적 영향들)의 상대적 충격에 대한 증거를 제공할 것이다.

초기 관찰이 끝나자 이 소년에게는 Victor라는 이름이 주어졌고, 파리의 맹아 학교에 보내졌다. 그 곳에서 그는 정신의학, 정신 치료학이라는 새로운 과학의 실천가인 Jean-Marc-Gaspard Itard에게 넘겨졌다. Itard는 Victor가 그 동안 고립되어 있어서 발달이 제한되었기 때문에 문명사회의 아이들과 같이 정상적으로 학습하는 기술을 배워야 한다고 믿었다.

Itard는 Victor를 자기 집으로 데리고 가서 5년 동안에 걸쳐 점진적으로 "길들였다". 우선 Itard는 그 소년을 목욕시키고 마른 수건으로 닦아주며 여러 가지 감각을 구별하는 능력을 일깨워주었다. 다음으로는, 단계별로 정서반응 훈련을 받게 했고, 도덕 및 사회 행동, 언어, 사상을 가르쳤다. Itard가 사용한 방법은 모방, 조건, 행동변화의 원칙에 기반한 것으로 당시로서는 시대를 앞선 것들이었으며 오늘날 사용되는 여러 방안들이 그가 고안해낸 것이다.

Francois Truffaut가 Victor의 교육에 대한 내용을 〈야생 아이, The Wild Child〉라는 영화로 만들었다. Victor의 교육이 완전히 성공한 것은 아니었지만 여러 면에서 괄목할 만하게 진보되었다. Victor는 많은 사물의 이름을 배웠고, 단문을 읽고 쓸 수 있었으며, 욕망을 표현할 줄 알았고, 명령에 복종했으며, 자신의 생각을 다른 이들과 나눌 수 있게 되었다. 그는 또한 Itard의 가정부인 Guerin 부인에게는 애정을 더 보여주기도 했고, 자만심, 수치심, 후회, 즐겁게 해주고 싶은 욕망도 보여주었다. 그러나 소년은 자신의 욕구와 필요에 모든 초점이 맞춰져 있었고, 끝까지 '광야의 자유'에 대한 열망을 버리지 않는 듯했다. Itard의 연구가 끝났을 무렵, Victor는 인간 세상에서는 야생에서처럼 자신을 더 이상 지탱할 수가 없어서, 자기를 돌봐주던 Guerin 부인에게 가서 살다가 40대 초반인 1828년에 결국 세상을 떠나고 말았다.

출처: Papalia, Gross, & Feldman (2003)

왜 Victor는 Itard의 교육을 충분히 소화하지 못했을까? 여러 가지 이유가 제기되었지만, 어쨌든 Itard는 Victor가 너무 오랫동안 인류사회와 단절되었던 것이 이유라고 믿었으며, 교육을 받기에는 너무 나이가 들었고, 특히 언어학습은 때를 놓쳤다는 결론을 내렸다.

비록 Victor의 이야기가 Itard가 연구하려는 것에 대한 정확한 답을 제공하지는 못했지만 아동발달 연구의 체계적인 시도를 보여준 하나의 사례가 되었다. 또한 아동발달의 과학적 연구가 단순한 것이 아니라는 사실을 깨우쳐 주었고, 많은 도전을 하게 했다.

이 장에서는 아동발달 이해의 학문적 토대가 되는 발달의 개념, 아동발달의 개념 및 의의, 아동발달 단계 및 아동의 발달과제, 아동발달의 원리, 아동발달의 쟁점 그리고 아동발달의 제이론에 관하여 살펴보고자 한다.

1 >>> 발달의 개념

아동이 성장하고 성숙해가는 모습을 가까이서 지켜 본 경험이 있는가? 이보다 더 경이로운 일은 없을 것이다. 3kg 정도의 아주 작은 아이가 울음을 터뜨리며 이 세상에 나와서, 먹고 자는 일 외에는 아무 것도 하지 못하다가 몇 달 후에는 기고, 걷고, 혼자서 음식을 먹고, 눈에 보이는 모든 것을 탐구하게 된다. 차츰 성장하면서 친구들과 어울려 우정을 키우고, 글을 익히며, 보다 많은 정보를 습득하게 되고, 점차 효과적인 문제해결력도 생긴다. 사춘기가 되면서 신체적인 변화와 더불어 자신에 대한 정체성을 형성하고, 사회적인 관계도 달라져서 깊은 우정을 키우고 이성간의 사랑도 경험한다.

성인이 되면 직업을 갖고, 결혼을 하고 자녀를 키우면서 중년기를 맞이한다. 중년기에는 사회적 역할에 변화가 올 뿐만 아니라 신체를 비롯한 여러 면에서 쇠퇴현상도 나타난다. 그리고 노년기에 이르면 자신의 삶을 되돌아보고 인생을 정리하면서 죽음을 맞이하게 된다.

이러한 발달의 변화과정은 인간이면 누구나 겪게 되는 것으로, 결국 발달이란 인간의 수정에서부터 죽음에 이르기까지 연령의 증가와 함께 일어나는 모든 변화과정을 의미한다. 따라서, 발달은 양적인 변화와 질적인 변화 모두를 포함하며, 성인기에서부터 노년기에 이르는 동안에 나타나는 기능의 약화와 구조의 쇠퇴, 그리고 심리적 변화 등, 이 모두가 발달의 범주에 포함된다.

그러나 어떤 면에서는 질적인 변화 없이 처음 그대로를 유지하는 것들도 있다. 예를 들자면, 어릴 때부터 수줍어하던 성격이 아직도 그대로 남아 오늘날까지도 대인관계에 반영되거나, 어릴 때 매우 활동적이던 성격이 지금까지 이어져 에너지가 풍부하고 활동적인 사람으로 성장하고 있을 수 있다.

2 >>> 아동발달의 개념 및 의의

인간의 일생은 변화의 연속이다. 이러한 일생의 변화를 연구하는 발달심리학 중에서 특히 아동발달은 0~11세까지의 발달과정을 기술하고 파악한다. 아동기는 일생을 통해 영향을 미치는 '초기 경험'이 이루어지고 발달상으로도 변화가 가장 현저한 시기라는 점에서 인간발달, 또는 발달심리학의 중심적인 연구대상이 되어 왔다. 아동발달은 아동의 신체, 운동, 성격, 정서, 언어, 인지 등 제반 발달과정과 발달의 원리 및 발달 이상 등을 다룬다. 또 부모, 형제, 가족, 또래, 학교, 사회기관, 대중매체, 사회, 경제, 문화적 배경 등 아동과 관계된 모든 환경에 대해서 분석하고 설명하는 학문이다(김정희 · 김현주 · 정인숙, 1998). 따라서 아동발달의 영역에서는 심리학, 사회학, 인류학, 생물학, 의학, 경제학 등 다양한 분야의 연구들이 함께 연관되어 있다. 영아들이 유아기를 거쳐, 청소년으로 성장하고 어른이 되는 과정에서 일어나는 가장 중요한 변화들을 이해하고 설명하기 위해서는 다양한 분야의 이론들이 서로 영향을 미친다.

이러한 아동발달에 관한 지식은 실생활에서 자녀를 양육하는 부모뿐만 아니라 어린이를 위해서 일하는 모든 사람들에게 매우 중요하다. 교사, 카운슬러, 사회사업가, 심리학자, 그리고 어린이를 돕고자 하는 또 다른 직업에 종사하는 사람들 역시 발달의 기본 원리를 이해해야 할 뿐만 아니라 발달을 해치는 일이나 발달에 영향을 미치는 다양한 것들도 잘 알고 있어야 한다. 실제로, 교사들에게는 이러한 지식이 아동발달에 적합한 지도방법을 제시하고 교육과정을 구성하는 데 적용될 수 있다. 나아가 아동발달에 관한 지식은 아동보호와 교육 및 아동복지 관련 정책을 결정하는 데 토대가 되는 정보를 제공하고, 아동문제나 가족문제에 관한 상담이나 치료 및 법적 결정에 적용될 수 있다. 아동발달에 대한 이해는 사실상 개인이 성인기로 성장해가는 과정을 이해하는 데 도움이 된다. 어떤 과정을 거쳐 성장했는가를 알게 되면 현재 자신의 모습을 이해하는 데 도움이 된다. 또한, 자신이 앞으로 나아갈 방향을 통찰하게 될 것이다.

3 >>> 아동발달 단계

아동발달을 의미 있고 쉽게 이해하기 위해서는 단계별로 접근하는 것이 좋다. 아동발달 단계는 학자마다 다르게 주장하고 있지만 대체로 태내기, 영아기, 유아기, 아동기로 나눈다. 연령범위 또한 단계마다 논란의 여지가 있으며 융통성이 있다. 어떤 단계는 그 시작과 끝이 분명하지만, 어떤 단계는 그렇지 못하다. 예를 들면, 영아기는 출생으로 그 단계가 시작되고, 유아기는 초등학교에 입학하면서 끝난다. 반면, 아동기의 끝과 청년기의 시작의 경계는 명확하지 않다. 왜냐하면 성숙의 가속화 현상으로 인해 초등학교 고학년에서 사춘기를 맞이하게 되는 경우가 많아졌기 때문이다. 지금까지는 일반적으로 초등학교를 졸업할 무렵에 아동기가 끝나는 것으로 생각해 왔다(정옥분, 2002).

실제로 아동들은 아동기에 대해 어떠한 생각을 하는지 알아보기 위해 한국, 일본, 미국, 필리핀, 스위스 아동들을 대상으로 인터뷰를 했다. 자신이 어린이라고 생각하는지, 왜 그렇게 생각하는지, 어린이는 무엇을 의미하며, 어린이와 어른이 다른 점은 무엇인지 등에 관해 질문하여 그들의 아동기에 대한 견해를 알아보았다.

선윤지 (8세, 한국)
나는 내가 어린이라고 생각해요. 왜냐하면 나는 아직 초등학생이고, 만 19세까지는 어린이라서 그래요.
어린이는 키가 작고 마음도 작아요. 그러나 어른은 키가 크고 마음이 커요. 나는 아직 작기 때문에 아동기에 있어요.

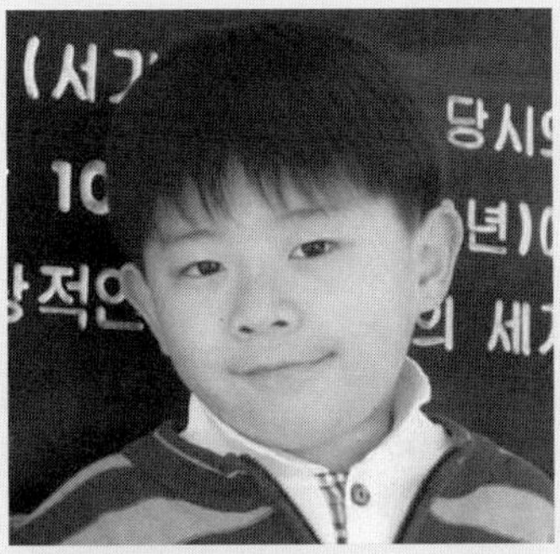

선우영 (10세, 한국)

나는 어린이가 아니에요. 왜냐하면 10살이면 이제 세상을 알 나이니까요. 하지만 어린이날만은 어린이예요. 나는 어른은 아니고 청소년도 아니에요. 그냥 소년이고 초등학생이에요. 청소년은 5학년부터예요. 어린이는 공부를 해야 하지만 어른은 가르쳐요. 그리고 어린이는 세상 경험이 없지만 어른은 세상 경험이 많아요. 내 몸이 성장하고 발달했고, 또 공부도 잘 하고 이제 많이 컸으니까 나는 어린이라기보다는 소년이에요.

유류기 사쿠라 (9세, 일본)

나는 일을 한다기보다 놀기 때문에 내가 어린이라고 생각해요. 하지만 때때로 내가 실제로는 어른이며, 지금의 나는 어른인 내가 보고 있는 꿈이 아닌가 하고 생각할 때가 있어요.

어른들은 밥을 짓는다거나 차를 운전하고 어린이를 돌보고 가르치며, 물건을 파는 등의 일을 해요. 어린이는 친구와 노는 것에서 즐거움을 느껴요.

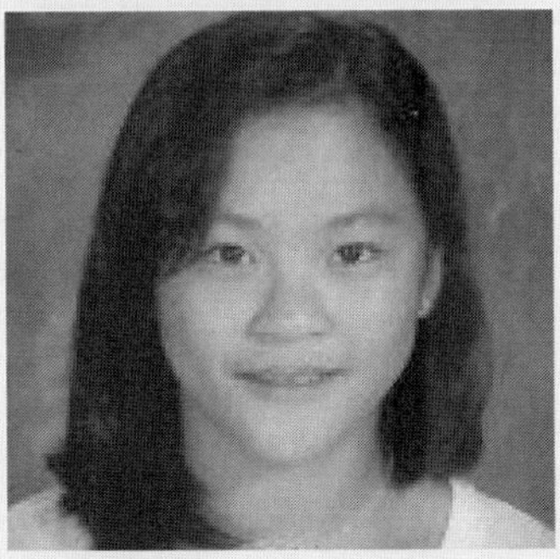

Charlene Kim (14세, 미국)

나는 아직 모든 것을 배우고 이해해야 할 것들이 많기 때문에 어린이라고 생각해요. 이상적인 어른은 성숙된 사람이에요. 매일 나는 이상적인 사람이 되려고 노력해요. 어린이는 어른과 달라요. 왜냐하면 어린이는 실수하면서 배워가지만 어른은 성격이나 행동을 점점 바꾸기 힘들어져요. 어린이란 특정인이 변화하고 보다 더 훌륭하게 되려고 하는 단계예요.

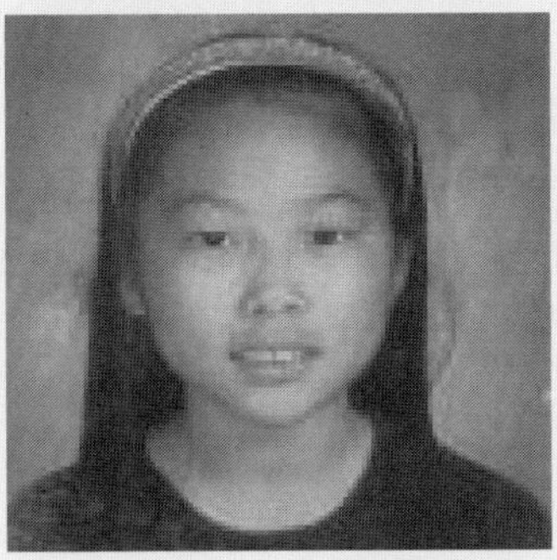

Ashley Kim (11세, 미국)

나는 어린이예요. 왜냐하면 나는 여전히 빈둥빈둥 돌아다니고 많이 놀고 싶기 때문에요. 어린이는 거의 책임이 없고, 권한이 없지만, 어른은 책임이 많고 선택권도 많아요. 어린이란 나이가 어리고 재미있는 놀이를 하면서 지낼 수 있을 때를 말해요.

	**Jacab (11세, 미국)** 나는 어린이라고 생각해요. 왜냐하면 엄마는 나를 이유 없이 혼내고 나에게 별도의 숙제도 내 주셔요. 하지만 DS, PSP, Xbox, Playstation과 같은 게임을 즐길 수 있기에 어린이라는 사실이 신나요. 어린이는 놀고, 공부하고, 이유 없이 야단맞는 존재라면 어른은 일하고 아이들과 놀아주고 경제적 책임을 진다는 것이 달라요.
	**Jessica Peterson (8세, 미국)** 나는 애기 같은 행동을 하기 때문에 어린이라고 생각해요. 어린이는 마구 어질러 놓는다면 어른은 그것을 치우고 아이들을 돌봐야 해요. 어린이란 마음대로 신나게 놀고 어지럽힐 수 있다고 생각해요.
	**Katie Hochhausley (11세, 미국)** 나는 이제 겨우 11살이기 때문에 어린이라고 생각해요. 어린이는 어른보다 어리고 어른은 아이들을 관심을 갖고 돌봐야 해요. 어린이란 즐길 수 있을 만큼 즐겨야 하고, 성인기에 대한 준비를 해야 하는 존재예요.
	**Stephanie Peterson (13세, 미국)** 나는 애기처럼 유치하게 행동하기 때문에 어린이라고 생각해요. 하지만 어린이란 사실이 좋아요. 어린이는 어떤 제한도 없이 원하는 만큼 즐길 수 있지만 어른이 되면 생존을 위해 걱정을 많이 해야 해요. 어른은 즐기는 것도 한계가 있어요. 어린이란 다듬어지지 않은 무한한 상상력과 큰 즐거움을 누릴 수 있어요.

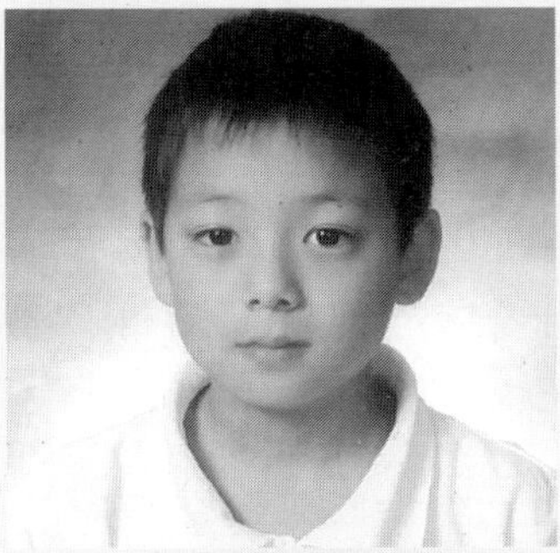

Patrick Han (10세, 미국)
나는 늦게까지 잘 수 있고, 여러 가지 스포츠도 할 수 있기 때문에 어린이라고 생각해요. 어린이는 어른보다 더 놀 수 있고 돈을 벌려고 일하지 않아요. 어린이란 주위를 어지럽혀도 되고, 많이 놀고, 게임도 할 수 있는 존재라고 생각해요.

Pamala Eclarinal Tascua (11세, 필리핀)
나는 어린이예요. 왜냐하면 나는 11세이고, 아직 13세가 되지 않았기 때문에요. 어른은 이미 성숙한 사람이고 어린이는 앞으로 계속 성장해야 한다는 것이 다른 점이에요. 어린이란 성인보다 훨씬 나이가 어린 경우를 말해요.

Juan Dela Cruz (8세, 필리핀)
나는 8살이기 때문에 어린이예요. 어린이는 어른보다 나이가 어리며 애기보다는 나이가 많아요.

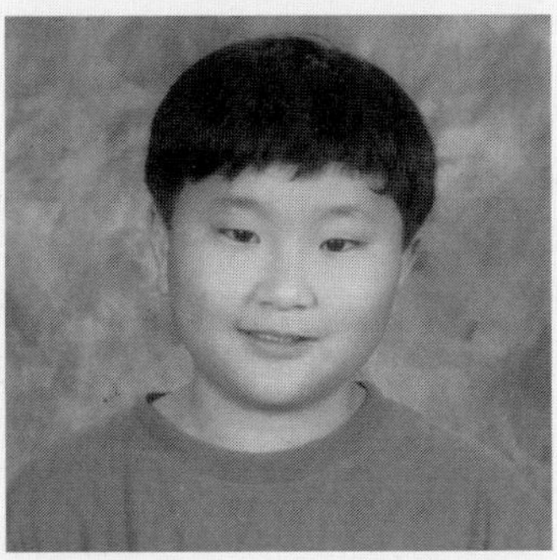

Michael Kang (11세, 스위스)
우리 부모가 나를 잘 돌봐주시기 때문에 내가 어린이라고 생각해요. 어른은 열심히 일하고 훌륭한 일을 하십니다. 어린이란 보살핌을 받고 남들이 하는 대로 쫓아가는 아이예요.

아동발달에 있어서 각각의 단계는 주요한 이론들을 바탕으로 중요한 변화를 나타내는 새로운 능력과 사회적 경험을 가져온다. 태내기는 발달 변화가 가장 빠른 기간으로, 하나의 세포 조직이 세상에 나와 한 생명으로 적응하기 위해 필요한 능력을 갖춘 인간 아기가 되는 시기이다. 영아기에는 신체와 뇌에 엄청난 변화가 일어난다. 말을 배우기 시작하고, 다른 사람과 최초의 애착도 형성한다. 유아기에 신체는 더 커지고 날씬해지며, 운동 능력이 세련되어진다. 가상 놀이를 즐기고, 심리적 발달이 활발해지며 생각과 언어는 놀라울 정도로 확장되고, 다른 아동들과의 관계를 형성하기 시작한다. 아동기에는 보다 넓은 세상을 배우고, 새로운 책임감을 키우게 된다. 운동능력이 증가하고, 보다 논리적인 사고를 하게 되며 도덕성, 우정 등이 발달한다.

〈표 1-1〉에는 아동발달 단계마다 대략적인 연령범위와 함께 신체 · 인지 · 사회정서 발달의 특징들이 요약 · 정리되어 있다.

● 표 1-1 ● 아동발달 단계별 내용 및 특징

단계 (기간)	신체발달	인지발달	사회정서발달
태내기 (수정~출산) 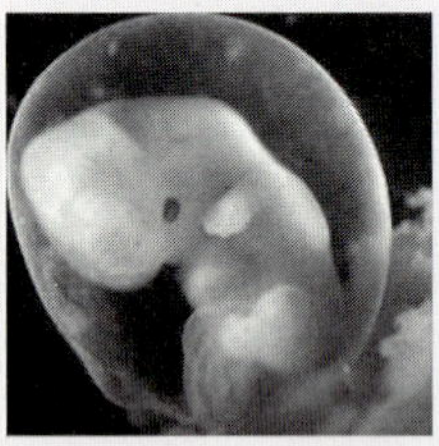	• 수정이 이루어진다. • 유전자는 처음부터 환경과 상호작용한다. • 기본 신체 구조 및 기관이 형성된다. • 뇌가 급성장한다. • 신체성장이 가장 빠른 시기이다. • 환경의 영향을 크게 받는다.	• 학습과 기억능력, 감각 자극에 대한 반응이 발달된다.	
영아기 (출산~2세) 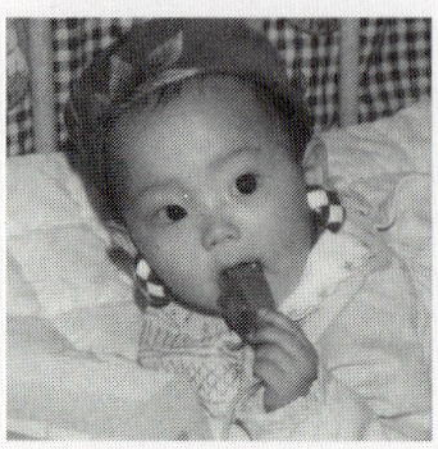	• 모든 감각과 신체 시스템은 태어날 때부터 다양하게 작용한다. • 두뇌가 복잡하게 성장하고 환경의 영향에 매우 민감하다. • 신체성장과 운동능력의 발달이 빠르다.	• 초기부터 학습능력과 기억력이 존재한다. • 2세 말에 상징에 대한 사용과 문제해결 능력이 발달한다. • 이해력과 언어력이 빠르게 발달한다.	• 부모와 다른 사람에게 애착이 형성된다. • 자아인식이 발달하여 의존에서 독립으로 변화한다. • 다른 아동에 대한 관심이 증가한다.

단계 (기간)	신체발달	인지발달	사회정서발달
유아기 (2~6세) 	• 성장이 안정되고, 외모가 점점 늘씬해지며, 신체 비율이 어른에 가까워진다. • 식욕이 감소하며, 수면 시간이 보통수준이 된다. • 왼손잡이와 오른손잡이가 결정된다. • 소근육과 대근육 활동이 발달한다.	• 자아 중심성을 보이나 다른 사람들의 관점에서 이해하기 시작한다. • 인지가 미성숙하여 약간은 세상을 비논리적으로 보기도 한다. • 기억력과 언어력이 성장한다. • 지능이 보다 예측 가능해진다.	• 자아개념과 정서의 이해가 점점 복잡해진다. • 자아존중감이 높아진다. • 독립성, 자율성, 자아통제 및 자기관리 능력이 증가한다. • 성 정체감이 발달한다. • 놀이가 점점 정교해지고 상상력이 풍부해진다. • 이타주의와 사회화 과정이 시작된다. • 공격성과 공포감이 일반화된다. • 가족이 사회생활의 초점이 되나, 다른 아동과의 관계를 점점 중요시한다.
아동기 (6~11세) 	• 성장은 예전보다 느려지기 시작한다. • 힘과 운동능력이 증가한다. • 호흡기 질환이 흔하지만 건강은 일반적으로 다른 어떤 시기보다 양호하다.	• 자아중심성이 줄어들고 구체적이고 논리적으로 생각하기 시작한다. • 기억력과 언어력이 증가한다. • 인지적 성장은 학교교육의 도움을 받는다. • 일부 아동은 특별한 교육적 욕구와 재능을 보인다.	• 자아개념이 보다 복잡해지고, 자아 존중감에 영향을 미친다. • 부모의 영향권에서 점점 멀어지기 시작한다. • 또래들과의 관계를 가장 중요한 것으로 여긴다.

4 >>> 아동의 발달과제

각각의 발달단계에 따른 이슈나 특징들에는 개인차가 존재한다. 어떤 아동은 18개월에 대소변 훈련을 끝냈을 것이고 어떤 아동은 3년이 걸릴 수도 있다. 그러나 이러한 차이에도 불구하고 발달심리학자들은 특정 기간의 발달 욕구가 당연히 충족되어야 하며, 어떤 발달과제는 정상적인 발달을 위해 특정 기간 동안 반드시 이뤄내야 한다고 믿는다. 즉, 사회적으로 바람직하고 건강한 발달을 이루기 위해서 각 발달 단계마다 습득해야 할 과제가 있는데 이를 '발달과제(developmental task)' 라고 한다. 발달과제와 교육에 대한 연구에서 Havighust(1952)는 영유아기 · 아동기의 발달과제를 다음과 같이 제시하고 있다.

1) 영유아기의 발달과제

- 걸음걸이 배우기
- 고형 음식물 먹기
- 말 배우기
- 대소변 가리기
- 성 변별 및 성 예절 익히기
- 생리적 안정 획득하기
- 사회 및 사물에 대한 단순한 개념 익히기
- 부모 및 형제와의 정서적 유대 관계 형성하기
- 선악을 구별하고 양심 키우기

2) 아동기의 발달과제

- 일반적인 놀이에 필요한 신체적 기능 습득하기
- 성장하는 유기체로서 자신에 대한 건전한 태도 형성하기
- 친구 사귀기
- 남성과 여성으로서의 적절한 사회적 역할 익히기

- 읽기, 쓰기, 셈하기 등의 기본적 학습 능력 키우기
- 일상생활에 필요한 개념 익히기
- 양심 · 도덕성 · 가치척도 키우기
- 인격적 독립 성취하기
- 사회제도 익히기

5 >>> 아동발달의 원리

인간의 발달은 상당히 복잡하고 다양한 요인들의 영향을 받으며 이루어진다. 그럼에도 몇 가지 원리를 바탕으로 발달이 진행되는데, 지금까지 발달 연구를 통해 확인된 기본 원리에는 다음과 같은 것들이 있다.

1) 발달의 속도는 일정하지 않지만 발달은 연속적인 과정이다

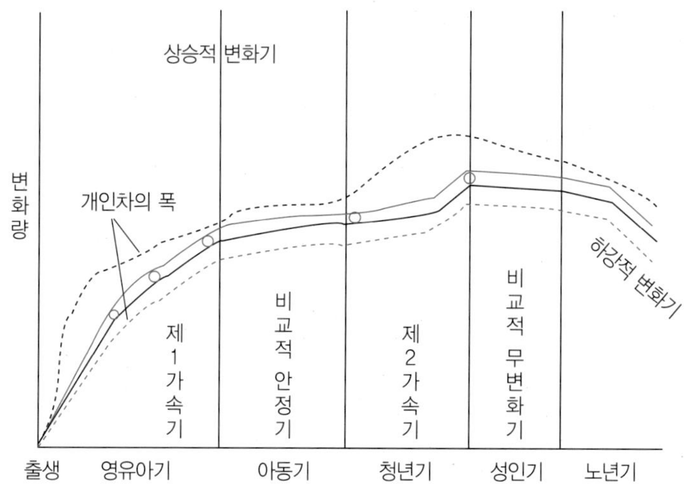

[그림 1-1] 신체적 · 정신적 발달의 일반적 형태
출처: (高野 · 林, 1975) 현정환, 2005, 재인용

[그림 1-1]의 신체적 · 정신적 발달의 모든 면을 종합한 가설적 곡선에 따르면, 발달의 진행 속도는 출생에서 유아기까지와 청년기에 급속도로 발달하며, 노년기는 하강적 변화를 보이는 등 일생동안 일정하지 않다. 신체의 각 부위나 정신 기능에 따라서 혹은 그 밖의 특정한 면의 발달 단계에 따라 발달 속도는 각각 다르다. 하지만 그림에 나타나 있는 것처럼 발달은 이전의 상태나 단계가 있기에 비로소 가능하므로 실제로는 연속적 과정이다.

2) 발달에는 일정한 순서가 있다

발달에는 순서가 있으며, 그 순서는 일정하다. 모든 아동은 몸을 스스로 뒤집고, 혼자서 앉고, 설 수 있게 된 다음에야 비로소 걸을 수 있다. 언어발달에 있어서도 순서가 있다. 복잡하고 유창한 언어를 구사하기까지는 옹알이를 하고, 한 단어씩 말하고, 간단한 문장을 사용할 수 있게 되는 과정을 거쳐야 한다.

3) 발달은 일정한 방향으로 진행된다

발달은 다음과 같은 발달 원칙을 가지고 일정한 방향으로 진행된다.

- 두미 발달의 원칙: 머리에서 다리와 발 방향으로 진행된다. 태아의 경우도 머리 부분이 몸통이나 사지보다 일찍 발달한다.
- 근원 발달의 원칙: 중심에서 말초방향으로 발달한다. 영아의 경우, 처음에는 팔 전체에서 점차 손목과 손가락의 순서대로 발달이 이루어진다.
- 세분화 발달의 원칙: 전체 활동에서 세분된 활동으로 발달한다. 어떤 물건을 잡기 위해 처음에는 거의 온 몸을 사용하지만, 시간이 지나면 손목과 손가락을 사용하게 된다.

4) 발달에는 개인차가 있다

대부분의 사람들이 발달의 규준에서 크게 벗어나지 않고, 보편적인 순서에 의해 발달한다. 하지만 발달의 속도나 상태는 개인차가 있다. 지능발달의 속도가 빠르고 지적으로 우수한 아동들이 있는가 하면, 어떤 아동들은 대기만성 형으로 초기에는 뛰어난 지적 능력을 보이지 않다가 청소년 이후 늦게 발달하기도 한다. 반면에 지적 발달 속도도 느리고 지적 수준도 낮은 아동들도 있다. 마찬가지로 신체적 발달도 출생에서부터 빠른 속도를 보이는 경우도 있지만 속도가 느린 아동들도 있다. 또한 정서적으로 안정된 아동들이 있는가 하면 반면에 쉽게 분노를 표현하는 기질을 가진 아동들도 있다. 이와 같이 신체적, 인지적, 정서적인 면에서 개인차를 보이는 것은 개개인의 유전적 배경과 그들을 둘러싸고 있는 환경적 요인이 다르기 때문에 발달에서도 차이를 보이는 것이다. 사실, 일란성 쌍생아들 간에도 출생시부터 개인차가 나타난다.

5) 발달에는 민감기가 있다

발달은 인간의 전 생애에 걸쳐 일어나지만 발달 영역에 따라 발달이 보다 용이하고 빠르게 이루어지는 민감기가 있다. 민감기 전후에 발달은 불가능하진 않지만 최적의 발달이 이루어질 가능성은 낮다. 또한 이 시기에 적절한 발달이 이루어지지 못하거나 부정적인 영향을 받게 되면 발달에 심각한 결손을 가져올 수도 있다. 예를 들어, 영아기에 어머니와 애착을 형성하지 못하면 나중에도 바람직한 대인관계 형성에 어려움을 겪는다. 또한 언어 습득의 민감기라고 볼 수 있는 2~6세 사이에 아비농의 숲 속에서 생활한 소년, Victor는 문명 세계에 나왔을 때 언어발달에 한계를 보여주었다. 반면에 태평양 전쟁 때 20년 이상 정글에 고립되어 있다가 발견된 일본 군인은 언어적 의사소통이 가능했다. 이는 언어 발달의 민감기가 존재함을 말해주는 예이다.

6) 발달의 각 영역은 상호 밀접하게 연관되어 있다

발달의 각 영역은 독립적으로 이루어지는 것이 아니라 서로 밀접하게 연관되어 있다. 따라서 한 영역의 발달은 다른 영역의 발달을 촉진시키거나 지체시키면서 영향을 미친다. 예를 들어 중이염에 자주 걸리는 아동은 정상적인 아동보다 언어발달이 늦어질 수 있고, 언어발달이 늦어지면 인지발달에 영향을 받을 수 있다. 즉, 신체적 건강이 좋지 못한 아동들은 짜증을 많이 내는 등 정신적으로 건강한 발달을 하는 데 저해를 받을 수 있으며, 정신적으로 편치 않은 상태에서 학습에 충실할 수 없으므로 인지발달에도 부정적 영향을 미친다. 마찬가지로 학습장애를 가진 아동은 인지발달이 늦어지면서 심리적으로 스트레스를 더 많이 받으며, 이는 신체발달에 부정적인 영향을 미칠 수 있다.

6 >>> 아동발달의 쟁점

인간발달을 설명하는 이론들도 새로운 연구를 통한 발견들로 도전을 받거나 수정되기도 한다. 그 중에서도 학자들 사이에 끊임없이 논란이 되어 온 주제가 있다. 즉, 발달은 유전에 의한 것인가, 환경에 의한 것인가? 발달은 능동적인가, 수동적인가? 발달은 연속적인가, 불연속적인가? 발달에는 결정적 시기가 있는가? 이들 주제들은 학설이나 이론에 따라 주장하는 바가 각기 다르다. 이에 대한 논란 내용과 현대 발달심리학에서 합의되고 있는 방향을 제시하면 다음과 같다.

1) 유전에 의한 것인가, 환경에 의한 것인가?

발달이 유전에 의한 것인가, 환경에 의한 것인가? 이에 대한 논쟁은 Hall(1846~1924)이 처음 발달에 대한 과학적 접근을 시작한 이래 끊임없이 논란이 되어온 주제이다. 즉, 발달이 선천적인가, 후천적인가? 둘 중에서 무엇이 더 중요한가? 유전을 강조하는 입장에서는 부모나 조상의 유전인자에 프로그램화 되어 있는 것들을 그대로 갖고 태어나며, 성장하면서 그대로 펼쳐진다고 주장한다. 반면에 환경을 강조하는 입장에서는 아동의 발달은 부모의 양육태도, 친구, 학교, 이웃, 사회 · 문화적 배경, 경제적 상황 등 아동을 둘러싸고 있는 다양한 환경에 의해 더 많은 영향을 받는다고 주장한다.

어느 쪽의 의견을 더 신뢰하느냐에 따라 부모의 양육행동은 달라질 수 있다. 예를 들어, 부모가 지능은 환경의 영향이 더 크다고 믿는다면, 지능 향상을 위해 책 읽어주기, 풍부한 장난감 제공하기 등 특별한 노력을 기울일 것이며, 반면에 지능이 유전에 의한 것이기 때문에 바뀔 수 없다고 믿는다면 그와 같은 수고를 덜 수 있을 것이다.

오늘날 학자들은 대부분의 발달이 유전과 환경의 상호작용의 결과라고 본다. 따라서 지능의 경우도 유전적인 요소가 강하게 영향을 미치지만 부모의 강화, 교육방법, 문화접촉, 친구의 영향, 그리고 다른 여러 가지 요소들 또한 지능발달에 영향을 준다는 결론을 내린다. 발달에 대한 유전 대 환경, 선천적 대 후천적 논박은 끊임없이 이어지고 있지만, 최근 대부분의 학자들은 어떤 것이 먼저이고, 더 큰 영향을 미치는가 보다 그들 두 가지가 어떻게 서로 영향을 미치는가를 찾는 데 관심을 모으고 있다.

2) 연속적인가, 불연속적인가?

발달과정이 점진적으로 변하는 연속적인 과정인지 아니면 갑작스럽게 변화가 이루어지는 불연속 과정인지에 대한 논란 역시 학자들 사이에 계속되고 있다. 행동주의적 접근과 같이 학습과 경험을 강조하는 학자들은 발달을 경사로를 걷거나 기어 올라가는 것처럼 새로운 능력이나 기술들이 비교적 일정하게 계속해서 발달한다고 본다(그림 1-2). 따라서 발달은 앞 단계의 행동이 다음 단계 행동과 관련이 있다고 보며, 발달의 양적인 변화를 강조한다.

반면에 질적인 변화를 강조하는 학자들은 발달을 계단을 밟아 올라가는 것처럼 분명한 단계를 거쳐서 진행되는 것으로 보기 때문에 불연속적 과정으로 간주한다. 즉, Piaget, Freud, Erikson과 같은 학자들은 각각의 단계에서 다른 종류의 문제에 접하고 다른 종류의 능력과 기술이 발달한다고 주장한다.

[그림 1-2] 연속적 · 불연속적 발달

현대 발달심리학에서 연속성과 불연속성에 대한 논란은 계속되고 있지만 발달되는 특성에 따라 각각 연속성과 불연속성에 의해 설명될 수 있는 부분이 있다는 것을 인정하고 있다(Rutter, 1987).

3) 결정적 시기가 존재하는가?

결정적 시기란 유기체를 둘러싼 내적 · 외적 사건들이 발달에 최대한 영향을 미치는 기간을 말한다. 예를 들어 임신 기간 중에 X레이 촬영을 하거나 어떤 특별한 약을 복용하거나 질병에 걸리면, 태아는 특정 신체 부위에 결함을 가지거나 질병을 갖게 될 수도 있다. 손상의 정도와 종류는 다양하지만 똑같은 외적 충격이 결정적 시기를 지났을 때는 영향을 덜 받거나 별 문제가 없을 수도 있다.

Lorenz를 자신들의 어미로 알고 따라다니는 오리 새끼들
출처: Shaffer & Kipp (2007)

Lorenz가 오리새끼의 행동으로부터 발견한 각인현상 역시 결정적 시기에 대한 예이다. 각인은 생후 초기 제한된 시간 내에서만 일어나는데, 이 시기에 어미가 없다면 어미를 닮거나 어미라고 여기고 따라다닌 대상을 어미로 각인하게 된다. 이러한 각인현상은 아동발달에서 '결정적 시기' 라는 개념을 이끌어 냈다.

그러나 인간 발달에서 결정적 시기에 대한 개념은 인지발달과 심리사회적 발달에 적용할 때 논쟁의 여지가 있다. Lenneberg(1967, 1969)에 의하면 언어발달은 2세부터 사춘기까지에 이루어진다고 설명한다. 따라서 '미리보기' 에 소개한 야생소년 이야기에서처럼, Victor가 Itard 박사의 집중적인 언어훈련에도 불구하고 끝내 언어발달에 한계를 보인 것도 그가 언어 습득을 할 수 있는 결정적인 시기 이후에 훈련을 받았기 때문이라고 설명하기도 한다. 하지만 그 밖에도 수많은 복잡한 요인들이 영향을 미쳤을 것으로 여겨진다. 실제로 최근 연구자들은 언어 습득에 대한 능력은 탄력적인 것으로 본다. 뇌 손상으로 언어 지체를 보이는 어린이가 새로운 언어발달 단계에 정상적인 아동들과 계속해서 어울려 지낼 수만 있다면 비록 언어

발달에 가장 적합하다고 여겨지는 뇌 주위에 손상을 입었어도 거의 정상적인 언어 발달이 가능하다고 주장한다(Johnson, 1998).

결정적 시기에 대한 견해에 논란이 있기는 하지만 대부분의 학자들은 특정 영역의 발달에 결정적 시기가 확실히 존재한다고 믿는다. 앞으로의 연구에서는 결정적 시기의 존재 여부보다 어떤 양상은 결정적 시기 동안 절대적인 영향을 받고 어떤 것들은 제한적으로 영향을 받는지를 알아보는 것이 중요하다.

7 >>> 아동발달의 제이론

학자들은 오랫동안 관찰이나 실험 등을 통해 아동발달의 온갖 양상에 대한 사실을 축적하여 왔다. 연령별 평균 신장과 체중, 지능 지수, 양육 방법과 성격 형성, 부모 이혼이 아동발달에 미치는 영향 등 다양한 사실을 밝혀왔다. 이처럼 다양한 사항들은 그 수치나 내용이 일관성 있게 정리되어 조직화되지 않는다면 그 의미를 찾을 수 없을 것이다.

〈표 1-2〉는 아동발달 분야에 영향을 끼친 주요 이론의 요약이다. 정신분석적 이론이 이 분야의 초기 이론에 속하며 아동발달의 초기 개념을 형성하는 데 많은 영향을 끼쳤다. 행동주의 및 사회학습 이론은 주로 20세기 중반에 큰 주목을 받았다. 그 이후에도 새로운 이론들이 출현했지만, 아동 전문가들은 아동들의 행동 개선 프로그램을 만들 때 아직도 이 이론들을 적용한다. 신경심리학과 역동체제이론은 상대적으로 새로운 이론이며, 아직은 체제적 가능성이 탐구되고 있는 상태다.

아래의 다양한 이론은 각각의 연구자들이 특정 기간에 아동발달에 대해 파악하고 의구심을 가졌던 사항들의 요약이라고 볼 수 있다. 과학이 발달하듯 이론도 변화한다. 대부분의 이론은 아동발달의 특정 양상을 설명하는 것을 목표로 하고 있다. 즉 아동이 학습하는 방식, 세상에 대해 생각하는 방식, 주위 사람들과 관계를 맺는 방식 같은 것이다. 하지만 어떤 이론도 그 이론만으로 아동이 성장하고 발달하는 모든 양상을 충분히 설명할 수는 없다.

●표 1-2● 주요 발달 이론 요약

정신분석	행동주의 및 사회학습	인지	생물학적	조직
• 성격발달과 의식 및 무의식이 성격 및 행동 발달에 끼치는 효과에 초점	• 관찰 가능한 환경조건과 관찰 가능한 행동들 간의 관계에 초점	• 아동이 생각하는 법을 어떻게 배우는가에 초점	• 발달을 생물학적, 물리학적으로 설명하는 데 초점	• 아동 및 아동주위에서 작용하는 풍부한 조직망에 초점. 발달은 다층적 차원 및 조직 속에서 복합적인 상호작용으로 비롯된다.
정신분석 (Freud)	**고전적 조건화 (Pavlov, Watson)**	**인지발달이론 (Piaget)**	**인성학 (Lorenz)**	**생태학 이론 (Bronfenbrenner)**
• 마음에는 원초아, 자아, 초자아가 있으며, 이들은 항상 갈등관계에 있다. • 5단계의 심리성적 발달단계로 성격발달을 설명한다. • 성격은 청소년기 말이면 결정된다.	• 조건자극을 무조건 자극과 결합시켜 조건반응을 일으킨다. • 조건자극은 무조건 자극을 짝짓는 횟수가 증가할수록 일정한 수준까지는 조건반응의 정도가 증가하지만, 어느 수준에 이르면 증가가 멈추게 된다. • 여러 가지 두려움의 발달을 설명한다.	• 아동은 능동적으로 자신의 이해를 추구한다. • 아동은 자신의 이해를 표현하기 위해 정신 체계를 발전시킨다. • 아동은 그들의 체계를 유형화하여 적용한다. • 인지발달을 4단계로 설명한다.	• 다윈의 진화론 및 자연선택론에 기초한다. • 연구자는 인간을 포함한 동물이 경쟁 속에서 생존하는 데 도움을 주는 행동을 연구한다.	• 아동을 둘러싼 직접적 환경으로부터 아동이 살고 있는 문화적 환경까지 다섯 가지의 환경체계로 설명한다. • 환경체계는 가족, 친구, 학교, 이웃, 정부기관, 부모의 직장, 가치, 법, 사회 관습들의 상호작용을 포함한다. • 이러한 상호작용은 시간이 가면 변화한다.

정신분석	행동주의 및 사회학습	인지	생물학적	조직
심리사회 (Erikson)	**조작적 조건화 (Skinner)**	**사회문화이론 (Vygotsky)**	**신경 심리학**	**역동조직이론**
• 건강한 자아정체성 발달에 초점을 둔다. • 8단계의 심리사회적 발달단계로 설명한다. • 각 단계마다 타인과의 상호작용에 따라 보다 긍정적이거나 부정적인 성격이 형성된다. • 성격발달은 일생에 걸쳐 발생한다.	• 자발적 행동이 산출된 결과에 의해 변화한다. • 보상은 어떤 행동이 반복될 가능성을 증가시키는 반면, 처벌은 어떤 행동이 반복될 가능성을 감소시킨다. • 아동은 보상은 받고 처벌은 피하기 위해 행동을 조정한다.	• 인지발달에서 문화 및 사회적 상호작용의 역할을 강조한다. • 언어발달은 인지발달을 위한 상호작용에 가장 중요한 요인이다. • 교육에서 부모, 즉 성인의 역할을 강조한다. • 자기조절능력 발달을 4단계로 설명한다.	• 뇌와 신경조직을 직접 관찰해보면, 생각할 때 조직화되어 기능한다. • 인지임무 수행 중 뇌 활동이 발생하는 특정 지역을 파악하기 위해 고도의 기술을 활용한다.	• 복합계를 이해하기 위해 수학자와 물리학자가 사용한 모델에 기초한 이론들이다. • 다층적 요인의 복합적 상호작용은 혼란스러워 보이나, 안정된 조직(attractor states)은 그 조직이 자체적으로 체계화함에 따라 출현한다. • 유형은 시간이 지나면 변화한다.
	사회학습이론 (Bandura)	**정보처리이론**		
	• 아동은 타인의 행동을 관찰하여 모방하면서 배운다. • 항상 보상과 처벌이 필요한 것은 아니다. • 보상과 처벌은 아동에게 어떤 행동을 모방할지를 생각하도록 도와주기 위해 정보를 제공한다.	• 사고의 과정을 세밀하게 분석하는 일에 관심을 갖는다. • 기본 처리효능과 기존 지식 기반의 역할을 강조한다.		

출처: Cook & Cook (2005)

Chapter 2

아동발달 연구방법

미리 보기

Margaret Mead: 비교문화 연구의 선구자

Margaret Mead(1901~1978)

Margaret Mead(1901~1978)는 세계적인 미국의 인류학자였다. 1920년대에 여성의 몸으로 오지 원시인들을 연구하기 위해 험한 현장 답사를 하는 것은 흔치 않은 시절이었다. 그러나 Margaret은 남태평양 사모아에서 소녀가 청소년기에 적응하는 과정을 9개월 동안 연구했다. 1928년에 집필된 그녀의 첫 베스트셀러, ≪사모아에서 성년 되기(Coming of Age in Samoa)≫는 청소년기 반항의 불가피성에 대한 기존관념을 뒤집었다.

어린 시절 부모의 논문 및 연구 활동으로 잦은 이사를 해야 했던 경험은 Margaret에게 이곳저곳을 돌아다니면서 연구하는 생활을 가능케 해주었다. 사회학 박사 논문을 쓰기 위해 뉴저지에서 현장조사를 하던 어머니를 따라다녔던 Margaret은 갓 이민 온 이탈리아 사람들과의 인터뷰를 목격하게 되었고, 이는 현장조사를 하는 첫 경험이 되었다. 펜실바니아 대학 경영학과 교수였던 그녀의 아버지는 그녀에게 사실과 '명확한 사고의 중요성'을 존중하도록 가르쳤다. 아버지는 이론과 실제의 연결을 강조하였고, 이는 Margaret이 성장하여 그녀의 아동에 대한 이론을 자신의 딸 양육에 적용하도록 만들었다. 교사였던 Margaret의 할머니는 그녀에게 들판에 가서 여러 종류의 박하 샘플을 수집하고 분석하도록 가르쳤다. 이를 통해 그녀는 주변 세계를 관찰하고 본 것을 메모하는 법을 배웠다.

Margaret은 그녀의 남동생과 두 여동생의 발달과정을 상세하게 메모해두었다. 한 가족 안에서 어떤 아이가 다른 아이와 너무나 다르게 행동하는 이유에 대한 그녀의 호기심이 후일 그녀로 하여금 특정 문화 속에서 기질상의 다양성에 대한 관심을 갖게 만들었다. 문화가 어떻게 남성과 여성의 역할을 정의하는가 하는 것이 또 하나의 연구 초점이었다.

Margaret은 그녀의 어머니와 할머니가 교육받은 여성으로서, 남편의 아내로, 자녀의 어머니로, 그리고 자신의 직업과 일을 유능하게 처리해 나가는 것을 보면서 자랐다. 그녀 또한 그들의 지혜로운 태도를 터득하여 똑같이 따르고자 애썼다.

그녀가 연구자로서 초창기에 유명한 인류학자 Edward Sapir로부터 "청소년기 소녀를 연구하기 위해 남태평양으로 가지 말고 집에서 아이나 키우는 것이 좋겠다."라는 말을 들었을 때 Margaret은 경악했으며, 용감하게 떠날 수 있었던 것도 어머니와 할머니의 영향이다.

Margaret이 인류학을 자신의 영역으로 선택한 것은 그녀가 가정에서 배운 모든 인류와 문화의 가치에 대한 존경심과 일치했다. 이 세상에서 가치 있는 유일한 일은 지식의 축적에 일익을 담당하는 것이라는 그녀 아버지의 주장을 회상하면서, 그녀는 이제 "현대문명의 공습 앞에 사라져가고 있는", 한 때 고립되어 있던 문화를 기록하고자 하는 절실한 바람을 가졌다.
Margaret은 모든 면에서 우리들과 같지만 문화가 다른 인류에 대해서 좀 더 많이 알아보고 싶어서 사모아에 갔다. 그녀는 문화가 역사의 여러 사건을 통해 우리와는 매우 다르게 발전하기 때문에 그러한 문화를 이해하는 것이 우리 자신, 우리의 잠재성과 우리의 한계에 대해 지표를 제공해줄 수 있다고 믿었다. 또 이러한 "잠재성과 한계"를 밝히려는 지속적인 노력은 인간발달 연구자 및 이론가의 몫이라고 주장했다.

출처: Papalia, Gross, & Feldman (2003)

Margaret Mead의 삶은 매우 평탄했다. 자신의 형제, 자매를 관찰해서 상세히 기록해둔 이 어린 소녀는 먼 나라에 가서 자신과 매우 다른 문화를 연구한 과학자가 되었다. Margaret의 이야기는 아동발달 연구의 중요한 몇 가지 면들을 이야기해준다.

첫째, 아동연구는 무미건조하고 추상적이거나 생소한 것이 아니며, 실제 생활의 실체를 다룬다. 둘째, 비교 문화적 관점은 행동의 패턴에서 어떤 행동의 패턴은 보편적이고 어떤 행동의 패턴은 그렇지 아니한지를 나타내준다. 셋째, 이론과 연구는 한 동전의 양면이다. Margaret이 그녀 자신의 경험을 통해 생각하고 다른 사람의 행동을 관찰했던 것처럼 그녀는 계속해서 훗날의 연구에서 조사될 잠정적인 답들을 만들어 갔다. 넷째, 비록 과학의 목표가 열린 마음으로 객관적 조사를 통해 증명 가능한 지식을 획득하는 것이라 하더라도 인간행동에 대한 관찰은 조사와 그 해석이 연구자의 배경과 가치관, 경험 등에 의해서 영향 받을 수 있는 매우 개인적인 것의 소산이다(Papalia, Gross, & Feldman, 2003).

이 장에서는 아동발달 연구방법의 목적 및 개요, 자료 수집 방법에 따른 분류, 연구 설계 방법에 따른 분류, 발달 변화 연구에 따른 분류 그리고 아동발달 연구의 윤리적 문제에 관하여 살펴보고자 한다.

1 >>> 아동발달 연구의 목적 및 개요

아동발달의 패턴은 어떻게 알 수 있을까? 각각 다른 연령의 아동들에게 나타나는 행동유형은 어떻게 알 수 있을까? 이론을 실험하기 위해, 교육 현장이나 가족관계에서 직면하는 실제 문제에 해결책을 적용하기 위해서 어떻게 정보를 수집하는가? 위의 질문에 해답을 찾기 위해 아동발달 영역에서는 데이터를 수집하고, 가설을 검증하며 새로운 아이디어를 적용하기 위해 과학적 연구방법에 의존한다.

따라서 아동발달 연구의 목적은 아동 발달 패턴이나 과정, 유형들을 기술하고 설명하며, 연구 결과를 아동 교육 및 복지를 위해 활용하고, 그것을 토대로 특정 상황에서 어떤 행동을 보일 것인지 예언하는 것이다.

이러한 연구 목적을 달성하기 위해 아동발달 연구자들은 양적 연구 또는 질적 연구를 시도한다. 양적 연구는 객관적으로 측정 가능한 데이터를 다룬다. 예를 들자면, 아동들은 시험 전에 불안을 얼마나 느끼는지 생리적인 변화나 통계적 분석에 의해 측정된 데이터를 사용한다. 일반적으로 행동주의자들이 선호하는 양적 연구는 과학적 탐구에 기초하여 '연구 문제 확인', '가설 설정', '자료 수집', '자료 분석', '결론 및 제언'의 절차를 거친다.

질적 연구는 참가자들의 주관적 경험, 감정, 또는 신념에 대한 질적 또는 성격에 관한 데이터를 다룬다. 예를 들자면, 아동들이 시험 전에 자신의 감정을 어떻게 표현하는지 알아보는 데 초점을 둔다. Piaget의 임상적 방법이 질적 연구의 한 예가 될 수 있으며, 질적 연구는 폭넓게 해석할 수 있고 탐구적이다. 질적 연구는 자료를 수집하고 나서 어떤 가정이나 이론이 떠오르고, 일반적인 결론을 산출할 수는 없으나 개인의 태도나 행동에 대한 풍부한 통찰의 근원이 될 수 있다.

양적 연구와 질적 연구의 분류 외에 연구자들은 아동발달에 관한 자료를 수집할 때 연구자가 무엇을 알고자 하는지에 따라 다양한 연구방법을 사용하고 있다. 일반적으로 아동발달 분야에서 많이 사용되고 있는 연구방법들은 크게 자료 수집 방법과 연구 설계 방법 및 발달 변화 연구방법에 따라 분류할 수 있다.

2 >>> 자료수집 방법에 따른 분류

1) 자기 보고 (Self reports): 일기, 인터뷰, 질문지법

자기 보고의 가장 간단한 방법은 일기 또는 기록이다. 예를 들자면, 아동의 경우는 매일 무엇을 먹는지, 무슨 활동을 했는지, 어느 때 화가 나는지 그 때 당시의 상황을 매일 기록하게 한다. 또한 부모의 자기 보고는 일반적으로 일기나 인터뷰 또는 질문지법을 사용하며, 종종 비디오 녹화나 녹음과 같은 다른 방법을 병행해서 사용하기도 한다. 그리고 부모가 아기와 함께 노는 모습을 비디오로 촬영하고 테이프를 보여주면서 왜 그와 같은 행동을 했는지 설명하도록 한다.

면접이나 전화 인터뷰는 연구자가 태도, 행동, 견해 등에 대해 질문한다. 인터뷰 내용은 부모와 자녀관계, 성 역할에 대한 견해, 직업 목표 등과 같은 주제를 다룰 수 있다. 구조화된 인터뷰라면 모든 연구대상자에게 이미 잘 짜여진 동일한 질문이 동일한 순서에 따라 주어진다. 그러나 Piaget의 임상실험 방법과 같이 자유로운 인터뷰는 좀 더 융통성이 있어서 면접자가 다양한 주제를 다룰 수도 있고, 질문의 순서를 바꾸거나, 반응에 따라 또 다른 질문을 할 수도 있다. 그러나 보다 많은 연구대상이 필요하거나, 개인의 사적인 비밀 보장이 필요한 경우라면 연구자들은 질문지를 프린트하여 나누어주고 질문지에 답한 후에 제출하도록 하는 질문지법을 사용한다.

질문지법은 짧은 시간에 많은 대상에게 실시할 수 있으나, 연구대상자들의 반응에 대한 신뢰성의 확인이 쉽지 않다. 그 질문에 대해 전혀 생각해보지 못했거나 솔직히 잘 모를 수도 있으며 어떤 경우는 어떻게 그 사건이 일어났는지 잊어버릴 수도 있다. 때로는 의식적, 무의식적으로라도 사회적, 도덕적으로 바람직하다고 여겨지는 방향으로 답변할 수도 있다.

2) 표준화 검사법 (Standardized test)

표준화된 지능검사를 받고 있는 6세 여아

많은 연구들이 보다 객관적인 측정을 위해 표준화된 검사를 사용한다. 표준화 검사는 지능검사처럼 대표적 집단에 의해 얻은 규준이나 채점표에 기초하여 다른 검사자들의 능력을 비교할 수 있다. 하지만 이 검사는 타당성(테스트가 진정으로 측정해야 할 능력을 재고 있는가를 알아보는 것)과 신뢰성(어느 때 측정하든지 비교적 일관성 있는 결과를 보이는가를 알아보는 것)이 높을 때만 의미가 있다. 따라서 지능검사는 표준화되어야 하고, 모든 검사자들에게 같은 방법과 같은 기준에 의해 측정되어야 한다.

지능과 같은 특성을 측정할 때, 다른 연구자들이 그 결과를 이해하고 설명할 수 있는 방법으로 정확하게 무엇을 재는지를 정의하는 것이 중요하다. 그러기 위해서 연구자들은 '조작적 정의' 를 사용하는데, 즉 어떤 현상을 측정하기 위해 단순히 연구에서 사용되는 그 용어를 정의한다. 예를 들자면, 한 연구에서 지능은 '논리적 관계, 기억, 어휘 테스트에서 일정한 점수를 성취하기 위한 능력' 으로 정의를 내릴 수 있다. 물론 어떤 사람들은 이 정의를 인정하지 않겠지만 아무도 이 정의가 확실하지 않다고 비난할 수는 없다.

그러나 표준화 검사에 의해 얻은 정보로 언제나 아동의 행동을 예측할 수는 없다. 표준화 검사에 의해 자주 측정되는 인성검사나 지능검사는 어느 정도의 안정성이 있기는 하지만 측정되는 상황에 따라서 변할 수 있다. 예를 들면, 표준화된 지능검사에서는 별로 점수가 높지 않았더라도, 좀 더 편안한 분위기에서는 보다 높은 지능 수준을 보일 수 있다. 무엇보다도 실제 문제해결 능력보다는 단편적인 지식을 측정할 가능성의 위험이 있다.

3) 관찰법 (Observation)

관찰은 자연적 관찰(Naturalistic observation)과 실험적 관찰(Laboratory observation)의 두 가지 형태로 이루어질 수 있다. 자연적 관찰에서는 연구자들이 실제 상황에서 아동들의 자연스런 행동을 관찰한다. 연구자들은 주어진 연구 대상자나 연구 환경에 어떠한 조작도 가하지 않은 상황에서 단순히 보고 느낀 것을 기록한다. 그러나 실험적 관찰에서는 연구자들이 실험실과 같은 통제된 상황에서 행동을 관찰하고 기록한다. 같은 조건 하에서 모든 대상자를 관찰하므로 관찰자들은 환경에 영향을 받지 않고 아동들 행동의 차이점을 분명하게 인식할 수 있다.

두 종류의 관찰 모두 행동을 설명하는 가치가 있지만 제한점도 있다. 예를 들어, 아동들이 왜 그렇게 행동하는지 해석은 제안할 수 있지만 확실한 이유는 설명하지 않는다. 또한 관찰자가 동참하는 것 때문에 아동이 행동을 바꿀 수 있다. 아동들이 자신이 관찰당하고 있음을 알게 되면 다르게 행동할 수 있다. 또한 관찰자의 기대에 맞추어 데이터를 해석하려는 경향이나 편견 또는 희망이 반영되기도 하고, 때로는 어떤 면은 더 강조하고 어떤 면은 덜 강조하는 등 관찰자 편향이 개입될 수 있다.

1960년대에는 보다 엄격한 통제를 위해 실험 관찰이 주로 사용되었다. 그러나 요즘에는 비디오테이프나 컴퓨터와 같은 기술적 진보에 의해 자연관찰이 많이 활용되는데 이는 객관성도 높여주고, 연구자들이 아동들의 순간순간의 얼굴 표정이나 행동의 변화를 분석하는 것을 가능하게 해주기 때문이다. 〈표 2-1〉은 자료수집 방법에 따른 특성을 요약한 것이다.

● 표 2-1 ● 자료수집 방법 특성 요약

유형	주요 특성	장점	단점
자기 보고: 일기, 인터뷰, 질문지법	• 연구대상자는 자신의 생활의 일면에 대해 질문을 받는다. 질문은 아주 구조화될 수도 있고 보다 융통적일 수도 있다.	• 개인의 생활, 태도, 견해에 대해 아주 신속하게 정보를 제공할 수 있다.	• 연구대상자가 질문에 대해 정확하게 기억을 못하거나 사회적으로 바람직한 방법으로 답할 수 있다. 어떤 방법으로 누구에게 질문하느냐가 영향을 미친다.

유형	주요 특성	장점	단점
표준화 검사법	• 연구대상자는 능력, 기술, 지식, 심리 등을 표준화된 검사에 의해 테스트 받는다.	• 객관적이고 측정 가능한 정보를 제공하고 주관적인 편견을 피할 수 있다.	• 특정한 상황에 따라 결과가 다를 수 있으며, 단편적인 지식을 측정할 가능성이 있다.
자연 관찰법	• 자연스런 실제 상황에서 연구대상자나 연구 상황을 어떤 조작 없이 관찰한다.	• 행동을 제대로 설명할 수 있다. 연구대상자들이 인위적으로 부자연스런 행동으로 바꿀 염려가 없다.	• 통제가 부족하며, 관찰자의 편향 개입의 위험이 있다.
실험 관찰법	• 연구대상자들은 실험실에서 관찰된다.	• 모든 연구 대상자들이 같은 조건하에 관찰되기 때문에 자연적 관찰보다 통제가 자유롭다.	• 관찰자의 편향: 통제된 상황이 부자연스러울 수 있다.

3 >>> 연구 설계 방법에 따른 분류

연구 설계는 과학적 조사를 실행하기 위한 기획이라고 할 수 있다. 연구의 문제는 무엇이며, 연구대상은 어떻게 표집될 것이며, 자료수집과 해석은 어떻게 하고, 얼마나 가치 있는 결론을 도출할 것인가를 생각하는 단계이다. 아동발달 연구유형은 사례 연구, 상관관계 연구, 실험 연구로 분류할 수 있다. 이들은 각각 장단점이 있으며, 연구목적과 대상, 연구문제에 따라 적합한 것을 택해야 한다.

1) 사례 연구 (Case study)

사례 연구는 제1장의 '미리보기'에서 언급되었던 야생소년 Victor처럼 한 명이나 두 명의 피험자를 깊이 있게 연구하는 것이다. 특별히 프로이드의 이론은 환자들이 말하고 행동하는 것을 주의 깊게 관찰하고 해석한 임상적 사례 연구를 통해서 이루어졌다. 사례 연구는 아주 깊이 있는 정보를 제공하고, 행동의 근원을 탐구할 수 있으며, 치료법에 대해 실험할 수도 있다. 또한 그 다음 연구의 필요성을 제안할 수도 있다. 사례 연구는 특별히 연구 활동 중에 도출되는 의문점을 자유롭게 탐구할 수 있는 융통성이 있다는 점이 장점이다.

반면에 Victor의 연구에서처럼 한 개인의 발달에 관해서는 많은 것을 알 수 있지만 이 자료를 다른 아동들에게 일반화하기는 곤란하다는 것이 단점이다. 이는 자료의 외적 타당성에 영향을 미친다. 더구나 개인의 연구를 통해 얻은 결과를 실험할 방법이 없기 때문에 사례 연구는 아동 행동의 확실성을 갖고 설명하기 어렵다. 예를 들어, 비록 Victor의 극도로 박탈된 환경이 그의 언어장애에 원인이 되었거나 영향을 미쳤다고는 보이지만 그가 정상적인 양육을 받았다고 해서 정상적으로 발달했을 것이라고 확신하기도 어렵다.

따라서 사례 연구는 과학적 결론을 이끌어내기는 미흡하지만 아동발달의 구체적이고 세부적인 정보를 획득하는 데 유용하며 탐색적 차원의 연구 목적으로 많이 활용되어진다.

2) 상관 연구 (Correlational study)

상관 연구는 둘 이상의 변인 간의 상관관계가 어느 정도인가를 알아보는 연구 방법이다. 상관관계는 정적인지 부적인지를 나타내는 '방향'과 정도를 나타내는 '크기'로 설명된다. 정적 상관관계는 한 변인이 증가하면 다른 변인도 증가한다는 뜻이다. 만약 공격성이 높은 TV 프로그램을 많이 본 아동들이 덜 본 아동들보다 치고 박고, 때리는 공격적 행동을 더 많이 했다면 TV 공격성 프로그램 시청과 공격성 사이에는 정적 상관관계가 존재한다. 반대로 두 변인 사이의 부적 상관관계는 한 변인이 증가하면 다른 변인은 감소하는 경우이다. 만약 경제적 수준과 질병 사이에 부적 상관관계가 존재한다고 하면, 이는 가난한 사람이 더 많이 질병에 시달리고 있다는 설명이 된다.

상관관계의 정도는 상관계수 -1.00(완벽한 부적 관계)~+1.00(완벽한 정적 관계)으로 표시된다. 현실적으로 완벽한 상관관계는 아주 드물다. +1.00 또는 -1.00에 가까우면 두 변인의 상관관계는 정적 또는 부적으로 관계가 아주 높다는 것을 의미한다. 상관계수가 0일 때는 두 변인 간에 아무런 관계가 없다는 것이다.

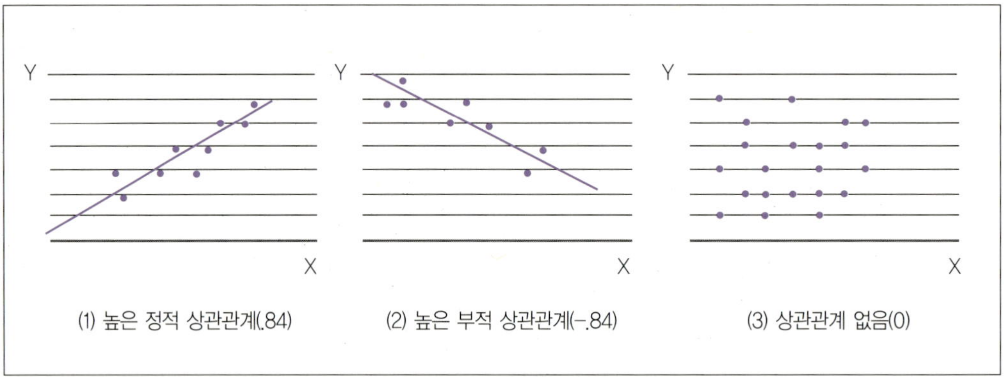

[그림 2-1] 상관관계의 정도

상관관계는 다른 변인을 기반으로 한 변인을 예측하게 한다. 만약 공격적 TV 프로그램 시청과 싸움 사이에 정적 상관관계가 발견되었다면, 공격적 프로그램을 시청한 아동은 쉽게 싸움에 가담하리라고 예측할 것이다. 두 변인 사이에 상관계수의 수치가 클수록 예측성이 높아진다.

비록 높은 상관관계가 가능한 원인들이라고 제시할 수 있을지 모르지만, 가능한 원인과 결과 관계는 매우 비판적으로 검증될 필요가 있다. 공격적인 TV 프로그램 시청과 공격성 행동 정도 사이의 정적 상관관계가 공격적인 TV 프로그램을 많이 보는 것이 공격적인 행동을 일으키는 원인이 된다고 확신할 수는 없다. 단지 두 변인 사이에 관계가 있다는 것만 결론지을 수 있지 인과 관계는 명확하지 않다. 공격적 TV 프로그램을 많이 보는 것이 공격적 행동을 일으키는 원인이 될 수도 있지만 반대로 공격적인 행동을 많이 하는 아동들이 공격적인 TV 프로그램을 더 좋아한다고 말할 수도 있기 때문이다. 또 TV 시청과 공격적 행동은 타고난 공격적인 기질이나 부모의 싸움을 자주 보는 공격적인 환경에서 생활하는 것과 같은 제3의 다른 변인의 영향으로 함께 변화하는 경향을 보일 수 있다.

상관 연구에서 둘 이상의 변인들 간의 관계를 분석하는 유용한 방법이나 인과관계를 밝히는 데는 한계가 있다.

3) 실험 연구 (Experimental study)

실험 연구는 어느 한 요인이 다른 요인에 어떻게 영향을 미치는지를 밝혀내기 위해 체계적인 조작과 통제에 의해 이루어진다. 과학적인 실험은 다른 연구자들이 주어진 결과를 확인하기 위해 같은 방법으로 다른 대상자들에게 정확한 실험의 반복 연구가 가능해야 한다. 아래 그림은 실험 설계를 단순화한 것이다.

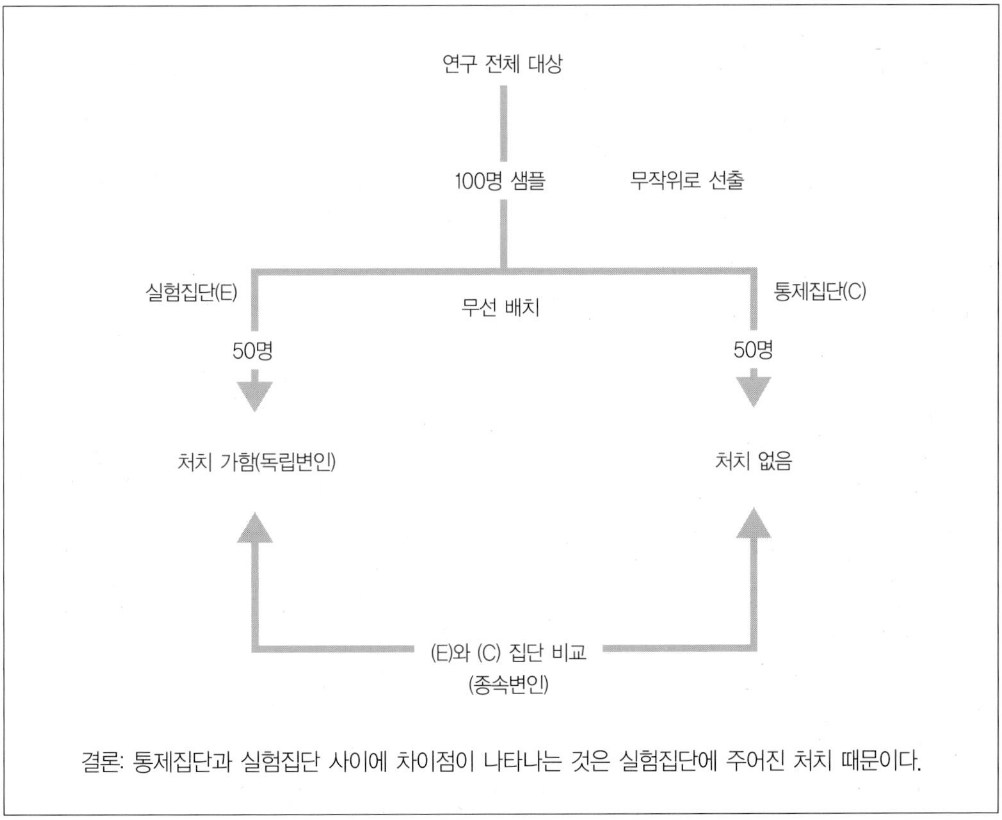

[그림 2-2] 실험설계

이 실험은 연구에 필요한 전체 대상으로부터 무작위로 샘플 연구대상을 추출하고, 실험집단(Experimental group)과 통제집단(Control group)으로 무선 배치하며, 실험집단에만 처치를 가한다(통제집단에는 처지하지 않음). 연구자는 실험집단이 처치를 받은 후에 두 그룹을 비교해서 두 집단 사이의 차이는 실험집단에 투여한 처치 때문이라고 결론지을 수 있다.

실험 연구에서는 일반적으로 연구대상자를 실험집단(E)과 통제집단(C)의 두 집단으로 분리한다. 실험집단에게는 연구자가 연구의 원인이 될 만한 것을 선택하여 처치를 가한다. 실험결과 어떤 변화가 발견되면 그 처치의 효과가 원인이 된다. 통제집단에게는 처치가 주어지지 않거나 다른 처치를 가한다. 실험은 하나 또는 둘 이상의 다른 유형의 집단으로 나뉠 수 있다. 또는 실험자가 다른 처치의 효과를 비교하고 싶을 때(두 가지 교수방법), 전체 샘플은 각각 다른 처치를 받는 처치그룹으로 나누어진다.

Whitehurst(1988)와 그의 동료들은 유아들에게 그림책을 읽어주는 특별한 방법으로 '대화체로 읽어주기' 방법을 택하여 유아들의 언어와 어휘 능력에 변화가 있는지를 알고 싶었다. 그래서 21~35개월 된 중산층 유아들 두 집단을 비교했다. 실험집단에서는 부모들은 유아들의 적극적 참여를 이끌고, 연령에 맞추어 피드백을 자주 주는 '대화체로 읽어주기' 라는 새로운 처치를 시행했다. 다른 통제 집단에서는 부모들은 단순히 보통 때와 다름없이 읽어주도록 했다. 1개월 후에 실험집단의 유아들은 통제집단 유아들에 비해 말하기에서 8.5개월이, 어휘력에서는 6개월이 앞섰다. 9개월 후에도 여전히 실험집단의 유아들이 통제집단의 유아들보다 6개월 앞섰다. 즉, 대화하듯이 읽어주는 새로운 방법이 유아들의 언어와 어휘능력을 향상시켜준다는 결론을 내릴 수 있다.

이 실험에서 책 읽어주는 유형이 독립변인이고, 유아들의 언어와 어휘력은 종속변인이다. 독립변인은 실험자가 직접 통제하거나 조작하는 변인으로 종속변인에 변화를 초래한다. 종속변인은 독립변인의 영향으로 변화될 수도 있고, 변화되지 않을 수도 있다. 실험연구에서는 인과관계에 관한 추론이 가능한데 이는 실험자가 직접 독립변인을 통제하거나 조작하기 때문이다. 즉, 피험자를 둘 또는 그 이상의 처치 조건에 배정한 후 각 처치 조건에서의 수행을 비교하는 것이다.

실험법은 통제를 극대화함으로써 결과에 대한 신뢰성이 높다는 장점이 있다. 하지만 대부분의 교육현장을 중심으로 한 연구나 실험적 조작이 불가능한 경우 현실적으로 무선배치가 어렵다. 또한 실험에서 얻은 결론이 집단선정의 오류나 아동에게 자연적으로 발생하는 발달과정을 무시할 경우 실험실 밖의 일상생활에 적용시키기 어렵다는 단점이 있다.

〈표 2-2〉는 이상 세 가지 연구 설계의 특성을 요약한 것이다.

● 표 2-2 ● 연구설계방법 특성 요약

유형	주요 특성	장점	단점
사례 연구	• 특정 개인을 대상으로 깊이 있는 연구가 가능하다.	• 융통성 있고, 개인의 행동과 발달을 자세하게 밝힐 수 있다.	• 다른 아동들에게 일반화 시킬 수 없다: 결과를 테스트할 수 없다.
상관 연구	• 변인 간의 정적 · 부적 상관관계를 알아보는 시도이다.	• 다른 변인을 기반으로 한 변인을 예측할 수 있다: 원인관계에 대한 가정을 제공할 수 있다.	• 변인들 간의 인과관계를 밝히기 어렵다.
실험 연구	• 실험자가 독립변인을 조작하여 종속변인에 미치는 효과를 알아본다. 피험자를 처치 조건에 무선 배치한다.	• 인과관계를 명확히 할 수 있다. 다른 사람들이 정확하게 같은 방법으로 실험하는 반복 연구가 가능하다.	• 실험실에서의 결과를 실험실 밖 현실생활에 일반화하기가 어려울 수 있다.

4 >>> 발달변화 연구에 따른 분류

아동발달의 변화를 연구하기 위해서 일반적으로 종단적 연구법과 횡단적 연구법이 사용된다. 종단적 연구법이 아동이 성장하면서 어떻게 변화하는가를 알아보는 것이라면 횡단적 연구법은 동시대의 다른 연령 아동 사이에 공통점과 차이점이 있는가를 알아보는 방법이다. 또한 이들 두 연구법들 각각의 단점을 보완하여 순차적 연구법이 실행되고 있다.

1) 종단적 연구 (Longitudinal study)

종단적 연구란 연령에 따라 발달 변화를 파악하기 위해 같은 연구대상을 오랜 기간에 걸쳐 반복적으로 관찰, 측정하는 연구 방법이다. 연구 기간은 몇 년에서부터 몇십 년에 이르기까지 다양하다. 예를 들면 신장, 공격성, 지능 등이 연령에 따라 어떻게 변하는지를 매년 또는 몇 년에 한 번씩 반복하여 해당 아동의 발달 변화를 연구할 수 있다.

종단적 연구는 같은 대상을 반복적으로 연구하므로 발달의 연속성과 변화의 패턴에 관한 중요한 정보를 얻을 수 있다는 장점이 있다. 그러나 연구 기간이 길고 그에 따른 비용 부담이 크다. 피험자가 사망, 이사, 참여 거부 등의 이유로 중도 탈락의 문제가 발생할 수도 있다. 따라서 피험자를 수년 동안 추적하고 기록하는 일은 쉽지 않다. 또한 특정한 해에 출생한 인구집단에서 얻은 결과를 다른 해에 출생한 아동들에게 일반화하기 어렵고, 피험자가 반복되는 검사로 인한 연습효과가 있을 수 있다.

2) 횡단적 연구 (Cross-sectional study)

횡단적 연구란 연령에 따라 다르게 나타날 수 있는 발달적 경향을 알아보기 위해 각기 다른 연령의 아동들을 동시에 연구하는 방법이다. 예를 들면, 횡단적 연구에서 어느 한 시점에서 3세, 5세, 7세, 9세가 된 아동들에게 정서지능검사를 실시한 결과, 나이가 많은 아동들일수록 정서 지능이 높았다면 이는 나이가 들어감에 따라 아동의 정서지능이 높아진다는 결론을 내릴 것이다. 하지만 현재 9세 아동의 경우, 그들이 3세였을 때의 정서지능이 현재 3세인 아동의 정서지능과 같은지는 알 수가 없다. 나이에 따라 변화가 일어났는지를 알 수 있는 방법은 단지 특정한 개인이나 집단을 대상으로 종단연구를 해야만 가능하다.

횡단 연구는 빠르고 경제적이다. 또한 많은 피험자들을 대상으로 짧은 시간에 데이터를 수집할 수 있고, 표집의 대표성을 확보하기 쉬우며, 피험자는 단지 한 번만 실험에 참가하기 때문에 반복적인 테스트에서 발생하는 연습효과의 문제도 없다. 하지만 집단의 평균에 초점을 맞추다 보면 개인의 차이점을 간과할 수도 있다. 또한 횡단 연구에서 나타난 발달적 차이가 연령에 따른 차이인지 또는 각 연령 집단에 표집된 아동이 각기 다르기 때문에 나타나는 차이인지를 알 수 없다.

3) 순차적 연구 (Sequential study)

순차적 연구란 종단적 연구와 횡단적 연구의 단점을 보완한 연구 방법으로 연령 효과와 출생 집단 효과를 파악할 수 있는 연구이다. 이 연구는 초기에는 횡단적 연구와 마찬가지로 몇 개의 연령 집단을 선정한 후, 종단적 연구처럼 선정된 집단을 반복적으로 측정한다. 연구 출발점에서 2~4세의 연령 집단 아동들을 선정한 후, 1년 간격으로 각 연령 집단을 반복 측정하게 되면 출생동시집단의 효과와 더불어 측정 시기의 효과를 감안한 연령별 발달과정을 이해할 수 있게 된다. 이는 종단적 연구보다 짧은 기간에 발달적 변화에 대한 효과적인 연구를 수행할 수 있다는 장점이 있으나, 횡단적 연구에 비해 시간이 오래 걸리고 연구수행 과정이 복잡하며 노력이 많이 요구된다는 단점이 있다. 순차적 연구는 또한 많은 수의 피험자가 필요하고, 자료 수집과 분석의 시간이 많이 소요되며 결과를 해석하는 일도 높은 수준의 학문적 능력을 요구한다. 〈표 2-3〉은 발달 변화 연구 방법에 대한 특성을 요약한 것이다.

표 2-3 발달 변화 연구 방법 특성 요약

연구유형	주요 특성	장점	단점
종단적 연구	• 같은 대상의 피험자를 오랜 기간에 걸쳐 연구한다.	• 연령에 따른 변화와 연속성을 알 수 있다.	• 시간과 비용이 많이 든다. 피험자의 탈락현상이 나타날 수 있다.
횡단적 연구	• 각기 다른 연령의 아동을 동시에 연구한다.	• 연령의 차이를 나타냄으로써 발달의 경향을 알 수 있다. 시간이 절약되고 경제적이다.	• 시간에 따른 개인의 변화를 알 수 없다. 연령효과가 동시대 출생집단 효과의 반영일 수 있다.
순차적 연구	• 종단적 연구법과 횡단적 연구의 결합으로 각기 다른 연령의 사람들을 몇 번에 걸쳐 연구한다.	• 동시대 출생 집단이 경험하는 발달의 변화가 다른 동시대 출생 집단이 경험하는 발달의 변화와 유사한지를 알 수 있다.	• 시간이 오래 걸리고 연구과정이 복잡하며 많은 노력이 요구된다.

5 >>> 아동발달 연구의 윤리적 문제

인간을 대상으로 하는 연구에서는 윤리적 문제가 따른다. 특히 아동들은 성인에 비해 상처받기 쉽기 때문에 아동을 대상으로 할 때는 윤리적 문제가 더 심각하게 부각된다. 아동을 보호하기 위해 아동을 대상으로 연구하는 사람들은 미국심리학회(American Psychological Association)와 아동발달연구학회(Society for Research in Child Development)에서 제시하는 지침을 따라야 한다. 그들이 제시하는 전체 지침은 웹사이트(wwapa.org/ethics & www.srcd.org/about.html)에서 찾아볼 수 있으며, 그 중에서 중요한 윤리적 지침을 요약하면 다음과 같다.

1) 모험 대 이익

연구자들은 위험을 감수할 만큼의 잠재적 효과가 있을 경우에만 연구를 실행해야 한다. 연구 설계와 과정은 그 연구로부터 얻을 정보가 피험자가 겪을 수도 있는 해로움, 스트레스, 불편함을 극복할 만한 충분한 가치가 있도록 건실하게 구성되어야 된다. 일부 연구에서 피험자는 그 연구에 참여하는 대가로 다른 보상이나 다른 이익을 얻는다.

2) 피해가 없는 연구과정

연구자는 아동에게 신체적으로 또는 심리적으로 해가 되는 연구를 수행해서는 안 된다. 항상 스트레스가 없도록 수행해야 한다. 만약 아동에게 해가 있을지 의문이 있을 경우에 연구자는 다른 동료나 적합한 권위자에게 상담을 받아야 한다.

3) 동의서

연구자는 연구대상자(피험자)가 될 사람들에게 연구의 목적, 과정, 위험성과 혜택에 대해 미리 설명해야 한다. 미성년자를 대상으로 연구할 때는 아동과 부모 또는 후견인에게 동의서를 받아야 한다. 부모와 6세 이상의 아동들은 서면 동의서가 필요하고 유아들은 구두 동의가 필요하다.

4) 돌발적 상황

만약 연구 과정에서 아동에게 부정적인 일이 생긴다면 연구자는 그 상황을 시정하기 위해 무엇이든 필요한 조치를 해야 한다. 또한 연구 기간 중에 만약 연구자가 아동의 복지와 관계될 수 있는 정보를 수집하게 되면 연구자는 아동의 부모, 또는 후견인, 그리고 아동을 도울 수 있을 만한 적합한 전문가와 상의해야 한다.

5) 사생활

연구자는 피험자로부터 얻어진 모든 정보를 비밀로 해야 한다. 피험자의 이름 또는 그 밖의 다른 정보를 비밀로 보장해야 하며, 피험자의 동의를 얻기 전까지는 어떤 연구 보고서에서도 이름이나 내용을 밝혀서는 안 된다. 대부분의 연구는 집단 평균과 전체 점수만을 밝힌다. 개인으로부터 얻어진 통계는 무기명이어야 한다.

6) 연구의 함축성

연구자는 자신의 연구뿐만 아니라, 그 연구가 동료와 대중에게 제시될 때 사회적 · 정치적 · 인간적으로 어떠한 함축성을 갖고 있는지 인지하고 있어야 한다. 민감한 사항에 대한 연구가 분명히 금지된 것은 아니지만 연구자는 그 결과가 특정 단체나 개인을 놀라게 할 수 있을 때는 주의를 기울여야 한다.

우리나라의 경우 한국아동학회나 심리학회의 발달심리분과에서 인간을 대상으로 하는 연구의 윤리적 문제에 대해 자주 논의하고 있으나, 그 기준은 아직까지 마련되지 않고 있는 상태이다(정옥분, 2002).

PART II

아동발달의 생물학적 이해

CHILD DEVELOPMENT

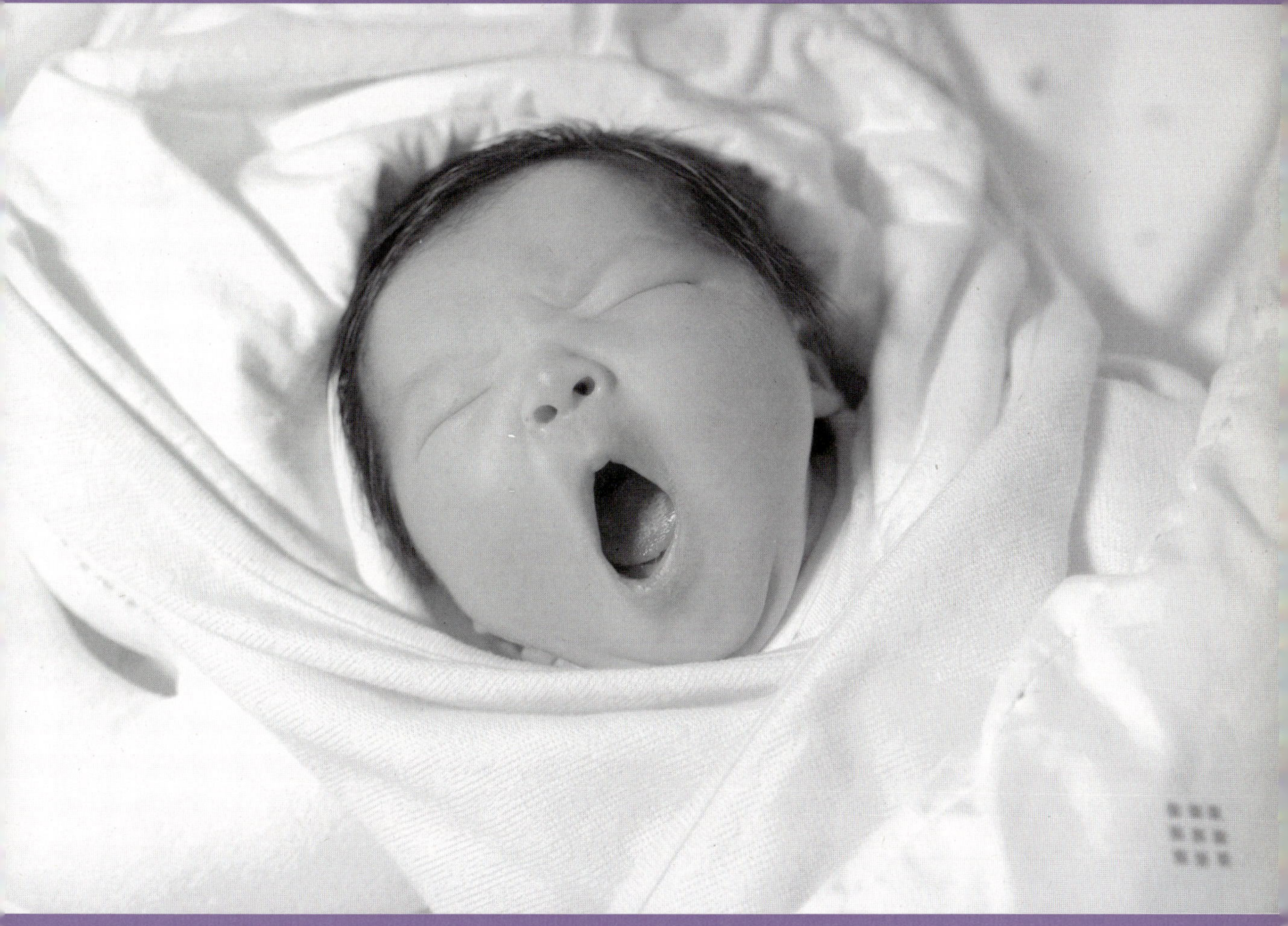

Chapter

3

유전과 태내발달

미리 보기

태내진단에서 심장 수술

잭은 태아기 때 심장 기형으로 진단받고 태내에서 이를 바로잡는 수술을 받아 현재 건강하게 자라고 있다. 미국 보스턴의 '브리검 앤드 위미스 아동병원(Brigham and Wemyss Children's Hospital)'은 2001년 9월 13일 임신 3주째 된 임신부 자궁 속으로 바늘을 삽입해 좁아져 있는 태아의 심장 판막을 넓히는 수술을 실시했다고 전했다. 의사가 초음파 화면을 보면서 태아를 수술에 적당한 위치로 옮겨 태아 전문의가 태아가 움직이지 못하도록 붙잡고 이어 산부인과 의사가 수술용 바늘을 자궁 속으로, 그리고 다시 태아의 좌심실 속으로 찌르는 복잡한 과정을 거쳤다. 이어 심장전문의가 바늘 속으로 혈관을 넓히는 기구인 카데터와 풍선 같은 도구를 이용해 좁아진 태아의 심장 판막을 넓힘으로써 수술을 마무리했다.

출처: 연합뉴스 (2002. 2. 25.)

유전병 검사 후 건강한 배아만 착상

영국의 캐서린과 짐 그린스트 부부는 난치병인 낭포성 섬유증 보유자로서 얼마 전 출산한 딸이 부모의 난치병을 물려받고 태어났다. 그러나 둘째 아이는 배아의 유전자 검사를 통하여 낭포성 섬유증, 듀센 근이양증, 헌팅턴병, 척수성 근위축증 같은 질병 보유 여부를 확인한 다음 건강한 배아만 자궁에 이식하였다. 건강한 아기를 낳은 이들 부부는 매우 기뻐하였지만 한편으로는 질병에 걸린 배아를 폐기하는 것은 생명윤리를 거스르는 것이라는 지적도 있다.

출처: 조선일보 (2006. 11. 15.)

드랑즈 증후군 하늘이네 가족

선천성 기형이 나타나는 '드랑즈 증후군'을 앓고 있는 여섯 살 하늘이는 동생과 세 살 터울이지만, 기저귀를 세 단계나 아래의 제품을 쓸 정도로 작고 가녀리다. 체중 8.5kg, 돌쟁이 애기보다도 작은 몸집이었다. "출산 전에 아기의 이상을 알았어요. 임신 12주 이후부터 아기가 작다는 말을 듣다가 8개월 무렵 대학병원에서 장애가 있다는 얘길 들었죠. 그래도 설마 했어요. 낳아봐야 알겠지 하면서요. 아빠는 "주위에서 태내 이상을 알고도 어떻게 애를 낳았냐?"는 얘기를 들을 때면, 그냥 웃어넘긴다며 "그럼 임신 1~2개월도 아니고 다 자란 아기를 어떻게 떠나보내요?"라며 쓸쓸하게 반문한다.

하지만 2002년 2월, 1.85kg의 초미숙아로 세상에 나온 딸을 본 순간, 아빠는 할 말을 잃었다고 한다. "그때 사진 보면 지금도 심란해요." 그 조그만 아이의 몸은 북실북실한 털로 덮여 있었고, 왼쪽 약지 손가락이 없었으며, 양쪽 발가락이 두 개씩 각각 겹쳐져 있었다.
당시 아기는 생사의 갈림길에 있었다. 심장에 구멍이 있고, 신장은 또 막혀 있었다. 그러나 너무 작아서 수술조차 할 수 없던 아기는 중환자실에서 한 달 가까이를 보내고도 2kg이 채 되지 않았다.
이후 뒤늦게 병명을 알게 된 엄마는 눈물로 하루하루를 보냈다. 하지만 절망에 빠진 엄마에게 희망을 준 건 하늘이었다. "엄마 품에서 부대끼니 아이가 조금씩이라도 자라기 시작했어요." 1년 뒤 심장 수술을 위해 병원에 갔더니 심장의 구멍이 자연스럽게 치료되었다. 아이는 엄마, 아빠에게 기쁨을 안겨줬다. 하늘이는 이제 신장 등 종합 검진을 기다리고 있다. 엄마 아빠는 새로운 출발이라고 생각한다.

출처: 한국아이닷컴 (2007. 6. 25.)

생명은 남성의 정자와 여성의 난자가 결합하는 순간부터 시작된다. 작은 수정란에서 시작된 생명이 태내기를 거쳐 건강한 생명체로 탄생하기까지 급격한 변화와 발달의 과정을 겪는다. 태내에서 형성된 신체적 구조와 기능은 인간발달의 중요한 기초가 된다. 이 장에서는 아동발달에 지대한 영향을 미치는 유전에 관한 기초 사항, 유전적 결함으로 인한 아동의 이상발달, 태내발달 과정 및 태아에게 영향을 미치는 환경적 요인에 관하여 살펴볼 것이다.

1 >>> 유 전

정자와 난자의 결합은 새로운 유기체를 만들고, 이 유기체에는 각 부모의 특성들이 혼합되어진다. 정자와 난자 각각은 23쌍의 염색체를 가지고 있으며, 하나의 정자와 난자가 결합하여 46개의 염색체를 만들어낸다. 이 중 22쌍의 염색체는 상염색체이고, 23번째 염색체는 성을 결정하는 성염색체이다. 23번째 염색체는 X와 Y염색체로 이루어져 있으며, XY로 구성되어지면 남자아이가 되고, XX로 구성되어지면 여자아이가 태어난다. 부모로부터 물려받은 염색체에는 유전의 기본 단위인 유전인자가 들어 있다. 인간의 46개 염색체에는 대략 100,000개의 유전인자가 들어 있으며, 이는 DNA로 구성되어 있다. 유전인자는 부모가 자녀에게 물려주는 유전형질의 기본단위이고, 유전인자에 의해 인간의 특성과 성장 발달이 결정된다.

염색체에는 우성과 열성으로 나타나는 대립 유전자(alleles)가 위치하는데, 이는 어떤 특정 부위의 특성에 있어서 서로 다르게 표현되어 나타나는 유전인자이다. 즉, 머리 색깔을 결정하는 대립 유전자는 우성은 검은색으로, 열성은 갈색으로 나타난다. 또한 유전인자는 개인의 유전적 특성을 결정하는 유전형(genotype)과 외부에서 관찰되어질 수 있는 개인의 특성인 신체적 · 행동적 · 심리적 특성을 결정하는 표현형(phenotype)으로 구분되어진다.

부모가 가진 유전정보가 염색체를 통해 자녀에게 전달되는데 이 때 유전의 법칙이 적용된다. 각각의 부모로부터 우성인자만을 물려받을 수도 있지만 한 부모로부터 우성인자를 다른 부모로부터 열성인자를 물려받거나, 두 부모 모두에게서 열성인자를 물려받을 수도 있다. 이러한 유전법칙에 의해 부모가 가진 특성이 자녀에게 나타나기도 하고, 부모의 특성이 나타나지 않기도 한다. 만약 자녀가 검은색 머리카락을 가졌다면 이는 부모로부터 모두 우성인자를 물려받았거나, 한 부모로부터 우성인자를, 다른 부모로부터 열성인자를 물려받았다. 이 때 갈색인자는 열성인자이기 때문에 우성인자인 검은색 머리카락이 표현형이 된다. 그러나 갈색 머리카락을 가졌다면 자녀는 부모로부터 모두 열성인자를 물려받은 것이다.

우성인자	열성인자
곱슬머리	직모
검은색 머리카락	갈색 머리카락
보조개	비보조개
두꺼운 입술	얇은 입술
정상 시력	근시
정상 청력	난청
원시	정상시력
정상 시력(색)	빨강, 녹색 색맹
혈액형 A	혈액형 O
혈액형 B	혈액형 O
RH+	RH–

출처: Berk (1996)

2 >>> 유전병

어떤 사람은 유전의 영향으로 정상적 발달에 혼란을 야기하는 선천적 결함을 가지고 태어나기도 한다. 선천적 결함의 원인 중 하나는 유전에 의한 것이고 다른 하나는 염색체 이상에 의한 것이다.

1) 유전인자에 의한 결함

우성인자에 의한 유전병은 열성인자에 의한 유전병보다 상대적으로 적은 수의 사람에게서 나타난다. 그 이유는 유전의 법칙에서 우성인자가 열성인자에 비해 표현형이기 때문에 반드시 발병하게 된다. 그리고 우성인자에 의한 유전병이 발병한 사람은 대개의 경우 자녀를 낳을 때까지 생존하지 못하기 때문에 이 유전형질은 대부분 소멸한다. 우성인자에 의한 결함의 유전병으로 대표적인 것이 헌팅턴 병(Huntington' s disease)이다. 헌팅턴 병은 신경체계가 점진적으로 파괴되는 질병으로 4번 염색체의 이상으로 야기된다. 이 유전적 결함을 가진 사람은 아동기, 청소년기, 성년기까지 정상적으로 발달하지만 중년기에 이르러 장애를 나타낸다. 따라서 헌팅턴 병은 우성인자에 의한 유전병임에도 불구하고 자녀에게 유전되어진다. 헌팅턴 병은 신경세포의 손상으로 근육경련, 우울증, 성격 변화와 같은 증상을 일으키고, 점차 근육이 무력해지고 걷지 못하며, 인지적 기능까지 상실하고, 자신을 돌볼 수 없게 되며, 음식을 삼킬 수도 없게 되어 사망에 이른다(Berkow, 1987).

올림픽 조정 동메달리스트
Sarah Winkless-헌팅턴 병
출처: 헌팅턴병 지원센터(http://www.hdac.org)

이와 달리 열성인자에 의한 유전적 결함은 표현되지 않고 유전적으로만 보유되는 경우도 있다. 즉, 한쪽 부모로부터 유전적 결함이 있는 열성인자를 물려받았다면 그 유전적 결함이 표현되지 않고 건강한 모습으로 태어난다. 열성인자에 의한 결함은 양쪽 부모로부터 모두 유전적 결함이 있는 열성인자를 물려받은 경우에만 유전병으로 나타난다.

열성인자에 의한 유전적 결함으로 적혈구성 빈혈(sickle-cell disease)과 페닐케토뉴리아(phenylketonuria: PKU)가 있다. 적혈구성 빈혈은 적혈구 속의 비정상적인 헤모글로빈이 적혈구를 낫(sickle)과 같은 모양으로 변형시킨다. 이와 같이 변형된 모양의 적혈구는 정상 적혈구보다 수명이 짧기 때문에 적혈구 수가 부족하여 빈혈을 일으키고, 몸 전체로 산소를 공급하지 못하여 죽음에 이르게 된다.

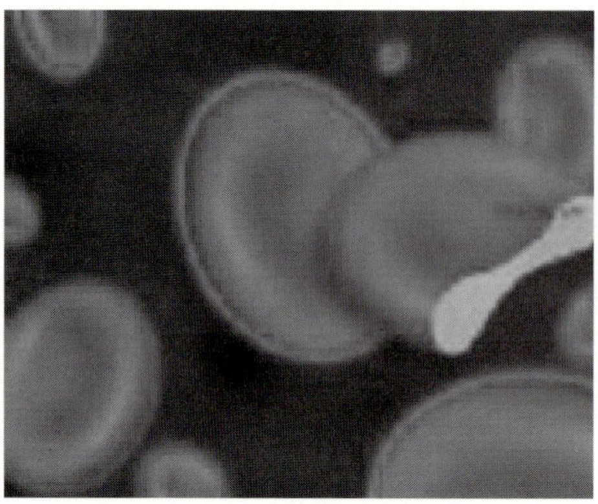

정상 적혈구

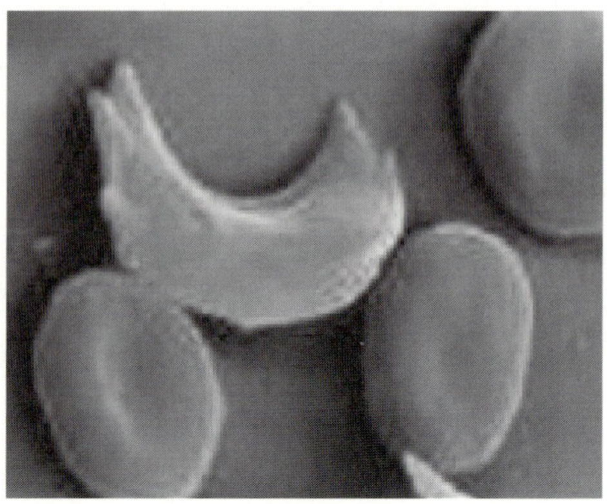

비정상 적혈구

페닐케토뉴리아는 신진대사에 필요한 효소의 결핍에 의한 유전병이다. 이 효소는 빵, 탄산음료, 생선에 들어 있는 단백질인 페닐알라닌을 신체의 기능을 정상적으로 하는 데 필요한 아미노산으로 전환하게 해준다. 그러나 이 효소가 없으면 페닐알라닌이 독성을 생성하게 되고, 신체에 축적되어 신경체계를 위협하게 되어 정신지체를 유발한다(Diamond et al., 1997).

2) 비정상적 염색체에 의한 결함

사람은 46개의 염색체를 가지고 태어난다. 그러나 간혹 염색체의 수가 더 많거나 적게 태어나는 경우가 있으며, 또는 손상된 염색체를 가지고 태어나기도 한다. 이 경우 염색체의 이상으로 발달에 장애를 가져오게 된다.

비정상적인 염색체의 대표적인 예는 다운증후군(Down syndrome)이다. 다운증후군은 21번째 상염색체의 이상에 의해 발생한다. 다운증후군의 특징은 아몬드형의 눈과 겹쳐진 눈꺼풀을 가졌으며, 목이 짧고, 머리가 작으며, 코가 납작한 독특한 외모를 가진다. 다운증후군을 가진 아기는 출생 후 몇 달 동안은 정상적으로 발달하는 것처럼 보이나, 곧 정신적 및 신체적 발달에서 지체를 보이기 시작한다. 또한 아동기에는 인지 및 사회적 발달에서도 지체가 나타난다. 그러나 다운증후군의 또 다른 특징은 밝은 성격을 가졌으며 사람을 좋아하여 사교적이다.

다운증후군의 발생원인은 산모의 연령과 관계가 깊다. 산모가 20대 후반인 경우 다운증후군을 가진 아기를 출산할 확률은 1,000:1이나 산모가 40대 초반일 경우 약 50명 중 1명 비율로 다운증후군을 가진 아기를 출산할 수 있다. 이는 연령이 증가할수록 여성의 난자가 노화하며 유해 환경에 노출될 기회가 더 많아지기 때문이다.

다운증후군 이외에도 성염색체 이상으로 나타나는 유전적 결함은 〈표 3-1〉과 같다.

표 3-1 성염색체 이상의 유전병

유전병	염색체	빈도	특성
클라인펠터 증후군 (Klinefelter's syndrome)	XXY	500:1의 남자아기에서 발병	큰 키, 미성숙한 고환, 생식불능, 낮은 지능, 소극적 성격
초웅(超雄) 증후군 (XYY complement)	XYY	1,000:1의 남자아기에서 발병	큰 키, 큰 치아, 낮은 지능
터너 증후군 (Turner's syndrome)	X	2,500~5,000:1의 여자아기에서 발병	작은 키, 2차 성징의 발달이 나타나지 않음. 공간지각 능력의 미발달
초자(超雌) 증후군 (XXX syndrome)	XXX	500~1,200:1의 여자아기에서 발병	운동과 언어발달이 지체됨. 출생 초기에는 정상적으로 보이나, 2세 때부터 나타나기 시작

3) 유전상담

출산을 원하는 예비부모가 가계에 유전병이 있는 경우, 습관성 자연유산, 먼저 출산한 자녀가 유전적 문제를 가지고 있는 경우, 부모가 고령인 경우 유전상담이 필요하다. 유전상담은 탄생할 아기의 유전병 위험성을 경감시키고 이미 임신한 아기의 출산여부를 결정하도록 돕는 대화의 과정이다.

유전상담은 유전학자, 소아과 의사, 유전학과 상담에 지식을 가진 사람이 주로 한다. 유전상담가는 예비부모의 가족 병력이나 유전병에 대한 정보와 혈액검사 및 유전 분석, 태내진단 등의 여러 가지 검사결과를 바탕으로 유전병 가능성이 있을 경우 임신을 하지 않도록 도와주거나, 이미 임신한 아기를 보다 건강하게 출산하도록 돕는다. 또는 유전병의 위험을 가진 부모가 자신의 자녀 출산보다는 입양과 같은 다른 대안들 중에서 적절한 선택을 할 수 있도록 도와준다.

3 >>> 태내기 발달

자녀를 갖는다는 것은 자신의 생에서 가장 중요하고 보람된 일이다. 대부분 부모가 되기를 원하는 부부는 아기의 탄생을 준비하는 동안 기뻐하며 기다린다. 임신기간 동안 부모들은 태어날 아기에게 최적의 태내환경을 만들어 주기 위해 충분한 영양을 섭취하고, 좋은 음악을 듣고, 책을 읽으며, 아기에게 긍정적인 영향을 주기 위해 태교에 힘쓴다. 그러나 이 시기에 부모의 흡연, 약물, 음주와 질병 등으로 아기에게 부정적인 영향을 끼치기도 한다. 이와 같이 임신동안의 태내 환경은 태어날 아기에게 절대적인 영향을 미친다는 점에서 중요성이 부각되고 있다.

1) 수 정

인간 생명은 남성의 정자가 여성의 난자와 성공적인 수정을 이루면서 시작된다. 여성은 출생 시 미성숙한 난자를 가지고 태어나며, 월경이 시작되면서 한 달에 한 번 성숙한 난자를 배란한다. 이 때 나팔관까지 올라온 정자를 만나 수정하게 된다.

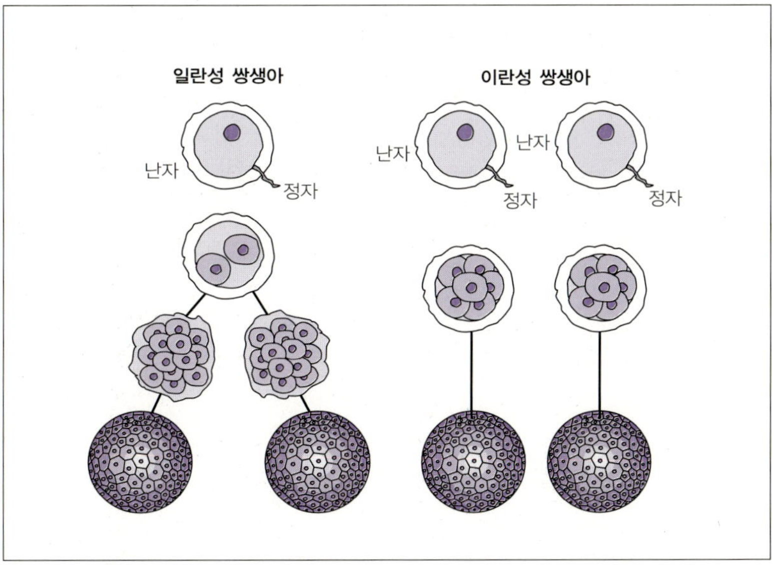

[그림 3-1] 일란성 쌍생아와 이란성 쌍생아의 수정과정

배출된 난자와 정자의 생존기간은 약 24시간에서 72시간이며, 이 시기 동안 수정이 이루어져야 임신이 된다.

일반적으로 한 개의 정자와 한 개의 난자가 결합하여 수정한다. 그러나 수정란이 별개의 세포체로 이분되어 두 명의 독립된 아기로 자랄 경우 일란성 쌍생아가 태어난다. 또한 짧은 시기에 두 개의 난자가 방출되어 두 개의 정자와 만나 수정된 경우에 신체적 특징, 성격 등이 서로 다른 이란성 쌍생아가 된다.

불임과 치료

아기를 원하기 때문에 피임을 하지 않고 정상적인 부부관계를 가졌는데도 1년 이내에 임신이 안 되면 불임으로 판정한다. 불임의 원인은 여러 가지가 있겠지만, 크게 기질적 이상과 기능성 이상으로 나누어 볼 수 있다. 기질적 이상은 정자 생성의 장애, 정자의 운동성 이상과 정자 수 부족, 정자 괴사증, 무배란증, 난관폐색 등 배란 · 수정 · 착상에 이르는 임신과정에 이상이 생겨 불임을 유발하는 것을 말하며, 기능성 이상은 특별한 원인이 없는데도 아기를 갖지 못한 경우다.

불임 시술은 크게 인공 수정과 시험관 아기 시술로 나눌 수 있다. 인공 수정은 특히 남성의 정자에 문제가 있을 때 많이 시도한다. 활발하게 움직이는 정상 정자만 골라내 여성의 배란주기에 맞춰 자궁 안에 주입하는 방법이다.

시험관 아기 시술은 난자와 정자를 인공적으로 시험관에서 만나게 해 수정을 시키는 방법으로서 지금까지 가장 획기적인 치료법으로 여겨진다. 최근에는 수정란이 4개, 8개로 분할될 때 이 중 일부를 떼어내 유전자 이상을 검사하는 '배아유전자 진단(PGD)' 도 한다. 유전적 결함이 있는 수정란은 버리고 건강한 수정란만 착상시킨다. 이 밖에 미성숙 난자를 채취해 성숙시킨 뒤 정자를 주입하여 수정시키는 방법, 난자를 채취한 뒤 냉동시켰다가 나중에 꺼내 쓰는 방법도 시도되고 있다. 시험관에서 수정된 배아 중 일부를 냉동한 뒤 나중에 꺼내 이식하기도 한다. 특히 항암치료를 받기 이전에 건강한 난자를 미리 채취하여 냉동시킨 후 항암치료를 받은 후에 X-ray의 위험으로부터 안전한 난자를 이용하여 임신을 할 수 있다. 현재까지 시험관아기 시술의 성공률은 50% 정도이나, 의사들은 앞으로 10년 이내에 성공률을 80% 이상으로 올릴 수 있을 것으로 기대하고 있다.

2) 태내 발달단계

태내기는 정자와 난자의 수정에서부터 출산까지의 약 38주 기간을 말한다. 수정에서 출산에 이르는 태내기 발달은 배종기(zygote), 배아기(embryo), 태아기(fetus)로 구분된다.

(1) 배종기

배종기는 정자와 난자가 결합한 수정란이 어머니의 자궁에 착상하기까지의 첫 2주간의 기간이다. 하나의 정자와 난자가 여성의 나팔관에서 만나 결합하여 수정란이 된다. 수정란은 수정 후 1주일이 지나면서 100~200개로 세포가 분열된다. 수정란은 세포분열을 하면서 난관의 섬모운동과 수축작용으로 나팔관과 난관을 거쳐 자궁에 이르게 된다. 자궁 속에 도달한 수정란은 하루 혹은 이틀 정도 떠돌다가 자궁에 착상한다. 수정란이 자궁에 착상하면서 배종기는 끝나고 배아기가 시작된다.

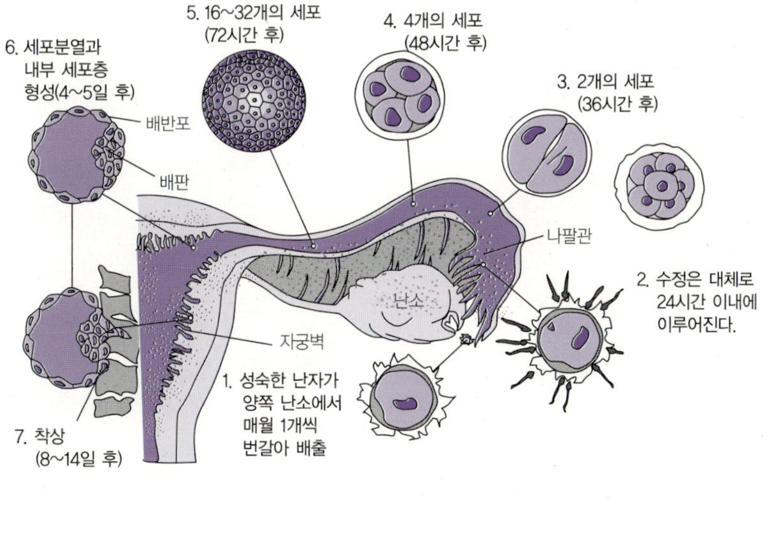

[그림 3-2] 배란에서 착상까지
출처: Shaffer (1998)

(2) 배아기

임신 3주부터 8주까지의 기간을 배아기라 한다. 배아기 동안 수정란은 모체의 자궁벽에 안전하게 착상하여 빠르게 성장하며, 양막과 태반, 탯줄이라는 3개의 구조로 발달한다. 태아를 감싸고 있는 양막 속에는 양수로 채워지는데 양수는 외부의 물리적 충격과 온도의 변화로부터 태아를 보호하는 기능을 한다. 자궁벽에 착상된 배아의 일부는 태반으로 발달하여 모체와 연결되고 다른 일부분은 반투명 막으로 된 탯줄로 발달한다. 탯줄은 태아와 모체의 태반을 연결시키는 중요한 역할을 한다. 탯줄은 어머니의 혈액을 통해 영양분을 태아에게 공급하고, 배설물도 탯줄을 통해 태반으로 운반되어 배출된다. 이 때 모체가 섭취한 흡연, 약물과 같은 독성물질도 탯줄을 통해 태아에게 전달되어 부정적인 영향을 미칠 수 있다.

배아기는 중요한 감각기관, 내장기관, 골격 등이 형성되는 매우 중요한 시기이다. 이 시기 동안 내세포 덩어리는 외배엽과 중배엽, 내배엽의 세 개의 층으로 분화한다. 외배엽에서 머리카락, 손톱, 피부의 표피층, 감각기관과 신경체계가 발달한

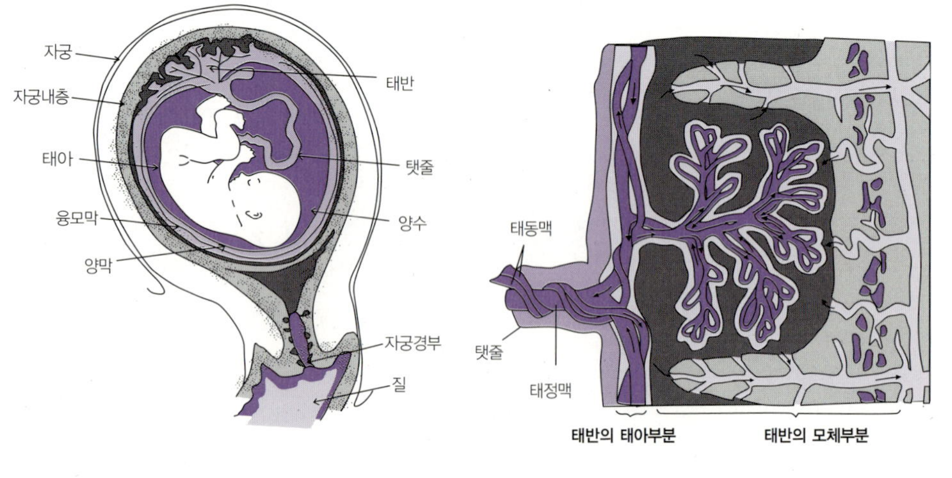

[그림 3-3] 태반과 탯줄

다. 중배엽에서는 근육, 골격, 순환계, 배설기관과 피부의 진피로 발달한다. 내배엽은 위와 같은 소화기관과 폐, 췌장, 간, 유스타키오관, 기관지 등으로 발달한다.

배아기는 빠르게 발달과 분화가 이루어지기 때문에 다른 시기보다 유해환경의 영향을 많이 받는다. 이 시기의 환경적 악영향은 신체적 기형을 초래한다. 이 시기가 지나면 신체적 기형의 확률이 다소 감소한다.

자연유산의 대부분은 배아기에 일어난다. 자연유산은 배아가 자궁벽에서 떨어져 질 밖으로 배출되는 것을 말한다. 임신초기 몇 주 동안 많은 자연유산이 일어나는데 이는 종의 진화로 보여진다. 즉, 염색체나 유전적 결함을 가진 배아를 유산함으로써 나은 인간으로 진화한다.

배아기는 임신의 징후가 외부로 나타나기 시작한다. 임신의 징후는 가슴이 커지고, 젖꼭지의 색깔이 진해지며, 속이 메슥거리고 구토를 하며, 특정한 음식을 싫어하거나, 먹고 싶어지는 등 입덧을 하게 된다. 또한 추위를 느끼거나 미열이 나고, 피로감을 느낀다. 정서적으로도 초조해하고 예민해진다.

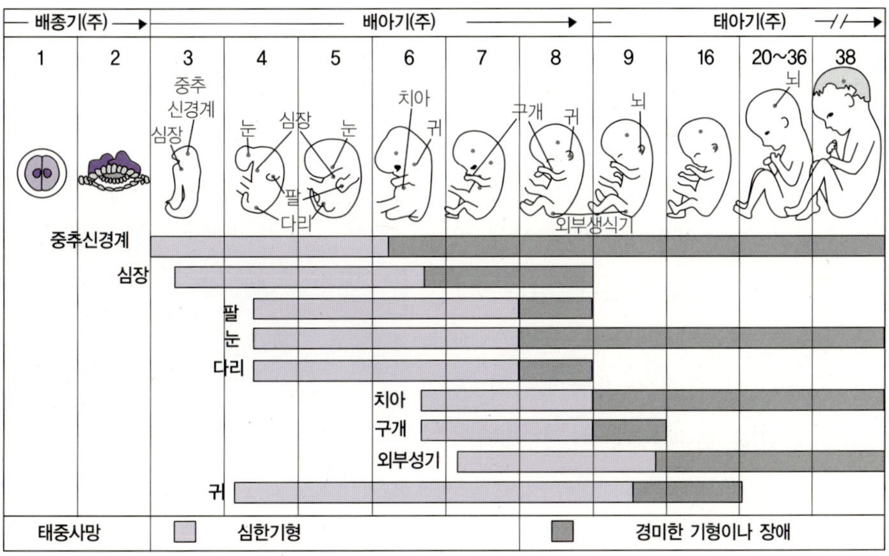

[그림 3-4] 태내발달의 결정적 시기
출처: Moore & Persaud (1989)

(3) 태아기

태아기는 임신 9주부터 출산 전까지의 기간을 말한다. 이 기간 동안 태아는 새로운 기관의 생성보다는 이미 생성된 기관과 골격 등이 더 크게 성장하고 신체기관들이 기능하기 시작한다. 태아의 크기가 눈에 띄게 증가한다. 태아기 초기 태아의 무게는 28.35g에 불과하였으나 임신 4달째에는 0.2kg까지 증가하고 출생 전까지 3.6kg으로 증가한다. 이 시기 동안 주요 신경체계의 발달이 빠른 속도로 진행되고 일부 신경체계의 발달은 출생 후까지 계속되어진다.

임신 3개월경에는 외부의 생식기관을 포함한 신체기관의 발달로 태아의 성별을 확인할 수 있게 된다. 또한 임신 4개월경에는 어머니가 태아의 움직임인 태동을 느끼게 된다. 임신 5개월에는 빨기와 같은 반사작용과 양수를 삼키거나, 딸꾹질 같은 행동이 나타난다. 5개월 말의 태아는 손톱과 땀선, 피부가 발달하며, 부드러운 머리카락과 솜털이 몸 전체를 감싼다. 6개월경의 태아는 눈을 뜨고, 감을 수 있다. 만약 이 시기에 태아가 출생한다면 호흡기와 신경계의 미성숙으로 외부의 도움 없이는 생존하기 어렵다.

임신 7개월경에 태어난 아기는 생존할 가능성이 높기 때문에 이 시기를 생존가능연령이라 한다. 임신 7개월에 조산한 아기는 인큐베이터에서 양육된다. 호흡기관은 임신 9개월까지 계속 발달하므로 28주 이전에 조산한 아기는 환경적 조건이 나쁘면 발달 지체를 보인다(Moore & Persaud, 1998).

임신 3개월부터 태아는 지방층의 발달로 체중이 급격히 증가한다. 이로 인해 자궁 속의 공간이 점점 좁아진다. 임신 9개월경의 태아는 머리가 아래로 향하는 자세를 취하는데, 이는 좁은 자궁에서의 공간 확보와 출산을 용이하게 하기 위해서이다.

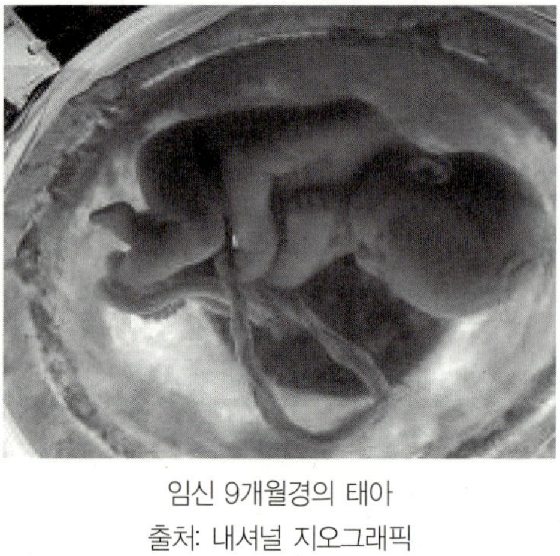

임신 9개월경의 태아
출처: 내셔널 지오그래픽

3) 태내 진단

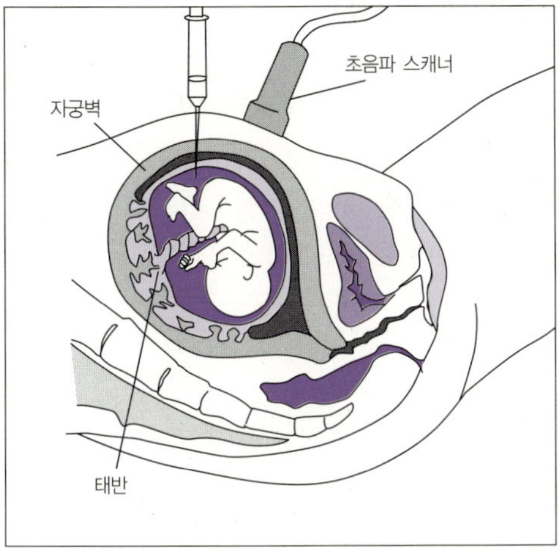

[그림 3-5] 양수 검사

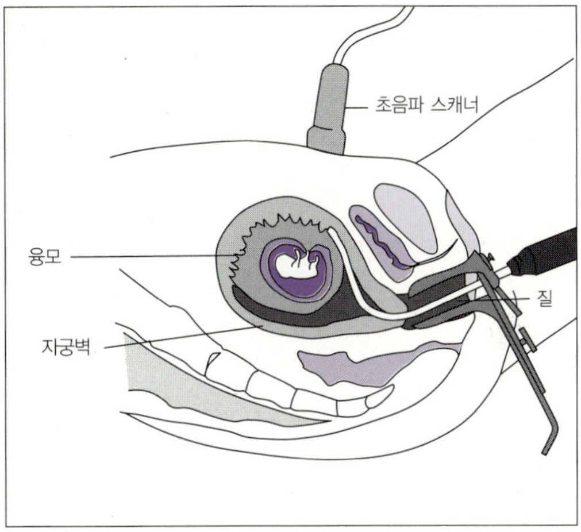

[그림 3-6] 융모막 검사

모든 부모는 건강한 아기의 출산을 바라며 9개월을 기다린다. 특히 가계에 유전병이 있는 경우나, 유전적 결함을 가진 자녀를 출산한 경험이 있는 경우, 부모의 연령 특히 어머니의 연령이 많은 경우에 출생 전 태아의 결함에 대해 알고 싶어하며, 태아의 출산 여부를 결정하려고 한다. 오늘날 의학 기술의 발달로 인해 출생 전 태아에 대한 정보를 제공해 줌으로써 태아의 이상 유무에 대한 정확한 진단과 치료를 할 수 있다.

● 표 3-2 ● 태내기 진단

구분	내용
초음파검사	임신 4~5주 이후에 실시 가능하며. 초음파를 통해 태아의 영상을 볼 수 있다. 태아의 성별, 쌍둥이 여부, 신체적 기형 등에 대한 정보를 알려준다.
양수검사	주사기를 이용하여 태아를 둘러싼 양수를 채취하는 방법이다. 양수를 통해 적혈구성 빈혈, 다운증후군 등 태아의 유전적 결함을 진단한다. 임신 16주 이후에 검사가 가능하다.

구분	내용
융모막검사	임신 8~9주 이내에 실시 가능하다. 태아를 둘러싼 융모막에서 세포를 추출하여 분석한다. 이 검사를 통해 태아의 유전적 결함을 확인할 수 있다.
모체 혈액검사	혈액 검사를 통해 태아의 이상을 진단한다. 임신 14~20주 사이에 모체로부터 혈액을 채취하여 alpha fetoprotein(AFP)이라는 물질의 양을 검사하여 무뇌아, 선천적 기형, 다운증후군과 같은 태아의 결함을 진단한다.
태아 치료	새로운 의학 기술로 자궁 내 태아에게 약물치료, 호르몬치료를 함으로써 태아의 유전적 결함을 치료한다. 또한 자궁 내의 태아에게 수술을 함으로써 심장, 호흡기, 요도 등의 신체적 결함을 치료하기도 한다.

4) 태내 환경

출산 전 태아는 자궁 내에서 비교적 안전하게 보호받는다. 그러나 여러 가지 요인이 태아를 둘러싼 태내환경에 영향을 미친다. 태내발달에 영향을 미치는 요인으로는 부모의 연령, 영양, 스트레스를 들 수 있다.

(1) 부모의 연령

어머니와 아버지의 연령 모두가 태아의 발달에 영향을 미친다. 여성의 경우, 20대에서 30대 초반까지가 임신과 출산에 가장 적합한 연령이라고 할 수 있다. 십대 여성이나 나이 든 여성의 출산은 정신지체와 같은 결함을 가진 아기를 출산할 가능성이 높아진다. 십대에 어머니가 된 여성은 자궁의 미성숙과 태아를 보살피는 경험 부족으로 인해 문제가 발생된다. 또한 35세 이후의 임신을 노산이라 하는데, 노산의 경우 자연유산, 임신중독증, 난산, 미숙아 출산이나 다운증후군의 비율이 급격히 증가한다. 어머니의 연령과 마찬가지로 아버지의 연령 또한 태아발달에 영향을 미친다. 이는 연령이 증가할수록 정자와 난자가 유해환경에 노출될 확률이 높으며, 손상된 정자와 난자가 수정될 수 있기 때문이다. 따라서 아버지의 연령이 많을수록 21번째 염색체의 이상으로 태아가 다운증후군을 가질 확률이 높아진다.

35세 이상 고령 임산부

세계보건기구와 국제산부인과학회에 의하면 초산 여부 불문, 35세가 넘어 임신한 여성을 '고령 임산부'라고 정의한다. 우리나라도 여성의 사회 진출이 늘면서 '나이 많은 엄마' 비율이 점점 증가하고 있다. 나이만으로 임신의 위험 여부를 단정할 수는 없지만 20대 임신보다 유산이나 조산, 기형아 출산 확률이 높다.

고령임신에서 또 다른 주의할 점은 임신중독증과 분만에 관한 문제이다. 임신중독증은 임신과 더불어 달라지는 변화를 몸이 견디지 못해 몸이 붓고 혈압이 올라가는 병이다. 특히 40대 이상의 고령 임산부에게 임신중독증이 나타나면 조산 확률이 커진다. 임산부는 평소에 철저한 사전 검사와 함께 갑작스런 체중증가를 주의해야 한다. 흔히들 고령 임산부는 고혈압성 질환과 당뇨, 태반병변(태반에 염증이나 상처가 생기는 병) 등의 위험성 때문에 제왕절개를 해야 한다고 알고 있지만, 자연분만의 여부는 지극히 개인적인 것이다. 그러나 고령 임신이라고 무조건 위험한 것이란 편견을 가질 필요는 없다. 임신 전에 산전 검사와 임신 중 필요한 진단검사를 충실히 받고, 규칙적으로 꾸준히 가벼운 운동을 하여 순산을 위한 체력을 기르며, 임신 합병증의 주요한 원인이 되는 비만이 되지 않도록 칼로리를 제한하고 양질의 단백질과 비타민을 충분히 섭취한다면 튼튼하고 건강한 아기를 출산할 수 있을 것이다.

(2) 어머니의 영양

모체는 태아발달을 위한 유일한 영양공급원이므로 적절한 영양섭취가 매우 중요하다. 특히 임신 중기부터는 태아가 혈액을 만들기 위해 모체의 철분을 흡수하기 때문에 철분이 부족해지기 쉽다. 철분부족은 빈혈과 임신중독증의 원인이 되기도 한다. 또한 칼슘과 단백질, 비타민은 태아의 성장발육에 필수적이므로 충분히 섭취해야 한다.

임신기간 동안 하루 섭취량은 평상시보다 15~30% 정도 더 많이 섭취하여야 한다. 임신기간 동안 적절한 영양을 섭취하지 못하면 조산이나 저체중아를 출산하기 쉽다. 태아기의 영양실조는 중요한 신경계의 발달에 영향을 미치며, 질병에 대한 면역이 약해지고 생후 1년 동안 사망의 위험이 높다.

(3) 어머니의 스트레스

심한 스트레스가 오래 지속된 상태의 임산부는 조산을 하거나 지나치게 예민한 반응을 보이거나 정서적으로 불안정한 상태를 보인다(Schneider, Roughton, &

Lubach, 1997). 스트레스는 임산부의 호르몬 분비를 촉진시키고 이는 태반을 통해 태아에게 산소의 흐름을 감소시켜 산소와 영양공급의 부족을 일으킨다. 이러한 임산부의 스트레스는 태아의 움직임을 높게 할 뿐 아니라 출생 후에도 과잉행동이나 소화기 장애를 나타내게 한다. 이러한 신생아의 행동특성은 또다시 어머니의 자녀 양육을 힘들게 하는 요인이 된다.

또한 임산부의 스트레스는 흡연, 음주, 영양결핍 등과 연결되어 태아의 발달을 저해하게 된다. 따라서 우리나라에서는 임신기간 동안 임산부의 정서상태가 편안하게 유지하도록 하기 위해 태교의 중요성을 강조하고 있다.

5) 태아의 기형을 유발하는 요인

아기에게 신체적 기형을 나타내는 요인으로 약물, 질병, 환경적 위험의 세 가지로 구분할 수 있다.

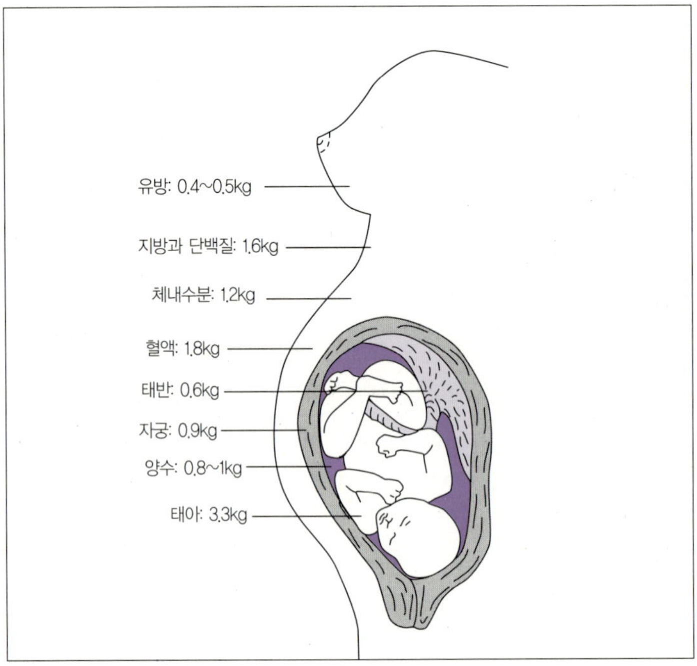

[그림 3-7] 임신 중의 체중증가
출처: Clarke-Stewart, Friedman, & Koch (1985)

(1) 약 물

대부분의 사람들은 임신기간 중의 약물 복용은 태아에게 해롭다는 것을 알고 있다. 그러나 가끔 임신기간 중에 약물 복용으로 인하여 문제에 직면하는 임산부들이 있다. 이들 대부분은 임신한 사실을 모르고 아스피린이나 감기약, 여드름 치료제 비타민 A 파생물질로 제조된 피임약 등을 복용한 경우이다. 예를 들어, 아스피린의 복용은 저체중아, 낮은 IQ, 운동 기능의 문제를 가진 아기의 출산과 관련된다. 1950년대 독일에서 많은 임산부들이 팔, 다리, 머리와 손가락이 기형인 아기를 출산하였다. 아기의 기형 원인은 임산부가 임신기간 동안 탈리도마이드라는 수면제를 복용하였다는 것이다.

또한 최근 연구에서 하루에 3잔 이상의 커피를 마신 임산부는 저체중아의 출산이나 유산의 위험이 높은 것으로 밝혀졌다. 음주와 흡연을 한 임산부가 음주와 흡연을 하지 않은 산모에 비해 자연유산, 조산, 저체중아를 낳을 비율이 높다. 임신 중 음주를 한 어머니에게서 태어난 아기는 태아 알코올증후군을 보이는데 이들은

1960년대 세계 48개국에서 1만2,000명의 기형아를 유발한 탈리도마이드

탈리도마이드에 의한 신체 기형

주의력 결핍, 낮은 기억력, 낮은 지능을 보였다. 최근 연구에서 하루에 2잔의 음주도 태어날 아기의 지능에 부정적인 영향을 미친다고 밝히고 있다(Streissguth et al., 1994). 더욱이 임산부의 음주와 흡연은 영아 돌연사(Sudden infant death syndrome: SIDS)를 증가시킨다(p.103 참조).

● 표 3-3 ● 태아에게 영향을 주는 약물

약물	결과
알코올	태아 알코올 증후군, 지능 지체, 심장 손상, 성장 지체
아스피린	지능, 주의력, 운동 기능 지체
카페인	저체중, 근육의 감소
코카인, 헤로인	성장 지체, 신생아 정서장애
마리화나	저체중아, 운동통제력의 미숙
니코틴	성장지체, 안면기형

(2) 질 병

대부분의 산모들은 임신기간 동안 질병에 걸리지 않도록 주의를 기울인다. 그러나 감기, 독감 등의 가벼운 질병에 노출되기도 한다. 감기와 같은 질병은 크게 태아에게 영향을 미치지 않지만 박테리아나 바이러스의 감염은 태아에게 치명적인 영향을 미치기도 한다. 대표적인 것으로 후천성 면역결핍증(AIDS), 사이토메갈로 바이러스, 성기 부분에 헤르페스(herpes) 바이러스에 의한 포진, 풍진, 매독 등이 있다. 이러한 질병들은 태반을 통하여 태아에게 전염되어지거나, 출산과정에서 접촉에 의해 태아에게 감염되어진다.

● 표 3-4 ● 태아에게 영향을 미치는 질병

질병	결과
AIDS	신경계의 혼란, 사망, 얼굴 기형
사이토메갈로 바이러스	청각 및 시각 장애, 비정상적으로 작은 머리, 정신 지체
성기 포진	비장 확대, 불규칙적인 혈액 응고
풍진	정신지체, 눈, 귀, 심장 손상
매독	주요 신경계, 치아, 뼈 손상

(3) 환경적 위험요소

사람들은 산업화의 영향으로 종종 위험에 노출된다. 특히 사람들이 매일 먹고 마시는 음식이나 물과 숨쉬는 공기를 통해 유해한 물질에 노출되고 건강을 위협받는다. 특히 산업폐수의 화학물질은 기형아 출산의 결정적 원인이 되기도 한다. 또한 몇몇 물질은 성인에게는 큰 영향이 없지만 태아에게 심각한 손상을 초래하기도 한다. 특히, 납, 수은, X-ray 등은 태아의 기형을 유발하는 환경적 위험요소이다. 임산부가 장시간 컴퓨터를 사용하는 것은 태아에게 해로운 것으로 알려지고 있으나, 몇몇 연구에서는 컴퓨터가 태아에게 미치는 영향에 대해 상반된 결과를 밝히고 있다(Parazzini et al., 1993; Schnorr et al., 1991).

● 표 3-5 ● 태아에게 영향을 미치는 환경적 위험요소

위험요소	결과
납	정신지체
수은	성장 지체, 정신지체, 대뇌 마비
컴퓨터(PCBs)	언어와 기억 기능 손상
X-ray	성장지체, 백혈병, 정신지체

Chapter

4

출산과 신생아발달

미리 보기

엄마되기

영화배우 최민수 씨의 아내 강주은 씨는 출산의 경험을 참으로 감동적으로 나타내었다. 자연분만으로 아기를 낳은 고통과 기쁨을 '찬란한 아픔'이라고 표현했다. 또 다른 산모는 자신의 아이를 받아 든 순간 감동의 눈물을 흘렸다고 하였다. 그러나 나에게는 이러한 감동의 경험이 없다. 병원에서 퇴원할 때 처음으로 품에 꼬옥 안아 들고 집까지 온 것이 가장 감동적인 출산의 기억이다.

처음 유리가 태어났을 때, 갓난아기 유리는 그저 하나의 객체로서 돌보아야 할 대상일 따름이었다.

조금 일찍 태어난 유리는 상태가 좋지 않아 신생아 중환자실에 있었다. 제왕절개 수술을 한 나는 2~3일이 지나 몸을 혼자 움직일 수 있게 되어, 처음으로 찾아가 보았을 때는 링거를 꽂은 채 산소 공급을 받으며 커튼 속에서 호흡을 극복하느라 애쓰고 있었다. 매일 면회할 때마다 링거가 꽂혀 있는 자리가 손에서 발로, 왼쪽에서 오른쪽으로 바뀌어 있었지만 바늘 꽂을 때 얼마나 많이 아팠을까 울지는 않았을까 등은 생각하지도 못했다.

집에 돌아와 처음 유리를 돌볼 때, 아기에게 우유를 먹인 다음 방에 재워 놓고는 어른들끼리 웃고 얘기하며 하루하루를 보냈다. 이때만 해도 유리와 내가 끊을 수 없는 연결 고리를 가진 관계라고는 생각되지 않았다.

모성애는 본능이 아니며 발달하는 데 시간이 걸린다고 한다. Robson과 Moss(1970)의 보고에 의하면 출산한 54명의 여성 가운데 절반만이 자신이 낳은 아기를 처음 보았을 때 긍정적인 감정을 가졌다. 13%만이 자신이 느낀 감정을 '사랑'으로 명명하였고, 34%가 아무 감정을 느끼지 못했다. 또한 엄마가 자신의 아기를 사랑하는 데 약 3주가 걸렸으며, 거의 3개월이 넘어서야 아기에게 강한 애착을 가지는 것으로 나타났다.

나의 경우도 크게 다르지 않았다. 그저 다른 한 객체였던 아기를 돌보는 과정을 거쳐서야 유리는 나의 가슴에 점차 소중한 존재로 자리 잡기 시작했다. 답답한 방안 공기 때문에 짜증내고 우는 아이를 토닥여 주었을 때, 시끄럽게 굴어 할머니도 감당이 안 되던 아이가 엄마가 불러주는 노래 소리에 조용해지던 때, 그즈음 밤에 잠을 안 잔다고 아빠에게 혼나고 서럽게 우는 아이를 업어주고 눈 맞추고 얘기해 주며 재워야 했던 영아기 동안 점점 더 내 가슴을 아리게 하는 나의 아기가 되었다.

생후 1개월 무렵, 출산도우미가 퇴근한 후 유리가 잠든 것을 확인한 나는 씻으러 나갔다. 샤워하는 동안 혹시 유리가 깨지 않을까 걱정은 하였지만 막상 유리한테 가 보고선 너무 놀라고 당황

하였다. 유리가 깨어 입술이 파래진 채 턱을 바르르 떨면서 울고 있는 것이 아닌가? 잠에서 깨어나 혼자인 것을 안 유리는 울음을 터트렸고, 울어도 아무도 와 주지 않으니 끔찍이 무섭고 화가 났을 것이다. 그 일을 생각하면 아직도 미안하고 가슴이 아프다. 그 이후로 아이가 자고 있어도 아이 울음이 들리지 않는 곳으로 절대로 가지 않았다.
지금은 오히려 유리와 함께 자고 일어난다. 먼저 일어나도 유리가 엄마를 부르는 소리가 들리지 않는 곳에 있지 않는다. 가끔 유리는 엄마에게 이런 말을 한다.

"난, 엄마 없으면 못 살아."
"엄마 죽지 마."
"엄마, 할머니 되지 마."
"할머니 되면 그 다음에 죽잖아. 엄마 죽으면 나는 못 살아."

출처: 나귀옥(2007), ≪캥거루엄마의 알파걸 육아기≫

출산은 부모와 아기 모두의 생에 있어서 극적이고 의미 있는 사건이며 엄청난 충격적 경험이다. 이 장에서는 새로운 생명의 탄생인 출산의 과정, 출산에 대한 다양한 접근과 문제점, 신생아의 상태와 신체적 생리적 특성 및 신생아의 평가 방법을 소개한다.

1 >>> 출 산

부모에게 있어서 임신의 마지막 몇 주는 새로운 생명의 탄생에 대한 설렘, 분만에 대한 염려, 아기가 정상일까 하는 불안감 및 모체가 임신과 출산으로 인하여 변형될까 하는 걱정 등으로 가득하다. 출산은 아기에게도 물리적 및 사회적으로 중

대한 이동이다. 즉, 따뜻하고 수분이 있는 어두운 보호막으로부터 차갑고 건조하며 밝은 외부환경으로 나오는 것이다. 이 새로운 환경은 여러 가지 빛과 사물들, 운동과 접촉, 목소리와 얼굴들이 가득한 곳으로서 아기는 출생으로 인해 이러한 새로운 자극들에 노출되고 이에 적응해야 한다.

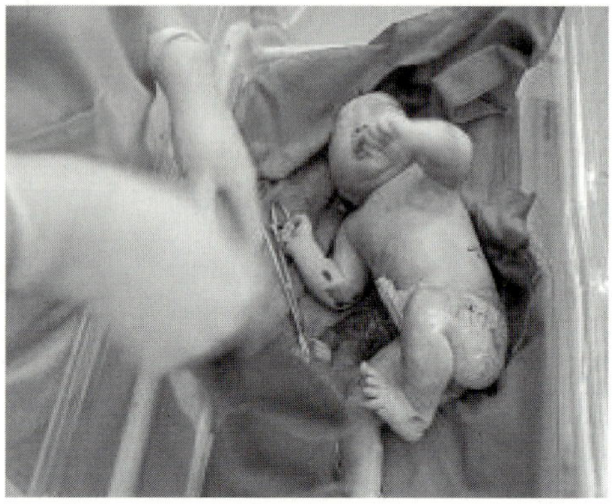

출산 장면

1) 분만의 단계

분만은 영어로 'labor' 라고도 한다. 이는 인간이 경험하는 일 중 가장 강도가 강하고 힘든 일이라고 할 수 있기 때문에 적절한 용어일 수 있다. 분만은 다음과 같은 3단계를 거친다.

(1) 1단계: 개구기

진통이 시작되어 자궁경부가 아기의 머리가 통과할 수 있을 만큼 열리는 시기이다. 이 단계가 분만의 단계 중 가장 긴 시기로서 초산부는 12~14시간 정도 걸리고 경산부는 4~6시간 정도 걸린다. 1단계는 자궁수축으로 인하여 임산부가 진통을 느끼는 것으로 시작하며 진통이 처음에는 약하고 불규칙적이지만 점차 더 강해지고 리드미컬하게 되며 약 10~15분 간격으로 자궁수축이 일어난다. 이는 분만이 진행됨에 따라 점점 더 강해지고 간격이 짧아진다. 이 단계는 아기가 산도를 통과할 수 있도록 자궁경부가 10cm 정도 열리면서 끝이 난다.

강한 자궁의 수축은 태아의 머리에 압력을 가하고 태반과 탯줄을 반복적으로 쥐어짜기 때문에 자궁수축이 일어날 때마다 산소공급이 일시적으로 감소된다. 다행스럽게도 건강한 태아는 이러한 충격을 견딜 수 있도록 잘 준비되어 있다. 즉, 수축의 힘은 아기가 많은 스트레스 호르몬을 분비하도록 자극하고 임신 중의 스트레스 호르몬과는 달리 출산 중의 스트레스 호르몬은 적응적이다. 이 호르몬은 많은 양의 혈액을 뇌와 심장으로 보냄으로써 아기가 산소결핍을 견딜 수 있게 해 준다(Lagercramtz & Slotkin, 1986). 임산부는 자궁수축을 용이하게 하도록 하기 위하여 진통이 있더라도 몸의 힘을 빼고 긴장을 푸는 것이 좋다. 또한 임신기간 동안 흉식호흡을 배우고 분만 중에 흉식호흡을 함으로써 긴장을 풀고 태아에게 충분한 산소가 공급될 수 있도록 하는 것이 바람직하다.

(2) 2단계: 출산기

이 단계는 양막이 터져 양수가 나오고 자궁경부가 충분히 열려 태아가 산도를 통해 모체 밖으로 빠져 나오는 시기이다. 이 단계는 앞 단계보다 훨씬 짧은 시기로서 초산부는 약 50분 걸리고 경산부는 20분 정도 걸린다. 강한 자궁수축이 계속되는 반면 임산부도 복부근육에 압력을 주고 수축시킴으로써 아기를 밀어내고자 하는 자연적인 욕구를 느낀다. 이러한 자궁수축과 산모가 복부에 가하는 힘으로 인해 왕관(crown)이라고 불리는 사건인 아기의 머리 윗부분이 드디어 나타나고 세상으로 나오게 된다. 탯줄은 태아와 연결되어 모체 밖으로 나오지만 태반은 아직 자궁에 있다.

이 단계 동안 태아가 산도에 오래 머물러 있으면 산소가 부족하여 뇌손상을 입을 수도 있고 질식사할 수도 있다. 그러나 출산 중의 자궁수축으로 인한 태아의 스트레스 호르몬은 폐에 남아 있는 액체를 흡수하여 건조시키도록 하며 기관지를 확장시킴으로써 아기가 호흡할 수 있도록 준비해 준다. 또한 스트레스 호르몬은 태아를 각성시켜서 태어날 때 깨어 있게 하고 세상과 상호작용하도록 해 준다(Lagerrantz & Slotkin, 1986).

(3) 3단계: 후산기

아기가 태어나고 잠시 후 약한 진통과 함께 자궁이 수축되면서 태반이 자궁벽에서 분리되어 양막과 함께 배출되는 단계이다. 소요되는 시간은 몇 분에 불과하며 자궁 속에 태반의 일부가 남아 있으면 세균감염의 우려가 있으므로 주의하여야 한다.

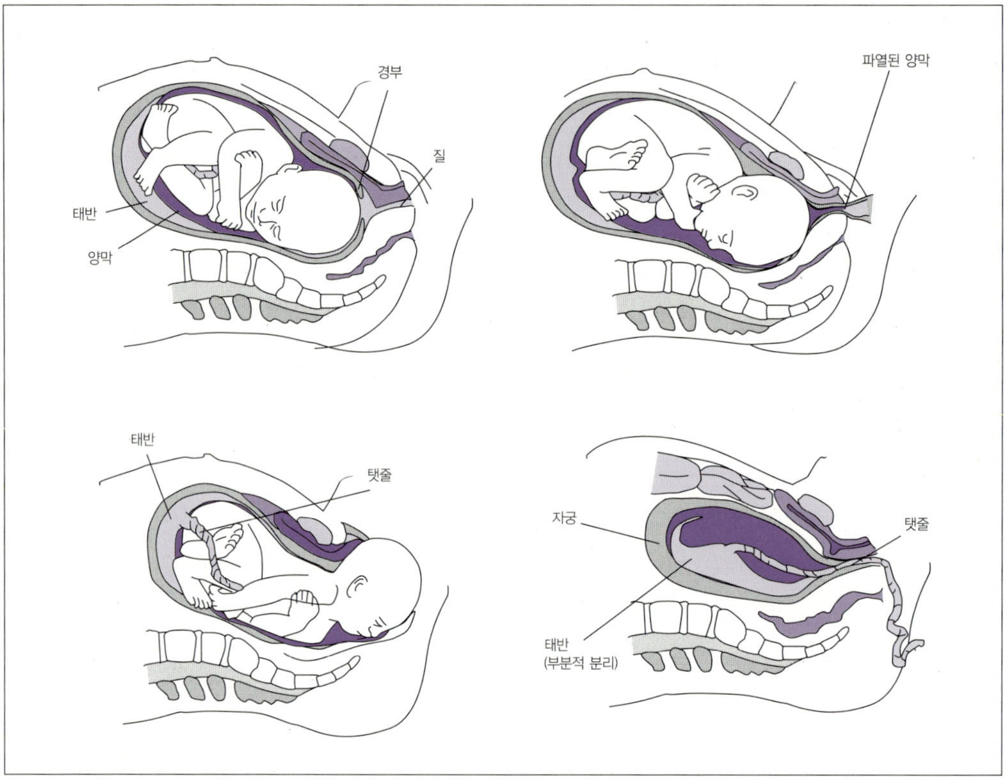

[그림 4-1] 자연분만의 단계

이러한 단계를 거쳐 아기의 출산과정이 끝나고 자궁은 임신 이전의 크기로 되돌아가기 위하여 다소의 진통을 느끼게 된다. 각 단계에서 제시한 시간은 대략적인 추정이고 실제 걸리는 시간은 산모에 따라 차이가 크게 난다. 대체로 둘째 아이부터 그 이후의 출산은 훨씬 짧게 걸린다.

제대혈 보관

제대혈이란 모체와 태아를 연결하여 영양분과 산소를 공급하는 탯줄에서 채취한 혈액(탯줄 혈액: Cord Blood)을 말한다. 제대혈 속에는 인체 내의 면역체계와 생명을 유지하는 데 중요한 역할을 하는 백혈구, 적혈구 및 혈소판 등의 혈액세포를 만들어 내는 조혈모세포(조혈 줄기 세포)가 다량 들어 있다. 이 조혈모세포는 골수이식을 필요로 하는 많은 질병, 즉 백혈병 등의 암 및 악성 혈액질환, 선천성 대사 장애, 면역장애 등의 치료에 이용된다. 건강한 자신의 조혈모세포를 이식하기 때문에 조직적합성 항원이 완벽하게 일치하여 이식 후 거부 반응과 같은 부작용이 거의 없다. 최근에는 이러한 제대혈을 냉동보관해 주는 업체들이 영업 중이며 많은 산모들은 아기를 출산하기 전에 제대혈 보관을 예약하고 있는 실정이다.

2) 출산에 대한 접근

1800년대 후반기 이전에는 대부분의 산모들이 가정에서 분만을 하였고, 이는 주요한 가정사의 일부분이었다. 산업혁명이 일어난 후 건강문제가 대두되면서 가정에서의 분만이 산모와 아기의 건강을 보호받을 수 있는 병원으로 이동하게 되었다. 그러나 1950~1960년대에 이르러 여성들은 진통과 출산의 과정에서 병원에서 시행하는 일련의 의료절차에 대하여 의문을 품게 되었고 많은 여성들은 분만의 과정에 사용되는 강한 약과 출산도구들이 자신의 소중한 경험을 빼앗아 가며 때로는 이러한 약물과 도구들이 필요하지 않거나 아기에게 안전하지 않다고 깨닫기 시작하였다. 분만 시 주로 사용되는 약물은 산모의 감각을 마비시키는 마취제, 진통을 완화시켜 주는 진통제, 자궁수축 운동을 촉진시키는 촉진제 등이다. 이러한 약물은 태반을 통해 태아에게 전달되어 여러 가지 문제를 초래할 수 있다.

산모와 아기의 건강을 유지하면서 최대한 약물로부터 안전하게 출산하려는 자연적 출산 운동이 유럽에서부터 일어나게 되었고 북미주 지역으로 퍼지기 시작하였다. 이러한 운동은 최근에 우리나라에서도 강하게 일어나고 있으며 다양한 대안 분만을 시행하는 여성들이 늘어나고 있다. 대안 분만의 목적은 병원에서의 출산이 산모와 아기에게 안전하면서도 좀 더 편안하고 산모와 가족에게 보상이 되도록 하는 데 있다. 즉, 산모가 아기를 출산하는 행복하고 소중한 경험을 가지도록 하고 가족도 참여하여 이를 공유하며 약물사용을 억제하는 방향으로 가고 있다. 요즈음은 많은 병원이 분만을 위한 센터를 운영하여 분만에 대한 사전 교육을 실시하며, 가정과 같은 분위기에서 산모 자신이 진통과 출산에 더 많은 통제를 할 수 있도록 하고, 여러 가지 다양한 자세를 선택할 수 있으며, 가족이나 친구가 참여할 수 있으며, 가족과 아기의 초기 접촉을 허용하는 등의 출산 방법을 택하고 있다. 또한 이러한 분만방법에서는 약물이나 출산도구들을 적게 사용하고 있다.

자연적 분만을 시행하게 되면서 산모들은 병원분만에서의 출산 시에 취하는 전형적인 자세인 누운 자세보다는 선 자세 혹은 앉은 자세 등의 다양한 자세를 취하고 있다. 산모가 등을 세우는 자세는 누운 자세보다 아기를 밀어내기가 더 쉽고 효율적이기 때문에 진통 시간이 짧아진다. 또한 이런 자세는 태반으로의 혈액 공급이 증가하기 때문에 태아는 더 많은 산소를 공급받을 수 있다(Davidson et al., 1993). 또한 산모는 아기가 나오는 과정을 볼 수 있기 때문에 산도에 있는 아기를 밀어내는 수축을 효율적으로 할 수 있다. 이러한 맥락에 있는 새로운 분만법으로 수중분만, 그네분만, 공분만 등이 있다.

(1) 무통분만

산모로 하여금 통증을 느끼지 못하게 하기 위하여 부분 마취를 하여 분만을 돕는다. 이러한 경우 산모가 복부 근육에 힘을 주어 태아를 밀어내는 역할을 하지 못하기 때문에 태아가 산도에 오래 머물러 있을 수가 있으며 산도의 태아를 꺼내기 위하여 기구를 사용하여야 하는 경우가 있다. 이런 방법은 아기에게 위험을 초래할 수도 있다. 또한 진통제는 태반을 통하여 태아에게 전달되기 때문에 아기에게 좋지 않은 영향을 미칠 수 있다.

(2) 제왕절개

제왕절개는 산모의 복부를 절개하여 아기를 꺼내는 방법이다. 로마의 명장 Julius Caesar가 이 방법으로 태어났다고 하여 Cesarean section(제왕절개)이라고 불린다. 제왕절개는 다음과 같은 불가피한 경우에만 시행하여야 한다. 첫째, 태아의 위치가 반대 혹은 수평으로 있어 머리부터 먼저 나오는 것이 아니라 엉덩이나 다리부터 먼저 나와 정상적인 분만이 불가능할 경우, 둘째 전치태반이어서 태반이 자궁 입구를 막고 있어 출혈로 인하여 정상적인 분만이 불가능할 경우, 셋째 진통이 너무 오래 계속되어 태아가 산도에 오랫동안 머물러 있어 위험할 경우, 넷째 태아의 머리가 너무 커서 산도를 통과할 수 없을 경우 등이다.

제왕절개는 정상적인 분만법으로는 생존할 수 없었던 산모와 태아의 생명을 구해 왔고 산모가 진통을 겪지 않고 아기를 낳을 수 있다. 그러나 정상 분만보다 더 많은 약물을 사용하므로 태아가 해로운 약물에 노출될 확률이 더 높아 태아가 호흡곤란을 일으킬 수 있고, 덜 반응적이 되거나 잠을 잘 자지 않는 증상이 나타날 수 있다. 또한 출산 후 산모의 회복이 더디며, 병원에 더 오래 입원하여야 하며, 감염의 위험이 높다. 그 외에도 비용이 많이 들고, 한 번 제왕절개를 하면 그 다음도 제왕절개를 해야 하는 확률이 높기 때문에 불가피한 경우가 아니면 하지 않는 것이 바람직하다.

제왕절개 비율의 추세

1960년대부터 1980년대에 이르기까지 제왕절개의 비율은 전체 출산의 5%에서 23.5%로 증가하였다(Centers for Disease Control, 1993). Localio 등(1993)에 의하면 제왕절개 비율의 증가는 의사의 편리성(한밤중에 갑자기 불려 나오는 것보다 미리 계획된 스케줄에 따라 시술)과 환자의 편리성(출산의 공포와 진통이 없는 출산) 및 정상 분만 시에 발생할 수 있는 문제에 대한 책임의 회피 등과 관련이 있다고 한다. 최근에는 제왕절개의 비율이 필요 이상으로 높다는 지적과 함께 대안분만에 대한 관심이 높아지면서 1980년대에는 제왕절개의 비율의 증가가 완만해졌고, 1990년대에는 그 비율이 감소하기 시작하였다(Centers for Disease Control and Prevention, 2000).

(3) 라마즈 분만

낯선 병원에서 남편과 가족 혹은 친구들로부터 격리된 환경에서 의료진과 약물의 도움으로 아기를 낳는 방법으로부터 탈피하여 가정과 같은 환경에서 가족의 도움을 받으면서 산모 자신이 진통을 이겨내고 분만하는 자연적 출산의 대표적인 방법이 라마즈 분만법이다. 라마즈 분만법은 프랑스의 라마즈 박사가 개발한 것으로서 출산 이전에 분만교실에서 배운 이완법, 연상법, 호흡법을 통하여 진통을 완화시켜 주고 남편 혹은 다른 가족이 참여하여 분만의 과정을 함께 겪어나가는 방법이다.

분만을 위하여 다음과 같은 세 가지 요소를 포함한다. 즉, 출산 이전에 임산부와 남편(혹은 분만에 참여할 다른 가족, 친구)은 분만교실에 참여하여 진통과 출산의 과정에 대하여 배운다. 출산의 과정에 대한 지식은 출산에 대한 두려움을 감소시킨다. 그 다음으로 임산부는 자궁수축 시의 진통에 대처하는 이완 기술과 호흡법을 배운다. 남편, 분만에 참여할 가족 혹은 친구는 분만교실에 참여하여 산모를 지지하고 돕는 방법을 배워 진통과 출산을 산모와 함께 하면서 산모가 진통을 극복하고 순조로운 분만을 하도록 코치한다. 즉, 산모에게 긴장을 이완하는 법과 호흡법을 상기시키고, 산모의 등을 마사지하고 몸을 지탱해 주며, 산모를 격려하고 애정을 표현함으로써 출산을 돕는다.

위와 같은 자연적 방법으로 분만할 때 주로 이완법, 연상법, 호흡법을 활용하여 진통과 출산의 어려움을 극복한다.

1 이완법

진통을 느낄 때 긴장하면 통증을 더 심하게 느끼기 때문에 신체의 모든 부위의 힘을 빼는 것으로서 의식적인 근육이완훈련을 통하여 진통을 감소시키는 방법이다. 근육이 경직되면 젖산의 축적으로 피로가 가중되나 근육이 이완되면 리락신(Relaxin) 분비를 촉진시킴으로써 더욱 이완되고 엔돌핀의 분비도 촉진되어 통증을 덜어 주게 된다. 또한 잘 이완되면 자궁구도 빨리 열려 진통시간도 짧아진다. 산모는 대체로 출산에 대한 두려움으로 근육을 긴장시켜 통증을 더 강하게 만드는 경향이 있다. 분만에 함께 참여하는 남편 혹은 가족은 산모의 근육이나 관절을 만져 보아 힘이 들어가 있는지를 확인하여 힘을 빼도록 도와주어야 한다.

2 연상법

자궁수축으로 인한 진통을 느낄 때 그 통증에 집중하는 것이 아니라 일생동안 살면서 경험한 즐겁고 행복했던 일이나 아름다운 장면을 떠올리도록 하여 통증에 대처하는 방법이다. 기분 좋은 일을 머릿속에 그려봄으로써 능동적으로 엔돌핀의 분비를 증가시켜 통증을 감소시키게 된다. 조용한 휴식처, 좋았던 기억, 신혼여행의 추억, 까르르 웃는 아기의 웃음소리 등을 연상함으로써 긴장을 줄이고 고통을 감소시키는 효과를 가져온다. 진통이 오기 시작하면 쉽게 연상이 잘 되지 않기 때문에 산전에 진통이 없는 상태에서 하루 20분씩 연습하여야 한다.

3 호흡법

라마즈 분만에서 가장 중요한 요소로서 흉식호흡을 한다. 흉식호흡은 산소를 체내에 충분히 공급하여 근육이완을 돕고 태아에게 산소공급을 원활하게 해 준다. 또한 진통 시에 통증에 집중되던 관심을 호흡에 분산시킴으로써 통증을 덜 느끼게 하는 효과가 있다. 산전 분만교실에 참가하여 남편과 함께 이 호흡법을 연습하고 진통 시에 남편이 산모의 호흡을 코치하고 함께 해 주어야 한다. 특히 진통의 마지막 단계에서는 심호흡을 한 후 여덟이나 열까지 수를 센 후 내뱉어야 할 때 남편이 그 수를 세어 주며 격려해 주어야 한다.

(4) 폭력 없는 탄생: 인권분만

인권분만은 산모의 고통뿐만 아니라 태아를 배려하는 출산문화를 말한다. 프랑스의 산부인과 의사 Lavoyer가 ≪폭력 없는 탄생≫이라는 저서를 발간하면서 알려지게 되었다. 인권분만은 수중분만 혹은 그네분만 등과 같은 방법론의 차원이 아니라 더 상위개념으로서 분만의 철학을 의미한다. 출산 시 공포와 겁에 질린 태아가 최대한 태내환경과 유사한 환경을 접하도록 함으로써 탄생하는 순간의 스트레스를 최소화하여 태아의 인권을 보호하자는 입장이다. 즉, 태아가 태내의 어두운 환경으로부터 강한 불빛 속으로 나오고, 태반으로부터 산소를 공급받다가 자신의 폐로 숨을 쉬어야 하며, 액체 속에 있다가 공기 중으로 나오게 된다. 이러한 엄청난 충격을 최소화하기 위하여 어둡고 따뜻하며 조용한 방에서 분만하도록 하고, 즉시 탯줄을 자르지 말고 아기를 어머니의 배 위에 5분 정도 뉘어 두었다가 탯줄을 자르며, 또한 양수와 비슷한 환경인 따뜻한 물 속에 넣어 주고 마사지해 주어 새로운 세계에 적응하도록 도와야 한다.

(5) 수중분만

수중분만의 역사를 거슬러 올라가면 고대 크레타 문명의 미노스 인들이 바닷물이 낮게 고인 웅덩이에서 분만을 한 기록이 있으며, 이집트 전설에 수중분만으로 태어난 아이는 후에 제사장이나 성직자가 된다고 전해져 내려오고 있다. 현대에 와서는 1960년대 러시아의 과학자 이고르 샤르코프스키가 자신의 딸을 물 속에서 받았고, 1970년 영국의 의사 미셜 오덴트가 의학 잡지에 수중분만 시 진통이 완화되는 효과가 있다는 논문을 발표하면서 세계적 이목을 끌게 되었다. 우리나라에서는 뮤지컬 배우 최정원 씨가 수중분만을 하고 그 동영상이 TV에 방영되고 책으로도 출간됨으로써 널리 알려지게 되었다.

수중분만은 말 그대로 물 속에서 아기를 낳는 것을 말한다. 진통에서 분만까지 모든 과정을 물 속에서 할 수도 있고, 진통은 물 속에서 하다가 분만은 물 밖에서 하거나 진통은 물 밖에서 하다가 분만은 물 속에서 하는 방법도 있다. 이 방법도 남편의 지지와 도움이 큰 역할을 하고 의사의 역할은 그리 크지 않은 자연적 방법 중의 하나이다. 또한 누운 자세의 분만이 아니라 좌식분만법 중의 하나로서 앉은 자세에서는 골반이 잘 벌어지고 힘을 주어 아기를 밀어내기가 쉽다. 따라서 진통 시간이 짧고, 통증을 덜 느끼며, 물 속에서는 근육이 이완되어 편안함을 느끼며 부력으로 인하여 몸이 가벼워짐을 느낀다. 태아의 편에서도 양수와 비슷한 환경인 물 속으로 이동하기 때문에 태아도 탄생 시 스트레스를 덜 받는다고 한다. 그러나 청결하지 못한 물 혹은 출산 시 산모로부터 배출되는 분비물로 인하여 산모와 태아가 감염될 위험이 높다. 또한 분만 도중 태아에 대한 의학적 감시가 어려운 점도 있다.

국내 최초로 수중분만법을 시도한
뮤지컬 배우 최정원 씨
출처: http://www.naeil.com/weeklynaeil/naeil/news/316/31642.htm

(6) 그네 분만

스위스의 바젤에서 예술가인 파울 데겐(Paul Degen)에 의해 발명되었다. 그네에 앉은 자세에서 진통이 올 때마다 몸을 자유롭게 흔들거리면서 진통이 완화되고 좀 더 편안해지는 분만 방법이다. 좌식 분만이어서 자궁구가 좀 더 쉽게 열리며 분만 시간이 단축된다. 또한 앉은 자세이어서 호흡이 용이하며 자궁과 태반에의 혈액공급을 증진시킨다. 간염보균자 혹은 질병으로 인하여 수중분만이 어려운 산모에게 적절하며 남편 혹은 가족이 동참하여 함께 출산의 고통을 나누는 분만 방법이다.

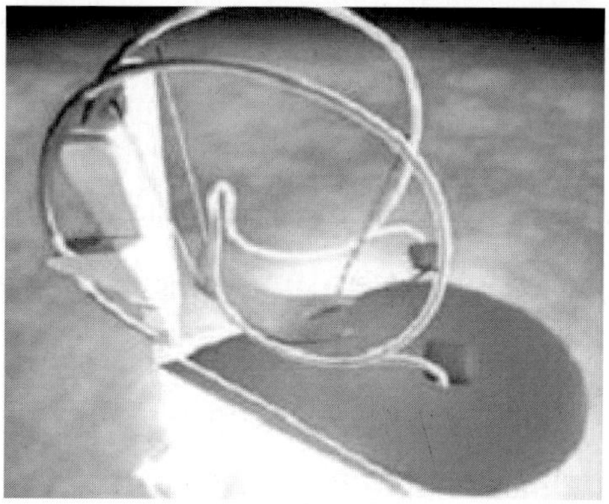

그네 분만

(7) 공 분만

공은 정형외과적 혹은 신경학적 장애를 치료하는 도구로 오랫동안 사용되어 오다가 분만에는 1980년대에 이르러 사용되었다. 공을 이용해 앉거나 기대며 무릎을 꿇는 등의 다양한 자세를 자유롭게 취할 수 있다. 따라서 산모가 편안한 자세를 취할 수 있을 뿐만 아니라 태아가 하강하고 회전하는 데 유리한 자세를 취할 수 있다. 공 위에 앉아 있는 자세는 골반을 자연스럽게 흔들어 주고 회전시켜 주기 때문에 아기가 내려오는 분만과정을 촉진시킨다. 또한 공은 임신 말기에 의자에 앉아 있는 것이 불편한 임산부가 소파나 의자 대신 사용할 수 있고 공을 이용한 산전 체조는 요통을 완화시켜 줄 수 있다.

출산 공의 크기는 사용하는 산모의 키에 따라 달라진다. 즉, 공 위에 앉은 자세에서 산모의 엉덩이와 무릎은 90°각도로 구부러져야 하고 무릎은 발목 위에 똑바로 놓여져야 한다.

공을 이용한 산전 체조

3) 출산 시의 문제점

출산이 인간발달의 정상적인 과정이고 대부분의 경우에는 출산으로 인한 문제가 오래 지속되지 않지만 가끔은 아기에게 부정적인 영향을 미치기도 한다. 대표적인 출산 관련 문제점으로 난산, 산소결핍, 조산과 저체중 등이 있다.

(1) 난 산

산모 혹은 태아에게 이상이 있어 분만이 순조롭지 못한 경우 난산이라고 한다. 요즈음은 대부분의 난산이 의학적 도움을 받아 산모와 태아의 건강을 유지시켜 줄 수 있다. 산모의 문제로서는 산도나 골반이 작거나 기형인 경우, 복근수축 혹은 밀어내는 힘 부족 등이 있으며 태아의 문제로서는 위치 이상 혹은 신체적 기형이 있으며 이러한 문제들이 난산으로 이어지게 된다.

그 외에도 전치태반, 태반 조기 박리, 조기 파수 등이 있다. 전치태반은 태반이 자궁 입구 가까이에 있어서 정상 분만이 어렵고 제왕절개를 해야 한다. 태반 조기 박리는 태아가 나오기 전에 태반이 자궁벽으로부터 떨어지는 것으로서 곧바로 출산하지 않으면 산모와 태아의 생명이 위험하게 된다. 조기 파수는 자궁수축으로 인하여 터지는 양수가 출산이 진행되기 이전에 일찍 터져 나오는 것으로서 곧바로 출산하도록 하여야 한다.

(2) 조산과 저체중

태아는 모체의 자궁에서 38주 정도 발달한 다음 출생한다. 그러나 36주 이전에 출생하면 조산이라고 하며 미숙아(preterm infant)로 간주된다. 임신기간을 충분히 채우고 태어난 아기도 체중이 2.5kg 이하이면 저체중아(Low Birth Weight infant; LBW)로 분류된다. 조산은 대체로 가난한 계층의 여성들이 임신기간 중 영양부족을 겪거나 해로운 환경에 노출되어 적절한 산전관리를 받지 못하기 때문에 더 자주 나타난다. 그 외에도 산모의 생식기관 미성숙(10대 임신), 쌍생아, 임신기간 중의 흡연, 음주, 약물복용 등도 원인이 된다. 조산아는 생후 첫 해 동안 대부분의 발달영역에서 정상아보다 뒤쳐진다. 그러나 만 2세 혹은 3세가 되면 대체로 이러한 발달상 차이가 사라지고 정상적으로 발달한다.

체중이 1.5kg 미만은 '매우 낮은 저체중', 1kg 미만은 '극심한 저체중'으로 분류되며 이들은 생존 가능성이 희박하고 생존하더라도 지적 및 운동 기능적 측면의 발달이 지체된다. 1.5kg 이상은 대부분 생존하며 일부는 정상적으로 발달하고 일부는 발달이 지체된다. 이들 미숙아는 주로 잦은 질병, 주의력 결핍, 과잉행동, 언어능력 지체, 낮은 지능, 학습 장애, 정서적 행동장애 등을 겪는다(Bhutt et al., 2002).

임신 기간을 채우고도 저체중으로 태어난 아기는 조산아보다 더 심각한 문제를 가지는 경우가 많다. 이들은 생존율이 더 낮고 쉽게 감염되며, 뇌손상의 징후를 보인다. 아동기에 이르면 낮은 지능, 주의력 결핍, 낮은 학업성취, 사회적 미성숙 등의 특성을 보인다(Minde, 2000). 이들은 출생 이전에 산모가 적절한 영양 섭취를 하지 않았거나 태반이 적절하게 기능하지 않았거나 혹은 태아의 결함으로 인하여 적절한 발달을 하지 못한 것으로 보인다.

(3) 미숙아의 치료

미숙아는 특별히 고안된 인큐베이터라고 불리는 보육기에서 보호를 받는다. 보육기는 미숙아가 자신의 체온을 효율적으로 조절하지 못하기 때문에 적절한 온도를 유지해 준다. 또한 감염으로부터 보호하기 위하여 공기를 보육기에 들여보내기 전에 정화시킨다. 이들이 위장관을 통해 영양을 섭취하고, 호흡기의 도움을 받아 호흡하고, 주사를 통해 약을 주입받는다면 이들은 실제로 매우 격리된다. 따라서 생리적 욕구나 신체적 접촉은 매우 기계적이며 제한된다.

한때는 미숙아에게 자극을 주는 것은 매우 위험하다고 믿고 사람으로부터 격리시키고 혼자 있도록 하였다. 그러나 최근에는 적절한 자극은 미숙아의 발달을 돕는다는 주장이 강하다. 따라서 어떤 병원에서는 미숙아를 모체의 자궁에 있었으면 받았을 부드러운 움직임을 대신할 수 있도록 해먹(hammock)이나 물침대에 뉘어 흔들어 주기도 하고 매력적인 모빌이나 녹음된 심장박동 소리, 부드러운 음악, 엄마의 목소리 등의 자극을 제공하기도 한다. 이러한 경험은 몸무게의 증가, 수면 패턴의 예측 가능성, 적절한 각성상태를 가져오는 것으로 나타났다(Marshall-Baker, Lickliter, & Cooper, 1998; Standley, 1998).

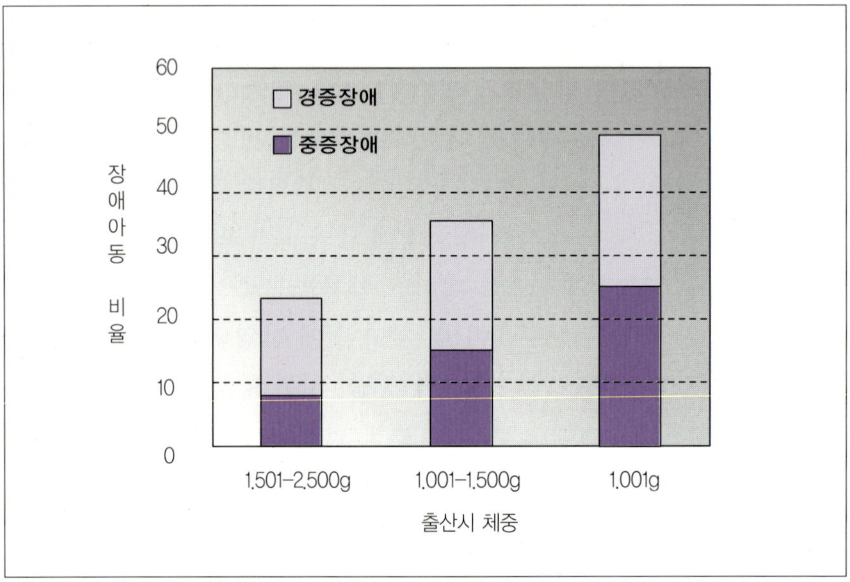

[그림 4-2] 조산아의 체중과 장애의 확률
출처: D' Agostino & Clifford (1998)

미숙아에게 제공하는 자극 중에서 신체 접촉은 특별히 중요하다. 동물실험에서 신체접촉은 성장을 촉진하는 특정한 뇌 화학물질을 방출하게 함으로써 신체적 성장을 가져왔으며 이는 인간에게도 적용될 것이라고 생각된다. 미숙아에게 마사지를 해 준 경우 체중 증가가 더 빨랐고 결국에는 지적 및 운동 발달도 더 앞섰다(Field, Hernandez-Reif & Freedman, 2004). 결국, 신생아 시기에 신체적 접촉을 많이 받은 아기는 뇌세포가 활성화되어 전반적인 뇌의 기능이 우수하다고 한다. 특히 언어와 기억을 담당하는 부위의 뇌가 활성화되는 경향이 있다고 한다. 엄마와 아기의 신체적 접촉은 신체 성장에도 영향을 미쳐 체중이 증가하고, 면역력도 강해지며 건강한 발달을 초래한다. 또한 정서발달에도 영향을 끼치는 것으로 보고된다. 즉, 신체적 접촉을 많이 받은 아기는 심장박동이 규칙적이고 안정감을 갖는다고 한다.

캥거루 요법

미숙아로 태어나는 신생아는 매년 증가하는 추세에 있고 신생아의 약 4%가 미숙아로 태어난다고 한다. 미숙아는 일상적인 환경에 적응할 수 있을 때까지 엄마의 태내와 유사한 환경인 인큐베이터에서 보호를 받는다. 그리고 이들은 제대로 치료받지 못할 경우 사망률이 높고, 질병에 걸리거나 중증장애를 겪을 가능성이 정상아보다 높다.

남미의 한 병원에서는 미숙아를 치료하던 의사가 신생아집중치료실에 아기를 맡긴 엄마들이 집에 돌아가지 않고 병원에서 서성이는 모습을 보고 아기를 엄마의 가슴 위에 올려 놓아 주는 방법을 선택하였다. 엄마들은 정성스럽게 아기를 자신의 배 위에 올려 감싸 안고, 엄마의 심장소리를 듣게 하고, 쓰다듬으며 신체적인 접촉과 사랑을 주었다. 이러한 치료를 받은 미숙아들은 인큐베이터에서 자라는 미숙아보다 하루 평균 40% 이상의 체중 증가율을 보이고 생존율이 더 높았다고 한다. 서구 사회에서도 이러한 방법을 병원치료의 보조로서 활용하고 있으며 이러한 치료를 받은 미숙아는 신체의 산소화합(oxygenation)이 개선되었고, 체온조절, 호흡, 영양섭취가 개선되어 생존율을 높였다(Anderson, 1999; Feldman & Eidelman, 2003). 이를 캥거루 요법(kangaroo care)이라 부른다.

부모 측면에서 보면 캥거루 요법을 실시한 부모들은 아기와 더 민감하고 애정적으로 상호작용하는 경향이 있다(Feldman & Eidelman, 2003)고 보고되었다. 따라서 부모 측면에서도 더 긍정적인 효과를 가져오는 것으로 보인다.

캥거루 엄마들이 아기에게 주는 것이 무엇인지 물리적, 화학적으로는 설명하기 어렵다. 엄마와 아기 모두 편안함과 정서적 안정감을 가지며, 어머니와 아기 사이에 안정된 애착을 형성하게 하고, 이는 아기의 건강한 발달을 가져온다.

출처: Ludington-Hoe (1993)

(4) 산소결핍증

소수의 신생아가 출산과정에서 산소결핍증 혹은 부적절한 산소공급을 경험한다. 어떤 경우는 신생아가 출생 후 몇 분 이내에 호흡하지 못하여 산소결핍을 겪는다. 건강한 신생아는 신진대사율을 감소시키고 산소를 보존함으로써 성인보다 더 오래 산소결핍에도 생존할 수 있다. 그러나 정상적인 호흡이 10분 이상 지연되면 뇌손상이 일어나기 쉽다(Parer, 1998). 다른 경우에는 분만 동안 산소결핍이 일어난다. 주로 엉덩이나 발이 먼저 나오는 둔위전진인 경우 탯줄이 조이거나 꼬임으로써 산소결핍이 일어난다. 또 다른 경우는 태반의 조기 박리로 인하여 산소공급이 중단될 경우로서 즉각 제왕절개 수술을 하여야 한다. 태반조기박리의 원인은 잘 알려지지 않았으나 주로 흡연 등의 기형발생물질로 인한 태반의 비정상적인 발달과 관련이 있다.

산소결핍의 또 다른 원인은 산모와 태아 혈액의 Rh 인자의 불일치이다. 산모의 혈액이 Rh-이고 태아가 Rh+일 경우 태아의 Rh+ 혈액이 산모에게 흘러 들어가면 이에 대해 항체를 형성하게 된다. 이 항체가 태아에게 전달되면 적혈구를 파괴하고 이로 인해 산소공급을 감소시키게 된다. 이로 인해 정신지체, 유산, 심장손상, 태아사망이 일어날 수 있다. 항체를 생성하는 데 시간이 걸리기 때문에 첫째 아기는 별로 영향을 받지 않고 출산 횟수가 많아질수록 그 위험이 높아진다. 그러나 다행히도 대부분의 경우 Rh- 산모가 Rh+ 아기를 출산한 이후 백신을 투여받음으로써 항체생성을 억제할 수 있다.

산소결핍으로 뇌 세포가 죽게 되고 이로 인해 신체-운동적 혹은 인지적 측면에서 결함을 가져오게 된다. 경미한 산소결핍은 아기가 성장하면서 점점 극복되지만 심할수록 인지 및 언어발달이 지체되고 신경세포가 너무 많이 죽게 되면 심각한 뇌손상을 입게 된다. 그러나 요즈음은 호흡기의 도움을 받아 대부분의 영아가 산소결핍을 극복하고 생존할 수 있다.

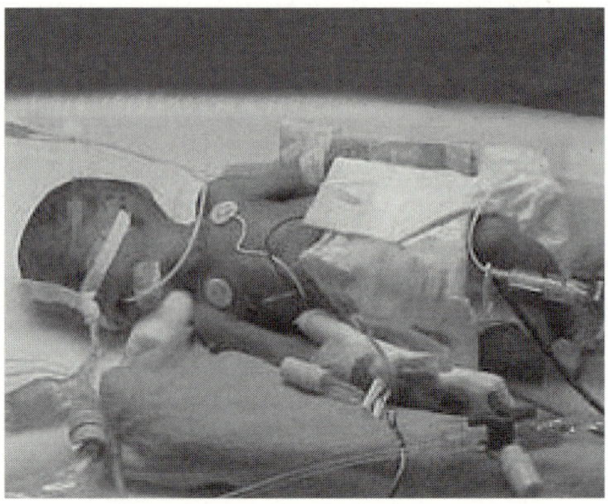

산소결핍으로 인공호흡기의 도움을 받고 있는 아기

2 >>> 신생아

출생 후 약 4주까지를 특별히 신생아기라고 한다. 신생아는 지금까지 전적으로 어머니에게 의존하던 모체 안에서의 생활로부터 자신이 스스로 숨쉬고, 먹고, 여러 가지 자극에 대처해야 하는 환경에 노출된다. 신생아기는 이렇게 새로운 환경에 적응하고 스스로 생존하는 생활로 전환하는 중요한 시기이다.

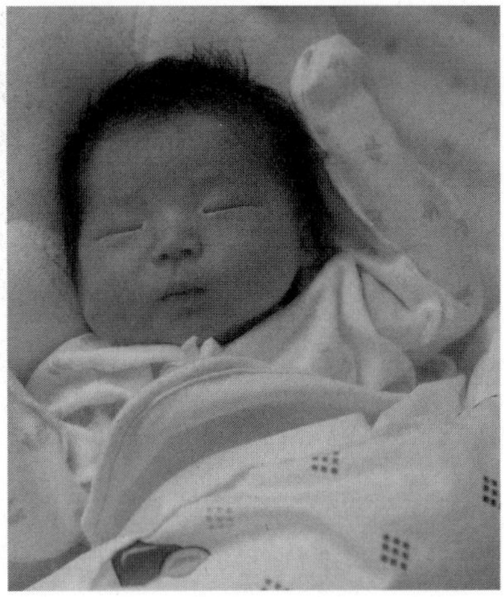

신생아

1) 신체적 특성

금방 태어난 신생아는 서양 인형처럼 예쁜 아기의 모습과는 거리가 멀다. 신생아는 태아기 동안 피부를 보호해 주었던 흰 색의 '왁스(태지)'와 피로 덮여 있고, 피부는 주름투성이이며 물 속에 담겨 있어 부풀어진 모습이다. 머리는 산도를 통과하느라 일시적으로 변형되었고, 올챙이 배 모양을 하고 있으며, 활처럼 휜 다리를 가지고 있다. 그러나 신생아는 생존에 중요한 다양한 능력과 성인의 주의를 끌고 보호를 유발하는 능력을 가지고 있다.

출생 시 신생아의 신장은 남아가 50.8cm, 여아가 50.1cm, 몸무게는 남아가 3.4kg, 여아가 3.3kg이다(대한소아과학회, 2002). 출생 시의 체중과 키는 부모의 체격, 인종, 영양과 건강상태 등에 따라 차이가 있다. 출생 후 3~4일 간은 5% 정도의 체중감소가 일어나나 5일 후부터는 점차 증가하여 2주경에는 출생 시의 체중을 회복한다. 출생 시 뇌의 무게는 350g 정도이고 머리둘레가 34cm로서 가슴둘레보다 크며, 뇌가 신체 다른 부위보다 더 일찍 성장한다는 것을 알 수 있다.

신생아의 피부는 모세혈관을 겨우 덮을 정도로 얇기 때문에 분홍빛을 띠고 있다. 어떤 신생아는 태내의 솜털이 아직 빠지지 않아 털로 덮여 있는데 이는 며칠이 지나면 빠지게 된다. 모든 신생아는 유성의 보호막인 끈적끈적한 태지로 덮여 있는데 이는 세균감염에 대한 보호막이며 목욕할 때 닦아주면 며칠 후에는 깨끗해진다.

신생아의 머리는 몸 전체 길이의 1/4 정도이며 출생 시 산도를 쉽게 통과할 수 있도록 조정된다. 따라서 신생아의 머리는 모양이 일그러져 있을 수가 있으나 이는 일시적이며 곧 회복된다. 이러한 머리 모양의 변형은 뼈가 덜 자라서 이어지지 않은 말랑말랑한 부분인 숫구멍 있고 아직 두개골이 붙어 있지 않기 때문에 가능하며 18개월이 지나면 완전히 결합된다.

2) 생리적 기능

출생 전에도 태아는 모체와 독립적인 순환기관을 가지고 있어 별도의 심장 박동을 한다. 그러나 태아기에는 사용된 혈액을 탯줄을 통하여 모체로 가져가고 깨끗한 혈액을 가져온다. 태어나면서 신생아는 자신의 몸에서 혈액이 순환하도록 작동한다. 신생아의 심장박동은 120~160회 정도로 빠르고 불규칙하다.

태아기에는 탯줄을 통하여 산소를 공급받다가 태어나면서 자신의 호흡기를 통하여 필요한 산소를 공급받아야 한다. 호흡은 1분당 35~45회 정도이며 불규칙적인 복식호흡을 한다. 신생아의 사망 원인 중 호흡 문제가 가장 많다.

태아기 동안에는 모체에 의해 36.5도의 일정한 체온을 유지하다가 태어난 후 외부 온도에 따라 스스로 체온을 조절해야 한다. 그러나 신생아는 땀샘이 잘 발달되지 않았으며 피부 지방층이 얇아 체온조절 능력이 미흡하다. 즉, 신생아는 땀샘이 발달되지 않아 더워도 땀을 흘림으로써 체온을 떨어뜨리는 기능이 미숙하며, 추워도 얇은 지방층으로 인하여 열을 충분히 발생시키지 못하기 때문에 적절한 체온을 유지하기 어렵다. 특히 피부의 지방층은 태내기의 마지막 2개월 동안에 발달하기 때문에 미숙아는 열을 발생시킬 수 있는 지방층이 덜 발달되어 몸을 따뜻하게 유지시켜 주어야 한다.

태아기 동안에는 탯줄을 통하여 모체로부터 영양분을 공급받고 배설물도 탯줄을 통하여 배설하다가 출생 후 스스로 음식물 섭취를 통해 영양분을 공급하고 배설을 하게 된다. 이러한 생리기능에 적응할 수 있도록 빨기, 삼키기 등의 반사 기제를 가지고 있으며 소화를 위한 위액도 분비된다. 영양공급을 위하여 모유는 신생아가 섭취하기에 가장 바람직한 음식이다. 출산 후 1~2일이 지나면 초유가 나오기 시작한다. 초유는 누르스름하고 약간 끈적끈적하며 단백질, 지방, 비타민 A 등의 영양분이 포함되어 있고, 태변의 배설에 도움을 주며, 면역체를 포함하고 있어 전염병에 대한 저항력을 높여 준다. 생후 1~2일이 되면 끈적끈적하고 암갈색의 태변을 보게 되는데 이는 장의 분비물, 담즙, 태내에서 삼켰던 물질 등이 배출된 것이다.

3) 신생아의 상태

신생아는 밤과 낮을 통틀어서 다음의 5가지 일련의 각성 상태를 순환한다. 즉, 규칙적 수면(Non Rapid Eye Movement: NREM 수면), 불규칙적 수면(Rapid Eye Movement: REM 수면), 졸림, 조용한 각성, 활동과 울음의 5단계로서 뒤로 갈수록 각성의 정도가 높아지는 것을 의미한다. 신생아의 수면시간은 하루 16~18시간 정도로 대부분의 시간을 잠을 자는 데 보낸다. 조용한 각성상태가 가장 짧으며 곧바로 소란스럽거나 우는 상태로 옮겨간다.

출생에서 2세 사이에 수면과 각성 상태의 순환형태가 실제적으로 상당히 변화한다. 총 수면 시간은 그리 크게 단축되지 않는다. 즉, 2세가 되어도 평균적으로 12~13시간 정도 잠을 잔다. 그러나 수면과 각성의 순환 주기가 덜 자주 바뀌고 더 길어지는 점과 수면-깨어 있음의 패턴이 점차적으로 24시간 주기(circadian rhythm)로 바뀌는 점이 가장 큰 변화이다. 출생 초기의 신생아는 물론 낮 동안보다는 밤 동안에 더 많이 자기는 하지만 수면-깨어있음의 사이클은 배고픔-배부름의 상태에 의해 주로 결정된다. 2~3개월부터 빛과 어두움에 반응하여 낮 시간 동안 바깥 산책을 한 아기가 밤에 더 잘 자는 경향이 있다. 6~9개월 정도부터 낮 시간의 수면은 낮잠의 형태로 바뀌고 1세 반 정도가 되면 낮잠을 하루에 한 번 정도 자고 4~5세 정도가 되면 낮잠이 거의 사라진다.

표 4-1 신생아의 각성 상태

상태	설명	하루 중 시간
규칙적 수면 (NREM)	• 완전한 휴식 상태로서 몸의 움직임이 거의 없음. 눈꺼풀이 덮여 있고, 눈동자의 움직임이 없음. • 얼굴의 긴장이 풀어져 있고, 호흡이 느리고 규칙적임.	8~9시간
불규칙적 수면 (REM)	• 사지를 약하게 움직이거나 가끔 휘젓고, 얼굴 찡그림이 나타남. • 눈꺼풀은 덮여 있으나 가끔 눈동자를 빠르게 움직임. 불규칙적 호흡.	8~9시간
졸림	• 졸거나 깨어 있음. • 몸은 불규칙적 수면보다 덜 활동적이고 규칙적 수면보다 더 활동적임. • 눈은 감았다가 떴다가 하는데 떴을 때도 희미하게 바라봄. 호흡은 고르지만 규칙적 수면보다 더 빠름.	다양
조용한 각성	• 몸은 비교적 비활동적임. • 눈은 뜨고 있고 주의를 기울임, 호흡은 고름.	2~3시간
활동과 울음	• 잘 조정 되지 않은 신체 동작을 자주 폭발함. • 호흡은 매우 불규칙적임. 얼굴은 긴장하거나 편안할 수 있으며, 울 수도 있음.	1~4시간

출처: Wolff (1966)

(1) 수 면

신생아의 수면은 매우 조직화되어 있고 일반적 패턴을 가지고 있다. 즉, 전형적인 신생아의 하루는 16~18시간 정도 수면을 취하고 2~3시간 동안 깨어서 조용한 상태로 있고, 1~2시간은 활발한 상태로 있으며, 1~4시간은 깨어서 울거나 귀찮게 군다. 수면과 각성의 주기는 약 4시간으로 1시간 정도 깨어 있고 3시간 정도 잠을 잔다. 깨어 있는 동안도 졸림, 조용한 각성, 활동과 울음의 다양한 각성상태로 순환한다.

수면 중 약 50%는 불규칙적인 수면인 REM 수면 상태이다. 불규칙적 수면은 EEG 측정에 의하면 뇌파가 깨어 있는 상태와 매우 유사하다. 눈꺼풀 아래서 눈동자가 빠르게 움직이고, 심장박동과 혈압, 호흡이 불규칙적이다. 또한 팔, 다리 등의 사지를 약간 움직인다. 규칙적 수면인 NREM 수면 상태에서는 몸이 거의 움직이지 않

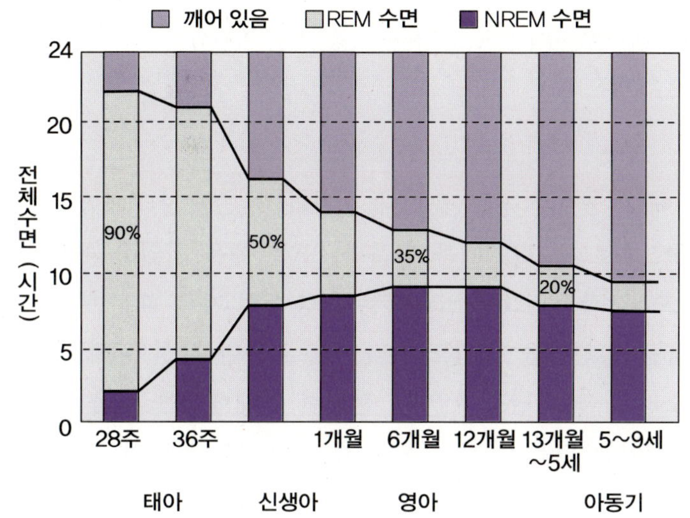

[그림 4-3] 연령에 따른 REM 수면, NREM 수면 및 각성 상태의 변화
출처: Berk (2006)

고, 호흡, 심장박동, 뇌 활동이 느리고 고른 편이다. 아기는 REM 수면에서처럼 근육을 실룩거리지 않고 조용하게 누워 있다. 아기가 성장하면서 REM 수면은 점점 줄어든다. 4개월이 되면 수면의 40%만이 REM 수면이고 첫 돌이 되면 REM 수면은 25% 정도로 줄어드는데 이는 성인의 20%와 많은 차이가 나지 않는다(Louis et al., 1997).

REM 수면의 기능에 대하여서는 아직도 논쟁 중이다. 왜 신생아는 REM 수면이 길며 REM 수면 중 무슨 일이 일어나는가? 성장한 아동과 성인은 REM 수면 동안 꿈을 꾸며 REM 수면 중의 뇌파는 깨어 있는 각성된 상태와 유사하다. 그러나 신생아는 적어도 성인과 같은 방법으로 꿈을 꾸지는 않는 것 같다. 많은 과학자들은 REM 수면이 중추 신경계의 성장을 촉진하는 뇌를 자극하는 기능을 한다고 믿는다. 신생아는 환경으로부터 자극을 받을 수 있는 각성 상태가 짧기 때문에 특별히 이러한 자극을 필요로 하는 것으로 보인다. 이러한 가설을 지지하는 증거로서 미숙아가 만삭아보다 REM 수면의 비율이 더 높다. 미숙아는 만삭아만큼 외부의 환경으로부터 자극을 받아들이지 못하기 때문에 이러한 자극을 더 많이 필요로 한다. 뇌손상을 입은 신생아나 출산 상해를 입은 신생아는 수면의 사이클이 정상적이 아니기 때문에 수면의 패턴을 관찰함으로써 신생아의 신경계의 비정상을 밝혀 낼 수 있다(Dipietro et al., 1996; de Weerd & van den Bossche, 2003).

(2) 울 음

신생아는 하루에 2~3시간 정도 울거나 울기와 비슷한 상태에 있다. 신생아는 대체로 신체적 욕구, 주로 배고픔 때문에 운다. 또한 옷을 벗었을 때 온도의 차이 때문에 울 수도 있고, 갑작스런 큰 소리 혹은 고통스런 자극 때문에 울기도 한다. 신생아의 상태가 울음에 영향을 주기도 한다. 즉, 조용한 각성 상태에서는 흥미를 가지고 지켜보던 소리 나는 장난감이 약간 불편한 상태에서는 울음을 터트리게 하기도 한다. 또한 신생아는 다른 아기의 우는 소리에 영향을 받아 잘 운다. 어떤 학자는 이는 다른 사람의 고통에 대하여 반응하는 타고난 능력을 반영한 것이라고 한다. 신생아의 울음은 초기 몇 주 동안 증가하여 6주 정도에 최고점에 달하고 점점 감소한다. 이는 다양한 문화에서 공통적으로 나타나는 양상이기 때문에 중추 신경계의 정상적인 적응 때문이라고 볼 수 있다.

울음은 아기가 의사소통하는 최초의 방법이다. 즉, 신생아는 울음으로서 자신이 배가 고픈지, 화가 났는지, 아픈지를 부모에게 알린다. 부모는 이러한 울음에 반응해줌으로써 신생아가 의사소통하는 노력을 격려해 주는 것이 된다. 처음에는 울음의 원인을 구분하기 어려워 달래기 힘든 야단법석의 시기가 있다. 그러나 부모가 이러한 경험을 하면서 점차 그 원인을 밝혀낼 수 있게 된다. 신생아의 울음은 3가지 종류로 밝혀지고 있다(Holden, 1988). 정상 울음(basic cry)은 부드럽게 시작하여 점점 더 강해진다. 이는 주로 아기가 배고프거나 피곤할 때 생긴다. 화난 울음(mad cry)은 정상 울음보다 더 강한 울음의 형태이다. 통증 울음(pain cry)은 갑작스럽게 길게 내뿜는 울음으로 시작하여 긴 멈춤이 뒤따르고 숨을 헐떡헐떡하는 양상이 나타난다.

영아 돌연사 증후군(SIDS)

건강한 신생아가 분명한 원인이 없이 갑자기 사망하는 것을 영아돌연사 증후군(Sudden Infant Death Syndrome, SIDS)이라고 하며 주로 수면 중에 사망한다. 이들은 대부분 2-4개월 사이의 아기이며 1000명 중 약 1~3명이 이러한 갑작스런 사망을 한다(Wegman, 1994).

SIDS의 원인은 분명하지 않지만 최근에는 호흡조절 규제와 관련된 뇌기능에 이상이 있어서 일어난다는 주장이 강하다. 즉, 갑자기 호흡이 중단되는 경우 이에 대한 자발적 대처로서 잠에서 깨어나 자세를 바꾸거나 울거나 하지 못하고 그대로 사망하게 된다(Lipsitt, 2003).

다음과 같은 SIDS와 관련된 몇몇 요인들이 알려져 있다. 즉, 미숙아나 저체중아가 SIDS의 확률이 높으며, 부모가 흡연을 하거나 아기에게 호흡기 문제가 있을 경우 그 확률이 높다(Daley, 2004; Samuels, 2003). 또한 아기가 머리를 천장으로 하고 똑바로 눕는 경우보다 머리를 아래로 하고 엎드려 자는 경우 SIDS의 확률이 높으며 특히 어린 아기의 경우는 너무 푹신한 요 위에 엎드려 눕는 것은 호흡기가 막혀도 머리를 들 수가 없기 때문에 위험하다. 마지막으로 많은 이불을 덮거나 무거운 잠옷을 입어서 너무 덥게 난방이 되는 겨울에 이런 사고가 더 자주 일어난다.

미숙아나 저체중아는 이러한 생리적 스트레스를 견디기 힘들고, 흡연, 일시적 호흡기 장애 혹은 과잉 난방으로 인한 불균형을 견디기 힘들다. 따라서 미숙아나 저체중아의 부모들은 아기를 담배연기로부터 안전하게 보호하고, 잠을 잘 때에 바로 눕히며, 옷을 너무 많이 입히거나 이불로 너무 꽉 조이지 않도록 주의하여야 한다.

4) 반사운동

신생아는 생존에 결정적이며 성인의 보호와 주의를 유발하는 다양한 능력을 가지고 있다. 출생 시부터 자신의 물리적 및 사회적 세계와 적극적으로 상호작용하도록 준비되어 있다. 신생아는 이렇게 생존에 필수적이고 학습되지 않은 반응을 타고났다. 이러한 학습되지 않은 타고난 반응이며, 특정한 자극에 의해 유발되는 자동적인 반응을 반사라고 한다. 아래의 〈표 4-2〉에서 신생아의 주요반사를 기술하였다.

● 표 4-2 ● 신생아 주요반사

반사	자극	반응	소멸 연령	기능
눈 깜박이기	눈에 밝은 빛, 머리 가까이서 손뼉 치기	눈꺼풀을 신속하게 닫음	영구적	강한 자극으로부터 보호
근원 반사	입 가장자리 쪽 뺨을 두드리기	자극의 근원을 향해 머리를 돌림	3주 (자발적으로 시행)	젖꼭지 찾기
빨기 반사	입에 손가락 넣기	손가락을 리듬감 있게 빨기	4개월 후 자발적 빨기로 대체	음식섭취
수영 반사	얼굴을 아래로 하고 물 속에 넣기	수영하는 동작으로 팔을 휘젓고 다리 차기	4~6개월	물에 빠졌을 경우 생존
모로 반사	수평으로 안고 있다가 머리를 살짝 떨어뜨리거나 누운 자리 근처에 갑작스런 큰 소리	등을 활처럼 휘고 다리를 뻗으며 팔을 밖으로 던졌다가 다시 팔을 몸 쪽으로 가져옴으로써 안는 동작을 취함	6개월	어머니에게 매달리도록 도움
파악 반사	손가락을 손에 놓고 손바닥을 누름	손가락을 자발적으로 잡음	3~4개월	자발적 파악을 준비
목 경직 반사	똑바로 누운 자세에서 머리를 한 쪽 방향으로 돌림	한 팔은 머리를 돌린 쪽의 눈앞으로 뻗고 다른 팔은 굽히는 펜싱자세로 누움	4개월	자발적으로 손 뻗어 닿기를 준비
걷기 반사	팔 아래쪽을 잡아주고 맨발을 평평한 바닥에 닿게 함.	걷는 반응처럼 한 발을 들어 올리고 다른 발을 차례로 들어 올림	몸무게가 빨리 느는 아기는 2개월, 가벼운 아기는 더 오래 지속	자발적 걷기를 준비함
바빈스키 반사	발가락으로부터 발 뒤꿈치까지 발바닥을 만짐	발가락을 부채처럼 쫙 편 후 다시 오므림	8~12개월	알려지지 않음

출처: Knobloch & Pasamanick (1974)

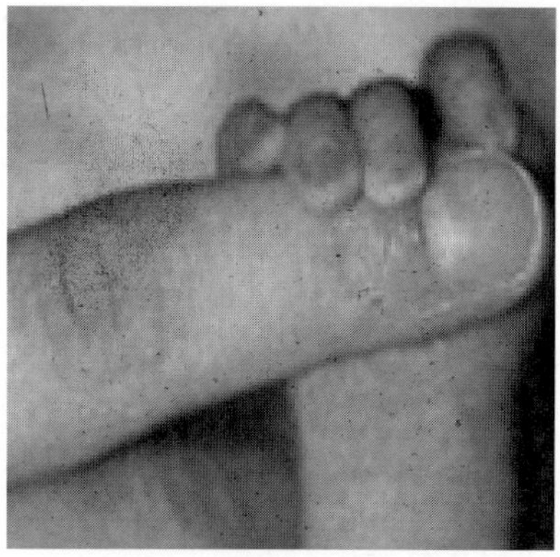
갓 태어난 신생아의 파악 반사

신생아의 반사는 생존할 수 있게 해주는 적응적 반사와 나중의 더 복잡한 운동기능 발달의 기초가 되는 반사가 있다. 적응적 반사로는 신생아가 출생한 이후 새로운 방법으로 영양을 섭취하여 생존할 수 있도록 해 주는 근원반사와 빨기 반사가 있다. 근원 반사는 젖꼭지를 찾을 수 있게 해주고 빨기 반사는 젖꼭지가 입에 들어올 때 적절한 빨기 행동을 할 수 있게 해 준다. 신생아 자신이 입 근처를 만질 때는 근원반사가 나타나지 않고 다른 사람이 만질 때와 배가 고플 때 근원반사를 나타낸다.

다른 적응적 반사는 과거의 진화의 과정에서 위험으로부터 아기를 보호하여 살아남을 수 있게 해 주는 기능을 하였다. 모로 반사는 아기를 하루 종일 안거나 업고 다니던 시기에 갑자기 지지를 잃었을 경우 안는 동작을 함으로써 엄마에게 매달리는 것을 도운 것으로 보인다. 또한 강력한 파악 반사도 엄마에게 매달릴 수 있게 해 준다. 위의 사진에서 보듯이 갓 태어난 신생아의 파악 반사가 엄마의 손가락에 매달려 자신의 몸을 지탱할 수 있을 정도로 강하다. 눈 깜빡이기 반사는 해로운 자극으로부터 회피할 수 있도록 해 준다.

나중에 복잡한 운동기능의 기초가 되는 반사는 목 경직 반사, 걷기 반사, 수영 반사가 있다. 이러한 반사는 아기의 행동목록에서 일찍 사라지지만 운동기능은 후에 다시 재개된다. 목경직 반사는 반사 행동을 할 때에 아기는 대체로 자신의 눈앞에 있는 손을 바라보게 된다. 이는 시선과 팔 동작을 결합하도록 격려함으로써 자발적으로 팔을 뻗어 사물을 잡는 행동을 준비한다. 걷기 반사는 원시적인 걷기 반응으로 보인다. 걷기 반사를 규칙적으로 연습한 아기는 더 자발적인 걷기 운동을 나타내고 근육이 강해지고 결과적으로 몇 주 더 일찍 걷게 되었다(Zelazo et al., 1993). 수영 반사를 운동 기능의 강화로 활용하기에는 너무 위험하기 때문에 금지된다.

반사는 신생아의 신경계가 적절하게 작용하는지를 알 수 있는 유용한 방법이다. 예를 들어 하반신의 척추에 문제를 가진 경우 바빈스키 반사를 보이지 않는다. 몇몇 반사가 약하거나 나타나지 않는다면 신체 및 행동 측정이 요구된다. 한편 대부분의 반사는 영아기 동안 사라지는 것이 정상이다. 만약 이런 반사가 오래 지속된다면 이도 신체검사를 필요로 하는 징후이다(Schott & Rossor, 2003; Zafeirion, 2000).

5) 신생아의 측정

신생아의 행동능력이나 건강상태와 감각능력, 각성상태 등을 평가하기 위하여 Apgar 검사나 Brazelton 신생아 행동평가 척도를 사용한다.

(1) Apgar 검사

Apgar 검사는 갓 태어난 신생아가 건강한지를 알아보기 위하여 실시하는 의학적 검사이다. 생존에 필수적인 신체 기능에 초점을 둔 검사로서 신속하고 대략적으로 신생아의 상태를 평가한다. Apgar 검사는 5가지 하위 요인으로 구성되어 있다. 즉, 심장박동, 호흡, 반사, 근육상태, 피부색 등에 대하여 그 적절성을 평가한다. 각각의 5가지 영역의 생존 관련 신호는 0, 1, 2점을 받으며 2점이 가장 적절한 상태를 나타낸다. 총점이 7점 이상이면 신체적 상태가 양호한 것으로 판단되고, 4~6점은 특별한 주의와 보살핌을 필요로 하며, 3점 이하는 생존이 위협적인 상태로서 의학적 응급조치를 필요로 한다. 영아돌연사 증후군으로 사망한 영아는 Apgar 검사 점수가 낮은 경향이 있다(Francis, Self, & Horowitz, 1987).

표 4-3 Apgar 검사

하위요인	0점	1점	2점
심장박동	없음	느림(분당 100 이하)	적절(분당 100~140)
호흡	60초 동안 무호흡	불규칙적, 얕은 호흡	강한 호흡과 울음
반사 유도	반응 없음	약한 반사 반응	강한 반사 반응
근육상태	축 늘어짐	팔 다리의 약한 움직임	팔 다리의 활발한 움직임
피부색	몸, 팔, 다리가 푸르고 창백함	몸은 분홍빛, 팔과 다리는 푸른 빛	몸, 팔, 다리가 분홍빛

출처: Apgar (1953)

(2) Brazelton 신생아 행동평가 척도

신생아의 좀 더 포괄적 상태를 평가하기 위하여 Brazelton 박사가 개발한 신생아 행동평가 척도(Neonatal Behavioral Assessment Scale, NBAS)가 가장 광범위하게 사용된다. 이는 출생 후 일주일 경에 실시되며 소아과 의사 혹은 발달전문가에 의해서 실시될 수 있다. 이는 신생아가 자궁 밖에서의 생활에 적응하도록 돕는 광범위한 능력과 행동을 평가한다. 습관화, 시각과 청각, 운동발달, 각성의 정도와 규제와 자기조절의 정도, 나타내는 상태, 자율신경계의 안정성을 평가한다.

Brazelton 신생아 행동평가 척도

【습관화】

어떤 종류의 반복되는 자극에 대한 반응을 감소시키는 학습의 한 형태.
습관화에 대한 아기의 능력은 아기가 주위 환경에서 새로운 것에 대하여 주의를 기울이는 능력의 척도이다.

1. 빛
2. 딸랑이
3. 종소리
4. 바늘로 찌르기

【시각과 청각 지향】

다양한 자극에 집중하고 탐지하는 아기의 능력은 물리적, 사회적 환경에서 사물을 보고, 듣고, 사물 쪽으로 향하는 징후로 측정되어진다.

5. 무생물의 사물을 집중하고 쫓아가기
6. 무생물의 소리자극에 반응하기
7. 사람 얼굴에 집중하고 쫓아가기
8. 사람 목소리에 반응하기
9. 사람 얼굴을 본 것과 사람 목소리를 들은 것에 모두 반응하기

【운동 발달】

이 테스트는 아기의 운동 능력을 측정한다.

10. 앉은 자세로 당기는 능력
11. 방어 능력: 눈 위에 덮여 있는 가벼운 천으로부터 헤쳐 나오는 능력
12. 각성의 정도
13. 전반적 근육의 긴장도
14. 운동 능력의 성숙도
15. 활동성

【상태: 각성의 정도】

테스트는 아기의 흥분 주기에 대한 변화와 강도를 측정하고 기록한다.

16. 최고의 흥분상태
17. 흥분하는 속도
18. 자극 감수성(irritability): 짜증내거나 흥분하는 횟수
19. 상태의 지속성, 변화성: 상태 변화의 빈도와 강도

【상태: 규제와 자기 조절】

타인이 달래주려는 노력에 대한 아기의 반응 및 스스로 달래는 능력을 측정한다.

20. 껴안기: 검사자의 신체를 잡거나 안기려는 의향
21. 중재를 통한 위안: 당황한 아기를 검사자가 달래는 데 걸리는 시간
22. 스스로 편안해지기: 엄지손가락을 빠는 행위 등과 같이 스스로 달래려는 노력
23. 손 전체를 입에 넣기

【자율 신경계의 안정성】

이 테스트는 다양한 자극에 대한 자율 신경계의 반응성을 측정한다.

24. 떨림: 심한 떨림은 중추 신경계에 문제가 있음을 나타낼 수 있다.
25. 놀람: 갑작스러운 움직임, 큰 소리와 다른 강한 자극에 깜짝 놀라는 반응 경향
26. 피부: 반응성은 피부 표면 위에 전기 활동을 측정함으로써 평가한다.

출처 : Brazelton, Nugent, & Lester (1987)

Chapter

5

신체 · 운동 · 지각발달

미리 보기

올림픽 챔피언 Wilma Rudolph, 희망은 절망을 위한 신의 선물!

출발을 알리는 총성이 로마 올림픽 경기장에 메아리치자, 관중들은 일제히 일어났다. 믿을 수 없이 다리가 길고 우아하며, 당당한 미국 여성이 또다시 해낼 수 있는지 보고 싶었기 때문이다. 그녀가 앞서 거둔 성공은 모두를 놀라게 했다. 그러나 이번 경기는 400m 계주로, 훨씬 큰 도전이었다. 만약 그녀가 숨막히는 열기와 습도를 극복하고 승리한다면, 세계에서 가장 빠른 여성으로 만천하에 알려질 참이었다. 의사의 선고를 뒤집고 걸을 수 있게 된 지 고작 몇 년이 지난 후였다.

Wilma Rudolph(1940~1994)

Wilma Rudolph(1940~1994)가 1940년 6월 23일에 태어났을 때 아무도 세계에서 가장 빠른 여성으로 성장할 것이라고 상상하지 못했다. 그녀는 한 해에 세 개의 올림픽 금메달을 획득한 최초의 미국 여성이다. 사실 그녀가 잘 성장할지 심각한 문제가 있었다. 22명의 아이 중 20번째로 태어난 Wilma는 2달 빨리 미숙아로 태어났으며 출생시 $4\frac{1}{2}$파운드였다. Wilma는 어린 시절의 대부분을 침대에서 보냈다. 홍역, 이하선염, 수두, 백일해 등 그녀가 살던 클락스빌 마을에 어떤 돌림병이 돌든지 간에, Wilma를 빼놓고 지나가는 법이 없었다. 더군다나 클락스빌의 유일한 병원은 백인 전용이었다. Wilma는 다섯 살이 되기 직전 성홍열을 심하게 앓고 양쪽 폐에 모두 폐렴이 걸렸다. 이번에는 정말 살지 못할 것 같았다. 중대한 고비를 넘긴 듯 보였을 때 이상한 증상이 나타나기 시작했다. Wilma의 왼쪽 다리가 한쪽으로 휘기 시작한 것이다. 의사가 왕진을 와서 잠깐 살펴보더니 소아마비 선고를 내렸다. 의사는 Wilma가 살아남더라도 걷지 못할 것이라고 말했다. 늘 고통을 받아온 Wilma Rudolph의 삶은 실질적인 의미에서 완전 끝장이었다. 그녀는 몸이 아팠지만 천성적으로 행복한 아이였다.

다정하고 늘 밝은 성격이었다. 그러나 그러한 성품을 고스란히 간직한 채 고난의 어린 시절을 극복할 수 있으리라고 믿은 사람은 아무도 없었다. Wilma는 의사의 선고를 들은 후 절망의 수렁에 빠졌다. 그러나 그녀를 구한 것은 가족이었다. 그들이 지치지 않고 격려하고 보살핀 덕분에 Wilma는 절망을 극복하고 힘과 용기를 낼 수 있었다. 그녀는 자서전에 다음과 같이 기록했다. "의사들은 다시 걸을 수 없을 거라고 말했다. 그러나 어머니는 할 수 있다고 말씀하셨고, 나는 어머니를 믿었다."

Wilma와 어머니는 토요일마다, 200마일이나 떨어진 내시빌에 있는 메하리 의과대학으로 버스를 타고 찾아가서 물리치료와 마사지를 받았다. 어머니는 의사와 간호사들이 하는 모양을 주의 깊게 관찰했다가 집에 와서 똑같이 치료해 주었다. 그리고 다른 아이들에게도 그 방법을 가르쳤다.

매일매일 하루에 네 번, 어머니 또는 언니, 오빠가 Wilma의 다리를 마사지했다. Wilma 또한 재활치료에 열심이었다. 엄청난 고통이 뒤따랐지만, 그녀는 점점 다시 걸을 수 있다는 자신감이 커져 갔다. 조금씩 아주 조금씩 그녀는 나아지고 있었다. 마침내 여덟 살 되던 해에 Wilma는 목발을 짚고 조금씩 걷기 시작하였다.

그녀가 오랜 시간 재활 노력을 하는 동안 가족 외 다른 사람들은 쓸데없는 짓이라고 생각했다. 그러나 Wilma는 점점 특별한 힘을 가진 소녀로 자라났다. 그리고 강한 끈기와 집중력을 가진 사람들도 이루기 어려운 목표를 추구하게 되었다. 그녀는 특별했고 그녀 자신도 그 점을 알았다. 그래서 그녀는 이제 운동선수가 되는 것에 자신의 온 힘을 쏟아 붓기로 결심했다. 자신이 다니던 학교의 최고 선수들보다 잘 하고 싶었던 그녀는 클락스빌에서 제일 가는 엄청난 속도, 민첩성, 기술, 의지를 가진 선수가 되었다. 이 소녀에게서 인상적인 점을 발견한 테네시 주립 대학교의 여자 육상 팀 감독이었던 에드 템플은 Wilma를 여름 캠프에 초대했고, 그녀는 기쁜 마음으로 초대에 응했다. 여름 내내 그녀는 바람처럼 빠른 달리기 실력을 마음껏 과시했다.

1956년, 16살이 된 Wilma는 호주 멜버른에서 열린 올림픽에 미국 육상팀 대표로 나가 동메달을 땄다. 물론 Wilma는 이러한 성과에 몹시 기뻐했고, 전 세계에서 3등인 것도 대단하지만, 그보다 더 잘 할 수 있다고 생각했다. 4년 후 20살이 된 Wilma는 건장한 60kg의 몸이 되었다. 그녀는 대학 팀 동료들과 함께 로마로 떠났다. 육상 선수로서 Wilma의 명성은 점점 높아졌지만, 그녀가 개인별 경기에서 메달을 거머쥘 것이라고 예상하는 사람은 별로 없었다. 100m와 200m 개인전에서 사람들의 관심사는 독일선수 주타 하이테였다. 그녀는 한 번도 져본 적이 없었다. 세계에서 가장 빠른 여성이라 믿는 사람은 주타였지 Wilma가 아니었다. 100m 개인전, 총소리가 나자마자 Wilma는 총알처럼 튀어나갔고, 순식간에 주타 하이네를 앞질렀다. 그렇게 우아하고 빠르게 달리는 여성을 본 사람은 아무도 없었다. 다음날 200m 경기에서 Wilma는 또 다른 기록을 세웠다. 그녀는 강한 역풍을 극복하고 24초의 기록으로 우승했다. 다시금 관중은 그녀의 속도, 품위, 아름다움에 압도당했고 그 속도를 무색하게 만드는 길고 유연한 다리의 움직임에 감탄했다. 400m 계주가 열리는 날 경기장은 초만원이었다. 관중들은 Wilma의 이름을 크게 외쳤다. 줄곧 선두를 지킨 주자들은 마지막 주자 Wilma에게 바통을 넘겨주었지만, 그녀가 잠시 바통을 더듬은 사이 2명이 그녀의 옆을 앞질러 갔다. 그러나 다음 순간 사람들의 입은 딱 벌어졌다. Wilma가 피스톤처럼 팔을 흔들면서, 놀라운 속도로 트랙 위를 날아갔기 때문이다. Wilma는 선두를 탈환했고, 주타 하이네와 간발의 차이로 결승선을 통과했다. 관중의 환호가 얼마나 오래 이어졌던지 메달 수여식을 시작하기까지 한참을 기다려야 했다. 그녀는 여성으로서 최초로 올림픽 3관왕이 되었다. 의심할 여지없이 세상에서 가장 빠른 여성이었다. 한 소녀가 소아마비와 가난과 인종차별을 극복하고, 당대의 가장 위대한 여성 운동선수, 그리고 세계에서 가장 사랑받는 사람 중 하나가 되었다.

출처: Papalia, Gross, & Feldman (2003)

Wilma Rudolph가 가졌던 선천적인 신체적 재능과 신체적 문제점을 가진 아동은 거의 없다. 그러나 Wilma Rudolph의 이야기는 신체발달이 자동적인 과정이 아니라는 것을 상기시킨다. 이는 신체발달이 부모와 형제들의 태도와 행동에 의해 영향을 많이 받을 수 있다는 것을 의미한다.

이 장에서는 아동의 신체, 운동, 지각 및 주의발달에 대하여 검토하고자 한다. 지적 발달의 기초인 신체 및 운동기능의 발달을 신체발달의 원리, 키 · 몸무게, 뇌의 발달, 골격, 치아 등 신체 각 부위의 발달, 생리적 기능의 변화, 대 · 소근육 운동의 발달 등으로 구분하여 알아볼 것이다. 시각, 청각, 미각, 후각, 촉각 등 지각발달과 이에 기초하여 주의발달에 대하여도 살펴보고자 한다.

1 >>> 신체발달

신체발달은 신체 그 자체뿐만 아니라 인지발달, 사회성발달, 자아개념발달 등과 깊은 관련이 있다. 생리학적 측면의 신체발달은 정신적 측면의 자극과 경험을 촉진하며 지적인 발달에 중요한 역할을 한다. Piaget는 출생에서 2세까지를 감각운동적 지능 시기라고 하였는데 감각운동적 활동을 통하여 지능이 발달되며, 이는 앞으로의 인지발달에 초석역할을 하게 되는 것으로 간주하였다. 신경계와 뇌의 발달은 주위 상황을 지각하고 다른 사람의 사고와 감정을 이해하는 능력의 발달을 가져옴으로써 또 다른 새로운 행동을 가능하게 한다. 또한 신체발달은 양육자와 또래에게 사회적 관계를 먼저 시도하게 하며, 타인의 반응을 이끌어내어 긍정적인 자아개념 형성에 기여한다.

신체발달은 유전적 요인과 경험적 요인의 상호작용에 의해 일련의 단계를 거쳐 항상 같은 순서로 발달한다. 모든 아동은 보편적인 순서에 따라 성장 · 발달해 가지만 발달 속도에는 개인차가 있다.

또한 신체발달 과정에는 특정한 시기에 어떤 기관이나 기능의 발달이 급격히 진행되는 적기가 있다. 특히 출생 후 2년 동안과 사춘기는 성장이 아주 빠른 속도로 진행되는 시기이다. 일생동안 성장이 급속하게 이루어지는 이 시기를 각각 제

1 성장 급등기, 제2 성장 급등기라고 한다. 이때 적당한 여건을 조성해 주지 못하면 정상적인 발달에 장애를 받으며, 심할 경우 영구적 결함과 기능장애를 일으킬 수 있다.

1) 신체발달의 원리

출생에서 유아기까지 신체의 성장은 놀라운 속도로 진행된다. 신체발달은 일정한 순서에 의해 나타나는데 쉽고 간단한 기능이 먼저 발달하고 차츰 복잡하고 협응된 기능이 발달한다. 여기에서 신체발달은 상부에서 하부로 발달한다(head-to-tail). 성장의 변화인 크기와 무게에 관련된 신체적 성장이나 신체기능의 분화가 머리에서부터 시작하여 점차 다리 방향으로 내려간다. 영아는 머리 들기를 먼저 할 수 있고 차츰 몸을 뒤집고 다리로 설 수 있게 된다.

또한 신체발달은 중심부에서 말초 부위 즉 신체의 중심 가까운 데서 먼 곳으로 발달한다(near-to-far). 신체발달은 몸통 부위의 발달이 먼저 이루어지고 팔다리 기능이 발달하는 경향을 보인다. 다시 말해서 중추에서 가까운 팔꿈치, 손목, 허벅지를 사용하는 능력이 발달하고, 그 후에 손과 발 그리고 손가락과 발가락을 사용하는 능력이 발달한다.

그리고 영아가 어떤 사물을 잡으려고 할 때 처음에는 부자연스러운 운동을 수반하지만 점차적으로 필요한 근육과 팔다리만을 사용하게 되는 전체 활동에서 특수활동으로 신체발달은 이루어진다(mass-to-specific). 걷는 행동에서와 같은 큰 근육을 포함하는 운동능력에서 젓가락 사용과 같은 작은 근육을 사용하는 운동기능으로 점차 발달해 가는 것이다.

2) 신체 각 부위의 발달

(1) 키와 몸무게

키는 출생 시에는 남아 50.8cm, 여아 50.1cm로서 남아가 여아보다 약간 큰 편이다. 영아기의 키도 남아가 여아보다 우세하다. 키는 1년 후 출생 시의 약 1.5배가 되며, 1년이 지난 후 차츰 감소하여 출생 후 2년이 지나면 성인 키의 약 반인 84~

85cm 정도가 된다. 출생 시 몸무게는 남아가 3.40kg, 여아가 3.30kg으로 체중도 남아가 여아보다 다소 우세하다. 생후 3개월경이 되면 몸무게는 출생 시의 2배 정도가 되고, 1년이 되면 출생 시 몸무게의 약 3배가 되어 남아는 약 9.8kg, 여아는 약 9.3kg으로 증가한다. 2세가 되면 성인 몸무게의 1/4로 증가하여 남아 12.56kg, 여아 12.01kg이 된다.

유아기 동안 신체발달은 영아기에 비해 급속도로 성장하지는 않지만, 꾸준하게 성장한다. 즉, 유아기에는 영아기에 비해 키와 몸무게의 성장 속도가 점차 완만해진다. 2세부터 6세까지 매년 키는 약 7cm, 체중은 약 2kg씩 증가한다.

유아기에는 영아처럼 보이는 지방이 많은 통통한 살은 빠지고 팔다리가 급속히 성장하면서 머리의 비율이 적어져서 신체의 비율은 성인과 흡사하다([그림 5-1] 참조). 신체의 발달 비율은 각 부위마다 다르며 성장 시기도 차이가 있다. 임신 2개월이면 2등신, 5개월에 3등신이며, 신생아의 성장은 머리 길이의 약 4배로서 4등신, 생후 2년이 되면 5등신, 6년에 6등신, 12년에 7등신, 25년이 되었을 때 8등신이 된다.

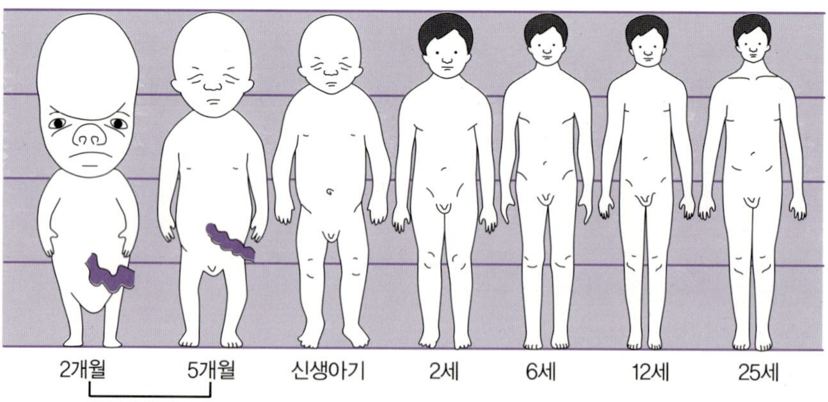

[그림 5-1] 태아기에서 성인기까지의 신체비율의 변화
출처: Berk (1999)

11세 아동의 키는 140cm 이상이 되어 출생 시의 약 2.8배가 된다. 학령기 아동의 키는 사춘기 전까지 1년에 평균 5.5cm 정도 성장한다. 11세 때 몸무게는 약 33kg으로 증가하여 출생 시의 약 10배가 된다. 학령기 동안 몸무게는 1년에 평균 2.7kg씩 증가한다. 10~12세 전까지는 남아가 평균 신장이 여아보다 크나 10~12세에서는 여아가 남아보다 크다. 몸무게 역시 11~13세 사이에 여아가 남아보다 많이 나간다.

(2) 뇌의 발달

뇌는 약 1,000억 개의 신경세포 또는 뉴런을 포함하고 있다. 각각의 이러한 세포들은 다른 세포들과 약 3,000개의 연결을 갖고 수천 조에 이르는 메시지 경로를 가지고 있다. 수십 억 개에 달하는 갓난아기의 신경세포가 구성하게 될 1천 조 개의 신경세포 연접부인 시냅스 대다수는 초기 경험에 의해 결정된다. 언어, 시각, 소리, 표정, 심지어 아기가 웃을 때 엄마도 따라 웃어주는 행위 등 원인과 결과에 대한 교육까지 시냅스 형성에 큰 영향을 미쳐 그 뒤 영구히 고정된다. 초기 경험에 의해 강화되지 않은 일시적 시냅스는 제거된다. 많은 시냅스를 유지하기 위해 아기의 두뇌는 어른의 두뇌보다 배나 많은 에너지를 필요로 한다.

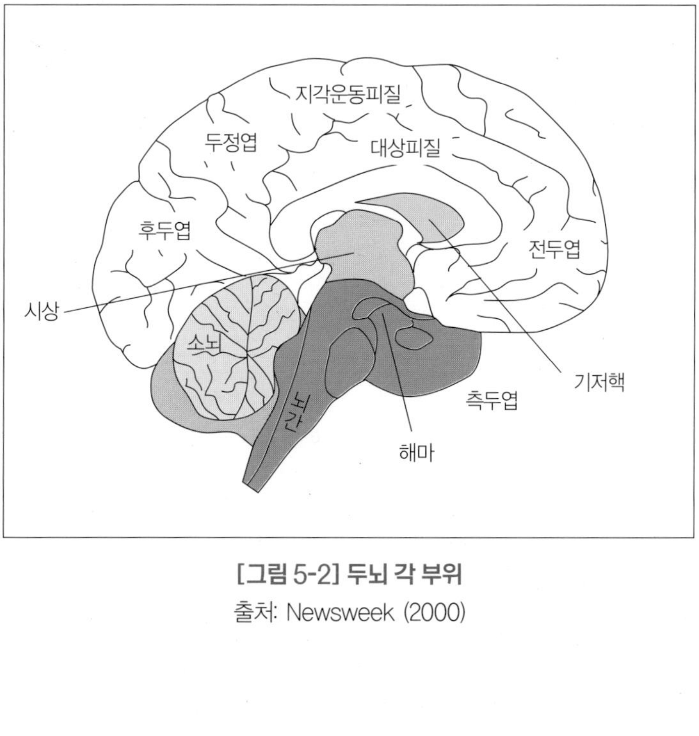

[그림 5-2] 두뇌 각 부위
출처: Newsweek (2000)

뇌는 세 가지 주요 부분으로 이루어져 있다. 뇌간은 소뇌를 포함하는데 그것은 균형과 협응을 통제하고 중뇌는 호흡과 삼키기를 통제하며 대뇌는 좌우 반구와 그것을 연결하는 신경 묶음을 포함한다. 출생 시에는 각성, 반사기능, 소화, 호흡, 배설 등 주로 생물학적 기능을 담당하는 뇌간과 중뇌가 먼저 발달해 있다. 6개월 경에는 피질부의 감각영역과 운동영역의 발달이 이루어지고 이를 통해 의도적인 운동이 가능해지면서 생득적인 반사기능은 사라지게 된다. 뇌를 덮고 있는 회색의 얇은 외피인 대뇌피질은 감각, 언어, 기억, 사고, 의사결정의 기능 및 자발적 행동의 통제에 결정적인 역할을 한다. 네 개의 엽으로 구성된 대뇌피질은 중앙 신경체계의 70%를 차지한다. 생후 2~3개월부터 활동을 시작하는 두정엽은 사물 인식은 물론 시각과 손놀림의 조화를 부드럽게 해주는 작용을 한다. 측두엽은 청각, 언어, 후각 능력과 관계 있다. 시상은 지각 운동피질과 함께 기본 운동을 통제하며 태어날 때 이미 결정된 상태다. 대상피질, 해마, 기저 핵 역시 태어날 때 거의 완성된 상태로 기본 기능을 관장한다. 전두엽은 생후 1년께 서서히 발달한다. 추론과 언어 등 고차원적 인식능력이 발현되는 시기와 맞물린다. 뇌는 좌뇌와 우뇌로 측면화되어 있는데 좌뇌는 언어수행을 위해 보다 분화되어 있고 우뇌는 공간 및 수학적 과업을

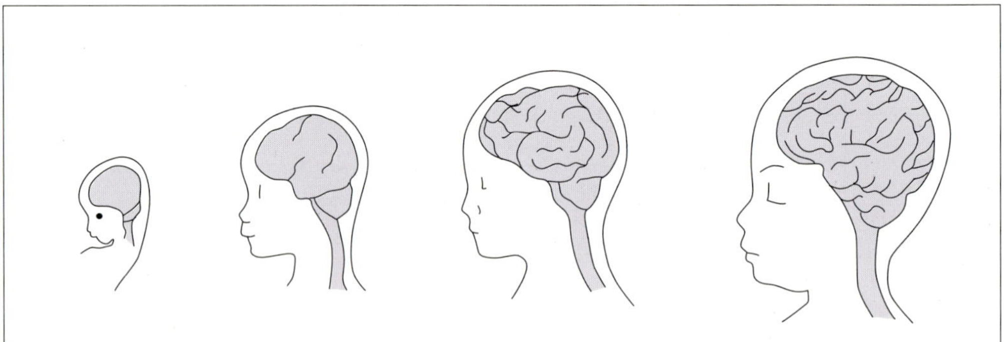

[그림 5-3] 태아기 동안의 뇌의 성장

회색물질의 바깥층인 대뇌피질은 감각, 자발적인 운동, 사고와 같은 고차원적인 두뇌기능을 책임지고 있다. 13주에 두뇌의 표면은 부드러워진다. 26주에 가느다란 선과 회선이 나타나기 시작한다. 36주에 피질의 주름진 부분은 보다 더 선명하게 되고 태아의 감각과 행동적 능력은 증가한다. 태아는 더 많은 시간을 깨어 있게 되고, 외적 자극에 반응하고 더욱 활발하게 움직인다.

출처: Berk (1999)

위해 보다 분화되어 있다.

뇌의 발달은 신체 어느 부분보다 가장 먼저 이루어지는데 뇌의 기능은 3, 4세에 빠르게 발달하며 아동기까지 현저한 발달을 이룬다. 생후 6개월경에는 출생 시 무게의 2배, 1년경에는 3배 정도 증가한다. 구체적으로 출생 시 영아의 뇌의 무게는 성인이 되었을 때의 무게의 25%에 불과하다. 그러나 생후 첫 1년 사이에 성인 뇌의 66%, 2세에는 75%, 5세말에는 90%가 형성된다. 몸무게가 출생 시 성인 무게의 5%, 2세에 24%, 10세에 50%에 도달하는 것에 비교해 볼 때 뇌가 얼마나 일찍 발달하는가를 쉽게 알 수 있다. 출생에서 2세까지를 뇌의 급진적 성장시기라 부른다.

(3) 골 격

성인의 골격에 비하여 영 · 유아의 골격은 크기가 작을 뿐만 아니라 비율, 형태, 구성에 있어서도 다르다. 영아의 뼈는 성인의 뼈에 비해 물과 흰자질 같은 성분을 많이 함유하고 있으며 광물질이 적다. 따라서 신생아의 뼈는 부드러워 몸을 유연하게 구부릴 수 있다. 연골은 시간이 지나면서 점차 석회질화 되어 단단해진다. 뼈의 조직은 경골화 되어 뼈의 길이나 넓이, 구성 등이 계속적으로 변한다.

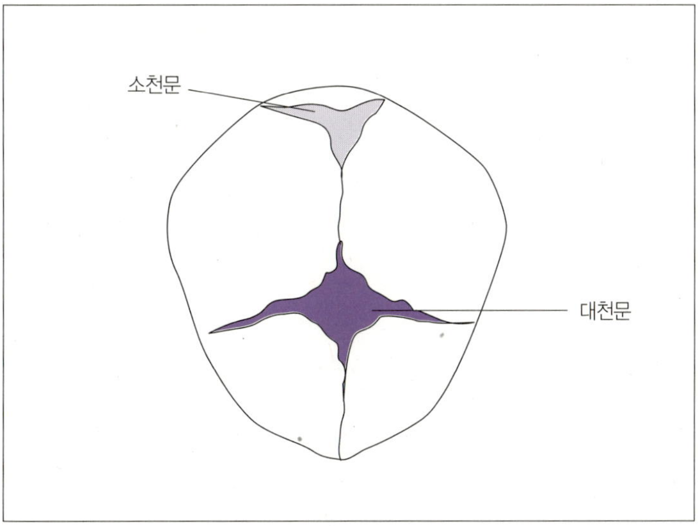

[그림 5-4] 두개골의 구조

영아의 두개골은 뼈의 연한 조직을 외부에서 관찰할 수 있는 부위이다. 전방에 있는 것을 대천문, 후방에 있는 것을 소천문이라고 한다. 대천문은 앞이마 위에 위치하며, 팔딱팔딱 뛰고 만지면 말랑말랑하며 생후 1.5~2년 사이에 닫힌다. 두정골과 후두골 사이에 있는 소천문은 훨씬 작기 때문에 생후 4~8개월 만에 닫힌다. 두개골은 부드럽고 연해서 출생과정에서 일어날 수 있는 마찰을 방지하여 준다.

손뼈는 1세경에 경골화되지만 다리뼈의 발달은 비교적 느리다. 성장하면서 손, 손목, 무릎, 다리뼈의 수가 증가하는데 특히 손목과 손뼈의 수는 1세경에 3개이지만 사춘기 말에는 25개로 늘어나고 성인기에는 28개로 늘어난다. 숫자만 증가하는 것이 아니라 팔과 다리의 뼈는 성장하면서 더 길어진다. 뼈의 성장은 뼈의 끝에 있는 성장점이라고 하는 연골 부위에서 일어난다. 성장점과 뼈 본체 사이에는 성장판이 있으며 사춘기 이후에 성장판의 성숙이 완료될 때까지 뼈는 지속적으로 자란다.

뼈의 경골화는 신체 부분에 따라 각기 다르지만 12~13세경에 거의 완료되며 개인차를 나타낸다. 영아기까지의 골격은 매우 유연하고 부드러워 잘 부러지지 않고 상처나 충격에 비교적 회복이 빠르지만 쉽게 휘어 모양이 잘 변형되는 단점을 가지고 있다. 따라서 오랫동안 뒤로 눕혀둔 아기는 머리 뒷부분이 약간 둥그렇게 발달되는 대신에 편편해진다.

(4) 치 아

치아에는 유치(temporary teeth)와 영구치(permanent teeth)가 있으며, 완성된 유치의 수는 20개이고 영구치는 32개이다. 치아는 태내기에 이미 형태가 형성되어 출생 시에는 잇몸 속에 20개의 유치와 여러 개의 영구치가 자리 잡고 있다. 유치의 발생은 출생 후 6~8개월에 나타나지만 개인차가 심하여 출생 시 이미 이가 나 있는 아기도 있고, 17개월이 되어서야 비로소 이가 나오는 아기도 있다. 대체로 영아는 1세가 되면 6개의 유치가 나오고, 약 2세 반이 지나면 거의 다 나와서 성인이 먹는 음식을 잘 먹을 수 있게 되고, 6세가 되면 영구치가 한두 개 생겨난다.

유치가 나오는 순서는 유치가 나는 연령보다 더 중요하다. 유치는 아래 앞니 두 개부터 먼저 나오고 3~4개월 후에 위쪽의 앞니 네 개가 나온다. 정상적인 아기들은 만 1세경에 모두 6개의 앞니를 갖게 된다. 몇 개월 후 다시 나머지 아래쪽 앞니 두 개와 제1어금니 네 개가 나온 후 송곳니가 나온다. 유치는 크기가 작고 조직이

연하며 뿌리도 작고 얕게 박혀 있어서 영구치로 대치되기 전에 충치가 되기 쉽다. 유치는 영구치의 상태를 결정하며 턱뼈의 발육을 도와 얼굴의 크기나 형태에도 영향을 주므로 유치가 생길 때부터 거즈를 미지근한 물에 적셔서 치아와 잇몸을 하루에 두 번 정도 닦아 보존 관리에 주의를 기울여야 한다. 만일 유치를 소홀하게 관리하면 평생 충치에 시달리고 자주 흔들거리거나 턱뼈의 위치나 치아의 배열이 정상이 아닌 부정교합과 같은 복잡한 문제를 일으킬 수 있다. 충치는 이가 난 후 바로 생기기 시작해서 10대 후반까지 증가하며, 20대 이후에는 감소한다. 한 살 아기의 약 5%, 두 살 아기의 약 10%, 그리고 세 살 난 아기의 약 40%가 이미 충치를 갖고 있다.

유치는 5～6세에서 13세 사이에 빠지게 되는데, 대부분의 경우 유치가 빠지는 순서는 유치가 나던 순서를 따른다. 즉 잇몸을 뚫고 나온 제1유치인 아래 앞니가 먼저 빠지고 그 다음에 윗 앞니가 제일 먼저 영구치로 대치된다. 초등학교 5～6학년경에 유치는 다 빠지고 영구치가 새롭게 나오기 때문에 얼굴 일부분이 커져서 얼굴 모습이 바뀌게 된다.

3) 생리적 기능의 변화

(1) 수 면

신생아의 일상생활은 깨어 있을 때와 잠을 잘 때 활동적일 때와 조용히 누워 있을 때가 순환된다. 영아의 수면시간은 성장 발달해감에 따라 줄어드는 경향을 보인다. 신생아는 하루의 80%인 18～20시간을 잠자면서 보내며 만 1세가 되면 약 50%로 줄어든다. 평균 2시간 간격으로 깨어나지만 한 번에 자는 시간이 점차로 길어지게 되고 총 수면시간은 점차 줄어든다. 2개월이 되면 영아는 밤에 잠을 더 자고 낮에는 덜 잔다. 1세 무렵이 되면 영아는 밤에 깨지 않고 계속 잘 수 있다. 낮에는 깨어 있고 밤에는 자는 리듬을 형성하는 것은 초기 영아기의 중요한 발달과업 중의 하나인 것이다.

한편 신생아의 수면 자세에 대해 바로 눕히는 것이 좋은지 엎어 재우는 것이 좋은지 학자들의 주장이 엇갈리고 있다. 엎어 재우는 이점으로는 가슴과 배에 허전한 느낌을 주지 않아 신생아가 정서적으로 안정감을 느낄 수 있으며, 심장 발육에 도움이 될 뿐 아니라 목의 힘이 빨리 생겨서 고개를 일찍 가누게 된다는 것이다. 또한 두개골에 가해지는 힘이 없기 때문에 뒷머리가 편편해질 우려가 거의 없다. 반면 엎어 재울 때에 신생아가 질식사할 위험성도 크기 때문에 엎어 재울 때에는 이점에 유의해야 한다. 즉, 푹신한 요보다는 쿠션이 적은 것이 좋고 신생아를 질식시킬 수 있는 수건이나 담요 등을 주변에서 치우도록 한다.

(2) 섭 식

신생아는 위의 모양이 수직이어서 많이 먹으면 토하므로 자주 수유를 하게 된다. 신생아는 일반적으로 2~3시간 간격으로 하루에 7~8회 수유를 한다. 몇 주가 지나면서 개인차가 있으나 4시간 정도로 길어진다.

모유수유는 인공수유에 비해 여러 가지 장점이 있기 때문에 권장되고 있다. 출생 후 아기의 면역체계가 성숙하기까지는 약 6~9개월이 걸리는데 모유는 엄마의 몸에서 만들어진 면역물질을 공급하여 각종 감염과 알레르기로부터 아기를 보호해준다. 모유는 소화가 잘 되며 흡수가 잘 되기 때문에 체중 미달아에게는 모유가 더욱 적절하다. 모유와 인공유의 단백질 구조에도 차이가 있다. 모유는 뇌신경 발달에 중요한 역할을 하는 타우린 성분이 많이 들어 있어 뇌의 발달을 촉진하지만 인공유의 단백질 성분은 주로 근육을 발달시키는 역할을 한다. 모유수유 시 아기와 엄마의 정서적 유대감은 영양분 공급의 차원을 넘어선 모유 수유의 또 다른 중요한 장점이다. 엄마 역시 호르몬 분비가 촉진되어 정신적으로 편안함을 느끼고 유방암 발생의 위험도 낮추게 된다.

또한 수유시간과 수유량에 있어서 규칙적인 것이 좋으냐 자연스러운 것이 좋으냐 하는 문제가 있다. 영아는 식욕 리듬 즉 자기가 먹고자 하는 시간 간격과 양이 있으므로 이러한 식욕 리듬을 고려해서 음식을 먹이는 것이 좋다.

영아가 6~7개월이 되면 유치가 나오기 때문에 씹고 깨무는 행동이 나타나 이유를 시작하게 된다. 이유는 생후 4~5개월부터 과즙, 채소즙 등을 주다가 생후 6개월이 되면 이유를 시작하여 생후 10개월경에는 완료시킨다. 이유의 시작은 영아가 젖을 떼는 데 도움을 주며 건강한 영양 상태를 유지하고 편식하지 않는 식생활을 위해서 필요하다.

(3) 배 설

배설기관을 조절하는 괄약근은 앉거나 구르는 데 필요한 근육들보다 섬세하기 때문에 신체 근육 중에서 가장 늦게 발달하는 편이다. 대소변 통제에 필요한 근육과 신경이 성숙되지 않은 영아기 초기에는 직장에 배변이 차면 항문이 반사적으로 열려 내용물이 배출되고, 소변이 차면 방광의 근육이 자동적으로 이완된다. 신생아는 출생 후 1~2일에는 하루에 4~5번 태변을 배설하는데 끈끈하며 검은 녹색이다. 신생아의 소변은 요산염이 많기 때문에 기저귀가 황갈색이 되기 쉽고 하루에 18회 정도로 자주 소변을 본다.

장조절에 의한 배변조절은 생후 6개월에 장 움직임의 조절이 시작되고, 18개월에 장의 움직임이 있다는 것을 자각하며, 18~24개월에 움직임이 다가온다는 신호를 보일 수 있으며, 2년이 되면 흥분, 피로, 병으로 인해 실수하는 경우를 제외하고는 조절능력이 성취되며, 2년~2년 6개월에는 대변을 보고자 혼자 변기로 갈 수 있다. 방광조절에 의한 배뇨조절은 생후 15~16개월에 방광조절이 시작되고 18~24개월에 소변을 보고자 하는 신호를 보인다. 2년~2년 6개월에 소변을 보고자 혼자 변기로 간다. 흥분, 피로, 병 또는 어떤 활동에 몰두한 탓으로 실수할 때를 제외하고는 낮 동안의 배뇨 통제 능력이 성취된다. 3년~3년 6개월에는 이따금 실수하지만 밤에도 통제력이 생긴다. 5세 이후에도 대소변 통제에 문제가 있는 경우 근육이나 신경발달의 이상이나 정서적인 문제가 있는지를 알아볼 필요가 있다.

2 >>> 운동발달

영아기의 운동발달은 신경조직의 성숙과 병행하여 이루어지는 만큼 정상적인 운동발달은 뇌신경 조직의 정상성을 나타내주는 중요한 지표가 된다. 소뇌의 발달은 몸의 균형을 잡도록 도와주며, 대뇌의 발달은 기술적 운동을 조절하도록 돕는다.

유아기에 접어들면서부터 목적적이고 능동적인 운동이 발달되면서 여러 가지 다양한 협응동작이 가능하게 된다. 아동기의 운동기능은 유아기에 비하여 속도, 정확성, 안정성이 더욱 발달되고 정교해진다. 달리기, 던지기, 뛰기 등의 스포츠와 조직적인 놀이에 더욱 관심을 가지게 되고 새로운 운동기능을 배우게 된다. 아동기에는 장난감이나 기구를 사용하는 것보다 자신의 신체를 사용하는 것에 더욱 흥미를 갖는다.

1) 대근육 운동의 발달

출생 시 신생아는 고개도 못 가누지만 생후 1개월이면 엎드린 자세에서 고개를 들 수 있다. 2개월에는 가슴을 들 수 있으며, 3~4개월경에는 뒤집기를 할 수 있다. 7개월경에는 혼자 앉을 수 있다. 12~15개월이 되면 혼자서 걸을 수 있다. 그러나 보행의 시작에는 상당히 큰 개인차가 있다. 대체로 평균이 1년 3개월경이지만, 빠른 영아는 8개월에서 시작하고 늦은 영아는 1년 10개월이 되어서 간신히 걷는 영아도 있다. 그러나 몇 년이 흐르고 나면 누가 먼저 걸을 수 있었는지는 아무런 문제가 되지 않는다. 영아는 가장 무력한 존재로부터 스스로 걸어 다닐 수 있는 놀라운 이행운동의 발달을 보이게 되는 것이다. 영아가 신체를 움직일 수 있다는 것은 그만큼 행동반경이 넓어지고, 그들이 지니고 있는 호기심을 만족시킬 수 있는 기회가 많다는 것을 뜻한다.

한편 걷는 운동은 단순히 다리의 운동만이 아니라 뇌의 명령, 즉 신경중추의 지령에 의해서 움직인다. 걷기 시작하는 시기가 개인차가 큰 것은 뇌와 신체의 완벽한 연동작용과 균형 감각을 갖는 데 필요한 기간이 개인에 따라 다르기 때문이다. 걷기 위해서는 엄지발가락에 이르기까지 모든 것에 대한 통제력이 필요한데 혼자 서서 발걸음을 떼기 전까지는 몇 달 동안 가구를 붙잡고 천천히 이동하는 것을 반복한다.

3세경에 유아들은 뛰다가 쉽게 방향을 바꾸거나 멈출 수 없지만 줄을 따라 똑바로 걷거나 달릴 수 있으며 두 발로 깡충깡충 뛸 수도 있다. 4세경에는 한발로 깡충깡충 뛰거나 이전보다 더 빨리, 멀리 뛸 수 있게 된다. 5세경이 되면 자전거를 탈 수 있을 정도로 균형감이 향상되며 줄넘기도 할 수 있다.

2) 소근육 운동의 발달

소근육 운동은 손의 정교성, 눈과 손의 협응 등의 능력이 관여되는 것으로 눈과 손을 협응하여 손기술을 정확히 구사하는 능력이다. 손에 닿은 것을 잡는 것은 신생아의 파악반사에서 볼 수 있으나, 출생 후 약 12주가 되면 스스로 잡기를 할 수 있다. 엄지와 집게의 사용은 생후 약 8~10개월에 가능하며 12개월이 되면 손가락으로 물체를 쉽게 잡는다.

또한 잡는 방법이나 사용면에서 아직은 미숙하고 불안정하지만 1세가 지나면서 숟가락을 사용할 수 있다. 2세가 되면 혼자서 숟가락으로 밥을 먹기도 하지만 음식을 많이 흘리고, 숟가락을 효과적으로 사용하고 막쥐기식으로 젓가락을 사용할 수 있는 시기는 3세경이다. 그러나 6세가 지나서야 적절한 방식으로 능숙하게 숟가락과 젓가락을 사용할 수 있다.

옷을 벗을 수 있는 시기는 대략 3세 이후이고 옷 입는 것이 부분적으로 가능한 시기는 4세경이며, 혼자서 옷을 벗고 입는 것이 가능한 때는 5~6세경이다. 3세경에 옷의 단추를 채우고 신발 끈을 묶을 수 있고 5~6세경에는 손이 닿는 곳에 있는 단추는 어떤 것이든 자유자재로 채울 수 있다. 4세경에는 세수와 양치질도 가능하다.

3세경에 열 개 정도의 블록을 쌓을 수 있고 4세경에는 블록을 쌓아 탑을 만든 후 조심스럽게 탑에서 손을 떼는 등의 주의를 기울이기 시작하며 보다 능숙하게 블록을 쌓을 수 있게 된다. 5세가 되면 블록 쌓기의 속도나 정확성이 더욱 발달되고 더욱 정교한 구조물을 만들 수 있게 된다.

그리기 활동에서 1세경에는 색연필이나 크레파스를 주면 무엇인가를 그리기 시작한다. 2세경에는 주로 직선을 반복적으로 그리는 긁적거리기가 나타난다. 3세경부터는 원, 네모, 삼각형 등 간단한 도형을 그릴 수 있게 되고, 4~5세경이 되면 실제 사물이나 얼굴, 집 등을 그리기 시작한다. 아동기에 접어들면 사물의 세부적인 요소들을 보다 자세하게 묘사하게 되고 9~10세경이 되면 대부분 3차원의 형태를 나타낼 수 있게 된다. 또한 5세경에 가위로 종이를 똑바로 자르거나 크레용으로 문자나 숫자를 복사할 수도 있게 된다. 8~9세가 되면 나사못 돌리개 같은 가정용 도구를 사용할 수 있다.

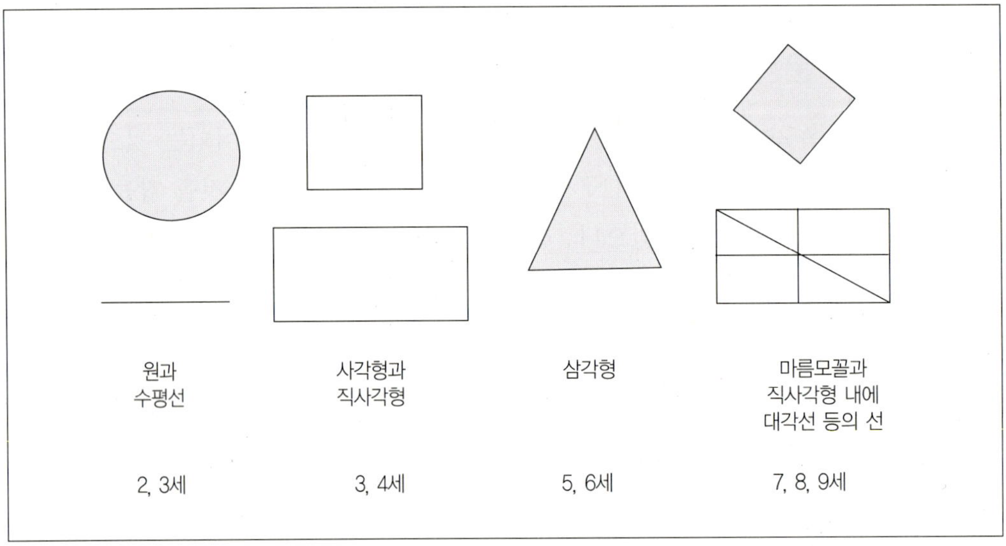

[그림 5-5] 운동능력이 발달하면서 도형을 그릴 수 있는 능력이 매우 다르다

출처: 조복희 (1999), 재인용

표 5-1 연령에 따른 소근육 운동발달

연령	소근육 운동발달
1개월	• 눈에 보이는 사물을 쳐다볼 수 있지만 손을 뻗쳐서 잡으려고 하지 않는다.
2개월	• 손에 닿은 물체를 잠시 동안 쥘 수 있다.
3개월	• 물체를 보고 손을 뻗는다.
4~5개월	• 잡는다.
6~7개월	• 물체를 쥔다.
9개월	• 엄지손가락과 집게손가락을 사용하여 물체를 어설프게 쥔다.
12개월	• 손가락으로 물체를 잡는다. 블록을 쌓는다.
16개월	• 공을 던진다.
18개월	• 2~3개의 작은 블록을 쌓는다.
24개월	• 5개의 작은 블록을 쌓는다. 큰 공을 잡는다. • 나사모양의 장난감, 문고리, 수도꼭지 등을 기능에 따라 잘 조작한다.
2$\frac{1}{2}$세	• 미숙하게 원을 그릴 수 있다. 종이에 수직선과 수평선을 모방할 수 있다.

연령	소근육 운동발달
3세	• 앞단추를 풀 수 있다. 원을 따라 그린다.
$3\frac{1}{2}$세	• 미숙하게나마 사각형을 따라 그릴 수 있다. 가위를 사용할 수 있다. 간단한 퍼즐을 완성할 수 있다.
4세	• 사각형을 그릴 수 있다. 앞단추를 채울 수 있다.
$4\frac{1}{2}$세	• 삼각형을 알아볼 정도로 그릴 수 있다.
5세	• 단추를 잘 채울 수 있다.

3 >>> 지각발달

지각발달은 인간의 생존과 적응에 중요한 생태적 가치를 갖는다. 출생 후 아기가 생존과 적응을 위해서는 주변 환경과 환경 내의 여러 대상을 정확하게 인식하고 변별하는 일이 매우 중요하다. 이러한 인식의 기초가 되는 것이 지각이다. 지각이란 감각기관으로 들어오는 자극에 통합성을 부여하여 경험으로 자각하기까지의 과정을 의미한다.

1) 영아의 지각 연구방법

(1) 지각 선호법

지각선호법은 영아가 특정 사물에 주의를 기울이는 정도(지각선호)에 차이가 있다는 것을 가정한 검사방법이다. 영아가 두 종류의 자극 중 한 종류의 자극을 더 오랫동안 주시했다고 하면 영아는 그것을 더 좋아하며 두 종류의 자극을 변별할 수 있다는 것을 의미한다.

이 방법은 시지각을 이용해 간편하고 효과적으로 영아의 선호를 검사할 수 있다는 장점이 있지만 영아가 어떤 자극에 대해 같은 선호 반응을 보일 때 대상을 변별할 수 없어서 그런 것인지 아니면 제시된 자극 모두에 흥미가 있어서 그런지 판단할 수 없다는 단점도 있다.

(2) 습관화-탈습관화 모형

습관화-탈습관화(habituation-dishabituation paradigm)란 어떤 자극에 반복적으로 노출될 때 그 자극에 따른 초기의 반응이 더 이상 일어나지 않고 새로운 자극을 제시하면 다시 반응을 보이는 탈습관화가 일어나는 상태로, 새로운 자극으로 인해 탈습관화가 일어나면 영아가 두 자극을 변별할 수 있다는 것을 의미한다.

예를 들어, 영아에게 사람 얼굴을 보여주면 영아는 흥미를 가지고 사람 얼굴을 응시한다. 그러나 같은 사람 얼굴을 계속 보여주면 영아는 싫증이 나서 더 이상 사람 얼굴을 보지 않으려 한다. 이 상태가 습관화된 것이다. 사람 얼굴에 습관화된 영아에게 강아지 얼굴을 보여준다고 가정하자. 만일 영아가 사람 얼굴과 강아지 얼굴을 구별하지 못한다면 영아는 습관화된 상태에서 벗어나지 못하므로 강아지 얼굴을 응시하지 않을 것이다. 그러나 강아지 얼굴이 사람 얼굴과 다르다는 것을 알면 습관화에서 벗어나 새로이 강아지 얼굴을 호기심을 가지고 응시하게 될 것이다. 이 상태가 탈습관화이다. 어떤 형태에 대해 탈습관화가 나타난다면 이는 곧 영아가 습

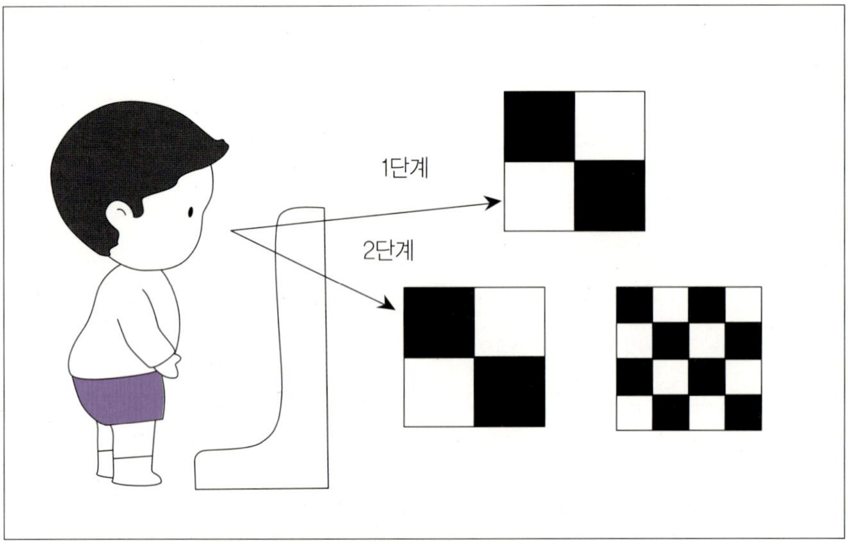

[그림 5-6] 습관화-탈습관화 모형

신생아는 자신에게 익숙해진 체크무늬 패턴에 대해 덜 주의를 기울이고, 새로운 자극물에 대해 시선을 더 오랫동안 고정시킨다.

관화되었던 이전의 형태와 새로운 형태를 변별하고 있음을 뜻하는 것이 된다.

이 방법은 시각, 청각, 후각, 촉각 등의 지각연구에 매우 유용하게 사용되지만 영아가 자극뿐 아니라 상황에도 습관화되어 자극을 바꿔가며 제시하는 상황에 습관화되면 영아가 새로운 자극을 전적으로 무시하게 될 수 있고 그럴 경우 영아에게 탈습관화가 일어나는지 여부를 판단하기가 어렵다는 단점이 있다.

(3) 놀래주기 모형

세상에 존재하는 규칙성을 역이용하여 일어날 것 같지 않은 일이 일어나게 함으로써 영아를 놀라게 하는 방법이다. 예를 들면 Aronson과 Rosenbloom(1971)은 방음 유리를 사이에 두고 엄마와 아기가 마주 앉은 상태에서 오디오 시스템을 조절해서 엄마의 목소리가 엄마의 입에서 나오는 것처럼 하거나 다른 엉뚱한 곳에서 나오게 하여 영아들의 반응을 본 결과, 3주 이상 된 영아는 다른 엉뚱한 곳에서 엄마의 목소리가 나오면 놀라는 반응을 보였다.

(4) 빨기 관찰법

영아에게 전기장치가 들어 있는 젖꼭지를 제공하고 보통 때의 빨기의 강도나 빠르기를 기록하여 기준선을 정한다. 그리고 나서 새로운 자극을 주고 빨기를 관찰한다. 영아가 기준선보다 더 빠르고 세게 빨면 젖꼭지의 전기장치가 작동되어 기록하기 시작한다. 두 번째 자극이 주어졌을 때 전기 반응이 일어난다면 영아는 두 자극을 변별할 수 있다고 결론내릴 수 있다. 이러한 빨기 과정을 통해 엄마의 음성과 다른 여성의 음성을 변별하는지 알 수 있다.

2) 시 각

인간은 환경을 탐색하는 데 다른 어떤 감각기관보다 시각에 더 의존한다. 즉, 감각정보의 80%가 시각을 통해서 들어오므로 시각은 가장 유용한 정보의 창이다. 그러나 시각은 영아의 감각능력 중 가장 늦게 성숙한다. 출생 시 시각조절에 필요한 뇌회로가 충분히 성숙해 있지 않아 신생아의 시력은 매우 약한 편이다. 신생아의 시각적 정확도는 아주 나빠서 20/150부터 20/800(법정맹인) 정도이다. 즉 20피트 떨어진 곳에 있는 물체를 150피트 떨어진 곳에 있는 것처럼 본다. 그러나 정확도는 영아기 초기 동안 급속도로 향상되며 2세가 되면 거의 성인과 같은 수준의 시각적 정확도에 이르게 된다. 시각적 정확도라는 것은 얼마나 잘 그리고 명확하게 사물을 지각하는가를 말한다. 성인에게 있어서 표준은 일반적으로 1.0(20/20)이다. 신생아는 천천히 움직이는 물체는 볼 수 있지만 45cm 이상 멀어지면 인식하지 못한다. 생후 첫 몇 주 동안 아기에게 필요한 시각은 그 정도로 충분하며 그것이 바로 아기의 뇌가 감당할 수 있는 한계다. 7개월 정도 되면 사물이 입체적으로 보이기 시작한다. 아래 그림은 생후 1, 2, 3개월 된 영아와 성인이 1m 정도 떨어진 거리에서 본 사람의 얼굴 모습이다(DeHart, Sroufe, & Cooper, 2000).

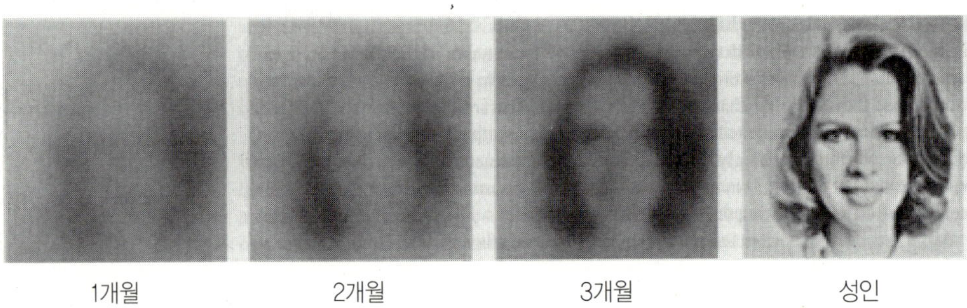

출처: DeHart, Sroufe, & Cooper (2000)

출생 직후 신생아의 눈과 시신경의 발달은 매우 불완전하여 물체에 시선을 고정시키거나 초점을 맞추지 못한다. 그러나 약 20cm 거리의 사람과 눈을 가장 잘 맞춘다. 이 거리는 엄마가 아기에게 젖을 먹일 때 아기의 눈과 엄마의 얼굴 사이의 거리이다.

(1) 지각적 항상성

영아가 사물이나 사람을 명확하게 지각하기 위해서는 우선 지각적 항상성을 획득해야만 한다. 지각적 항상성이란 감각 기관에 수용되는 사물의 물리적 속성이 변화하더라도 그 사물은 변하지 않은 채로 존속한다고 느끼는 현상이다. 지각적 항상성에는 모양 항상성, 크기 항상성, 그리고 색깔 항상성이 있다. 이러한 지각적 항상성은 생후 몇 년에 걸쳐 계속 향상된다.

1 모양 항상성

고정된 물체를 다른 각도에서 보아도 그 물체의 모양이 변하지 않았다고 지각하는 능력이다. 이러한 모양 항상성은 타고난 지각 능력이다. 생후 6시간~6일 된 신생아들에게 정사각형과 사다리꼴을 짝지어 반복 제시한 후 정사각형과 사다리꼴을 돌려놓아 처음 짝지은 패턴과는 다르게 보여주어도 원래의 정사각형과 사다리꼴의 모양은 똑같은 것으로 지각한다. 그러나 성인 수준의 정확한 모양 항상성은 4세 경이 되어야 가능하다.

2 크기 항상성

관찰자와 물체 간의 거리가 달라져도 물체의 크기를 일정하게 지각하는 능력이다. 크기 항상성은 모양 항상성에 비해 늦게 나타나는데, 생후 4~6개월 이후에 나타난다. 6~8개월 된 영아에게 처음에 제시된 거리와 다른 거리에서 커다란 인형을 보여주어도 영아는 그 인형의 크기를 같게 인식하기 시작한다.

3 색깔 항상성

빛의 스펙트럼 특성이 달라져도 물체의 색상을 동일하게 지각하는 능력이다. 모양 항상성 연구와 유사하게 고안된 연구를 통해서 대부분의 영아들은 약 4개월이면 최소한 어느 정도의 색깔 항상성을 가지고 있다고 보고된다.

결론적으로 생후 4개월이 되면 영아들은 세계의 대상들을 지각하는 데 있어서 모양 · 크기 · 색깔 항상성을 사용할 수 있다. 이러한 많은 특정 항상성들이 합쳐져 보다 더 큰 개념인 대상 항상성, 즉 대상이 눈에는 여러 면에서 변한 것같이 보일 때조차도 항상 같은 대상임을 인지하는 능력이 생기게 된다.

(2) 깊이지각

생후 6개월경에 발달하는 것으로 보이는 깊이지각은 영아가 가구에 부딪치거나 침대나 계단에서 굴러 떨어지는 것을 막는 데 도움이 된다. 깊이지각이란 거리나 깊이를 인지하는 능력을 의미한다. Gibson과 Walk(1960)가 개발한 시각절벽(visual cliff) 실험에서 6개월 된 영아는 깊이지각을 가지고 있는 것으로 밝혀졌다. 시각적으로 깊이를 느끼도록 설치한 시각절벽 실험은 영아가 기어갈 수 있는 커다란 유리판을 설치하고 그 유리판의 반쪽 표면에 체크무늬를 입히고 다른 반쪽은 투명 유리판을 그대로 사용하고, 그 아래쪽 1.5m쯤에 체크무늬의 천을 깔아 놓았다. 만약 영아에게 깊이지각이 없다면 통로의 양쪽으로 똑같이 기어 다녀야 하고, 깊이를 판단할 수 있다면 절벽 쪽으로 기어가는 것을 주저해야 할 것이다. 영아를 얕은 쪽에 놓고, 엄마가 건너편 깊은 쪽에 서서 엄마에게 오라고 영아를 손짓해 부른다. 그러나 영아는 유리가 깔려 있는 것을 만져보고도 두려워하면서 건너가려 하지 않았다.

시각 절벽 실험
출처: Seifert & Hoffnung (1997)

3) 청 각

청각능력은 태아기부터 형성되므로 영아는 출생 후에도 엄마의 태중에서 들었던 소리들을 기억할 수 있으며, 출생 후 곧 성인의 수준에 도달하게 된다. 생후 3일 된 신생아는 엄마의 목소리와 다른 여성의 목소리를 변별할 수 있다. 생후 4~6개월이 되면 소리 나는 방향을 정확하게 알 수 있으며 음악을 들으면 좋아한다. 신생아부터 영아는 낮은 소리나 중간 소리보다 높은 소리를 더 잘 들으며 특히 여성의 높은 목소리를 좋아한다. 또한 생후 6개월이 되면 목소리와 얼굴을 짝지을 수 있게 된다. 예를 들어 아버지와 어머니를 서로 떨어뜨려 영아가 볼 수 있는 곳에 두고, 목소리를 녹음하여 들려주면 생후 6개월경의 영아는 녹음된 목소리의 아버지나 어머니 쪽을 쳐다본다.

4) 미각 · 후각 · 촉각 발달

미각은 태내에서도 어느 정도 기능을 하며 출생시에도 쓴맛, 신맛, 짠맛보다는 단맛이 나는 액체를 더 오래 빨며, 맹물과 단맛이 나는 포도당액을 구분할 수 있다. 즉 신생아는 네 가지 기본 맛 모두에 차별적으로 반응한다. Steiner(1979)는 이전에 먹어 본 적이 없는 네 가지 맛의 물을 각각 신생아의 입 속에 넣기 전과 후의 사진을 찍었다. 영아들은 달콤한 액체에 대해서는 편안한 얼굴과 웃음 짓는 것 같은 표정으로 반응하였고, 신맛에 대해서는 입술을 오므렸으며 쓴맛에 대해서는 입을 활 모양으로 하고 불쾌감을 표현하였다. 4~5개월이 되면 이유식 먹기를 준비하기 시작하면서 신생아기 때 싫어하던 짠 맛을 좋아하게 된다.

생후 며칠 이내에 영아는 독특한 냄새들 간의 차이를 구분하는 것이 가능하며, 엄마와 다른 여성의 젖 냄새를 변별할 수 있고, 암모니아와 같은 독한 냄새에는 고개를 돌리는 반응을 보인다.

뺨에 대한 접촉은 빨기 반사를 유발하며 발바닥에 대한 접촉은 바빈스키 반사를 유발하는 것을 통해 신생아는 어느 정도의 촉각을 가지고 있다는 것을 알 수 있다. 피부접촉을 통한 자극은 신생아의 생존에 필수적이며 신생아는 주로 촉각에 의존하여 주변 환경을 인지한다.

영아는 온도 변화에 대해서도 민감한 반응을 보이는데, 체온보다 높은 온도보다는 낮은 온도에 더 민감하다.

4 >>> 주의발달

생활하면서 셀 수 없을 만큼 다양한 자극을 경험하지만, 그 모든 자극을 모두 정확하게 지각하지는 못한다. 특히 우리가 경험하는 다양한 자극 중에서 어떤 자극에 주의를 기울일 것인가 하는 것은 매우 중요하다. 주의(attention)란 학습이나 문제해결과 관련하여 환경의 선택된 측면에 집중하도록 하는 정신의 경계, 각성 상태이다. 영아들은 밝은 색깔로 빛나는 물체나 움직이는 물체 같은 시야에 들어온 강한 자극에 의해 자신이 진행하고 있는 활동에 관계 없이 주의가 끌리기 때문에 영아들의 주의는 비자의적(involuntary)이다. 유아기에는 어떤 자극에 주의를 기울이고 어떤 자극을 무시할 것인가 하는 주의집중력과 얼마나 정확하게 지각할 것인가에 대한 지각 변별력이 크게 발달한다.

한편 유아교육 현장에서 교사들은 수업상황에서 다양한 손유희 방법을 고안하여 유아의 주의력을 향상시키기 위해 노력하고 있다. 이러한 맥락에서 유아의 주의발달에 대해 공부함으로써 우리는 유아의 주의를 끌 수 있는 환경구성 및 교구에 대한 아이디어를 제공받을 수 있다.

1) 탐 색

신생아는 목표물이 시각적 장의 중심부에 들어오면 그것을 탐색하기 시작한다. 단순한 선으로 된 형태를 시각적으로 탐색할 때 1개월 된 영아는 삼각형의 한쪽 모서리와 같은 단일 특징만을 제한적으로 탐색하나 2개월이 되면 물체 생김새의 전부분을 탐색하는 경향을 보인다.

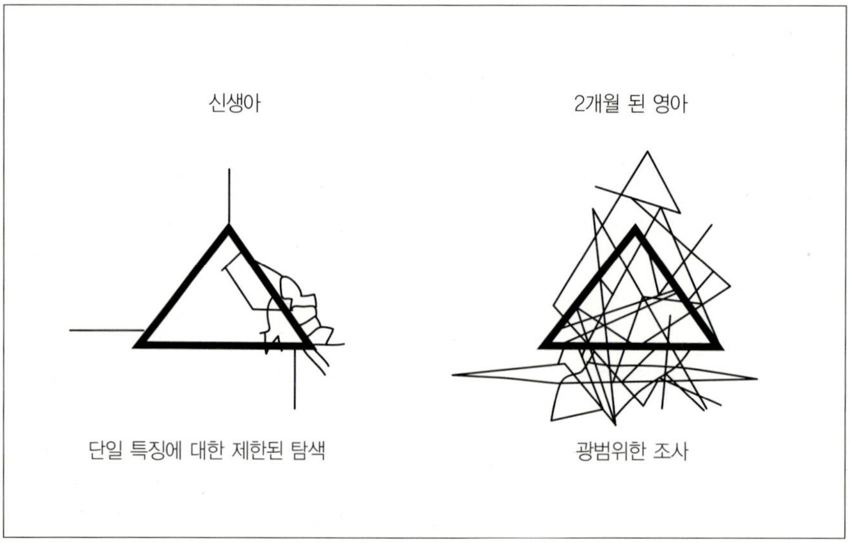

[그림 5-7] 어린 영아의 시각적 탐색
출처: 김경중 외 (1998), 재인용

위와 유사하게 영아에게 사람의 얼굴을 보여주고 특수거울 장치를 통하여 영아의 눈의 움직임을 추적한 연구결과(Maurer & Salapatek, 1976) 1개월 된 영아는 전체 얼굴 중에서 턱부분과 머리부분만 눈의 추적이 이루어졌으며, 2개월 된 영아는 입, 눈, 그리고 머리부분 등 좀 더 다각도로 눈의 추적이 이루어졌다. 즉 1개월 된 영아는 얼굴의 윤곽에 시선을 집중하고 2개월 된 영아는 이목구비를 더 오래 응시하는 것으로 나타났다.

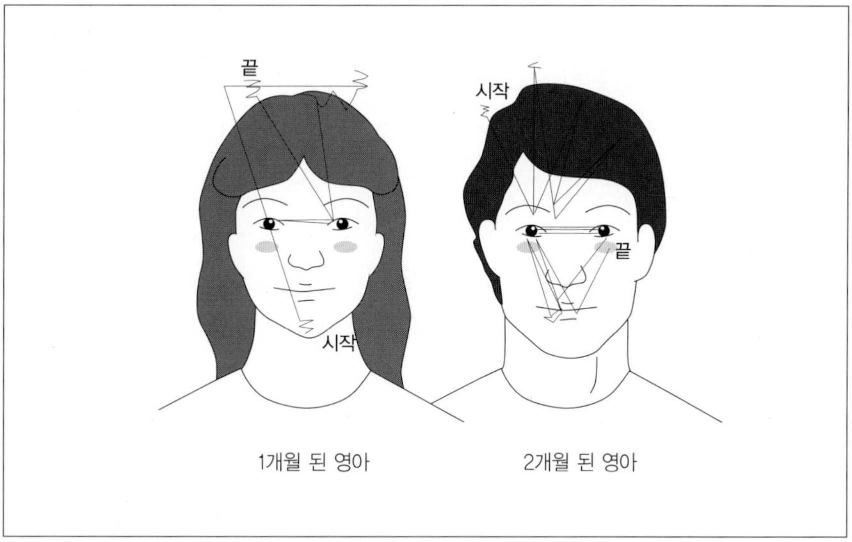

[그림 5-8] 1~2개월 된 영아의 인간의 모습에 대한 시각
출처: 조복희 (1999), 재인용

영아는 사람의 얼굴 중에서도 눈을 가장 오래 응시하기 시작한다. 이러한 사실은 영아가 사회적 상호작용의 중요한 신호로서 사람의 얼굴과 눈의 의미를 깨닫게 되었다는 사실을 시사해준다.

2) 패턴에 대한 주의

생후 2개월에서 12개월까지 영아의 시각은 급속히 성숙해져 원, 삼각형, 타원형 등 여러 가지 패턴을 구별할 수 있게 된다. 영아들은 무늬 없는 평면보다는 무늬 있는 평면을 더 오랫동안 바라보며 그 중에서도 사람의 얼굴을 가장 오랫동안 응시한다. 영아는 비동심원보다 동심원의 패턴을, 직선형보다는 곡선형을, 이상하고 복잡한 것보다는 규칙적이고 정형화된 패턴을 더 좋아하고 오랫동안 주시한다. 특히 영아들은 흑백 대조에 민감한데 생후 첫 몇 주 동안은 세밀한 흑백 대조에 대해서는 민감하지 못하고 쉽게 처리할 수 있는 크고 뚜렷한 흑백 대조를 더욱 선호한다.

얼굴은 영아가 자주 접할 수 있는 형태이며 영아의 주의를 끄는 많은 특징을 지니고 있다. 특히 영아들은 도식적인 얼굴을 뒤섞여진 배열보다 선호한다. 또한 비슷한 모습의 다른 여성의 얼굴보다 엄마의 얼굴을 더 잘 인식하며 선호하는 것으로 나타나, 9~12주경에 얼굴에 대한 도식이 형성되어 친숙한 사람과 낯선 사람을 구별할 수 있는 것으로 판단된다(Shaffer, 1999).

Decasper와 Spence(1986)는 임산부에게 출산 6주 전부터 매일 동화를 큰소리로 읽도록 하였다. 영아가 태어난 후 연구자들은 어머니가 읽었던 이야기를 녹음하여 들려주었다. 신생아들은 자궁에서 들었던 이야기 소리를 명백히 더 좋아했다. 이 연구는 청각체계가 출생 전에 이미 잘 발달되어 있다는 것을 말해줄 뿐만 아니라 출생 전 태아들조차 소리의 복잡한 패턴에 주의를 기울이고 그 패턴을 변별한다는 것을 보여주는 것이다.

3) 주의에 대한 환경의 영향

유아는 연령이 증가하면서 특정 자극에 선택적으로 주의를 집중시키는 능력이 발달하게 되며, 복잡한 자극에 대한 선호도가 증가하고, 시각적 응시의 유동성이 증가하여 주의력이 발달하게 된다. 일반적으로 연령이 증가하면서 유아는 자신의 주의 전개를 더 의도적으로 관리하고 통제할 수 있게 되면서, 원하는 정보에 대한 통제된 선택적 주의 능력과 원하지 않는 정보에 대한 통제된 선택적 비주의 능력이 모두 발달한다. 즉 유아는 과제 목표에 적절한 외부 자료들에만 능동적이고 통제된 방식으로 주의를 기울이고 함께 존재하는 똑같이 지각 가능한 부적절한 자료들은 무시할 수 있게 된다.

그러나 상대적으로 유아들의 주의는 높은 연령의 아동 및 성인의 주의보다 더 분산되기 쉽다. 학령기 후기 아동들은 과제의 부적절한 측면에 대하여 주의가 분산되지 않도록 훨씬 더 잘 통제할 수 있는 반면에 유아의 주의는 매력적인 환경 자극에 의해 순간적으로 더욱 쉽게 사로잡힌다.

한편 자극 자체의 특성(자극의 지각적 현저성)은 주의의 선택성에 영향을 주는 주요 변인이다. 많은 상황에 있어서 어떤 자극은 개인이 찾아서가 아니라 자극 그 자체의 특성 때문에 다른 차원보다 더욱 주의를 끈다. 예를 들어 색깔, 모양 등의 자극 차원들은 다른 것들보다 지각적으로 현저하다.

밝은 색깔로 빛나는 물체나 움직이는 물체처럼 강한 자극이 시야에 들어올 때 진행하고 있는 활동에 관계없이 시각적 체계가 붙잡히는 현상인 비자의적 주의는 모든 연령에 존재하지만 연령이 어릴수록 비자의적 주의가 지배적이고 발달과 함께 자기 지시적인 주의가 지배적 주의 유형으로 자리 잡아 가는 듯하다. 따라서 지각적 현저성은 어느 연령에서나 고려해야 할 요인이지만 어린 아동의 주의에 특히 중요한 영향을 미친다(김경중 외, 1998).

이렇게 보면 어린 아동의 주의는 집중시키고자 하는 자극이 지각적으로 현저해지도록 지각 환경을 구성하는 방법으로 통제될 수 있음을 시사한다. 적절한 자극을 여러 가지 방법에 의해서 지각적으로 현저해지도록 만들 수 있다. 예를 들어 적절한 자극 차원이 무엇인지 자세히 지시해 주는 방법, 자극 배열에서 적절한 자극을 과장하는 방법 혹은 부적절한 비관련 자극 변인들을 제거하는 방법, 적절한 자극 차원에다 최소한의 주의집중을 보장하는 부가적 차원으로서 색깔 등을 더하는 방법 등을 사용하여 지각 환경을 구성해 주면 집중 가능성이 높아진다(김경중 외, 1998).

PART III

지적 발달

CHILD DEVELOPMENT

Chapter 6 인지발달

Chapter 7 지능과 창의성

Chapter 8 언어발달

Chapter 6

인지발달

미리 보기

Charles Darwin의 아들 Doddy Darwin

진화론의 창시자 찰스 다윈(Charles Darwin)이 서른 살 되던 해인 1839년 12월 27일, 그의 아들 윌리엄 에라스무스 다윈 (William Erasmus Darwin)이 태어났다. 그날은 찰스 다윈이 진화 이론을 정리한 그의 저서 ≪종의 기원≫이 출판되기 20년 전이었다. 자랑스러운 아버지는 갓 태어난 아들을 관찰하고 일기를 쓰기 시작했다. 이것은 1877년에 책으로 출판되어 영아행동발달에 본격적으로 과학적인 관심을 불러일으키게 되었다.

아이들은 어떤 능력을 가지고 태어날까? 주변 세상에 대해서는 어떻게 알아가는 것일까? 어떻게 세상과 의사소통을 하는 것일까? 이러한 인지발달과 관련된 질문들에 대해 아버지 다윈은 해답을 찾기 시작했다. 다윈의 예리한 관찰력은 영아가 세상에 적응하기 위해 신체와 지적 활동을 협응하는 사례들을 찾아냈다. 도디(Doddy: 다윈 아들의 애칭)가 4개월 때의 일을 다음과 같이 기록했다.

"내 손가락을 입으로 가져갔으나 여느 때와 마찬가지로 입 안에 넣지는 못했다. 자기의 손이 가로막고 있었기 때문이다. 그런데 이제 자기 손을 뒤로 보내고 내 손가락을 입에 넣었다. 이것은 우연히 일어난 일이 아니라 사고(reasoning)의 흔적이다". 다윈의 일기에서는 도디가 아버지의 손가락뿐만 아니라 다른 사물에 대해서도 상호작용을 통하여 새로운 인지기술을 습득하는 사례들을 볼 수 있다. 또 반사된 이미지와 관련된 에피소드도 여러 번 볼 수 있다. 이러한 에피소드들을 보면 도디가 어느 순간에 갑자기 새로운 개념을 터득하는 것이 아니라 새로운 경험과 다양한 행동들을 계속해서 겪고 발전시켜 나가면서 인지 개념을 서서히 통합해 가는 것을 볼 수 있다. 다윈은 이것을 보고 인간은 기존의 지식 위에 새로운 지식을 쌓는다기보다는 사고과정의 변형이 일어나는 것이라고 생각했다. 후에 Piaget도 같은 생각을 한 것을 알 수 있다.

도디가 4개월 반쯤 되었을 때 거울에서 아빠 얼굴을 보고 있었는데 "내 얼굴은 앞에 있는 거울에 비쳐지고 있었는데 내 목소리가 뒤에서 나는 것을 보고는 깜짝 놀라는 것 같았다." 라고 회고했다. 두 달 후에 보니 도디가 그 미스터리를 어느 정도 해결한 것 같았다. 이제 아버지가 뒤에 서서 앞에 있는 거울에 비춰질 때 여러 가지 이상한 표정을 지으면 도디는 "앞에 보이는 이미지가 사실이 아니라는 것을 알고 뒤돌아본다." 라고 쓰여 있다. 이렇게 새롭게 알게 된 사실을 모든 상황에 적용시키지는 못했다. 두 주 후에 도디는 창문에 비쳐진 아빠의 모습을 보고 혼란스러워 했다. 그런데 9개월 정도 되었을 때에는 촛불에 의해 벽에 만들어진 그림자를 보고 이전에 거울을 볼 때와 같은 반응을 한 것이다. 이제 도디는 자신의 뒤에 있는 물체의 영상이 앞에 비쳐질 수 있다는 인식을 그림자에도 적용할 수 있게 된 것이다.

다윈은 특히 아들의 의사소통 발달에 대하여 흥미를 가졌다. 그는 언어습득은 자기의 감정을 신체적으로 나타내는 것과 같은 자연스러운 과정이라고 생각했다. 미소 짓기, 울기, 웃기, 얼굴 표정, 소리 등을 통하여 도디는 첫말을 하기 전에 이미 부모와 의사소통을 꽤 잘하고 있었던 것이다. 도디가 처음으로 한 의미 있는 말 중에 하나는 "아!"였다. 유리에 새겨진 이미지를 알아차렸을 때의 일이다.

다윈이 이러한 관찰을 한 것은 160년도 더 전의 일이다. 그때는 영아의 인지능력이 매우 과소평가될 때이다. 이제 우리는 다윈이 자신의 아들 도디를 관찰하며 알게 되었듯이 정상적으로 건강한 신생아는 태어날 때부터 학습할 수 있는 준비가 되어 있다는 것을 안다.

출처: Papalia, Gross, & Feldman (2003)

앞의 내용에서 볼 수 있듯이 사람은 태어나 일생동안 성장하면서 신체적, 심리적, 인지적으로 지속적인 변화를 경험하게 된다. 이 장에서는 인간 발달 중 인지발달에 초점을 두고 살펴보기로 한다. 먼저 Piaget의 인지발달 이론을 알아보고, 그 다음에 Vygotsky의 사회문화적 인지이론을 알아본 후 각 이론에 대한 평가를 해본다.

인지발달은 인간을 포함한 유기체가 환경과의 상호작용과 자기조절을 거쳐 환경에 적응하는 것을 의미한다. 결국 인지는 유아가 개념을 이해하고, 생각하는 기술을 습득하여 문제해결에 응용하는 능력이며 모든 정신활동(지각, 기억, 상상, 표상, 사고, 통찰, 판단, 추리 등)이 포함된 지적 능력이다.

Alfred Binet가 프랑스 아동의 지적 능력을 알아보는 검사 도구를 만드는 데 참여한 Jean Piaget는 다른 학자들이 아동이 몇 문제를 맞히는가에 관심을 보이는 데 반하여 오답에 관심을 가지게 되었고, 아동의 오답 뒤에 감춰진 생각을 알아보기 위해 아동을 관찰하고 상황에 따라 융통성 있게 적절한 질문을 하는 임상적 방법(Clinical method)을 도입하여 폭넓은 아동발달 이론을 제시하였다.

1 Piaget의 인지발달 이론

Jean Piaget는 인지발달 이론의 대표적인 학자로 인간이 능동적인 지식의 주체이자 구성자로서 자신의 인지 발달을 주도한다고 믿고 이를 바탕으로 다음과 같은 단계설을 주장하였다.

Jean Piaget

첫째, 단계설은 일반 발달이론의 기초가 된다. 인지발달은 통합적으로 이루어지며 일정한 방향으로 변화한다.

둘째, 단계는 불변하다. 인지발달은 같은 순서로 발달되어지며, 각각의 단계를 뛰어넘는 경우는 없다.

셋째, 단계는 전우주적이다. 모든 아동들은 단계설의 일정한 특징을 보인다.

1) 기본개념

Piaget의 인지발달 이론의 기본 개념을 알아본다.

(1) 인지구조의 기본단위: 도식

아동은 자기 주변 세계를 이해하기 위하여 인지구조에 의존한다. 유기체가 환경의 탐색을 통해 형성하게 된 기본적인 인지 구조를 도식(scheme)이라고도 하는데 영아의 경우에는 정신적인 사고과정에 쓰이기보다는 활동적, 또는 행동적인 유형으로 나타난다. 예를 들어 영아 때에는 엄마 젖이나 손가락 등을 빠는 경험을 통해 빠는 도식, 장난감이나 이불을 쥐는 도식, 보는 도식, 차는 도식 등을 갖게 된다. 도식은 경험을 통하여 점점 분화되므로 영아들은 발달하면서 환경과의 다양한 상호작용을 통해 수많은 도식들을 형성시키게 된다. 후에 이러한 도식들이 재결합하고 정리되어 더 복잡한 도식이 형성된다. 각 아동은 자라면서 각자의 경험에 의해 매우 다른 유형의 도식을 형성하게 되므로 똑같은 사물과 사건에 대해 아주 다른 방식으로 해석하고 반응하게 되기도 한다.

(2) 인지기능

Piaget는 아동을 세상에 대한 호기심이 많은 능동적인 탐험가적 기질이 있다고 생각했다. 그래서 아동은 주변에서의 경험을 자신의 도식에 맞추어서 생각하고 실험한다. 그리고 현재 자신이 가지고 있는 도식과 직면한 현상이 서로 맞지 않을 때는 당황한다. 그래서 그 현상에 대하여 여러 가지로 알아보고 실험해 보며 현상을 설명할 수 있는 더 세련된 도식에 도달하게 된다. 예를 하나 들어 보자. 동수는 아파서 병원에 가면 언제나 흰 가운을 입은 남자 의사가 진찰해 준다. 그래서 의사는 다 남자인 줄 알았다. 그런데 동수가 다른 동네로 이사해서 병원에 갔는데 여자가 흰 가운을 입고 진찰해 주었다. 동수는 자신이 현재 가지고 있는 인지구조와 맞지 않은 상황에 대하여 혼란스럽다.

동수: "저 사람은 여잔데 의사야?"
엄마: "그럼, 여자 의사도 많지."

그 다음부터 동수는 남자뿐만 아니라 여자도 의사가 될 수 있음을 받아들인다. 이렇게 더 성숙된 사고로 발달할 수 있도록 하는 원리를 Piaget는 인지기능을 통하여 설명하였다. 인지기능에는 '조직화'와 '적응'이라는 기능이 있다. 모든 유기체는 유전적으로 인지기능이라는 기본적 경향성(basic tendencies)이 있고, 이 경향성은 평생 변하지 않는다고 해서 '기능적 불변성(functional invariant)'이라고 한다.

1 조직화(organization)

인간은 환경에 대한 경험과 지식을 종합하여 체계화하려는 성향이 있다. 이 세상을 이해하기 위하여 각 아동은 자신의 수준에 따라 나름대로 지식을 체계적으로 조직하고 이해한다. 예를 들어 어린 영아에게 빨기 도식과 쥐기 도식이 독립적으로 존재하다가 언제부턴가 장난감을 쥐고 그것을 빤다고 할 때 더 복잡한 도식으로 발달한 것임을 알 수 있다. 이렇게 볼 때 조직화란 보다 높은 수준의 지식체계로 도식들을 통합하는 기능이다.

② 적응(adaptation)

인간은 끊임없이 환경과 상호작용하며 적응해 나간다. 유아는 환경과 효율적으로 상호작용하기 위해 동화와 조절의 과정을 거쳐 적응한다.

동화(assimilation)는 유아가 이미 가지고 있는 도식을 가지고 환경을 받아들이는 인지과정이고, 조절(accommodation)은 기존 도식이 환경을 받아들이는 데 적합하지 않은 상태가 될 때 새로운 환경에 맞도록 기존 도식을 바꾸는 인지과정이다. 새로운 환경에 접하면 유아는 기존의 인지구조로써 이해하려고 하고, 기존의 도식으로 적응이 되지 않을 경우 도식을 수정하거나, 현실과 더 잘 조화될 수 있도록 도식들을 다른 관련 도식들과 통합시키려고 한다. 그리하여 새롭게 접한 환경이 이해되면 유아는 개인 내 인지구조와 환경과의 조화상태를 이루게 된다. 그리고 새로운 환경을 접하게 되면 앞의 과정이 반복되어 이전보다 더 높은 수준의 평형을 이루게 된다. 이렇게 평형과 불평형 상태가 지속적으로 일어남으로써 더 높은 인지구조가 형성된다. 예를 들어보자. 유영이는 네 발 가진 동물들은 모두 '강아지' 라고 생각한다. 길을 지나가다 네 발 가진 동물을 보고 '강아지' 라고 하자(동화) 엄마가 아니라고 한다(인지적 불평형). 그것은 '고양이' 라고 한다. 유영이는 이제 네 발을 가진 동물 중에 강아지도 있고 고양이도 있다는 것을 알게 된다(조절). 그리고 자동차도 바퀴가 네 개라는 생각을 한다(조직화). 이제 다리가 네 개 있는 것이 여러 가지 있을 수 있다는 생각을 하게 된다(평형화).

2) 발달단계

Piaget는 인지발달이 4단계에 걸쳐 이루어진다고 했다. 첫 번째 단계는 감각운동기(sensorimotor stage), 두 번째 단계는 전조작기(pre-operational stage), 세 번째 단계는 구체적 조작기(concrete-operational stage), 그리고 네 번째 단계로 형식적 조작기(formal-operational stage)가 있다.

(1) 감각운동기(생후~약 24개월)

영아들은 감각이나 지각활동을 통하여 자기 자신과 주변 세상에 대하여 알아간다. 영아들은 몇 가지 반사를 가지고 태어나며, 빨기 반사나 파악 반사와 같은 반사들이 점점 융통성, 계획성이 있는 운동으로 발달한다. 감각운동기는 기간은 2년여의 짧은 시간이지만, 매우 빠른 변화들이 일어나는 시기이기도 하다. 이 시기를 6단계로 나누어 자세히 살펴보면 다음과 같다.

1 반사운동기(Reflex Activity): 출생~1개월

자연적인 반사를 원만히 조직적으로 사용할 수 있게 되는 시기로서 동화와 조절이 시작된다. 영아들은 빨기, 울기, 숨쉬기, 잡기 등과 같은 생득적인 반사를 가지고 주위환경에 적응하려고 하는 시기이다. 예를 들면 신생아들은 입술이나 입 주위를 자극하면 빨기 반사를 보이는데 점점 시간이 흐르면서 젖꼭지를 스스로 찾는다거나 배가 고프지 않아도 빨기 반사를 보이는 모습을 볼 수가 있다. 즉, 그들이 가지고 있는 빨기 도식을 조절해 나가는 것이다.

2 1차 순환반응기(Primary Circular Reactions): 1~4개월

우연히 일어난 흥미를 끄는 단순한 행동을 반복한다. 이때 하는 행동들은 자신의 신체에 국한되어 있는 것을 볼 수 있다. 예를 들어 우연히 손이 입을 스치게 되어 손가락을 빨게 되면 그 다음에는 그 동작을 반복한다는 것이다. 또 이 시기에는 소리가 나는 방향으로 몸을 돌리는 등 지각정보(소리와 시각)를 협응(coordination)하는 모습을 보인다.

3 2차 순환반응기(Secondary Circular Reactions): 4~8개월

목적과 수단의 분화가 시작되는 시기로서 주위에 존재하는 물체에까지 확산된 반복행동을 보인다. 이때 영아들은 자신의 신체 이외의 현상에도 반응하게 되어 장난감 딸랑이를 반복해서 흔들어 대거나 "구~구~" 등의 소리를 내서 엄마가 더 오래도록 곁에 머물게 하려는 의도성을 보인다.

4 2차 순환반응의 협응기(Coordination of Secondary Circular Reactions): 8~12개월

처음으로 지능적인 요소가 작용하는 시기로써 의도적으로 목적을 달성하기 위해 수단을 활용할 수 있게 된다. 이때 영아들은 과거의 경험을 통하여 새로운 문제를 풀 수 있게 되고 목표와 방법에 대해서도 사고를 할 수 있게 된다. 이 시기의 영아들은 원하는 물건이 눈앞에 보이면 기어가서 잡기도 하고, 중간에 방해물(어른 손이나 쿠션 같은)이 있으면 그것을 옆으로 밀기도 한다. 이때의 영아들은 이전에 했던 행동들이 새로운 상황에서도 효과가 있는지 보고 효과가 없으면 수정도 하고 나름대로 해결책을 찾는 노력을 한다. 이 단계에서 복잡하고 목적이 있는 행동들의 탄생을 볼 수 있다.

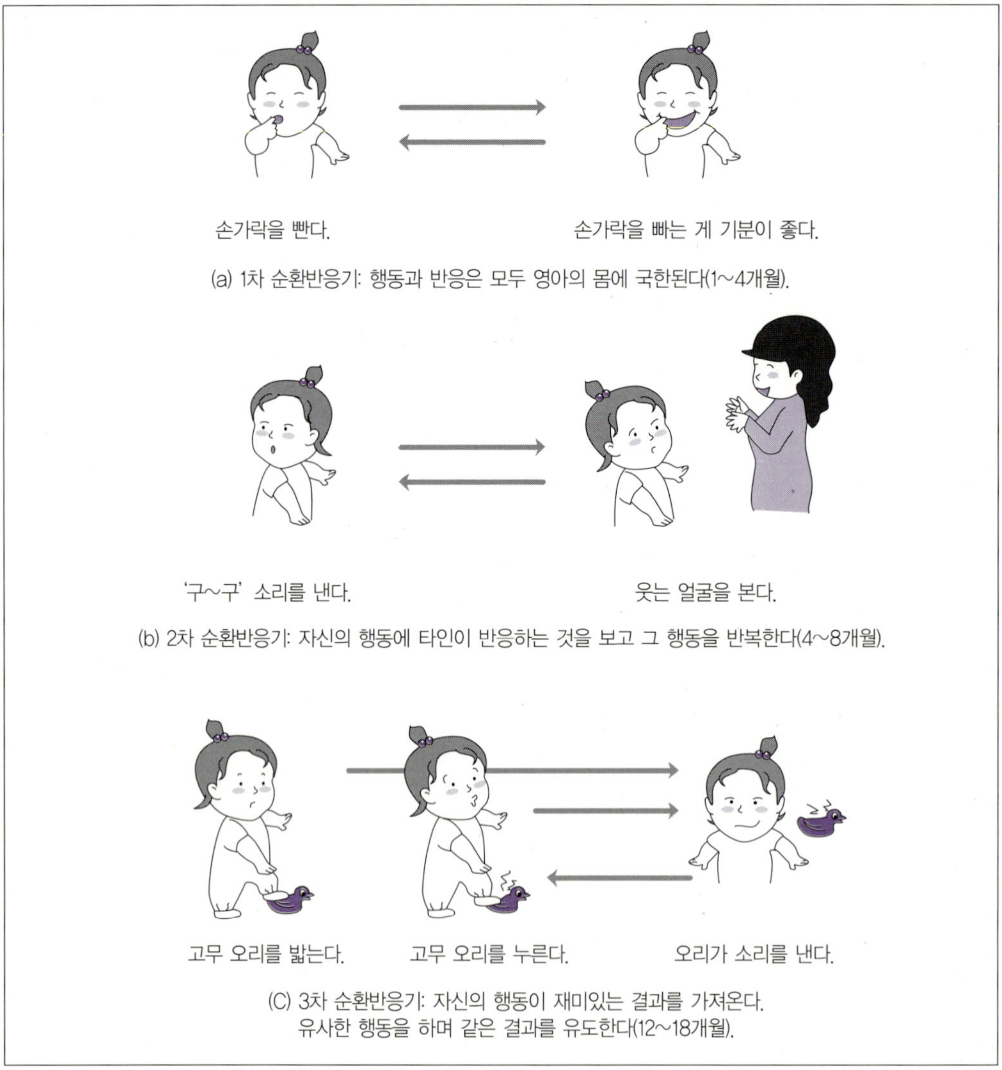

[그림 6-1] 1차 · 2차 · 3차 순환반응기

5 3차 순환반응기(Tertiary Circular Reactions): 12~18개월

행동의 결과를 살피기 위해 의도적으로 자신의 행동을 다양한 방법으로 변화시켜 보는 등 능동적인 행동 양상을 보인다. 그리고 하나의 목적을 위해 여러 차례 유사한 행동을 시행하거나 새로운 반응을 시도하기도 한다. 이제 걷기 시작하는 영아들은 자신의 환경을 더 멀리 탐색할 수 있다. 예를 들면 소리가 나는 장난감을 여러 방법으로 눌러 본다거나 공을 다양한 방법으로 굴려 보곤 하는 모습을 볼 수 있다. 이 시기의 영아에게서 처음으로 문제를 해결하기 위한 독창성 같은 것을 엿볼 수 있다. 시행착오를 거쳐 여러 행동들 중에 가장 목적을 잘 달성할 수 있는 방법을 찾아낸다.

6 정신적 표상(Mental Combination): 18~24개월

내적 표상을 사용하기 시작한다. 통찰에 의해서도 문제를 해결할 수 있으며 내면적으로 사고를 한 후에 행동하는 모습을 볼 수 있다. 이때의 영아는 전조작기의 문턱에 있다. 가장 대표적인 성취는 내적 표상능력으로 글, 그림, 이미지 등 symbol을 활용하여 머릿속에 기억하고, 후에 다시 회상할 수 있는 능력의 발달이다. 이때의 영아는 당장 눈앞의 경험이나 사물로부터 자유로워져서 이전의 경험을 토대로 사고를 할 수 있게 된다. 그래서 지연된 모방(deferred imitation)도 하고 상상도 하고 생각을 한 후에 행동한다. 이제 더 이상 시행착오를 거치지 않아도 되는 것이다.

7 감각운동기의 특징

영아들이 감각운동기 때에 습득하는 능력 중에 대표적인 대상영속성, 공간 개념, 인과성, 그리고 수 개념을 알아보기로 한다.

○ 대상영속성(object permanence)

영아들이 감각운동기 때에 습득하는 대표적인 능력으로 대상영속성의 발달을 꼽을 수 있다. 대상 개념이란 모든 대상들이 독립적인 실체로서 존재한다는 인식을 뜻한다. 그래서 대상이 눈앞에서 사라져도 그 대상이 여전히 존재한다는 것을 아는 것을 대상영속성이라 한다. 대상영속성 개념은 영아의 애착형성에 중요한 요인으

로 작용한다. Piaget는 감각운동기 때의 대상영속성의 발달에 대해 다음과 같은 견해를 피력했다. 먼저 초기단계에서 영아는 시야에서 사라진 물체가 계속 존재한다는 사실을 이해하지 못한다. 그래서 1단계(출생～1개월)에서는 시야에서 사라진 물체를 찾지 않는다. 그러다가 2단계(1～4개월)에서는 물체가 사라진 곳을 잠시 응시하며 다시 나타나기를 기대하는 모습을 보인다. 그 후 3단계(4～8개월)에서는 이동하는 물체의 위치를 예상하기는 하나 부분적으로 가려진 친숙한 물체만을 찾아낸다. 이때 대상영속성 개념이 나타나기 시작하지만 아직 확립되지는 않은 단계이다. 4단계(8～12개월)에서 숨겨지는 경로를 보는 경우에는 물체를 찾을 수 있으나 이는 그 경로가 단순해야 가능하다. 5단계(12～18개월)가 되면 물체가 이동하는 경로를 잘 지켜보고 있을 경우 숨긴 위치를 여러 번 옮겨도 물체를 찾을 수 있다. 이제 보이는 이동에 한해서는 대상이동 개념을 획득한 것이다. 마지막으로 6단계(18～24개월)에서는 보이지 않는 연속적인 이동이라도 숨겨진 물체를 찾아낼 수 있다. 즉 눈앞에 없는 대상에 대한 내적인 상징적 표상이 가능해진 것이다. 다음 〈표 6-1〉에서 감각운동기의 특성이 정리되어 있는 것을 볼 수 있다.

● 표 6-1 ● Piaget의 감각운동기

하위단계	연령	적응행동	대상영속성
1	0~1개월	• 타고난 반사행동을 한다.	• 대상이 사라지면 무시한다.
2	1~4개월	• 자신의 신체와 관련된 흥미로운 활동을 반복한다.	• 대상이 사라진 장소를 쳐다본다.
3	4~8개월	• 외부 대상에 대해 학습한다. • 외부 대상에 대한 흥미로운 활동을 반복한다.	• 부분적으로 감추어진 대상을 찾을 수 있으나 완전히 감추어지면 찾지 못한다.
4	8~12개월	• 목표지향적이고 의도적인 행동이 시작된다.	• 보는 앞에서 이동시킨다면 숨겨진 대상을 찾아낸다. 그러나 대상을 어떤 곳에 숨겼다가 다른 곳으로 이동시키면 첫 번째 숨겼던 장소에서 그 대상을 찾는다.

하위단계	연령	적응행동	대상영속성
5	12~18개월	• 문제를 해결하거나 흥미로운 결과를 산출할 수 있는 새로운 방식을 찾아내기 위한 시도를 한다.	• 대상이 이동하는 것을 목격하였을 때에는 숨겨지는 장소가 여러 번 바뀌어도 찾아낸다.
6	18~24개월	• 언어의 가상놀이를 통해 상징을 사용하기 시작한다. 시행착오 없이 정신적인 수준에서 문제를 해결한다.	• 보이지 않게 이동했을 때에도 숨겨진 대상을 찾아낸다.

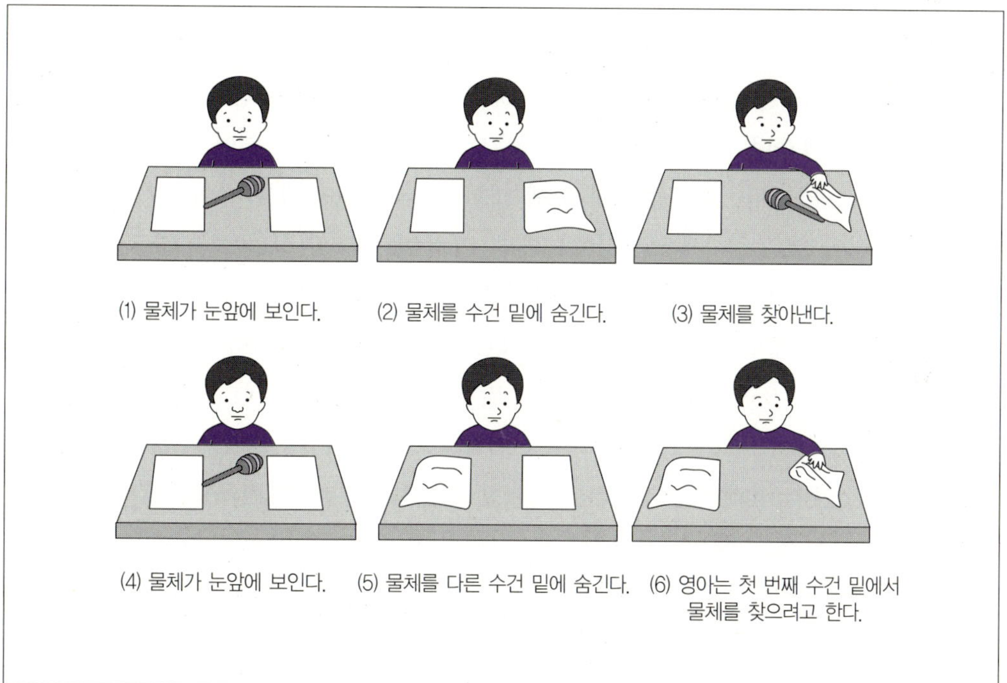

[그림 6-2] 하위단계 4

○ 공간개념

스스로 움직일 수 없는 시기의 영아들은 공간에 대한 개념이 한정적일 수밖에 없다. 그러다가 기어다니고 걷게 되면서 물체를 더 가까이에서나 멀리서 볼 수 있게 되고 비교할 수도 있게 된다. 그리고 자신의 위치를 중심으로 물체의 위치를 파악할 수 있게 된다.

○ 인과성

'어떤 일이 다른 일의 원인이 된다' 라는 인과성의 개념은 사람들이 세상을 살아가는 데 중요한 지침이 된다. 이러한 인과성의 개념은 영아가 태어나서 1년이 지나는 동안 서서히 발달한다. 영아들은 물건을 집거나 밀거나 떨어뜨리거나 한 자신의 행동이 주위에 영향을 미칠 수 있음을 알게 된다. 그래서 본인의 의도가 환경에 변화를 가져올 수 있음을 알게 된다. 그러나 정확하게 원인과 결과를 연결하는 것은 사고능력이 발달한 이후에 이루어진다.

○ 수개념

Piaget는 유아의 수개념이 상징을 사용하기 시작하는 감각운동기의 6단계에서 나타난다고 생각했으나 최근 연구결과들을 보면 그 이전에도 영아들에게 수개념이 있는 것으로 나타났다. 영아들에게 수에 대한 개념이 있는지를 알아보기 위해 다음과 같은 실험을 했다. 5개월 된 영아들에게 미키 마우스 인형을 보여주고 스크린을 내린 후 다른 미키 마우스 인형이 스크린 뒤로 들어가는 것을 보여준 다음 스크린을 올린다. 이때 영아가 보지 못하게 스크린 뒤에서 인형을 더하거나 빼거나 한다. 스크린 뒤에 있는 인형의 숫자가 예상과 맞지 않을 경우 영아들은 더 오랫동안 인형들을 쳐다보았다. 이는 마치 영아들이 머릿속으로 인형의 숫자를 세고 있는 것처럼 보이기도 한다. 그래서 적은 숫자에 대한 개념은 생득적이며 부모는 영아들에게 수의 이름(하나, 둘 , 셋)을 가르쳐주는 것이라는 주장도 있다(Wynn, 1996). 그러나 이러한 주장은 아직 하나의 의견이며 더 많은 연구가 되어야 할 것이다.

(2) 전조작기(2~7세)

앞의 감각운동기에서 영아의 사고는 '행동' 을 중심으로 일어났다. 그러나 Piaget 이론의 2번째 단계인 전조작기에서는 '표상' 을 통하여 사고할 수 있게 된다. 이제 아동은 머릿속에 표상을 저장하고 상기하여 생각하고, 전에 경험한 것을 재현할 수도 있다. 다음은 전조작기의 사고특성들이다.

1 상징적 사고(symbolic function)

이때의 아동들은 언어와 상상력이 발달하여 새로운 방법으로 놀이를 하려고 한다. 예를 들어 2살 된 아동은 컵을 가지고 소꿉놀이를 한다면, 4살 된 아동은 컵을 모자나 우주선이라고 하며 놀 수 있다. 이것을 상징적 사고라고 한다.

2 자아중심적 사고(ego centrism)

전조작기의 또 하나의 특징은 자아중심적 사고이다. 이 시기의 유아는 타인의 관점이나 입장을 생각하지 못한다. 이때의 자기중심적 사고나 행동은 유아가 이기적이라서가 아니라 사고의 한계를 보여주는 현상이다. 예를 들면 5살 된 유아가 엄마 생일에 자신이 좋아하는 장난감을 고른다거나 울고 있는 아이를 보면 자신의 엄마를 데려가는 것과 같은 행동을 볼 수 있다. 자기중심적 사고를 보여주는 대표적인 실험으로 Piaget는 세 개의 산 실험(3 mountain experiment)을 보고했다. 탁자 위에 높이, 모양과 크기가 다른 세 개의 산이 있다. 그리고 산에는 각각 눈, 나무, 십자가가 있다. 유아에게 탁자 주위를 한 바퀴 돌며 세 산을 보게 한 다음 한 의자에는 인형을 앉히고 맞은 편에 유아가 앉는다. 유아에게 세 산을 여러 관점에서 찍은 사진들을 보여주고 앞에 앉은 인형에게 보이는 것을 나타내는 사진을 선택하게 한다. 이

[그림 6-3] Piaget의 '세 개의 산' 실험

때 6~7세 이전의 유아는 자신이 보는 산의 관점을 나타내는 사진을 선택한다. 즉, 자아중심적으로 사고하는 것을 볼 수 있다.

자아중심적인 사고를 알아보기 위해 세 개의 산 실험과 유사하지만, 유아들에게 좀 더 친숙하게 설정한 '경찰놀이'가 있다. 인형으로 만든 경찰이 소년을 잡으러 가는 게임에서 소년이 잡히지 않도록 경찰이 볼 수 없는 곳에 소년을 숨기라고 하면 유아는 [그림 6-4]에서 보듯이 소년을 잘 숨긴다. 심지어 2명의 경찰이 소년을 잡으러 가는 좀 더 복잡한 게임에서도 소년을 잘 숨겼다. '세 개의 산' 과제와 '경찰놀이' 과제는 어떤 차이가 있는가? 제시된 과제가 유아에게 친숙한 '경찰놀이'를 유아는 쉽게 해결하는 것으로 보인다. 결국 Piaget의 주장과는 달리 유아는 익숙하지 않은 상황에서만 자기중심적 사고를 하는 것으로 보인다.

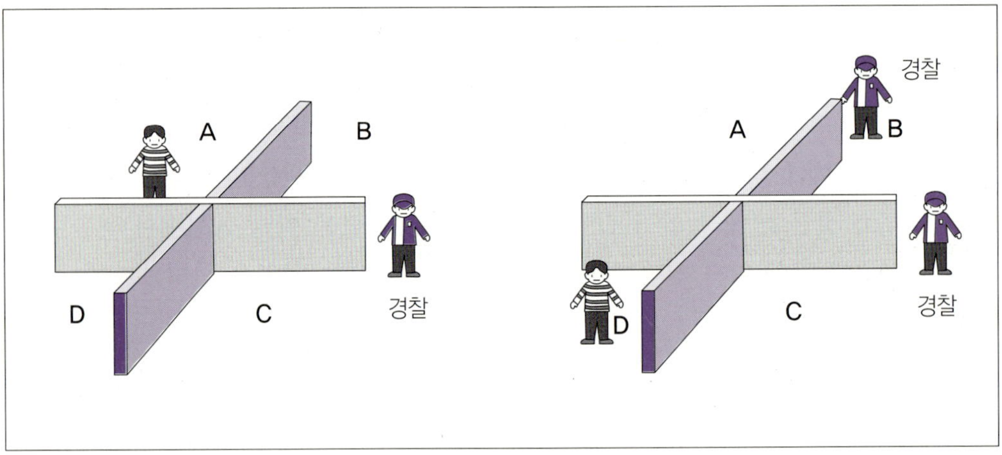

[그림 6-4] 순경놀이 실험

③ 중심화(centration)

전조작기의 또 다른 사고 특성으로 중심화를 들 수 있다. 이는 사물이나 활동에서 가장 현저한 현상에 집중하면 다른 측면들을 무시하며 종종 비논리적 결론에 도달하는 경향을 뜻한다. 예를 들어 바둑돌 7개를 간격을 넓게 늘어뜨려 놓고, 또 다른 줄에는 9개를 촘촘히 좁게 놓고 어떤 줄에 바둑돌이 더 많으냐고 물으면 유아는 7개로 된 더 긴 줄의 바둑돌이 더 많다고 답한다.

4 비가역성(irreversibility)

전조작기 유아의 또 다른 사고의 특성은 비가역성이다. 이는 사고가 경직되어 역으로 생각하기가 어려운 현상을 뜻한다. 예로 '1+1=2' 라는 것은 알지만 '2-1=1' 이라는 것을 이해 못 하는 것을 볼 수 있다. 또 가장 대표적인 예로 들 수 있는 실험으로 유아에게 2개의 컵에 같은 높이의 물을 보여주고, 한 컵에 있는 물을 더 좁고 가느다란 컵에 옮기면 좁은 컵에 있는 물이 더 많다고 생각하는 것을 볼 수 있다. 이 실험으로 Piaget는 전조작기 아동은 사물의 모양이나 높이가 바뀌어도 본질이나 질량은 변하지 않는다는 것을 아는 보존개념(conservation)이 형성되지 않았다고 보았다.

5 물활론(animism)

물활론이란 아동이 모든 사물에 생명이 있다고 생각하는 현상을 뜻한다. 예로 전조작기 아동의 그림을 보면 해나 달에 얼굴을 그려 넣거나 자동차도 밤에는 잠을 잔다고 생각하는 것을 볼 수 있다.

6 전환적 사고(transductive reasoning)

전환적 사고란 한 특정사건으로부터 다른 특정사건을 추론하는 것이다. 두 사건 사이에 연관이 없어도 유아는 인과관계가 있는 것으로 생각한다. 예를 들어 유아가 넘어져서 다치면 엄마 말을 안 들어서 넘어졌다고 생각하는 것인데, 이 시기의 유아는 연역적(deductive)인 사고도, 귀납적(inductive)인 사고도 하지 못한다. 그래서 "내가 낮잠을 안 잤으니까 지금은 낮이 아니야(Piaget, 1952)." 라고 말하는 것과 같다.

7 인공론적 사고(artificialism)

전조작기의 유아는 이 세상에 존재하는 모든 것은 사람들이 사람을 위하여 만든 것이라고 생각한다. 특히 자아중심적인 사고를 하는 이 시기에는 모든 사물이나 자연현상이 유아 자신을 위해 존재한다고 생각한다. 예를 들면 하늘에 있는 달은 나를 따라오게 하려고 사람들이 만든 것이라고 생각하는 것이다.

유아의 인지발달 수준이 나타나는 대화의 예시들(Piaget, 1929)

어른: 태양은 어떻게 시작되었을까?
아동(9살): 큰 공이었어요.
어른: 처음에 어땠는데?
아동: 자꾸자꾸 커져서 위로 올라가라고 그랬어요. 풍선처럼.
어른: 그 공은 어디서 왔을까?
아동: 아마 큰 공이었을 거예요. 아주아주 큰 공.
어른: 정말?
아동: 네.
어른: 어떻게 만들었을까?
아동: 그 사람들이 큰 공으로 만들었어요.
어른: 누가?
아동: 남자들이요.
(Artificialism) 인공론적 사고

어른: 너는 살아 있니?
아동(8살 반): 네.
어른: 어떻게 알아?
아동: 난 걷기도 하고 놀기도 하고….
어른: 물고기는 살아 있니?
아동: 네. 수영하니까요.
어른: 자전거는 살아 있니?
아동: 네.
어른: 어째서?
아동: 갈 수 있어서요.
어른: 구름은 살아 있니?
아동: 네.
어른: 어떻게?
아동: 그것도 다니니까요.
어른: 달은 살아 있니?
아동: 네.
어른: 어째서?
아동: 밤에 밝게 해주니까요.
(Animism) 물활론적 사고

(3) 구체적 조작기(7~11세)

구체적 조작기가 이전 단계들과 구별되는 가장 큰 특징은 구체적 조작기 때부터 아동은 조작을 할 수 있다는 것이다. 즉, 논리적으로 사고할 수 있게 된다. 여기서 조작(operation)이란 심상이나 상징을 변형하고 재조직하여 논리적인 결론에 이르게 할 수 있는 내적인 정신활동을 의미한다. 감각운동기나 전조작기에는 조작을 할 수 없는 한계를 가지고 있었다. Piaget는 조작하는 능력에 큰 비중을 두어서 그의 단계들도 조작을 중심으로 명명된 것을 볼 수 있다. 이때 주의할 것은 이 시기에는 아동이 논리적으로 사고할 수는 있으나 그 대상이 구체적일 때에 가능하다는 것이다. 본인이 경험했던 일이나 다룰 수 있는 일에 대해서는 논리적 사고를 하지만 추상적인 사고는 조금 더 후에 할 수 있다. 다음은 구체적 조작기의 특성들이다.

1 탈중심화(decentering)

이 시기의 아동은 동시에 여러 가지 측면을 고려해서 논리적인 결론에 도달할 수 있게 된다. 전조작기 때는 사고의 중심화로 한 가지 측면만을 고려했던 점을 상기할 때 크게 성장한 것이다. 앞에 언급됐던 바둑돌 실험을 다시하면 이제는 바둑돌의 길이에만 집중하지 않고 바둑돌 간의 간격과 숫자를 모두 고려할 수 있게 된다. 이러한 탈중심화 능력은 사물뿐만 아니라 사회적 관계에서도 나타나서 조망수용능력과 의사소통과정에서 탈중심화된 인지적 조작능력을 보여준다. Piaget는 7~8세 이후에 탈중심화된 아동이 타인의 입장, 감정, 인지를 추론하고 이해할 수 있는 조망수용능력을 습득한다고 하였다. 이 시기의 아동은 세 산 실험에서 인형이 보는 관점을 추론할 수 있다(Piaget, 1954). 전조작기 아동의 자기중심적 언어가 7세부터 급격히 감소되어 사회화된 언어를 사용할 수 있게 되는 것도 탈중심화된 사고에 의한 것이다(송명자, 1997).

또 이 시기의 아동은 현실과 상상을 구분하는 능력이 발달한다. 아동들에게 Star Trek이라는 TV 방송을 3차례 보여주었는데, 그 중 2번은 배우들이 나오는 원래 버전이고, 1번은 애니메이션으로 만들어진 버전이었다. 구체적 조작기 초기의 아동들은 애니메이션으로 된 방송분은 사실이 아니지만 다른 두 번의 정상적으로 방영된 방송 내용에 대해서는 사실인지 아닌지 확신이 없었던 반면, 구체적 조작기의 후반부에 들어선 아동들은 애니메이션이나 정상 방송분이나 모두 허구(fiction)라고 확신하는 것을 보고했다.

2 가역성(reversibility)

Piaget는 구체적 조작기 때 발달하는 중요한 능력 중 하나로 가역성을 보았다. 가역성은 어떠한 상태가 변화했을 때 그 변화의 과정을 역으로 하면 다시 원래의 상태로 된다는 것을 아는 것이다. 찰흙으로 공룡 모양을 만들어도 그것은 다시 찰흙 덩어리로 돌아갈 것이며, 사탕이 6개 있는데 2개를 더하면 8개가 되고, 여기서 6개를 빼면 2개가 된다는 것도 알게 된다.

3 보존개념(conservation)

이렇게 구체적 조작기의 아동은 탈중심화와 가역적 사고를 할 수 있게 됨으로써 보존개념이 발달한다. 보존개념이란 물체가 외형적으로 변화해도 그 물체로부터 빼거나 더하지 않으면 그 물체의 특정한 양은 그대로 보존된다고 판단할 수 있는 능력이다. 아동은 수, 질량, 길이, 면적, 무게, 부피 등 여러 가지 형태의 보존개념을 획득하며, 인지적 조작능력의 발달로 동일성(identity: 어떤 물체에서 더하거나 빼지 않았을 때 그 양은 처음과 동일하다는 것을 아는 것), 가역성(reversibility: 어떠한 상태가 변화했을 때 그 변화의 과정을 역으로 하면 다시 원래의 상태로 된다는 것을 아는 것), 보상성(compensation: 한쪽 차원에서의 감소는 다른 차원에서의 증가로 보상된다는 것, 즉 일정한 양의 물이 좁은 그릇에서는 높이가 높아지고, 넓은 그릇에서는 낮아진다는 것을 아는 것) 등의 추론을 할 수 있게 된다. 그러나 여러 가지 형태의 보존개념은 과제에 따라 그 획득 시기가 다르다. 이러한 현상을 Piaget도 인식하고 있었고 '수평적 위계(horizontal decalage)' 라고 명명하였으나 구체적으로 설명하지는 않았다(〈표 6-2〉 참조).

④ 유목화(classification)

구체적 조작기 이전의 아동은 사물을 분류할 때 한 가지 차원에서만 사고할 수 있었다. 예를 들어 블록을 분류하는 것을 보면 색으로, 혹은 모양으로 분류한다. 이렇게 한 가지 속성에 따라 사물을 분류하는 것을 단순 유목화(simple classification)라고 한다. 두 개 이상의 속성에 따라 사물을 분류하고 분류된 것들을 통합하여 위계적 망을 형성하는 것을 다중 유목화(multiple classification)라고 한다. 또한 상위 유목과 하위 유목 간의 관계를 이해하는 유목포함(class inclusion)의 개념도 구체적 조작기 때에 성취하게 된다. 아동에게 20개의 갈색 칠을 한 나무 구슬과 2개의 흰색 칠을 한 나무 구슬을 보여준 후 모든 구슬이 나무로 된 것이고 그 중 20개는 갈색이고 2개는 흰색이라는 것을 합의한 다음 "나무구슬이 많니, 갈색구슬이 많니?" 하고 물으면 8살 이전의 아동은 대부분 "갈색구슬이요" 라고 답하는 반면 (Piaget, 1962) 구체적 조작기의 유목화 개념이 발달한 아동은 "나무구슬이요" 라고 답할 수 있게 된다.

⑤ 서열화(seriation)

구체적 조작기의 또 다른 성취로 사물을 크기나 무게, 부피 등 순서대로 나열할 수 있게 된다. 이전의 유아들은 무작위로 시행착오를 거듭해서 나열하던 것을 구체적 조작기의 아동들은 가장 작은 것을 찾고, 크기를 대보는 등 나름대로 전략을 활용하면서 해답을 찾는다. 예를 들어 한 가지 차원, 즉 기둥의 높이만을 고려하여 나열하는 단순 서열화(simple seriation)뿐만 아니라 두 가지 이상의 차원, 즉 기둥의 폭까지 동시에 고려하는 다중 서열화(multiple seriation)도 가능하게 된다. 또 서열화의 하나인 추이성(transivity) 조작도 가능하다. 길이가 다른 막대 3개를 주고 막대 1이 막대 2보다 길고, 막대 2가 막대 3보다 길다는 것을 알면 아동은 막대를 직접 비교하지 않고도 막대 1이 막대 3보다 더 길다는 것을 정확히 알아낸다. 이러한 서열화 능력은 아동이 수의 관계를 이해하고 수를 계산하는 데 기초가 된다.

● 표 6-2 ● 아동의 보존개념 발달

보존과제	획득 연령	최초배열	변형된 배열	원리
수	6~7세	A. B  A줄과 B줄에 같은 수의 동전이 있는가?	 A줄과 B줄에 동전의 수가 같은가?	재배열 후에도 수는 동일하다.
길이	7~8세	A B 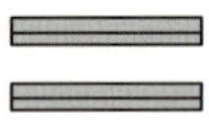 막대 A와 B의 길이는 같은가?	A B 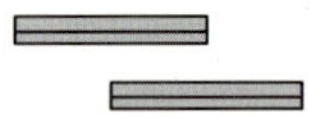 A와 B는 같은 길이인가?	배열이 변화해도 길이는 변화되지 않는다.
용액	7~8세	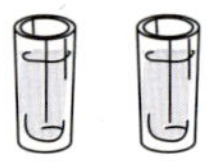 A B A컵과 B컵의 물은 같은 양인가?	 A B A컵과 B컵의 물은 같은 양인가?	물을 담은 용기의 모양이 변하더라도 물의 실제 양은 동일하다.
면적	8~9세	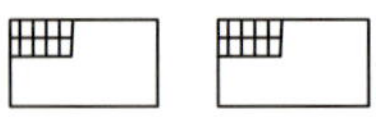 A B 여기 두 농장이 있는데 각 농장에 집들이 있다. 당나귀가 농장에서 풀을 뜯어 먹는다. 당나귀는 A와 B에서 같은 양의 먹을 풀을 갖고 있는가?	 A B A와 B에서 같은 양의 먹을 풀을 갖고 있는가? 아니면 왜 그렇지 않은가?	면적을 덮고 있는 물체의 위치를 옮겨도 덮이지 않은 전체 면적은 변함이 없다.
무게	9~10세	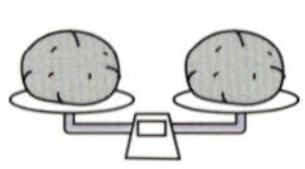 A B A와 B는 공 모양의 점토 덩어리인데 둘 다 같은 무게인가?	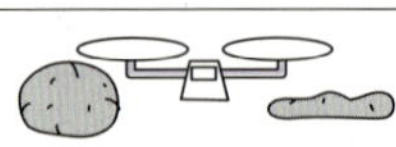 A B 만약 B를 저울에 올려 놓으면 A와 같은 무게일까?	모양이나 부피가 변해도 무게는 동일하다.
질량	6~8세	 A B 점토덩어리 A공은 B공과 같은 양인가?	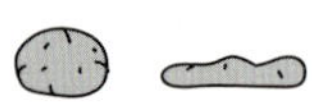 A B A와 B는 같은 양인가?	모양이 변하여도 점토 양은 동일하다.

(4) 형식적 조작기(11세~성인)

이 단계가 되면 아동은 추상적 사고를 할 수 있다. 이제 과학자가 실험을 하듯 모든 경우의 수를 생각할 수도 있고 논리적 사고를 바탕으로 문제해결을 할 수도 있다. 이 시기의 아동은 가정적(hypothetical), 유추적(analogical), 추론적(deductive) 사고를 할 수 있다. 새로운 상황에 직면했을 때 과거와 현재의 경험을 활용하여 체계적으로 해결책을 모색하며 이상주의적 사고를 하기 시작한다.

형식적 조작기의 사고과정을 알아보기 위한 과제로 Piaget는 아동에게 길이와 무게가 다른 여러 가지 추를 주고 추의 움직이는 속도에 영향을 주는 요인을 알아내는 과제를 주었다. 추의 길이는 길게 또는 짧게 조절할 수 있고 여러 크기의 추로 바꿔 달아볼 수도 있다.

형식적 조작기의 아동들은 가정적 · 추론적 사고를 하여 모든 경우의 수를 생각해 본다. 그리고 하나의 요인을 그대로 두고 다른 요인들을 차례로 변형시켜 실험해 본다. 그 결과 이 실험의 경우 추의 무게나 어느 위치에서 떨어뜨리는가, 또 얼마나 세게 미는가는 추의 속도에 영향을 주지 않는다는 것을 알아낼 수 있다. 즉 추가 달려 있는 실의 길이에 따라 차이가 있다는 것을 알아낼 수 있는 것이다.

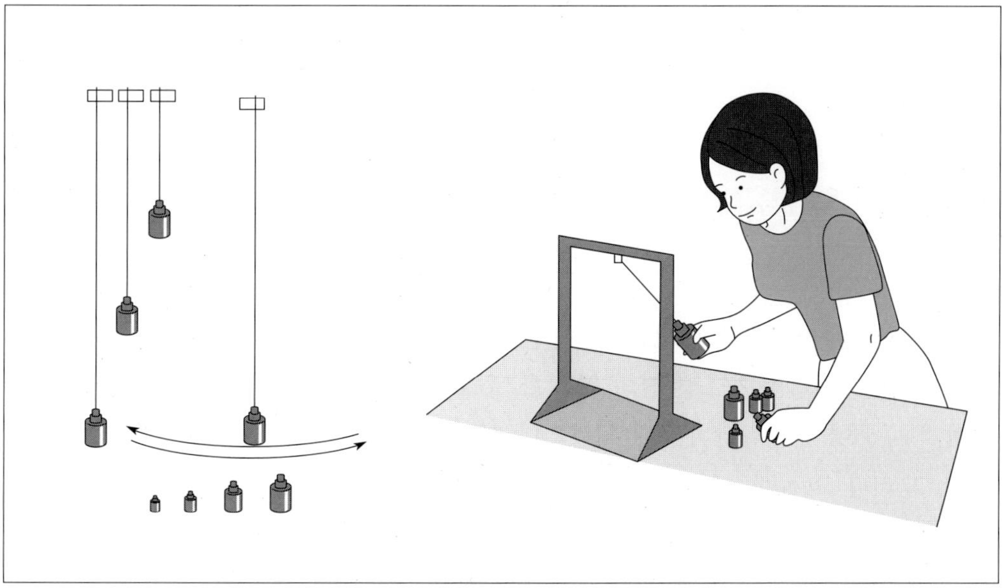

[그림 6-5] Piaget의 추(Pendulum) 문제

3) Piaget 이론에 대한 평가

Piaget는 아동발달의 새로운 장을 열었다. 다른 학자들은 문제가 주어졌을 때 아동이 정답을 아는가에 관심을 두었지만, Piaget는 아동의 오답에 관심을 가지고 아동의 사고과정을 자세히 서술하였으며 자신의 세 자녀를 중심으로 세밀한 관찰을 통하여 아동에 대한 이해를 증폭시켰다. 또한 그의 다양한 학문적 배경을 활용하여 폭넓은 이론을 발달시켰다. Piaget의 이론은 발달심리학 분야에 상당한 영향을 미쳤으며 학자들은 아동발달에서 인지의 중요성을 인식하게 되었고, 어른과는 다른 아동기 사고의 특성을 발견하였다는 데 그 의의가 크다. 그리고 그의 이론은 교육현장에 적용되어 직접적인 탐색을 통한 학습, 발견학습 등 학습자가 적극적으로 참여할 때 학습이 가장 효과적으로 이루어질 수 있다는 원칙을 제공하였다.

그러나 Piaget는 표준화된 실험방법이 아닌 자신이 개발한 임상적 방법(clinical method)과 관찰법, 면접방법을 활용하여 그의 이론을 정립하여 그 방법이 주관적이고 비과학적이라는 지적을 받는다. 또한 그가 제시하는 질문이 어렵고, 아동의 언어능력에 따라 평가가 좌우될 수 있다는 지적이 있다. 전반적으로 그가 구사한 실험들이 아동에게 생소하고 어려워서 아동의 능력을 과소평가하였다는 지적이 있다. 그리고 Piaget의 이론은 인지적인 측면에 치우쳐서 정서적, 사회적 측면을 비교적 경시했다는 제한점이 있다.

2 >>> Vygotsky의 사회문화적 인지이론

Piaget는 영아가 환경과 상호작용하면서 내면에 형성되는 도식에 초점을 맞추고, 모든 인간이 적극적으로 자신의 사고를 주도한다는 지식의 형성과정에만 관심을 두었기 때문에 인지발달과정에서 사회나 문화의 영향을 간과하였다는 비판을 받고 있다. 그러나 Vygotsky는 Piaget의 연구에 대하여 비교적 긍정적으로 평가하였다. Piaget가 개발한 임상적 방법은 아동의 사고와 언어를 연구함에 있어서 거의 혁명적인 발전을 가져왔다고 생각했다. 또 Piaget가 생생하게 그려낸 아동의 사고과정의 예시들을 존중했고, 발달은 단계적으로 이루어진다는 논조, 아동이 한 단계에서 가능한 사고와 가능하지 않은 사고의 구체적인 정의, 또 성인과 아동의 사고는 양적인 차이가 아니라 질적으로 다르다는 주장에 동의하였다. 그러나 Piaget의 연구방법 전반에 대해서 약점이 있다는 것도 알고 있었다. 그러한 Piaget의 이론을 기반으로 인지발달에 있어 사회와 문화의 풍부한 자원을 충분히 고려하여 Vygotsky는 1920년대에 활발한 연구를 하였는데 그의 이론이 번역되어 서구문명에 영향을 미친 것은 1980년대에 들어서부터이다.

L. S. Vygotsky

1) 기본 개념

Vygotsky는 사회(society)를 중요하게 생각했다. 사회는 문화적 전통을 전수해주고 사고가 발달하기 위해 없어서는 안 되는 필수 불가결한 매체라고 인식했다. 사회는 학습자로 하여금 사회적 상호작용을 통하여 인지발달을 도모하고, 언어는 이러한 의사소통을 가능하게 한다. 아동의 사고가 발달할 때는 두 단계를 거치는데 한 번은 사회적인 단계이고 그 다음은 아동 내에서 일어나는 내적인 단계이다. 다시 말해 처음 유아가 새로운 지식을 알게 되기까지는 상호심리적인(inter psychological) 과정을 거친다. 즉 사회적인 차원에서 타인들과의 상호작용을 통하여 새로운 지식을 습득한다. 상호심리적인 단계를 거친 후에는 개인 내 심리적(intrapersonal) 과정을 거친다. 즉 새로운 지식이나 기술이 개인적인 차원에서 아동내부에서부터 일어난다는 것이다. 결국 모든 사람은 자신이 속해 있는 사회에 의해 사회화된다. 사회화란 의도적이든 아니든 문화적 가치를 전달하는 과정이다. 이 과정이 교육의 핵심인 것이다.

(1) 배 경

Vygotsky는 모든 유아는 각자 고유한 사고를 한다고 강조한다. 각 개인에 따라 가치를 두고 습득해야 하는 기술이나 지식이 다르기 때문이다. 교육의 전반적인 목표는 문화와 사회적 관계를 통하여 발달을 도모하는 것이라고 했다. 새롭게 직면한 상황을 비추고, 의미를 부여하기 위해서는 과거의 경험과 지식이 중요하다고 강조했다. 그러므로 모든 새로운 지식이나 새롭게 배우는 기술들은 각 학생의 문화와 가정환경에 의해 지대한 영향을 받는다.

Vygotsky는 사람은 태어날 때부터 특별한 능력을 가지고 있는 것이 아니라 문화와 사회적 자극에 의해서 개별적으로 형성되는 것이고, 지적인 능력 역시 유아가 어떤 환경에서 양육되었는가와 밀접한 관계가 있다고 믿었다. 즉, 사람은 자신이 몸담고 있는 환경에 대한 지각과 해석을 통하여 적응해 나가는 존재임을 알았다. 그러므로 우리는 태어날 때부터 특정 정보를 가지고 있는 것이 아니라 주변 사람들과의 사회적 상호작용을 통하여 정보를 구성해 간다는 것이다. Vygotsky는 지식과 믿음에 대해 굳이 구분 짓지 않는다. 지식은 과거의 경험이나 환경을 통하여 얻어지는 것이고, 믿음 또한 문화나 가정에서의 양육을 통하여 심어지는 것이라고 보았기 때문이다.

Piaget는 학습을 지적인 발달과 신체적인 성숙과 경험에서 오는 결과라고 정의했다. 즉 발달이 학습을 선행해야 하는 것이다. 반면 Vygotsky는 학습이 발달을 주도한다고 보았다. 그는 문화적 심리적으로 기능하는 개체가 되는 데에는 학습이 필요한 과정이라고 주장했다. 즉 학습을 통하여 고등사고능력이 발달한다는 것이다. 발달이 일어나기 위해서는 사회적 상호작용과 언어가 필수불가결하다. 언어는 인간이 사회적 상호작용을 하고 경험을 공유하는 데 중요한 역할을 한다.

(2) 근접발달지대(ZPD)

Vygotsky의 대표적 개념은 근접발달지대(ZPD: Zone of Proximal Development) 이론이다. Vygotsky는 주변의 도움을 받으면 문제를 해결할 수 있는 영역이 있다고 했는데 이것을 바로 근접발달지대라고 불렀다. 이러한 관점에서 학습이란 아동이 근접발달지대에 있을 때 일어난다고 보았다. 동물은 환경에 의해 지배를 받으며 훈련되어질 수 있으나 학습을 통하여 스스로의 지적인 발달을 도모하지는 못한다. 그러나 인간은 자신의 목적을 위해서 환경을 바꿀 수도 있다. Vygotsky는 근접발달지대(ZPD) 이론을 통하여 인간의 가능성은 무한하다고 전제한다. ZPD란 '한 개인의 실제적인 발달단계와 어른이나 능력 있는 또래의 도움으로 문제해결을 할 때 도달할 수 있는 단계와의 거리' 라고 했다. 즉 능력 있는 안내자가 있는 한 어떠한 문제도 해결할 수 있다는 것이다. 다음은 근접 발달지대(ZDP)의 한 예이다.

【3살 유아가 어려운 퍼즐을 맞추려고 하고 있다】
아이 : 이거 못하겠어.
(아이는 퍼즐 조각을 틀린 자리에 넣으려고 한다.)
엄마 : 저기 아래에 갈 조각은 어떤 걸까?
(엄마는 퍼즐 맨 아랫부분을 가리킨다.)
아이: 이거 땅색.
(땅색 퍼즐 조각을 집어서 자리에 넣는다. 딱 맞다. 그 다음 퍼즐 조각을 잡고 엄마를 쳐다본다.)
엄마: 이걸 조금만 돌려보면 어떨까?
(엄마는 퍼즐 조각을 잡고 빙글 돌리며 보여준다.)
아이: 됐다!
(엄마가 바라보는 동안 아이는 몇 개의 퍼즐 조각을 더 맞춘다.)

엄마는 질문하고, 가르치고, 방법을 제시하면서 퍼즐 맞추기가 아이의 ZPD 내에서 해결될 수 있도록 도와주고 있다.

(3) 비 계

Vygotsky는 학습이란 학생의 현존하는 인지능력보다 조금 더 높은 단계에서 일어난다고 생각했다. 그러므로 자신보다 더 앞선 모델을 모방하는 학생은 더 높은 수준의 수행을 할 수 있다는 것이다. ZPD는 비계(scaffolding)와 함께 쓰여진다. 비계는 아동이 스스로의 힘으로 문제를 해결할 수 있도록 부모, 교사나 앞서간 또래가 도움을 제공하는 것을 의미한다. 비계란 건물을 지을 때 지지대로 사용하다가 건물이 완성되면 제거해 버리는 도구인데, 이 개념을 인지발달에 도입하여 아동이 혼자서 해결하기에 조금 어려운 과제를 수행하는 데 있어 옆에서 도움을 주는 주변 인물을 뜻한다. 또 어떤 건물을 짓느냐에 따라 비계가 달라질 수 있듯이 아동의 현 사고 단계에 맞춘 비계를 설정해야 한다.

Vygotsky는 가르치는 사람을 "더 잘 아는 사람"(More Knowledgeable Other, MKO)이라고 정의하였다. MKO는 어떤 과제에서 개념이나 기술 등이 학습자보다 더 높은 단계에 있거나 이해를 하고 있는 사람을 지칭한다. 전통적으로 MKO는 교사나 어른으로 생각되었다. 그러나 또래나 형제자매, 또는 나이가 더 어린 사람, 심지어 컴퓨터도 MKO가 될 수 있다. MKO는 특정 주제에 대하여 학습자보다 더 잘 알고 있으면 되는 것이다. 교사나 능력있는 또래는 ZPD를 통하여 학습자의 능력을 증진시킬 수 있다.

Vygotsky의 이론은 교실에서 가르칠 때 활용할 수 있는 방법에 대하여 지침을 준다. Vygotsky 입장에서 볼 때 "이상적인 교사의 역할은 학생들의 ZPD 내에서 비계를 제공해 주는 것"이다. 비계를 제공할 때 주의해야 할 점은 아래와 같다.

- 학습자가 흥미를 가질 수 있도록 유도한다.
- 학습자가 과제에 관심을 가지면 그 과제를 단순화시키고, 작은 단위로 나누어 준다.
- 학습자가 집중하도록 지도한다.
- 학습자가 가장 중요한 개념이 무엇인지 알 수 있게 한다.
- 학습자가 좌절하지 않도록 주의한다.
- 그 과제를 해결하는 방법 등을 모델링을 통하여 보여줌으로써 학습자가 모방을 통하여 그 과제를 잘 마무리하고 감정이나 기술을 내면화시킬 수 있도록 한다.

(4) 언 어

지구의 생명체들 중에는 도구를 만들고 쓸 수 있는 종들이 있다. 그러나 이와 더불어 인간은 심리적인 도구도 쓸 수 있다. 대표적인 심리적 도구로는 언어, 수, 암기법, 상징, 예술, 인지구조, 도표, 지도 등을 들 수 있다. Vygotsky는 특히 언어에 큰 비중을 두었다. 언어는 매우 강력한 심리적 도구로써 인간의 사고가 발달하는데 있어서 사고구조의 기초를 불러온다고 했다. 더 나아가 유아가 같은 환경을 공유하는 사람들과 처음으로 의사소통을 할 수 있게 하는 심리적 도구라고 말했다.

특히 언어습득은 과거의 경험과 새로운 사상이나 경험을 이어주는 중요한 매개체 역할을 한다. 언어는 인지발달에 핵심적 역할을 하며 유아가 어떻게 사고할지를 결정짓는 데 필수적인 도구가 된다. 타인과 의사소통하고, 학습이 일어나기 위해서는 언어가 필요한 것이다.

특히 Vygotsky의 이론은 사회, 문화와 밀접한 관계를 가지고 있으므로 의사소통 수단인 언어가 핵심적인 역할을 한다. Piaget는 유아기의 언어를 자기중심적 언어(ego-centric speech)로 본 반면 Vygotsky는 개인적 언어(private speech)로 보고 인지발달을 이끌어 가는 매체로 이해했다. 언어를 통하여 외부의 현상이 내부의 지식으로 전환될 수 있다고 본 것이다. 특히 어린 유아들이 문제에 부딪혔을 때 혼잣말을 하거나, 이전에 어른이 해준 말을 되풀이하는 모습은 이런 해석을 뒷받침 해준다. 후에 아동이 성장하면서 개인적 언어가 밖에서 안으로 조용히 실행될 때도 그 기능은 동일하다는 것이다.

(5) 교육 환경

Vygotsky는 인간은 사회적 맥락에서 존재하기 때문에 인간의 행동도 그 맥락을 떠나서는 이해할 수 없으며 인간에게 중요한 인지적 기술은 자신이 혼자서 환경과의 상호작용을 통해 습득한 것이 아니라 부모, 교사 또는 자신보다 약간 앞선 또래와의 사회적 상호작용을 통해 전달되는 것이라고 주장하였다. 예를 들어 한 아동이 1자리 수 덧셈은 할 수 있으나 2자리 수 덧셈은 할 수 없을 때 교사가 옆에서 1자리 수 덧셈하는 것과 같은 방법으로 지도해 주면 2자리 수 덧셈 문제를 해결할 수 있게 된다. 그리고 그 다음에는 혼자서도 유사한 문제를 풀 수 있게 된다. 그래서 Vygosky는 잘 하는 학생과 부족한 학생이 한 모둠이 되어 잘 하는 학생이 못 하는 학생을 이끌어 주는 환경을 추천했다. 이러한 사회적 환경은 뒤쳐지는 학생으로 하여금 지속적인 발달이 일어날 수 있게 한다는 것이다.

교사는 학생을 위한 안내자로서 학생이 새로운 문제에 직면했을 때 모델링을 통하여 학생이 본 것을 토대로 문제를 해결하고 학습이 일어나도록 해야 한다. 이때 교사는 환경을 통제하지 않고 학생들과 협조하고 지지해주며 방향을 제시하는 역할을 맡는 것이다.

학생들이 주어진 과제를 아무런 도움 없이 해결한다면 그 과제에 대한 지식이 이미 있다는 뜻이다. 이럴 경우에는 그 과제는 종료해도 될 것이다. Vygotsky는 이 시점이 끝이 아니라 시작점이라는 것을 지적한다. 교육과정은 학생의 기존 능력을 점검하고 그 능력을 최대한 이끌어 내도록 해야 한다. 그러므로 교육과정은 기존의 지식, 기술, 경험을 활용하면서 실제 상황과 상호작용할 수 있는 활동들로 구성되어야 한다.

2) Vygotsky 이론에 대한 평가

Vygotsky는 인지발달을 개인의 영역에서 사회, 문화적인 영역으로 넓혔다. 또한 근접발달 영역과 비계라는 개념을 도입하여 아동교육의 지평을 넓혔다는 평가를 받고 있다. Vygotsky의 이론은 각 문화권에서 발달하는 다양한 능력들에 대하여 설명이 되는데 예를 들어 도시에서 학교에 다니면서 읽기, 쓰기, 수학 과목을 배운 아동들은 외딴 부족 사회에서 생활력을 보고 배운 아동들과 다른 능력을 나타낼 것이라는 점이다.

그러나 그의 이론이 발달의 생물학적인 측면을 간과했다는 비판도 받고 있다. 고등사고능력에 있어서의 그림, 지도, 수학공식 등의 상징체계는 인정하였으나 언어를 가장 중요한 위치에 올려 놓았다는 것이 이를 뒷받침한다. 어떤 문화권에서는 언어사용을 극도로 자제하고 행동과 문법으로 다음 세대를 학습시키는 경우도 있기 때문이다. 또한 Vygotsky는 인지발달에서 유전적인 요소나 신체, 뇌의 성장에 따른 변화에 대해서는 언급하지 않았다(Berk, 2006). 예를 들어 초등학교 때의 신체 운동적, 지각적, 기억, 문제해결 능력들이 어떻게 그 아동의 사회적 경험에 영향을 주는지, 또 상호작용 하는지에 대한 논의가 결여되어 있으며 아동이 사회적 상호작용을 어떻게 내면화시켜서 지적 기능을 성장시키는지 다루지 않았다. 그래서 Vygotsky의 이론은 인지발달이 어떻게 일어나는지 그 설명이 모호하다는 비판을 피하지 못한다. 이 외에도 그의 핵심개념인 근접발달 영역이나 비계의 개념이 명확하지 않다는 지적을 받고 있다(Berk, 2006).

Chapter 7

지능과 창의성

미리 보기

앨버트 아인슈타인(Albert Einstein)

우리 인류는 '아인슈타인'이라 하면 '천재'를 떠올린다. 그는 상대성 원리, 양자 물리학의 기초적인 원리의 발견뿐만 아니라 인류가 가지고 있던 우주에 대한 개념을 바꾸어 놓았다. 그래서 그는 37세의 젊은 나이에 이미 그 시대의 가장 훌륭한 물리학자로 인정을 받았다. 그 시대뿐만 아니라 인류의 전 역사 안에서도 손꼽히는 물리학자로 남아 있다.

이런 훌륭한 지적 능력을 가진 아인슈타인의 어린 시절은 어떠했을까? 그는 1879년 독일의 Ulm이라는 도시에서 태어났다. 그는 발달이 늦어서 말하는 것도, 걷는 것도 매우 늦게 시작해서 그의 부모는 아들이 정신지체가 아닌가 하고 의사와 상담을 했을 정도이다. 후에 아인슈타인은 자기는 3살 이전에 한 단어 두 단어로 하는 말은 하려고 하지도 않았고 완전한 문장을 말할 수 있을 때 입을 열었다고 말하곤 했다. 그리고는 한번 입을 열기 시작한 어린 아인슈타인은 그의 또래보다 앞서 갔다. 아인슈타인이 3번째 생일을 맞이하기 4개월쯤 전에 동생이 태어났을 때의 일이다. 이제 함께 놀 아기가 생길 것이라고 들어왔던 그는 갓 태어난 어린 동생을 보고 "그런데 바퀴는 어디 있어요?"라고 물었다고 한다(아마도 같이 놀 수 있는 아기란 장난감이라고 생각했던 것 같다).

어린 아인슈타인이 말을 늦게 시작한 것은 아마도 지적인 문제보다는 성격상의 요인이 작용했을 가능성이 크다. 그는 부끄럼이 많고 말이 없어서 사람들은 그가 좀 모자란 것 같다고 생각했다. 학교에서는 거의 모든 과목이 뒤떨어졌고 그의 선생님은 그가 제대로 자랄지 의문스럽다고까지 했다. 아인슈타인은 그 당시 학교에서 강요하는 단순 암기나 단체훈련은 매우 싫어했고 선생님의 질문에 명확하게 답을 하지 못했다. 그는 자신이 관심 있는 것 이외의 것은 배우려 하지도 않았다. 그러나 흥미 있는 과목에는 무섭게 집중하는 모습을 보였다. 소년 아인슈타인은 자연에 심취되어 개미군단을 관찰하느라 몇 시간씩 쪼그리고 앉아 있기도 했다. 또 집에서 기르는 닭들과 친구가 되기 위해 여러 가지 방법으로 노력하는 모습도 보이고 근처 산과 들을 탐험하러 다니기도 했다.

아인슈타인은 몽상가였고 그의 머리는 온통 자신이 생각해낸 추리들로 가득 차 있었다. 그가 4~5살 때 아버지가 사다주신 작은 나침반은 우주의 원리에 대한 궁금증을 불러일으켰다. 어느 방향으로 서도 나침반의 바늘은 항상 'N(북쪽)'을 가리키는 것이 신기했다. 어째서 그런 걸까? 그는 그의 삼촌 제이콥을 못살게 굴며 질문을 계속했다. (그의 삼촌은 공학을 전공했고 당시 아인슈타인 집에 함께 살고 있었다.) 제이콥 삼촌은 지구의 북극과 남극, 그리고 자기장에 대해 설명해 주었다. 그러나 어린 아인슈타인은 그것으로 만족하지 않았다. 텅 비어 있는 것 같은 공간에 무언가 다른 힘이 작용하는 것만 같았던 것이다.

아인슈타인은 나침반을 계속 가지고 다니면서 그 비밀을 캐내려고 노력하였다. 후에 아인슈타인이 67세가 되어서 다음과 같이 기록하고 있다. "이 경험은 나에게 아주 깊고 강한 인상을 남겼다. 무언가 아주 깊게 숨겨져 있는 것이 있다고 생각했다." 이런 우주에 대한 아인슈타인의 관심은 몇 년이 지나서 제이콥 삼촌이 대수학과 기하학을 가르쳐 주면서 다시 눈뜨게 되었다. 아인슈타인은 책에 있는 모든 문제를 다 풀고 또 다른 문제들을 찾아 다녔다. 이렇게 끝없는 호기심과 끈기, 즉 아인슈타인 자신이 말하는 '알고 싶은 엄청난 충동(a furious impulse to understand)' 이 일생동안 자연과 우주의 원리를 이해하고 설명하는 원동력이 된 것이다.

출처: Papalia, Gross, & Feldman (2003)

모든 사람들은 아인슈타인과 같이 끝없는 호기심과 끈기, 알고 싶은 충동을 똑같이 가지고 있을까? 사물에 대하여 원리를 이해하는 능력은 어디서부터 오는 것일까?

예로부터 학자들은 인간에 대한 이해를 높이고자 인간의 지적인 측면, 정서적인 측면이나 심리 운동적인 측면에 중점을 두고 이론적 탐색을 하고 각 능력을 알아보기 위한 노력을 해왔다. 그 중에서도 인간의 지적 능력에 대한 관심사는 인간의 심리적인 특성을 알아보기 위한 노력 중에서 가장 긴 역사를 가지고 있다. 지적 능력이라 함은 과거나 현재뿐만이 아니라 미래의 성취 결과에도 지대한 영향을 미치는 능력으로써 100년 이상 이러한 지적 능력을 어떻게 표현할 것이냐 하는 것에 중점을 둔 연구가 계속되었다. 이를 통해 '지능이란 무엇인가? 지능에는 얼마나 많은 수의 다양한 능력이 포함되는가? 지능은 어떠한 구조로 이루어져 있는가?' 에 대한 이론들이 서로 교차하면서 지능 이론이 발전되어 왔음을 발견할 수 있다.

이 장에서는 지능과 관련된 다양한 이론들에 대하여 알아보기로 한다.

1 >>> 지능 이론의 발달

학자들 간에 18세기부터 표면화된 지능의 개념이나 본질에 대한 의구심은 초기에는 매우 어리숙한 것으로서 지능의 실체가 인간의 감각식별 능력에 있다는 전제하에 인간의 감각 능력을 정확히 측정하려는 실험 심리학이 주를 이루었다. 지능 연구의 창시자라 일컫는 Wilhelm Wundt도 인간의 지능은 감각과 주의력(Sensation and Attention)과 같은 기본적인 능력으로 구성되어 있는 것으로 보고 인간의 감각 능력에 대한 일반적인 법칙을 찾고자 하였다. 그는 심리실험실을 창설하여 많은 연구를 하였으나 그 당시에는 정신 능력의 개인차에는 관심을 가지지 않았다.

정신능력의 개인차에 관심을 돌린 사람은 Darwin의 사촌이자 진화론을 지능 문제에 적용시킨 Sir Francis Galton이다. 그는 ≪유전적 천재≫(Hereditary Genius, 1876)라는 저서를 통하여 지능의 계통발생학적 입장을 증명코자 하였다. Galton은 인간과 인간 사이의 개인차를 인식하고 그 사회에 기여를 한 인물을 중심으로 가계를 조사하여 우수한 지능은 유전에 의해 가계를 통해 전수된다고 보았다. 하지만 그 역시 인간의 정신 능력을 정신의 내면적 과정보다는 청각이나 시각 등 감각적, 지각적인 과정으로 인식하고 정확한 측정을 위한 측정도구 제작에 관심을 기울였으며 측정도구에 나타난 수행능력에서의 차이에 초점을 두었다.

Francis Galton

지적 능력을 감각능력으로 보는 이때까지의 경향에 내적인 과정을 포함시킨 사람이 미국의 James McKeen Cattell이다. 그는 Mental Test라는 용어를 처음으로 도입한 학자로서 색 변별, 시간의 지각, 손 운동의 정확도와 더불어 기억력과 상상력도 지능의 속성으로 보고 이를 측정하였다.

Alfred Binet

한편 프랑스의 Alfred Binet는 정신능력이 감각기능이나 운동기능에 있는 것이 아니고 보다 복잡한 정신작용에 있다고 보고 이를 더욱 발전시켰다. 그는 지능을 정신능력(Mental Faculties)과 정신력(Mental Power)의 종합체로 생각하고, 이 같은 여러 가지 정신능력을 따로따로 측정하여 종합함으로써 지능을 측정하려고 하였다. Binet는 기억력, 정신심상, 상상력, 주의력, 기계적 및 언어 이해력, 암시력(Suggestibility), 미적 감상력, 도덕적 감수성, 추리력, 판단력 등도 정신능력의 일부로 포함되어야 한다고 주장하며 단순한 감각지각능력에는 개인차가 별로 나타나지 않지만 복잡한 정신능력에서는 개인차가 크게 나타난다고 보고하였다.

따라서 이미 우리에게 알려진 Binet-Simon 척도를 보면 감각능력, 지각능력이나 식별능력을 측정하는 단순한 감각지각능력뿐만 아니라 판단력, 추리력, 문장이해력, 수리능력 등과 같은 복잡한 정신작용을 측정하는 문제들을 포함시키고, 검사의 각 문항을 풀 때에 필요로 하는 정신능력의 어려움이나 복잡성에 따라 문항을 배열한 것을 알 수 있다.

그는 정신연령(Mental Age)이라는 개념을 도입하여 출생과 동시에 결정되는 생활연령(Chronological Age)과 비교함으로써 지적 능력을 알아보고자 시도했다. 즉 우수한 아동의 정신연령은 그 아동의 생활연령보다 높은 반면에 열등한 아동의 정신연령은 그 아동의 생활연령보다 더 낮을 수 있다는 가정이다. 그의 이 같은 정신연령과 생활연령의 비교는 지능검사 발전에 크게 기여하였다.

Charles Spearman

측정학적 분석방법의 발달은 지능 연구에도 큰 변화를 가져왔다. 인간 능력을 요인분석이라는 측정학적 관점에서 접근한 최초의 인물은 Charles Spearman이었다. 그는 공통요인, 즉 일반요인을 'g'라 명명하고 'g' 요인으로는 설명되지 않는 잔여 변량을 특수요인 's'라고 설정하였다.

[그림 7-1]에서 보는 바와 같이 각 검사가 독특하게 측정하는 변량은 'Sa, Sb…' 이고 모든 검사에는 g가 포함되어 있다.

Spearman은 'g' 요인을 물리 현상의 에너지와도 같은 개념으로 보았다. 그는 'g' 란 누구에게나 고정적으로 존재하고 있으며, 모든 정신작용에 존재하고 있다고 보았다. 이 'g' 에는 개인차가 있으며, 한 정신작용에서 다른 정신작용으로 전환이 된다고 보았다.

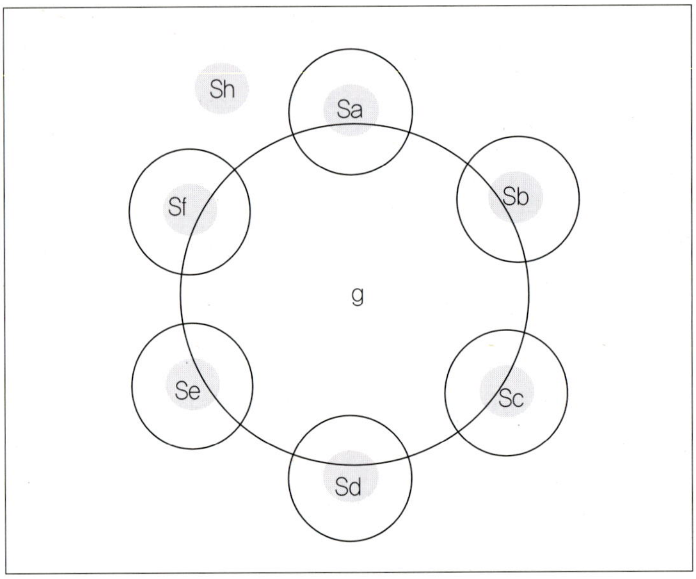

[그림 7-1] Spearman의 'g' 이론

Spearman의 'g' 이론은 지능을 생득적으로 결정되는 능력이라고 보았기 때문에 학교제도나 사회적으로 지능검사의 결과에 따라 학생을 동질적인 능력집단으로 묶어 가르치는 경향이 보편화되었다. 이러한 제도는 인간의 조건을 제한한다는 비판과 논쟁의 대상이 되다가 지능검사 결과가 비슷한 학생들을 놓고 가르쳐도 여전히 성적에서의 개인차는 크게 나타난다는 점과, g개념에 의해 제작된 지능검사가, 사회가 보다 다양해지고 기술이 발달함에 따라 다양하고 구체적이고 정확한 예언 능력을 갖추지 못했다는 점에서 문제화되었다. 결국 지능을 단일 요인이 아닌 여러 가지 독립된 능력의 집합적인 개념으로 보려는 경향이 강력히 대두되기 시작하였다.

Wechsler는 "지능은 목적을 향해 행동하고, 합리적으로 사고하여, 환경을 효과 있게 다루는 개인의 집합적 능력"이라고 정의하였고 "지능이란 전적으로 다른 여러 가지 능력으로 구성되어 있으며, 그 실체는 너무나 복잡하기 때문에 단일한 요인으로 나타내기에는 불가능하다"고 주장하였다.

이와 때를 같이하여 다요인 분석 방법을 창안한 Louis Thurstone은 7개의 요인을 확인하고 이를 기본 정신능력(Primary Mental Abilities, PMA)이라고 명명했다. 그가 주장하는 7가지 기본 정신능력은 다음과 같다.

Louis Thurstone

- 지각속도요인(Perceptual speed): 유사한 것을 빨리 알아내거나 아주 세세한 것을 빠르고 정확하게 알아내는 행동에 작용되는 요인
- 수요인(Number): 가감승제의 수학적 계산 속도와 정확성에서 많이 나타나는 지적 요인
- 언어 유창성(Word fluency): 주어진 상황에 알맞은 단어를 빨리 만들어 내거나 글자놀이, 글짓기 등에서 작용되는 요인
- 언어이해요인(Verbal comprehension): 독해, 어휘, 언어 추리, 동의어 등과 관련하여 작용하는 요인
- 공간요인(Space): 2차원 또는 3차원에 걸친 시각적 공간 지각검사에서 작용되는 요인
- 추리 요인(Reasoning): 유추, 수열, 연역적 사고 등과 관련되는 지적 추리 작용에서 나타날 수 있는 요인
- 기억력(Memory): 지각적 그리고 개념적 소재를 그대로 재생해 내는 능력

Thurstone은 인간의 지능을 변별적 능력으로 보는 계기를 마련하였다. 즉 그는 각 개인마다 능력의 프로파일이 다르므로 적성의 강약이 다르다고 보았다. 그러므로 각 개인은 자기의 프로파일에 따라 적재적소에서 스스로의 가치를 발휘할 수 있고 누구나 변별적 능력에 차이가 있다는 가능성을 시사한 것이다. 더 나아가서

는 각 개인의 특성에 맞게 일을 분담하여야 한다는 평등주의 관점을 지지한 것이다. 그러나 이 이론에서 대두되는 문제점으로 Thurstone이 서로 분명히 구별되는 다른 능력이라고 주장하는 각 요인들 간에는 높은 상관관계가 존재한다는 점을 들 수 있다.

Joy Guilford

한편 Guilford는 Thurstone의 PMA 이론을 확대하여 지능구조모형(Structure of Intellect: SI)을 만들었다. SI는 PMA가 다룬 정신작용의 요인 이외에 내용과 결과를 함께 포함시킨 경험적 논리적인 모형을 제시하고자 한 것이다.

SI 모델에서는 인간의 지능에는 3개의 차원이 있다고 보고 있다. 먼저 정신능력의 요인에 포함되는 내용 차원(contents), 그 요인에서 요구하는 정신조작의 차원(operations), 그리고 정신작용과 내용이 작용하여 나타나는 산출 차원(products)이라 정리하였다. 이것을 3차원 공간에 표시해보면 [그림 7-2]와 같다.

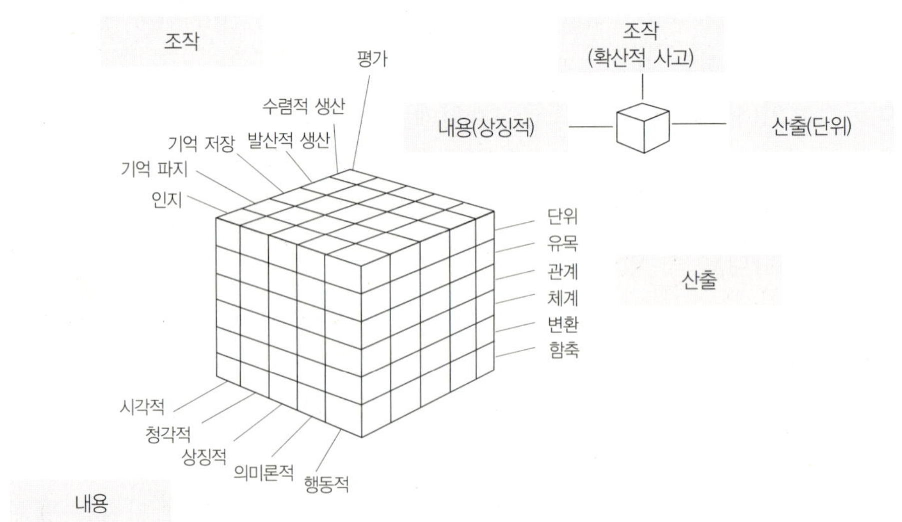

[그림 7-2] Guilford의 지능구조모형(Structure of intellect: SI)

이 SI 이론은 요즘 활발히 연구되어지고 있는 정보처리 이론에도 적용해 볼 수가 있다. 즉 내용 차원을 자극(stimulus)으로 보고 작용은 인지 전략 혹은 과정(process)이라 본다면, 결과 차원을 산출(response)로 볼 수가 있을 것이다. SI 이론은 인간의 지능을 정보처리의 3단계 과정 속에서 볼 수 있도록 사고를 확장시킨 것뿐만 아니라 학습, 문제해결력, 창의력과 같은 능력에 관심을 돌리고 새롭게 볼 수 있는 이론적인 틀을 제공한 점에서 큰 의의를 둘 수 있을 것이다.

정보처리(Information processing) 이론이 대두되면서 한 개인의 지적인 과정을 구조와 과정이라는 틀에 비추어 새롭게 해석하고자 하는 움직임이 시작되었다. 기존의 지능검사는 한 개인의 성공이나 실패를 예언할 뿐 실패를 극복할 수 있는 방법을 제시하지는 못했다. 기존의 지능 연구는 이렇게 예언이나 분류에만 국한되고 개인의 지능 수준을 표현만 하였지 학교의 나아갈 방향을 제시하지는 못하였던 것이다.

그리하여 몇몇 학자들은 인지과정을 세분화하고 분석하여 지능검사 및 적성검사 문항 내에 잠재해 있는 사고과정, 문제해결 전략, 정보의 내용이 무엇인가에 관한 지식을 축적하여 지능의 각 요인이 무엇을 측정하고 있는지, 또 그것을 학습이나 교수 방법에 어떻게 이용할 수 있는지를 연구하고 있다.

앞에서 언급한 것과 같이 지능에 관한 연구는 각 학자마다 지능 요인의 수나 지능구조에 관심을 두었다. 지능구조에서는 Thurstone과 같이 각 요인들이 서로 동등하게 독립되어 있다는 다요인 입장과 Guilford와 같이 지능을 3차원적 입방체로 보고자 하는 입장들이 있었다. 그리고 근래에 와서는 지능을 과정으로써 설명하고자 하는 정보처리 이론가들도 있다. 그래서 지금까지의 이론들을 살펴볼 때 지능 요인이 Spearman의 2개 요인에서부터 Guilford의 180개까지의 서로 다른 요인들을 포함한 영역으로 설명되어짐을 알 수 있다.

2 >>> 최근의 지능관련 이론

'지능이란 무엇인가? 라는 질문에 대한 답은 지능검사 문항과 교육 내용 등 많은 분야에서 아동에게 영향을 미칠 수 있다. 지금까지 하나의 합의된 지능의 정의는 나오지 않았다. 하지만 사람들은 지능이 높은 사람의 특성에 대해서는 많은 부분 공통적인 생각을 가지고 있다.

최근 발달한 지능이론 중 Sternberg의 삼두이론, Gardner의 다중지능이론, 그리고 정서지능 이론(emotional intelligence)을 살펴보기로 한다.

1) Sternberg의 삼두이론

Sternberg(1997)는 성공지능의 삼두이론(triarchic theory of successful intelligence)을 피력했다. 그는 이론에서 분석적 지능, 창의적 지능, 실용적 지능의 3가지 유형이 있고 이 3가지 지능이 균형을 이룰 때 성공할 수 있다고 주장한다. 이 3가지 지능을 더 자세히 살펴보면 다음과 같다.

Robert Sternberg

(1) 분석적 지능(Analytical intelligence)

지능검사와 시험에서 높은 점수를 받는 능력으로 전략활용, 지식습득, 자기통제능력 등 일반적으로 학교학습에서 많이 사용되는 능력이다.

(2) 창의적 지능(Creative intelligence)

비전통적이고 통찰력 있고 창의적인 특성으로 새로운 상황에 적응하려 할 때 나타나는 능력으로 분석적 지능과 같이 주어진 지식을 소화하는 능력이 아닌 새로운 문제에 부딪혔을 때 해결할 수 있는 능력이다.

(3) 실용적 지능(Practical intelligence)

지적 행동을 자기의 생활과 관련된 실제 환경에 의도적으로 적용하고 자신에게 적절한 환경을 선택하거나 이를 바꾸어 나가는 능력으로 일상생활을 해나가는 데 유용한 기술이나 능력이다. 환경에 맞게 적응하는 능력, 또는 환경을 자신에게 유리하게 변화시키거나 적절한 환경을 선택하는 능력이다.

Sternberg는 현대사회가 분석적 지능에 비중을 많이 두고 IQ검사도 대부분 분석적 지능 관련 문항들이 많이 있지만 정작 사회를 발전시키는 원동력은 창의적 지능에서 나온다고 주장한다.

2) Gardner의 다중지능이론

Howard Gardner

Gardner는 지능이란 독립된 능력들로 구성되어 있다고 주장했다. 그리고 문화적으로 가치로우면서도 비교적 독립적인 지능 8가지를 제시했다. Gardner는 하나의 지능영역이 되기 위해서 갖추어져야 할 조건들을 다음과 같이 설명하였다. 지능은 생물학적인 근거가 있어야 하고, 독특한 발달과정이 있고, 완성된 경지가 있으며, 어느 영역의 잠재적 능력이든 목표한 경지에 도달하기 위해서 교육이나 훈련(training) 과정을 거쳐야 한다고 보았다(Torff & Gardner, 1999). 그의 이론은 인간의 신경체계에 바탕을 두고 있는 8가지의 다중지능을 제시하고 각 지능은 인간의 신경체계 외에 특정부분에 기초를 두고 두뇌의 특정 부분의 상해로 인하여 마비되는 기능이 각각 다르다는 것을 제시했다. 즉 뇌의 어느 부위가 손상될 경우 특정 능력(언어나 공간 능력 등)에만 지장을 주는 것을 볼 수 있다는 것이다. 또 특정분야에는 특별한 재능을 보이는 반면 그 이외의 다른 분야들에서는 보통 이하 수준인 savant syndrome 현상도 Gardner의 이론을 뒷받침해 준다. 자폐증도 이런 패턴을 보여주는 예이다. 각 분야의 지능은 다른 분야의 지능과는 별개의 독립적인 것으로 그 발달도 독립적으로 이루어진다고 보았다. Gardner의 이론은 아동 각각의 특별한 재능을 키워주는 데 큰 영향을 주었다. 〈표 7-1〉에 Gardner가 제시한 8가지 지능이 제시되어 있다.

표 7-1 영재의 정의적 특성과 행동 특성들

	지능의 특성	행동특징	직업	대표적 인물
언어적 지능	• 단어의 소리, 리듬, 의미에 대한 감수성이나 언어의 다른 기능에 대한 민감성 등과 관련된 능력 • 토론, 유머, 말 잇기 게임, 낱말 맞추기 등을 잘 하고 달변가가 많음	• 이야기하기, 농담하기, 수수께끼 등을 좋아함 • 말로 하는 놀이, 게임을 즐김 • 독서를 즐김 • 맞춤법을 잘 알고 있음 • 글자 맞추기를 즐겨함 • 읽고 쓰기를 잘함	• 기자 • 시인 • 작가 • 변호사	• 셰익스피어 • 박경리
논리·수학적 지능	• 논리적 문제나 방정식을 풀어가는 정신적 과정에 관한 능력으로 때로는 언어 사용이 요구되지 않는 지능 • 추론을 잘 이끌어 내며 문제 파악을 위해 체계적이고 과학적인 방법으로 접근	• 패턴 수집하기를 즐김 • 컴퓨터 게임, 문제 풀기를 즐김 • 숫자를 가지고 놀거나 사고하는 것을 즐김 • 문제를 수학적으로 풀어감 • 사물을 실험하기 위한 장치들을 구상함	• 과학자 • 회계사 • 수학자	• 아인슈타인
음악적 지능	• 소리, 리듬, 진동과 같은 음의 세계에 민감하고, 사람의 목소리와 같은 언어적인 형태의 소리뿐만 아니라 발자국 소리와 같은 비언어적인 소리에도 민감하다. • 음악의 형태를 잘 감지하고 음악의 유형을 잘 구별할 뿐만 아니라 다른 음악 형태로 변형시키기도 한다.	• 노래, 랩, 흥얼거리는 것을 즐겨함 • 음악을 좋아함 • 멜로디를 잘 기억함 • 음악을 연주하거나 듣는 것을 즐겨함 • 악기를 연주하거나 만들기도 함 • 음악에 맞춰 리듬을 탐	• 음악가 • 작곡가	• 베토벤 • 정명훈
공간적 지능	• 시공간적 세계를 정확하게 인지하는 능력과 건축가, 미술가, 발명가 등과 같이 3차원 세계를 잘 변형시키는 능력 • 색깔, 선, 모양, 형태, 공간들 사이의 관계에 대한 민감성이 뛰어나며 시각능력과 관계가 깊은 것으로 알려짐	• 미술이나 만들기를 좋아함 • 연극에서 배역을 맡기도 함 • 사물에 대한 명확한 인상을 가지고 있음 • 퍼즐이나 미로, 사진, 비디오 등을 즐김 • 그림을 그리거나 만들기를 즐김	• 건축가 • 사진작가 • 예술가 • 발명가 • 비행기 조종사 • 조각가 • 실내장식가	• 피카소

	지능의 특성	행동특징	직업	대표적 인물
신체·운동적 지능	• 생각이나 느낌을 몸 동작으로 표현하는 능력이 뛰어남 • 손으로 다루는 능력이 뛰어나 손재주가 있음 • 몸의 감각과 촉각이 다른 사람들에 비해 발달됨	• 춤을 추거나 운동을 즐겨함 • 메시지 전달 위한 몸의 활용 • 만지거나 활동적임 • 역할극, 연기하기 등을 즐김 • 고장 난 물건을 고치기 즐김	• 운동선수 • 외과의사 • 기계 수리사 • 무용수	• 찰리 채플린 • 허재 • 박찬호
자연적 지능 탐구	• 자연현상에 대한 유형을 규정하고 분류하는 능력 • 원시사회에서는 어떤 식물이나 동물이 먹을 수 있는지를 알아내고, 현대사회에서는 기후형태의 변화에 대한 감수성과 같은 능력	• 자연 속에서의 사물들을 분류하는 능력이 있음 • 자연 속에 있을 때 가장 편안함을 느낌 • 식물이나 동물과 일하는 것을 즐겨함 • 다른 종들 간의 유사성이나 연관성을 찾는 것을 즐김 • 자연 속에서 볼 수 있는 패턴들을 좋아함	• 환경운동가 • 생물학자	• 대니 서 • 앨 고어
대인관계 지능	• 타인과 교류하고 이해하며 그들의 행동을 해석하는 능력 • 타인의 기분, 감정, 의향, 동기 등을 인식하고 구분할 수 있는 능력과 얼굴표정, 음성, 몸짓 등에 대한 감수성, 대인관계에서 나타나는 여러 가지 다양한 힌트, 신호, 단서, 암시 등을 변별하는 역량, 또 이들에 효율적으로 대처하는 능력	• 친구를 잘 사귐 • 다른 사람들과 함께 있는 것을 좋아함 • 협동하는 게임을 즐겨함 • 그룹으로 문제를 해결하는 놀이를 즐겨함 • 타인에 대한 배려가 깊음	• 행정가 • 정치인	• 간디
개인내지능 자기이해	• 자기 자신을 이해하고, 느낄 수 있는 인지적 능력이 뛰어남 • 자기존중감, 자기향상, 자기가 처한 문제를 해결하기 위해 사용할 수 있는 성격이 강함	• 혼자 있는 것을 좋아함 • 상상놀이를 즐김 • 사물에 대해 강한 감정이나 입장을 가지고 있음 • 일기를 쓰고 취미가 있음 • 프로젝트로 하도록 스스로 격려함	• 심리상담가 • 성직자	• 프로이드

Gardner의 이론에 대하여 비평가들은 자폐증 같은 경우 한 가지만 잘 하고 다른 행동이 경직되어 있는 것은 다른 능력들이 보조해주지 않기 때문이라고 지적한다. 반면에 훌륭한 성취를 한 사람은 여러 가지 영역에서의 능력들을 조합해서 활용하는 것을 볼 수 있다. 예를 들어 훌륭한 피아노 연주자는 논리 · 수학적 능력으로 악보를 보고 해석하고, 언어적 능력으로 가르침을 이해하고, 공간적 능력으로 건반을 두드리고, 사회적 능력으로 청중과 교감하며, 내면적 능력으로 곡을 표현한다고 볼 수 있다. 특히 영재들은 한 가지 영역이 아닌 여러 영역에서 탁월함을 보여준다. 지능검사를 해 보면 Gardner의 언어, 공간, 논리수학 지능들은 공통요소가 있는 것으로 나타난다.

Sternberg와 Gardner의 이론에서 공통적으로 볼 수 있는 것은 교육에 있어서 환경, 즉 사회와 문화의 영향이다. 두 이론 모두 그 문화 안에서 가치를 두는 영역에서 탁월한 능력을 발휘할 수 있는 것에 초점이 맞추어져 있다.

3) 감성지능

감성지능(Emotional Intelligence)이라는 개념은 예일대학의 심리학자인 Peter Salovey와 뉴햄프셔 대학의 John Mayer에 의해 처음 제시되었다. 그들은 감성지능이란 "타인의 감정을 이해하고 공감할 수 있는 능력과 자신의 삶을 향상시키는 방향으로 감정을 조절하는 능력"이라고 설명한다.

정서지능은 사고능력이나 기억력, 계산력, 추리력이 아니라 그런 능력이 발휘되게끔 하는, 또는 그런 능력을 억압하고 제한하는 그런 감정능력이다. 기억력이 출중하여도 기억하겠다는 의지와 감정이 없이는 기억행위가 나타나지 않는다. 지능이 높은 것과 그 높은 지능을 가진 능력을 실제로 활용하려는 의지와 감정은 서로 다른 능력인 것이다.

심지어 '정서는 그 자체가 더 높은 차원의 지능이다' 라고 보는 견해도 있다. 이는 1872년 ≪인간과 동물의 정서표현≫을 저술한 Charles Darwin으로부터 유래되었다. Darwin은 두 가지 이유에서 정서가 '지능적' 이라고 주장하였다.

첫째, 정서는 어떤 특정 상황에서 요구되는 행동을 활성화시킨다. 야생동물들은 두려움을 느낄 때 도망친다는 것을 예로 들 수 있다. 둘째, 인류와 비슷한 종의 동물들에게 정서는 생존적 가치를 지닌 신호체계를 포함하고 있다. 예로 분노를 느낄 때 얼굴을 찌푸리고, 치아를 드러낸다. 이는 '나는 너를 물어뜯을 것이다' 라는 신호로 서로 인식한다는 것이다.

감성지능은 감정을 정확히 지각하고 평가하며 표현하는 능력, 감정에 접근하고 사고를 촉진시킬 수 있는 감정을 발생시킬 수 있는 능력, 정서 및 정서와 관련된 지식을 이해하는 능력, 그리고 정서적, 지능적 성장을 도모하기 위하여 정서를 조절하는 능력 등을 포함한다.

이 정의를 정리한 〈표 7-2〉에서는 기본적인 심리 과정으로부터 고차원의 통합된 심리 과정으로 4가지 영역들이 배열되어 있다. 가장 낮은 수준의 영역은 정서를 지각, 표현하는 비교적 단순한 능력들이 나타나 있다.

●표 7-2● 감성지능

감성지능	정서적 · 지적 성숙을 증진시키는 정서의 반영적 조절	• 유쾌한 감정과 불쾌한 감정과 같은 긍정적, 부정적 감정들에 대해서 개방적일 수 있는 능력
		• 정보성이나 활용성을 판단하여, 정서에 반영적으로 참여하거나 또는 거리를 둘 수 있는 능력
		• 자신 및 타인과의 관계 속에서 정서가 얼마나 명확한지, 전형적인지, 영향력이 있는지, 합리적인지를 평가하는 능력
		• 전달하는 정보를 축소, 과장시킴이 없이 부정적인 정서는 경감시키고, 긍정적인 정서는 증진시킴으로써 자신과 타인 속의 정서를 다루는 능력
	정서에 대한 이해와 분석; 정서적 지식의 활용	• 정서에 대해 명명하고, 좋아하는 것과 사랑하는 것 간의 관계에서처럼 정서 그 자체와 단어와의 관계를 인식하는 능력
		• 슬픔이 상실을 의미하는 것과 같이 정서가 전달하는 의미를 해석하는 능력
		• 사랑과 증오가 동시에 존재하는 상태나, 두려움과 놀라움이 합쳐져 이루어진 경외감과 같은 복합적인 감정들을 이해하는 능력
		• 분노에서 만족으로 전환되거나 또는 분노에서 수줍음으로 전환되는 것처럼, 정서들 간의 전환을 인식하는 능력

감성지능	사고의 정서적 촉진	• 정서는 중요한 정보에 주의를 기울임으로써 사고의 우선순위를 결정한다.
		• 정서가 느낌과 관련된 판단과 기억을 통해 생겨날 수 있다는 것은 매우 분명하고, 활용 가능한 사실이다.
		• 정서적인 기분 변화는 개인의 관점을 낙관주의에서 비관주의에 이르기까지 변화시키므로 다양한 관점에서 생각하도록 촉진한다.
		• 행복감이 들 때, 귀납적인 추론과정과 창의성을 촉진시키는 것과 같이 정서적인 상태는 특정 문제 해결 접근을 차별적으로 촉진한다.
	정서의 지각, 평가 및 표현	• 자신의 신체적 상태, 감정 및 생각에 내포된 정서를 파악하는 능력
		• 언어, 소리, 모습 및 행동을 통해서 다른 사람들이나 디자인, 예술 작품 등에 내재되어 있는 정서를 파악하는 능력
		• 정서를 정확하게 파악하고 그러한 감정과 관련된 욕구를 표현하는 능력
		• 정확한 감정과 부정확한 감정을 변별해내고, 정직하게 느낌을 표현하는지, 그렇지 않은지를 구별하는 능력

출처: Salovey & Mayer(1996)

대조적으로 가장 높은 수준의 영역인 의식적이고 반영적인 감정의 조절은 가장 높은 위치에 배치되어 있다. 각각의 영역은 발달 순서대로 나타나는 능력을 4가지씩 제시하였다. 그래서 발달초기에 나타나는 능력들은 각 영역의 위쪽에, 그리고 발달후기에 나타나는 능력들은 아래쪽에 배열하였다. 일반적으로 발달초기에 나타나는 기술들은 대개 서로 통합이 이루어지지 않아서 영역들 간의 구분이 매우 명확하다. 발달 후기에 나타나는 능력들은 보다 통합된 성인의 성격에서 나타나며, 서로 구별이 잘 되지 않는다.

이제 각 영역에 대하여 검토하도록 한다.

정서지능을 알아보는 마시멜로 실험

아무 장식도 없는 방에서 4살 된 유아를 1명씩 불러서 "너는 지금 당장 앞에 놓여 있는 1개의 마시멜로를 먹을 수 있어. 하지만 내가 볼 일을 보고 돌아올 때까지 기다린다면 2개를 줄게."라고 말하고 연구자는 방에서 나간다.

어떤 유아들은 그 연구자가 나가자마자 앞에 놓인 마시멜로를 덥석 먹어버리는가 하면, 어떤 유아는 잠시 동안 참았다가는 이내 포기하고 마시멜로를 집는 유아도 있다. 다른 유아들은 기다리는 모습을 보인다. 이들은 유혹을 이기려고 눈을 감고 있거나 고개를 숙이기도 하고 노래를 흥얼거리는가 하면 심지어는 잠이 들기도 하였다. 연구자가 돌아와서는 그 때까지 참고 있던 유아들에게 2개의 마시멜로를 나누어 주었다. 그리고는 그 유아들이 성장하는 것을 기다렸다.

유아들이 성장하여 고등학교에 들어갔을 때 놀라운 현상을 발견하였다. 유아들의 부모와 교사들을 대상으로 조사해 본 결과 2개의 마시멜로를 받을 때까지 참았던 유아들은 대체로 적응이 뛰어나고 인기가 많고 모험심이 강하고 자신감이 넘치는 믿음직한 10대가 되어 있었다. 반면에 일찍 유혹에 굴복했던 유아들은 외톨이가 되거나 쉽게 좌절하고 고집이 센 10대로 자라는 경향이 있었다. 그들은 스트레스에 시달리고 있었으며, 힘든 일에 도전하기를 두려워했다. 그리고 두 집단 간의 SAT 점수를 비교한 결과 오랫동안 참고 견디었던 집단의 평균 점수가 훨씬 높은 것을 알 수 있었다.

(1) 정서의 지각, 평가 및 표현

영 · 유아들은 자신과 타인의 정서상태를 파악하는 법을 배우게 된다. 양육자의 얼굴 표정이나 목소리의 높낮이, body language 등을 구분하고 자신의 상태를 표현한다. 이러한 경험을 통하여 자신이 속해 있는 사회적 환경을 보다 정확하게 파악하게 될 것이다.

감정은 자신 안에서 뿐만 아니라 타인이나 다른 사물들에 인식될 수 있다. 유아들은 상상력이 풍부해서 생물이나 무생물까지도 감정을 갖고 있는 것으로 생각한다. 예를 들어 다른 유아들, 또는 인형과 같은 물체와도 그 정서를 연결시켜 다른 사람이나 사물의 아픈 표현을 인식하게 된다. 감성지능이 높은 사람들은 정서표현에 대하여 잘 알고 있으므로 거짓 표현이나 조작된 표현에도 민감하다.

(2) 정서의 사고 촉진

정서는 지능에도 영향을 미칠 수 있다. 정서는 본질적으로 출생 시부터 경보시스템 역할을 해서 유아가 배가 고프거나, 춥거나, 기타 보살핌이 필요할 때 운다. 또 기분이 좋으면 웃는다. 따라서 정서는 출생 시부터 사람과 환경 내에 일어나는 변화들에 대해 신호를 보내고 주의를 기울이게 함으로써 사고를 형성하고 촉진한다.

또한 아동들은 자신을 다른 사람의 입장에 놓고 그 사람이 느끼는 감정을 불러일으킬 수 있다. 아동이 자신 안에 감정을 숙지할 수 있는 능력은 미래를 계획하는 능력을 도와준다. 소풍 가기 전날, 크리스마스이브 때, 숙제를 안 했는데 선생님이 앞으로 오실 때 등의 상황에서 기분이 어떨지 미리 예상할 수 있다. 그러한 감정의 예감은 새로운 상황에 대하여 대비할 수 있도록 이끌어 준다. 풍부한 감성은 다양한 견해를 고려해 보도록 도와줄 것이다. 좋은 기분은 낙관적 사고로 이끌고, 나쁜 기분은 비관적인 생각으로 이끌 수 있다.

(3) 정서의 이해와 분석: 정서 지식의 이용

어린 유아가 정서들을 인식하게 되면 정서들에 이름을 붙이고 서로 다른 정서들 간의 관계를 지각하기 시작한다. 유아는 각각의 감정이 인간관계에 있어서 의미하는 바를 배우게 된다. 동시에 부모는 정서를 해당 상황과 연결시킴으로써 정서적 추론에 대하여 유아에게 가르친다. 예를 들면 부모는 유아에게 슬픔과 상실과의 관계를 가르쳐주기 위하여 유아가 키우던 금붕어가 죽어서 더 이상 볼 수 없기 때문에 슬픔을 느낀다는 것을 인식하도록 도와줄 수 있다.

유아들은 성장하면서 어떤 상황에서는 정서가 매우 복잡하며 모순될 수 있다는 것을 인식하기 시작한다. 유아는 같은 사람에 대하여 사랑과 미움을 동시에 느낄 수 있다는 것을 배우게 된다. 또한 감정이란 복합적(blends)이라는 것을 받아들이게 된다. 예를 들면 희망은 신념과 낙관의 복합적인 감정의 결합에서 오는 것을 알게 된다. 이렇듯 정서 지식은 어린 시절부터 생기기 시작하며 정서의 의미에 대한 이해가 높아짐에 따라 평생을 통해 증가하게 된다.

(4) 정서적, 지적 성장을 위한 정서조절

정서적 그리고 지능적 성장을 도모하기 위해서는 정서조절을 의식적으로 수행해야 한다. 유아는 감정에 주의를 기울여야 감정에 대하여 무엇인가를 배울 수 있다. 유아가 성장함에 따라 부모는 유아에게 감정 표현을 절제해야 된다고 가르친다. 예를 들면 슬플 때라도 다른 사람들 앞에서는 미소를 지어야 한다고 가르친다. 이러한 감정과 행동 간의 분리는 유아 속에 내면화된다. 그래서 유아는 정서가 행동과 분리될 수 있음을 배우게 된다. 또 부모는 유아에게 화가 날 때는 심호흡부터 하는 기본적인 정서조절법들을 가르친다. 그 결과 유아는 정서를 표현해도 될 때와 그렇지 않을 때에 대해서 배우게 된다.

우리는 성숙해짐에 따라 기분과 정서에 대하여 생각(reflections)하게 된다. 이러한 생각들은 감정에 대한 단순한 지각이라기보다는 정서반응에 대한 의식적인 생각이다. 이러한 생각은 두 부분으로 메타 평가(meta-evaluation)와 메타 조절(meta-regulation)로 나누어 볼 수 있다.

평가는 자신의 기분에 얼마나 집중하느냐, 그리고 그 기분이 얼마나 명료하며, 전형적이며, 받아들여질 수 있느냐, 그리고 얼마나 우리에게 영향을 미치느냐를 포함한다. 조절은 우리가 나쁜 기분을 좋게 향상시키기 위해 노력할 것인가, 또는 좋은 기분을 가라앉히려고 할 것인가, 아니면 현재의 정서 상태를 그대로 놔 둘 것인가와 관련된다.

지금까지 살펴보았듯이 한 인간이 환경과 상호작용하며 성장해 나가는 데에는 지능과 정서 등 다양한 능력들이 요구된다.

3 >>> 극단적 지적 집단

지능검사를 통하여 인간의 지능을 측정해 보았을 때 인구의 90% 이상은 IQ 70 ~130 사이에 포함된다. 따라서 일반적으로 이 범주에 들지 않는 상 · 하위집단 즉 IQ 70 이하는 정신지체(mentally retarded)라 평가되며 IQ 130 이상은 영재(gifted)라 평가된다.

1) 정신지체

정신지체라 함은 보통 IQ 70 이하로 연령에 비해 행동이 미숙하고 언어발달, 사회성 발달 등에서 지체를 보인다. 미국에서는 인구의 1% 정도가 정신지체로 판명되며 남자 대 여자의 비율은 3:2 정도라고 한다(American Psychiatric Association [APA], 1994).

아직 그 원인에 대해서는 완전히 밝혀지지 않았으나 대개 60~70%의 경우는 임신 중 어머니의 알코올이나 약물사용, 자폐증과 같은 정신적 질병, 양육결핍과 같은 환경적인 요인, 임신과 출산 과정에서의 문제, 유전적인 문제, 또는 정신적 충격이나 약물중독과 같은 유아기 때 의학적인 문제가 있다(APA, 1994).

따라서 정신지체는 유전적인 상담, 임신 중 관리, 양수검사, 정기검진, 신생아 관리, 영양관리 등으로 어느 정도 예방할 수 있다. 또한 좋은 환경과 지속적인 도움이 있으면 정신지체 유아들도 비교적 희망적인 결과를 예측할 수 있다.

대부분의 정신지체 아동은 학교나 교육을 통해 향상될 수 있다. 중재 프로그램(Intervention programs)을 통하여 경계성 정신지체(IQ 70~85 정도)인들은 직장도 가지고 지역사회에서 생활할 수 있다. 그러나 정도가 심한 경우에는 지속적으로 돌보아 주어야 한다.

2) 영 재

뉴잉글랜드에 있는 유명한 사립학교에서 12명의 입학위원들은 입학원서를 낸 학생 중 한 명을 만장일치로 떨어뜨리기로 했다. 그 소년은 영어를 뺀 다른 과목들은 거의 다 낙제점수였으며 교사의 평가를 봐도 "게으르다", "반항적이다"와 같이 부정적인 평가 일변이었다. 그 결정을 한 후에 입학위원들은 자신들이 Winston Churchill의 기록을 보고 떨어뜨린 것임을 알았다.

영재성이란 지능과 마찬가지로 하나의 정의를 내리기가 쉽지 않다. 교육자들은 영재의 정의나 영재교육 프로그램에 대하여 각자 의견이 분분하다. 또한 창의성이나 예술적 재능도 영재의 범위 안에 포함되어 다양한 관점이 제시되고 있다.

전통적으로 영재는 높은 지적 발달, 즉 IQ 130 이상을 일컬었다. 그러나 지능검사에서 특정한 점수 이상을 획득한 사람을 영재라고 정의할 경우 발생하는 문제점도 점차 드러나기 시작했다. 예를 들면 특정 영역에서의 영재아, 창의적, 예술적 영재아, 문화적 차이나 사회경제적 지위가 낮은 학생들을 차별할 수 있다는 문제점이 있다.

영재교육에 대한 가장 큰 비판 중에 하나로 '학생의 머리만 키우는 교육'이라는 오해가 있다. 이러한 오해는 영재교육과 지능 또는 지능지수와의 강한 연관성에서 온 것이다. 영재교육의 아버지라고 불리우는 Terman이 1930년대에 최초로 영재를 대상으로 연구했을 때 지능지수(IQ)를 기준으로 영재를 선별한 것이 최근까지 이어져 온 것이다. 그러나 그 이후에 영재에 대한 정의가 다양하게 제시되면서 지능지수 이외의 요인에 대한 관심이 높아지고 있다. 현재 영재의 정의로 가장 많이 인용되고 있는 Renzulli의 정의에서는 평균 이상의 지능, 과제 집착력, 그리고 창의성 세 가지 요인이 모두 있을 때 영재라고 보고 있다. 영재교육계의 원로로서 오늘날의 영재교육의 이론과 실제에 기초를 다져온 Tannenbaum은 뛰어난 일반지능, 뛰어난 특수 적성, 비지적 촉진제, 환경의 영향, 기회 또는 행운이 복합적으로 작용할 때 매우 뛰어난 사람이나 작품이 나오게 된다고 보았다.

이처럼 교육학적, 특히 영재교육이라는 분야 내에서도 지능지수는 절대적인 위치를 잃어가고 있는 것을 볼 수 있다. 영재교육에서 진정으로 추구하는 것은 모든 개인이 타고난 잠재능력을 최대한으로 발휘할 수 있도록 도와주는 것이다. 그리하면 개인적인 관점에서는 영재의 행복한 삶을 누릴 수 있고, 사회적인 관점에서는 영재의 업적을 통하여 더 좋은 환경으로 발돋움할 수 있을 것이다.

그러나 불행하게도 많은 영재학생들은 자신의 능력을 꽃피우지 못한 채 인생을 살아가고 있다. 우리 사회는 영재학생들에게 지나치게 지적인 측면을 강조하는 환경 속에서 성취결과에만 관심을 가진다. 이러한 환경은 지나친 성취 욕구와 맞물려 자신이나 타인의 감정을 소홀히 하게 되고, 감정 조절 능력이 퇴화하게 된다. 그래서 개인주의 경향으로 치우치거나 반대로 지나치게 사회적인 관계에 몰입하고 집착하게 만들기도 한다.

영재학생들에게서 흔히 나타나는 심리학적 현상으로 낮은 자아개념, 낮은 사회성, 높은 스트레스와 좌절, 완벽주의, 실패에 대한 두려움 그리고 자신감의 결여 등을 꼽을 수 있다. 이러한 현상들이 나타나게 되는 배경에는 가정과 학교, 즉 사회에서 영재학생들을 대하는 자세에서 찾아볼 수 있다. 지나친 기대, 가족배경, 교육 환경, 학생 자신의 신체적, 신경학적, 지적, 정서적 요인들이 원인으로 작용한다.

또 영재학생들은 남달리 예민한 경우가 많아 민감한 청소년 시기에 자아정체감의 위기를 심각하게 겪게 될 수도 있다. 완벽주의 경향으로 정서적 불안정 상태가 될 수도 있고 지나치게 자신과 현실 사회에 비판적이 될 수도 있다.

그리고 자신과 타인의 감정을 알고 조절하는 기회를 갖지 못하여 리더십 능력을 발달시키지 못할 수 있다. 리더란 공동의 목표를 향해 다른 사람의 행동을 이끌 수 있는 책임감과 의사소통 능력을 지녀야 한다. 무엇보다도 도덕성이나 인성교육이 소홀하면 자신의 욕구만 생각하고 다른 사람의 입장을 고려하는 능력이 없어지고 우수한 영재학생이 잘못된 판단을 하게 되면 사회나 국가에 심각한 해를 입힐 수 있다. 따라서 영재의 지적, 정서적 특성이 균형을 맞추어서 성장할 수 있도록 지도할 필요가 있다.

영재를 표현하는 용어는 천재(genius), 신동(prodigy), 수재(high achiever), 영재(gifted), 특수재능아(talented) 등 다양하다. 일반적으로 영재의 개념과 관련된 특징들을 보면 하나의 명료한 정의를 내리기가 어렵다는 것을 알 수 있다. 먼저 영재와 관련하여 각 사회마다 다양한 개념이 존재하므로 모호성이 수반된다. 두 번째로 사회와 문화가 처한 여건에 따라 영재를 포괄하는 기준이 다르다. 세 번째로 국제적으로 합의된 영재 정의가 아직은 없다. 그리고 네 번째로 영재교육 대상자 비율은 국가마다 다르다. 마지막으로 어떤 아이가 영재냐 아니냐를 따지는 것은 큰 의미가 없을 수 있다. 특히 유아의 경우에는 더욱 그러하다.

영재성은 유전적인 요소와 가정, 학교, 사회와 같은 환경적인 요소가 함께 작용하여 나타나는 현상이다. 영재 아동들은 일반 아동들보다 특별히 뛰어난 잠재능력을 가지고 있어서 그 개발에 특별한 학습경험이 필요하다. 영재의 인지적 특성, 학교에 대해 느끼고 있는 불만과 영재들이 보이는 문제들을 보고 영재에 대한 이해를 높여 보도록 한다.

(1) 영재의 일반적 인지적 특징

- 사실적인 정보를 빨리 쉽게 배운다.
- 높은 수준의 어휘력을 보유하며 언어표현이 풍부하고 유창하다.
- 여러 가지 문제에 대해 많은 정보를 가지고 있다.
- 관찰력이 날카로우며 인과관계를 쉽게 파악하고 그 뜻을 이해한다.
- 사물을 끝까지 고찰해 내고 명확히 사고한다.
- 사물간의 상호관계를 잘 파악한다.
- 호기심이 많으며 많은 질문을 한다.
- 독창적이며 비상한 해결 방법을 많이 제시한다.
- 이타적이어서 권위적 지시를 잘 받아들이지 않는다.
- 많은 책을 읽고 자기 나이보다 앞선 수준의 책을 좋아한다.
- 어려운 정신적인 작업을 즐긴다.
- 유머 감각이 뛰어나다.

영재의 특성은 인지적인 면에서 그리고 정서적이고 행동적인 면에서 나타난다. 일반적으로 영재학생은 일반학생과 비교했을 때 양적으로 질적으로 다른 심리적 특성을 지니고 있다. 다음의 〈표 7-3〉과 〈표 7-4〉는 영재의 특성이 긍정적으로 또는 부정적으로 나타날 수 있음을 보여주고 있다.

표 7-3 영재의 지적 특성과 행동 특성들

	영재의 지적 특성	긍정적인 행동 특성	발생 가능한 부정적인 행동 특성
1	높은 지적 호기심	• 정보습득이 빠름 • 호기심과 궁금함 많음 • 진지함 • 질문이 많음 • 풍부한 양의 정보를 보유함 • 다양한 책을 읽음 • 내재적 동기	• 과다한 질문과 의욕이 넘쳐 지시 따르기를 거부함 • 인내심 부족 • 정규학교 생활을 지루해 함
2	발달된 언어능력	• 어휘력 풍부 • 앞선 정보력 • 유머 감각 • 앞선 언어발달 • 높은 어휘수준 • 책을 많이 읽음 • 언어로 비판함	• 학교나 또래와 맞지 않는 언어 사용으로 의사소통이나 대인관계 어려움 • 잘난 체, 따지거나 논쟁함 • 장황한 핑계
3	높은 창의성	• 상상력 풍부 • 창의력 • 새로운 발명과 방식 추구 • 독특함 • 자기 해석과 스타일 추구 • 아이디어나 해결책 내기 즐김 • 심리적이고 예술적 감각 풍부	• 복잡한 규칙 설정으로 친구들 기피, 파괴적이거나 보조를 깨뜨리는 것으로 보임, 반복학습과 연습 기피, 동조하지 않음
4	우수한 사고 능력	• 사고력 우수, 사고 과정이 빠르고 판단력과 문제해결 즐김, 추상화 및 종합능력 우수, 원인–결과 관계 파악, 사물과 사람을 조직화시킴, 도전적, 논리적	• 단순 연습 기피, 전통적 교수 학습 방법 거부, 자세하거나 세부적인 것 놓침, 지나치게 복잡하게 생각하는 경향, 불분명하거나 비논리적인 것 따짐, 논쟁적임
5	높은 주의집중 능력	• 흥미영역 지속 • 복잡함 속에서도 자기 일에 몰두 • 선택적 주의집중 우수 • 목표지향행동	• 하던 일을 멈추지 못함 • 타인에 대한 관심 부족 • 일상생활의 일들에 무관심 • 제한된 시간을 넘김 • 자기 일에만 편중됨

● 표 7-4 ● 영재의 정의적 특성과 행동 특성들

	영재의 정의적 특성	긍정적인 행동 특성	발생 가능한 부정적인 행동 특성
1	정서적 민감함과 열정	• 정서적 예민함 • 공감성 • 높은 에너지 • 열심 • 타인으로부터 사랑과 수용받기를 열망함 • 타인의 기대에 부응하려 함	• 과잉욕심 • 과잉행동 • 과민반응 • 주지화 해석 • 활동을 하지 않는 것을 못 견뎌 함 • 현실적인 목표를 맞추기 어려워 함
2	완벽주의와 자기비판	• 자신에 대한 높은 기대 • 최선을 다함 • 성공과 인정에 대한 욕구가 강함 • 목표 지향적 행동 • 에너지와 열정	• 우울 • 미성취 • 자기 비판과 자기 비하로 무기력해지거나 용기를 잃음 • 타인의 평가나 비판에 예민해짐 • 우수아 신드롬 • 일중독(공부벌레)
3	자아개념과 자기통제력	• 자신과 타인에 대한 높은 기대 • 남과 다르다는 자의식과 자신감이 강함 • 자신의 것을 명확히 주장하며, 자기 일에 책임감을 갖고 처리함 • 과제집착력 • 인내심	• 고집스럽고 의지가 강한 사람으로 보임 • 타인에 대한 배려 부족 • 비판이나 또래 거부에 예민 • 자기가 설정한 기준에 타인이 따르기 힘들어 함 • 목표달성을 하지 못했을 때에는 좌절
4	뛰어난 유머 감각	• 날카로운 유머 감각을 지님 • 자기 유머로 타인에게 영향력을 행사하려 함	• 또래의 이해 부족으로 '웃기는 아이'로 인식됨. • 적대적인 유머로 공격하기도 함 • 대인관계에 영향

	영재의 정의적 특성	긍정적인 행동 특성	발생 가능한 부정적인 행동 특성
5	내향성과 독립성	• 자기 일에 몰두 • 책임감 • 진실, 평등, 공평의 추구 • 인류애에 대한 관심 · 근심	• 고집, 타협이 어려움 • 자기주장, 지시를 거부 • 타인에게 무관심 • 부모나 교사에게 동조 안 함 • 스스로 고립하여 외톨이가 됨 • 사회성 결여 • 책에 몰두 • 비동시성
6	도덕발달과 정의감	• 자기 가치를 실현하고자 함 • 도덕행동	• 비현실적 목표를 설정하여 개혁을 시도하다가 좌절에 빠짐 • 우울
7	도전성과 회피성	• 일상생활의 틀을 싫어함 • 평범한 것보다는 새로운 것 • 도전적인 일을 선호함 • 적극성, 노력, 위험 피하기	• 전통과 권위에 도전하는 것으로 비춰짐 • 실패가능한 일은 시도조차 안 하려 함
8	다재다능함	• 다방면에 흥미, 열심, 열정, 의욕이 넘침	• 과잉욕심, 일을 벌임 • 시간 부족에 따른 좌절 • 신체적 · 정신적 피곤함

출처: 윤여홍 (2003)

(2) 영재 학생들의 학교생활에 대한 불만

- 교육과정이 너무 쉽다.
- 학습 진도가 너무 느리다.
- 깊이 있는 토론을 할 충분한 기회가 없다.
- 학교 수업이 너무 반복적이다.
- 학교 수업이나 숙제는 흥미나 관심을 불러일으킬 정도로 도전적이지 못하다.
- 학습내용이 재미가 없다.
- 지적 탐구의 범위가 너무 제한되어 있다.

(3) 영재아들에게서 흔히 볼 수 있는 문제

- 사회적 관계에서의 어려움. 일례로 또래로부터의 따돌림이 심하다.
- 불안이나 우울증이 있다.
- 비난을 수용하는 데 어려움이 있다.
- 권위에 대하여 저항한다.
- 학교과제에 대하여 도전감이 부족하다.
- 지나친 경쟁심을 가지고 있다.
- 미숙한 학습습관을 가진다.
- 일상생활에서 지적 욕구가 충족되지 못한다.
- 다양한 흥미와 능력(multipotentiality)으로 진로 선택이 어렵다(Silverman, 1983).

영재는 태어날 때부터 혜택을 받았으니 특별히 관심을 가져주지 않아도 잘 자랄 것이라고 흔히들 생각한다. 그러나 모든 아동은 그들에게 적합한 교육을 받을 권리가 있다. 영재에게도 일반아동과 마찬가지로 적절한 교육을 제공해 줘야 한다.

4 >>> 창의성과 검사

1) 창의성

창의성이란 무엇인가? IQ처럼 측정할 수 있는 것일까? 창의성은 타고나는 것일까? 길러지는 것일까? 지능과 창의성은 관계가 있을까? 어릴 때 창의적이면 커서도 창의적일까?

현대 사회는 창의성을 매우 중요시한다. 사회에서 학교에서 회사에서 모두 창의성을 요구한다.

창의성이란 어떠한 상황에서 새로운 길이나 방법을 찾아내고 새로운 문제를 찾아내는 능력을 의미한다. 지능이 높다고 창의성이 높은 것은 아니며, 반대로 창의성이 높다고 지능이 높은 것은 아니다(Anastasi & Schaefer, 1971; Getzels & Jackson, 1963). 창의성은 학교에서 좋은 성적을 받기 위해 필요한 능력이 아니고 정서와 태도와 같이 무의식적인 사고 과정 등과 관련이 있다(Torrance, 1981). 또 창의성은 피부색과 같이 유전적으로 타고나는 것이 아니다. 아마도 타고난 성품과 환경이 상호작용하여 개성과 근성을 불러일으킬 것이다. 창의성이 높은 사람들은 순탄하지만은 않은 환경에서 자란 경우가 많다. 어려서부터 독립적으로 사고하고 남들과 다르게 생활하는 능력이 발달한 경우가 많다.

이러한 창의성의 구성요소를 보면 다음과 같다.

(1) 유창성

문제 상황에 대면했을 때 가능한 한 많은 수의 신선한 아이디어나 반응을 산출하는 능력이다. 많은 수의 아이디어가 있을수록 그 중에서 고를 수 있는 기회가 높아지므로 얼마나 많으냐가 문제이다. 이때 주의할 것은 양이 많다고 해서 훌륭한 아이디어가 그만큼 많다는 것은 아니기 때문에 유창성은 창의적 사고 과정의 기초적 단계에서 많이 요구되는 기능이다.

> 문제: 빨갛고 뜨거운 것은?
>
> 예: '빨간색' 하면 떠오르는 사물을 생각나는 대로 많이 써보세요.
> 여러 가지가 생각이 나지요?
> 정답이 있는 것이 아니므로 생각나는 대로 여러 가지를 생각해 봐요.

(2) 융통성

고정적인 개념, 관습과 타성에 젖은 관념에서 벗어나 여러 가지 다양한 각도에서 사물과 현상을 주시하여 다양한 해결책을 찾아내는 능력이다.

이것은 아이디어 산출의 양적인 면보다는 아이디어 산출의 입장, 이를 보는 시각, 틀에서의 탈피, 아이디어의 다양성 등이 복합적으로 연관된 부분이다.

유창성의 개념을 '가능한 한 많이' 로 볼 때 융통성의 개념은 '이런 저런 방법으로' 정도로 설명할 수 있다.

문제: 상자를 그려 보세요.

예: 상자를 그릴 때, 앞에서 보는 면만을 생각하지 말고 어떠한 부분에서 볼 것인지를 생각해 보세요.
상자의 모양과 기능을 생각해 보세요.
상자의 기능과 관련된 것과도 연관해 생각해 보세요. 지갑이나 가방에 무엇을 넣을 수 있지요?

(3) 독창성

기존에 있던 것과는 다르게 새롭고 독특하며 반짝이는 아이디어를 만들어 내는 능력을 말한다. 창의적 사고의 이상적인 목표는 독창성에 있다고 해도 과언이 아니라 할 정도로 창의성 하면 '독창성' 을 떠올린다. 독창성은 생활 속에서 일반화되지 않은 특별하고 새로운 방식으로 문제를 해결하려는 태도를 가질 때 더욱 발달시킬 수 있다. 독창성은 생각지 못한 가능성을 만들어 낼 수 있는 거름이 되며, 타인의 주목을 끌 수 있는 요소이다.

문제: 글씨를 쓸 수 있는 것은?

예: 남이 생각하지 않는 것을 생각해 보세요. 그림을 그리거나 글씨를 쓰는 도구들을 뺀 나머지 사물 중에서 생각해 보세요.

(4) 정교성

현실에 있는 사물이나 생각에 가치 있는 부분을 좀 더 보태거나 관련 있는 생각들을 연결해 보다 새롭고 쓸모 있는 가치를 지닌 사물이나 생각으로 변화, 진보시키는 능력이다.

> 문제: 색연필 개선 방법
>
> 예: 종이를 감아 뜯는 색연필이나 돌리는 색연필 등을 생각해 보세요. 연필 깎기가 없어도 되니까 편리하죠? 이처럼 색연필을 편리하게 쓸 수 있는 방법을 생각해 보세요. 색연필에 무엇을 더하면 좋을까요?
> 색연필은 어떠한 부분으로 이루어졌나요?
> 보다 자세히 살펴보고 생각해 보세요.

어린이들은 발달 연령에 따라 창의적인 행동에 있어서 각기 다른 형태를 나타낸다. Amabile(1983)은 어린이들이 창의성을 보여주는 영역과 단계는 그들의 교육정도, 경험, 인지적, 신체적 발달단계에 따라 다르게 나타난다고 주장하면서 〈표 7-5〉와 같이 연령에 따라 다르게 나타나는 창의적인 행동들을 영역별로 간단하게 예와 함께 제시하고 있다.

표 7-5 연령에 따른 창의적 행동

연령	영역	창의적 행동
2~3세	노래하기	• 들었던 노래를 단순히 반복하는 것이 아니라, 멜로디를 만들어 내거나 잘 아는 노래에 재미있는 노랫말을 붙여 부른다.
	그리기	• 서로 다른 선, 형태, 색을 사용한다.
	블록짓기	• 다양한 형태의 건축물을 만든다.
	도구놀이	• 장난감이나 가재도구 등으로 다양한 소리를 만든다. (의인화)

연령	영역	창의적 행동
4~5세	색칠하기	• 붓과 손가락을 사용해서 새로운 방법으로 색을 섞는다.
	단어놀이	• 혼자 중얼거리면서 단어의 뜻과 소리를 가지고 놀이를 한다.
	춤추기	• 감정표현 또는 신체적 동작 실험방법으로 춤을 사용한다.
	공상하기	• 상상의 놀이친구를 만들어 내거나 가상의 인물과 사건들을 흉내 낸다.
6~7세	요리	• 성인의 지도하에 음식을 한 형태로서 서로 결합시켜 본다.
	조각	• 점토, 모래, 다른 물질들을 사용하여 다양한 형태를 만들어 본다.
	드라마	• 의상, 노래, 대화를 포함한 놀이를 계획하고 실행한다.
	사회적 관계	• 사람들 사이의 갈등에 새롭고 유용한 해결책을 적용한다.
8~9세	이야기하기	• 가상의 인물이나 상황을 가지고 조리 있는 이야기를 지속한다.
	게임	• 규칙이나 목적을 가진 정교한 게임을 개발한다.
	옷 입기	• 특이한 방법으로 의상 스타일과 용품들을 조합한다.
10~11세	수	• 사물들을 묘사하는 데 수를 사용하여 놀이를 한다.
	언어	• 형제 또는 친한 친구끼리 비밀스런 단어나 언어를 창조한다(쌍둥이에게는 좀 더 일찍 일어날 수 있다).
	시각적 세계	• 개인적인 의미를 갖는 것들을 가지고 특이한 방법으로 생활 주변의 환경을 장식한다.
12~13세	기계	• 기계 및 전자장치를 연구하여 이를 재조립하거나 새로운 방식으로 사용한다.
	정보	• 귀납적 · 연역적 방법을 사용하고, 실험을 통하여 논리적인 정보를 수합한다.
	글짓기	• 산문과 시를 짓는 데 은유와 직유를 사용하여 생각을 표현한다.

아동뿐만 아니라 어른들에게도 창의성을 신장하는 데 도움을 주는 요인을 Amabile(1983)은 다음과 같이 6가지로 정리하였다.

- 내적 동기(intrinsic motivation): 보상을 받기 위해서가 아닌 그 활동 자체가 즐거워서 하는 마음 자세
- 선택(choice): 원하는 과제와 방법을 선택 할 수 있는 기회
- 자극(stimulation): 인지적으로, 지각적으로 자극이 있는 환경
- 영감을 주는 모델(inspirational models): 창의적인 사람들과의 만남
- 평가로부터의 자유(freedom from evaluation): 부족하다거나 바보 같다고 평가받을 위험 없이 과제를 수행할 수 있는 기회
- 독립성(independence): 남들의 비판적인 시선으로부터 자유로워지는 것

2) 창의성 검사

지능검사가 학교에서 성공할 수 있는 능력을 예측하려 하듯이 창의성 검사는 창의적인 성취를 할 수 있는 능력을 측정하고자 한다. Guilford는 두 종류의 사고에 대해 언급한 바 있다(Guilford, 1956, 1986).

수렴적 사고(convergent thinking)는 지능검사가 측정하고자 하는 능력으로 하나의 정답을 찾는 사고 과정이다. 반면 확산적 사고(divergent thinking)는 하나의 출발점에서 다양한 사고를 하는 능력이다. 창의성 검사는 이러한 확산적 사고에 초점을 두고 있다. TTCT(The Torrance Test of Creative Thinking; Torrance, 1974)는 창의성 검사 중 가장 많이 알려진 검사이다. 이 검사에는 종이클립의 다양한 용도, 그림 완성 문항, 특정 소리와 연상되는 것 쓰기 등이 있다. 그러나 창의성 검사에 시간제한이 있다는 점, 시험 문항과 일상생활에서 나타나는 창의성과의 연관성에 대한 의문 등이 문제점으로 제기된다(Anastasi, 1998). 아마도 하나의 검사로 창의성을 정확히 측정하기는 어려울 것이다. 창의적인 성취를 하는 데 있어서 확산적 사고뿐만이 아니라 분석적 사고도 함께 작용되었을 때 가장 효과적인 결과가 나올 수도 있기 때문이다(Treffinger, 1986).

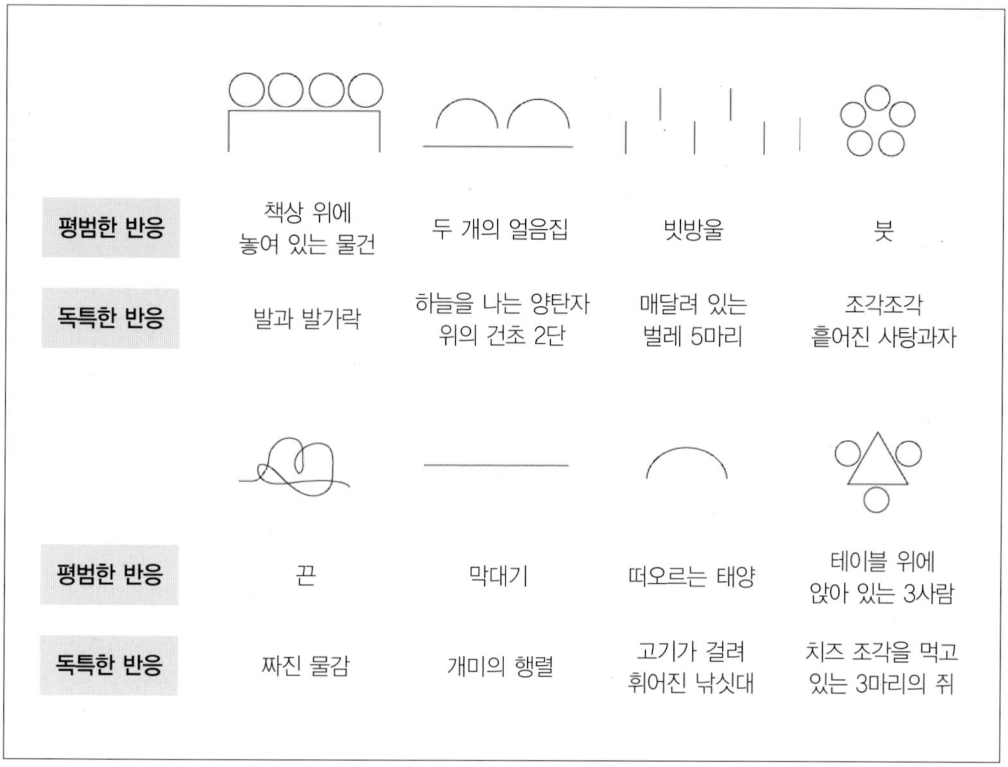

[그림 7-3] 창의성 검사의 예

[그림 7-4] 확산적 사고 검사에서 높은 점수를 받은 8세 아동의 답안지

'동그라미를 이용하여 가능한 많은 그림을 그려보라'는 지시에 따른 답안지이다.

드라큐라, 눈 하나 괴물, 펌킨, 훌라후프, 포스터, 휠체어, 지구, 달, 행성, 영화 찍는 카메라, 슬픈 얼굴, 그림, 교통신호등, 비치볼, 알파벳 'O', 자동차, 안경 등

확산적 사고 검사는 창의적 사고의 일부분만을 알아내는 그림이다.

부모와 교사들이 위의 요인들을 염두에 두고 아동들이 자유롭게 창의성을 펼칠 수 있는 환경을 만들어 줄 때, 아동은 창의적인 사회의 구성원으로 자라날 수 있다.

Chapter

8

언어발달

미리 보기

언어에 대한 투쟁 'Helen Keller'

"해질녘, 달빛에 잠긴 산들과 때론 잔잔하고 때론 폭풍우 치는 대양을 보고 있노라면, 이 모든 아름다움을 사랑하게 되며, 나의 마음에 그 광경을 간직하게 되어, 나의 일부분이 되노라."

- Keller-

Helen Keller(1880~1968)

상기 인용은 Helen Keller가 19개월이 된 후에는 해질녘, 산, 달빛, 대양, 그리고 이 밖의 어떤 것도 볼 수 없었으므로 인상적으로 와 닿는다. 병에 걸리기 전 Helen은 정상적이고 건강한 아기였다. 생기 있고, 다정하고, 상냥하였다. 1살 때 걸을 수 있었고, 말을 하기 시작하였으며, 첫 단어들 중 하나가 물이었다. 그러나 19개월 때 Helen Keller는 알 수 없는 열병을 앓아 볼 수도 없고 들을 수도 없었을 뿐만 아니라 말도 하지 못했으므로, 사람답게 사는 데 필요한 여러 가지를 익힐 수 없었다. 아픈 후 Helen은 계속해서 "무–무"라고만 했고 다른 단어들을 말하지 못했다. 신체발달과 인지발달의 급등기 때, Helen은 세계를 탐색하는 지각 통로인 시각과 청각을 상실하게 되었다. 따라서 Helen은 후각과 촉각으로 더 힘들게 배웠다. 후에 Helen은 "나무 냄새로 목수를 구분하였고, 나비 날개의 섬세한 떨림, … 제비꽃의 부드러운 꽃잎, 얼굴과 손발의 확고한 윤곽, 말 목의 부드러운 아치 모양, 말 코의 벨벳 같은 촉각을 추적하기 위해 손가락 끝을 사용하였다"고 설명하였다.

"나는 세계가 없는 세계 안에서 살았다"고 회상할 만큼 절망에 사로잡혀 있을 때, Anne Sullivan 선생님과의 만남은 어둠 속을 헤매던 길들지 않고, 고집 세고, 파괴적인 Helen을 말과 글은 물론 인생의 참 의미를 깨우쳐 주도록 이끌었다. Sullivan이 처음으로 본 6살짜리 Helen은 손으로 음식을 먹고 마음에 들지 않으면 닥치는 대로 주위의 물건을 집어던지는 야수 그 자체였다.

어느 날 Helen과 선생님이 정원을 거닐며, 물을 마시기 위해 펌프에 멈추었다. Sullivan은 물 꼭지 아래에 Helen의 손을 두고 동시에 Helen의 다른 손에 반복해서 "ㅁ-ㅜ-ㄹ"이라는 철자를 썼다. Helen Keller는 후에 이렇게 쓰고 있다. "나의 모든 주의가 선생님의 손가락 움직임에 집중되었다. 갑자기 나는 잊혀진 어떤 것–사고가 되돌려지는 전율 같은 막연한 의식을 느꼈다. 그리고 언어의 신비가 나에게 드러났다. 그때 'ㅁ-ㅜ-ㄹ'이 내 손에 흐르는 놀라운 차가운 어떤 것임을 알았다. 그 살아 있는 단어는 나의 영혼을 깨웠고, 빛과 희망과 즐거움을 주었고, 자유롭게 하였다!"

출처: Papalia, Gross, & Feldman (2003)

Helen Keller의 일화는 언어발달에서 감각적 경험이 중요한 핵심이고 인지발달과 정신사회 발달에서 언어가 중요한 핵심임을 강조하는 것이다. 일단 촉각으로 Helen Keller가 언어를 숙달하기 시작했을 때 인간 경험의 세계에 대한 창이 열렸고 그녀의 감정과 사고를 표현할 수 있었고, 건전한 방식으로 다른 사람들과 상호작용할 수 있었다. 언어는 기억발달과 다른 인지적 과정에서 결정적인 역할을 한다. 언어는 정신적 개념들을 형성하도록 하고, 사고하도록 하고, 의사소통하도록 하거나, '물'과 같은 단순하고 구체적인 개념들에서부터 '아름다움', '자유'와 같은 보다 추상적인 개념에 이르기까지 실재를 표상하도록 한다.

이 장에서는 먼저 언어의 본질과 특성, 그리고 아동들이 언어를 사용하기 위해 배워야 하는 언어규칙들에 대하여 살펴보고자 한다. 또한 영아기부터 아동기까지 언어발달의 정상적인 순서를 알아보고자 한다. 그리고 언어습득의 이론들을 비교하고 언어적 진보에 영향을 주는 뇌의 성숙과 사회적 상호작용의 중요성도 기술하고자 한다.

1 >>> 언어란 무엇인가?

언어란 인간이 의사소통의 목적으로 사용하는 음성이나 문자로 나타낸 기호체계이다(유아교육사전, 2000). 언어는 문자와 숫자와 같은 사회구성원과 공유하고 있는 상징체계 즉 신호로 정보, 생각, 그리고 감정 등을 표상하고 의사소통하기 위해 사용되는 것이다. 이러한 상징들은 규칙에 따라 배열되는데, 언어의 목적이 의사소통에 있기 때문에 언어의 규칙들은 특정한 언어를 알고 사용하는 사람들이 이해하고 있어야 하고 받아들여야 한다. 또한 의사소통은 얼굴표정 또는 신체언어와 같이 언어 없이도 가능하지만 정확하지는 않다.

한 신호 메시지를 해독하려고 애쓴 적이 있다면, 또는 신호를 풀려는 첫 시도에 대한 헬렌 켈러의 예를 상기한다면 아동의 언어습득이 얼마나 인상적인 성취인가를 알 수 있다. 그러나 정상적인 아동들은 대개 이러한 뚜렷한 노력 없이 첫 몇 년 안에 이러한 과제를 성취한다.

1) 언어의 특성

첫째, 언어는 사회적 도구이다. 모든 인간 사회는 언어를 가지며 구성원들 간에 의사소통을 위한 수단이 된다. 언어 없이는 사회적 관계를 형성할 수 없다. 언어는 인간과 인간의 만남을 촉진시켜 사회적인 관계를 만들어 주는 역할을 한다.

둘째, 언어는 인간 집단의 문화를 반영한다. 언어를 산출하는 사람들의 경험을 반영하고 안내한다. 에스키모어는 '눈'을 표현하는 단어가 여러 개 있다. 예를 들면 얼음 같은 단단한 꾸러미 눈, 내리고 있는 눈, 땅 위에 있는 눈 등이다. 이러한 용어상의 차이는 추운 땅에 사는 사람들에게 환경을 더 정확히 생각하도록 돕는다. 또한 아시아 문화권의 언어들은 가족관계나 혈연관계를 의미하는 단어가 많다. 따라서 효율적인 언어 사용은 그 문화를 잘 알 때 가능하다.

셋째, 언어는 규칙-지배적이다. 언어는 규칙에 맞게 소리를 형성하고 단어를 형성하며, 문장을 형성하여야 한다. 따라서 의사소통은 규칙들을 알고 적용하는 능력을 요구하는 적극적인 과정이다.

넷째, 언어는 임의적 약속 기호이며 상징성을 갖는다. 언어는 소리와 문자로 표상하려는 사물과 생각을 임의적으로 연결한다. 또한 언어는 실제 표상하는 사물과 유사성이 없다. 언어의 상징성은 구체적일 경우에 학습을 잘 할 수 있는 유아의 발달 특징을 고려한다면 유아의 언어습득을 어렵게 만드는 요인이 된다.

다섯째, 언어는 음성언어로 나타내어질 수 있거나 비음성언어로 나타내어질 수 있다. 대부분의 언어들은 소리, 또는 구두 발성을 사용하지만, 50여 개의 수화는 주로 청각장애자들 사이에서 사용되어지는데, 전 세계에 걸쳐 사용된다. 이러한 수화는 단순히 음성언어의 변형이 아니다. 이것들은 그것 자체로 내적 규칙을 가진다. 영어의 음성언어는 서로 마주보고 이루어지는 의사소통에서 60% 넘게 손짓, 얼굴 표정, 눈 맞추기 등과 같은 신체 언어로 구성되어 있다.

마지막으로 언어는 역동적으로 시간과 더불어 변화한다. 특정한 사회적, 문화적, 그리고 역사적 맥락 내에서 발전하고 변화한다. 예를 들면 약 60만 단어로 구성된 영어는 매일 6개 정도의 새로운 단어들이 추가된다. 플로피 디스크와 메가바이트(MB)와 같은 많은 새로운 단어들은 기술적인 혁신을 반영하는 것이다.

2) 언어의 구성요소

언어의 규칙들은, 아동이 언어적 능력을 습득하는 데 있어서 배워야 하는 규칙들인데 크게 형태(form), 내용(content), 사용(use)이라는 세 가지 측면에서 음운론, 형태론, 구문론, 의미론, 그리고 화용론 등 5가지 범주로 나뉜다. 아동이 언어를 발달시켜 가는 것은 이러한 규칙들에 관한 지식을 습득해 나가는 과정이다. 언어의 형태적 측면은 소리들(음운론), 단어들의 구성(형태론), 그리고 단어들의 순서(구문론) 등을 포함한다. 내용적인 측면은 의미론과 관련되어 있으며, 화용론은 의사소통을 위한 언어의 사용에 관한 것이다.

(1) 형 태

음운론이란 언어의 소리체계를 말하는데, 소리의 기본 단위인 음소가 의미 있는 단어나 문장을 산출하기 위해 결합하는 규칙을 의미한다. 여기에는 소리의 강약, 억양, 발음 등도 포함된다. 음소라는 용어는 의미에서 차이를 만들 수 있는 가장 작은 소리의 단위이다. 예를 들면, 'bee' 에서 'b' 와 'see' 에서 's' 라는 소리들은 음소들이다. 이것들은 다른 소리를 대체하여 의미를 바꾼다. 모든 음소가 하나의 문자에 대한 소리로 구성되어 있지는 않다. 소리 'th' 는 하나의 음소이다. 이는 't' 와 'h' 와 같이 분리된 소리들과는 다르다. 모든 언어에는 모음과 자음의 기본 음소가 있으며, 각 언어마다 음소의 수는 다르다. 한국어의 음소는 30개 정도이고 영어는 약 45개의 음소를 가진다. 어떤 언어는 적게는 15개 또는 많게는 85개를 가진다. 모음과 자음을 구별하고, 그 발전적 특징을 이해하게 되는 것은 음운론적 발달의 대표적인 예이다.

45개의 영어 음소들은 10만 개보다 많은 형태소, 또는 의미의 단위들로 구성하는 다른 방식으로 모여질 수 있다. 형태론은 이러한 의미의 단위가 어떻게 단어로 구성되는지와 관계된다. 형태소는 의미를 전달하는 가장 작은 단위이며, 모든 단어는 한 개 이상의 형태소로 구성되어 있다(turn과 같이). 어떤 형태소들은 홀로 설 수 있지만, 또 다른 것은 접두사(over-와 re-와 같은) 또는 접미사(-s, -ed, -ing와 같은)이다. 접두사 또는 접미사를 첨부하는 것은 단어의 의미를 수정한다. 어떤 접미사는 단어의 시제를 바꿀 수 있거나 단수를 복수로 바꿀 수 있다. 예를 들면 '개' 라는 단어는 한 개의 형태소로 구성되어 있고, '개들' 이라는 단어에는 '개' 와 '들' 이라는 2개의 형태소가 들어 있다. 따라서 문장 내에서 평균 형태소의 수는 아동의 언어발달의 지표가 될 수 있다. 구문론 규칙들은 문장 구조를 지배한다. 즉 의미 있는 문장을 구성하기 위하여 단어들이 배열되는 방식을 의미한다. 명사, 동사, 그리고 형용사와 같은 다양한 단어의 종류들은 완전한 사고를 표현하기 위해 적절히 배열된다. 문장을 이해하기 위해서는 문장의 구조에서 구문을 이해할 수 있어야 한다. 영어를 말하는 아동은 주어-동사-목적어 순서를 따르는 서술문을 배운다. 네덜란드, 한국, 또는 일본에서 자라는 아동은 동사를 마지막에 두는 것을 배운다. 반면에 아일랜드 아동은 동사를 첫 번째에 두는 것을 배운다.

(2) 내 용

의미론은 단어의 내용, 또는 의미, 그리고 단어들 간의 관계에 속하는 규칙 체계이다. 즉 단어와 문장의 의미를 말한다. "다음의 어느 것이 다른 두 가지와 가장 다른가? 복숭아, 배, 당근" 대답은 '당근' 이다. 왜냐하면 복숭아와 배는 둘 다 과일이다. 이러한 방식으로 단어들을 범주화하기 위해 아동은 이들의 유사점과 다른 점을 인식할 필요가 있다. 아동은 몇몇의 복숭아를 보고 먹음으로써 복숭아라는 단어의 의미를 배운다. 그 복숭아 중 어느 것도 똑같지 않지만 아동은 '복숭아임' 의 개념을 형성하는 중요한 특징들(둥긂, 달콤함, 색깔)을 모두 공유하고 있다. 유사한 방식으로 아동들은 '이야기한다' , '말한다' 와 같은 거의 동일한 개념들을 표상하는 단어들 즉 동의어와 '위로' , '아래로' 와 같은 반대 개념을 표상하는 단어들 즉 대조어를 알게 된다. 또한 "우리 아빠가 임신을 했다" 와 같은 문장은 구문론적으로는 적절한 배열이라도 의미론적 규칙에는 어긋나는 것이다. '아빠' 라는 의미와 '임신' 이라는 의미가 불일치한다. 따라서 어휘의 성장과 의미론적 규칙들에 대한 지식은 경험과 밀접하게 연결되어 있다.

(3) 사 용

'화용론' 은 의사소통을 효율적으로 하기 위해 언어를 적절하게 사용하는 규칙을 의미한다. 의사소통을 효율적으로 하기 위해서는 듣는 사람의 관점에 맞추어 말하고자 하는 내용을 조절할 필요가 있다. 따라서 상황, 화맥, 대화에서의 함축적인 의미에 맞게 말을 한다는 것은 화용론적 규칙을 적용하는 것이다. 아동은 일반적으로 친구와 부모 또는 선생님에게 다르게 이야기하며, 이러한 상황에서 존댓말과 낮춤말이 적용된다. 뿐만 아니라 부탁을 할 때와 주장을 할 때는 다르게 표현된다.

말의 진짜 의미가 표면상의 말과는 다를 경우, 말의 이면에 숨어 있는 의도를 추론하는 것은 맥락의 단서에 의존하여야 한다. 예를 들어 같은 "잘 했어"라는 표현도 사용되는 상황이나 맥락에 따라 일을 성공적으로 수행했다는 것인지 또는 그렇지 못했다는 비난의 소리인지를 구분하여야 한다.

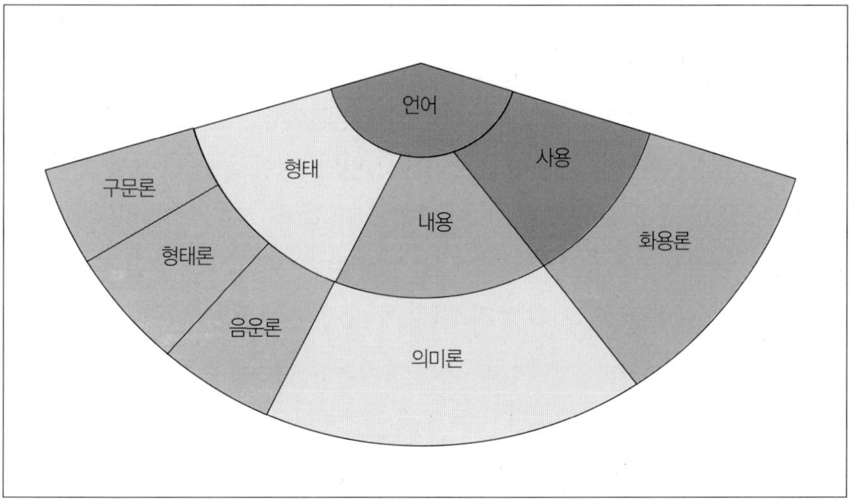

[그림 8-1] 언어의 5가지 규칙 구조

구문론, 형태론, 음운론은 형태를 지배한다. 의미론은 내용을 지배하고 화용론은 언어의 사용을 지배한다.

2 >>> 언어발달의 과정

언어 성장은 모든 발달의 양상들과 상호작용한다. 언어발달 과정은 신체적, 인지적, 정서적, 사회적 발달 영역 간의 상호작용에 의해 이루어진다. 소리를 산출하기 위해 신체 구조가 성숙하여야 하고, 소리와 의미를 연결하기 위해 필요한 뉴런 연접부가 활성화되어야 한다. 그리고 성인과의 사회적 상호작용은 말의 의사소통적 특성을 이해하도록 한다. 아동이 모국어에 숙달하고, 때로는 집에서 한 가지 이상의 언어를 사용하는 환경이라면 한 가지 이상의 언어를 습득한다는 것은 놀라운 일이다. 이러한 언어를 습득하는 시기에는 개인차가 있지만, 언어를 습득하는 발달과정은 거의 유사하다.

1) 영아기와 걸음마기 동안의 언어적 진전

문자 "ㅁ-ㅜ-ㄹ"과 Helen Keller의 손에 흐르는 물의 느낌 간의 연합에 대한 헬렌 켈러의 인식은-걸음마기 이후에 잊혀진 연합-언어(음성적이거나 비음성적인)와 인지발달 간의 연결에 대한 인상적인 예이다. 일단 영아들이 단어를 알게 되면, 영아들은 사물과 행동을 표상하기 위해 단어를 사용할 수 있다. 영아들은 사람, 장소, 그리고 사물을 반영할 수 있고, 생활을 통제를 하기 위한 요구, 감정, 그리고 생각들을 의사소통할 수 있다. 언어발달의 전형적 순서가 〈표 8-1〉에 제시되어 있다.

● 표 8-1 ● 출생에서 3세까지의 언어발달 이정표

월령	언어발달
출생	말, 울음을 지각할 수 있다. 소리에 반응한다.
$1\frac{1}{2}$~3개월	목울림 소리를 낸다. 웃는다.
3개월	말소리를 내며 놀이한다.
5~6개월	자음 소리를 내고, 들은 것과 비슷한 소리를 낸다.
6~10개월	자음과 모음소리를 연결하여 옹알이를 한다.
9개월	의사소통을 위하여 제스처를 사용한다. 제스처 게임을 한다.
9~10개월	'아니야', 영아 자신의 이름 같은 단어를 이해하기 시작한다. 소리를 모방한다.
9~12개월	사회적 의미를 나타내는 제스처를 사용한다.
10~12개월	더 이상 모국어에 없는 소리를 구별할 수 없다.
10~14개월	첫 단어를 사용한다(대개 사물에 대한 것).
10~18개월	한 단어들로 말한다.
13개월	명명하기의 상징적 기능을 이해한다. 더 정교한 제스처를 사용한다.
14개월	상징적 제스처를 사용한다.
16~24개월	많은 새로운 단어들을 배운다. 어휘 수가 급속하게 증가한다. 약 50개 단어에서 400개 이상으로 증가한다. 동사와 형용사를 사용한다.
18~24개월	두 단어로 된 첫 문장을 사용한다.
20개월	제스처 사용이 줄어든다. 사물을 더 많이 명명한다.
20~22개월	이해 급등이 일어난다.
24개월	두 단어로 된 구를 많이 사용한다. 이제 더 이상 옹알거리지 않는다. 말을 하고 싶어한다.
30개월	거의 매일 새로운 단어들을 습득한다. 세 개 또는 그 이상의 단어들을 결합하여 말한다. 이해력은 무척 좋아진다. 문법적 오류를 범한다.
36개월	1000개 이상의 단어로 말한다. 80%가 이해할 수 있는 것들이다. 구문론적으로 실수를 한다.

출처: Lalonde & Werker (1995)

아기가 단어를 사용할 수 있기 전에, 아기들은 말소리를 인식하고 이해할 수 있다. 처음에 아기는 울음에서 쿠잉 그리고 옹알이, 그 다음에 우연한 모방과 의도된 모방으로 진전하는 소리들로 자신들의 요구와 감정을 나타낸다. 이러한 소리들은 전언어적 말로 알려져 있다. 아기들은 전형적으로 첫해 마지막 정도에 첫 단어를 말하고, 한 해가 지난 후 8개월 정도에 문장으로 말하기 시작한다.

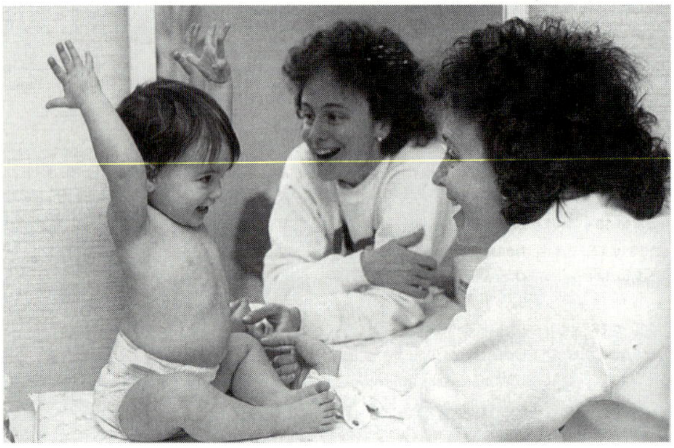

"그렇게 큰가!" 아기는 첫 단어를 말하기 전에 비언어적 몸짓의 레퍼터리를 형성한다. 엄마가 "앨리샤가 얼마나 큰가?"라고 물었을 때, 아기는 손을 힘차게 올린다. 후에 몸짓은 더 복잡한 의미를 표현하기 위해 더 정교하게 된다.

(1) 언어 소리들을 인식하기

소리들 사이의 차이를 인식하는 능력은 언어발달에서 필수적이다. 이러한 능력은 태어나기 전부터 존재하지만 생후 첫해 동안 더욱 정교화된다. 말을 이해하고 사용하는 준비를 하기 위해, 영아는 처음에 말소리에 친숙하게 되고 후에 이러한 말에 의미를 단다. 영아는 단어의 의미를 이해하기 훨씬 전부터 의미 있는 소리와 의미 없는 소리를 가려낼 수 있다.

그 과정은 명백히 자궁 안에서 시작된다. 한 실험에서 임신 35주의 여성을 두 그룹으로 나누어 4주 동안 하루에 3번 각각 다른 자장가를 낭송하게 하였다. 연구자들은 여성들의 배 가까이에 녹음한 두 자장가를 들려주었다. 태아의 심장 박동은 엄마가 낭송한 자장가가 나올 때 느려졌지만, 다른 자장가에서는 그런 반응을 보이지 않았다. 테이프의 목소리는 엄마가 직접 녹음한 목소리가 아니었는데, 이는 태아가 엄마가 사용한 것과 같은 언어학적 소리에 반응을 보인 것이 명백하였다. 따라서 출생 전에 '모국어'를 듣는 것은 후에 모국어의 소리를 알도록 하는 데 도움이 될 수 있다(DeCasper, Lecaneut, Busnel, Granier-Deferre, & Maugeais, 1994).

6개월경에 아기는 모국어의 기본적인 소리, 또는 음소들을 인식하게 되고, 다른 발화자가 이러한 소리를 내는 방식에서 경미한 차이에 적응한다. 즉 'ba'와 'pa'의 미묘한 차이를 구분할 수 있을 뿐만 아니라 다른 발화자가 소리를 낼 때 엄밀히 보아 서로 다른 다양한 'pa'들을 동일한 소리로 지각할 수 있다. 구체적으로 한 연구에서 6개월 된 스웨덴과 미국 아기들은 자신들의 언어에 있는 공통적인 소리들의 변화는 일상적으로 무시했지만 친숙하지 않은 언어에서의 변화에는 주목하였다고 밝혔다(Kuhl, Williams, Lacerda, Stevens, & Lindblom, 1992).

영아가 소리를 의미와 연결시킬 수 있기 전에 영아는 자신들의 이름과 같은 자주 듣는 소리패턴을 인식하는 것 같다. $4\frac{1}{2}$개월 된 영아는 다른 사람의 이름보다 자신의 이름을 더 오래 듣는다(Mandel, Jusczyk, & Pisoni, 1995). 6개월 된 영아는 단어 mommy를 들을 때 비디오에서 어머니를 더 오랫동안 보았고 daddy라고 들을 때 아버지를 더 오랫동안 보았다. 이는 의미와 소리를 연결하기 시작한다는 것을 나타내는 것이다(Tincoff & Jusczyk, 1999).

10개월경에 아기는 모국어의 소리가 아닌 다른 소리를 인식하는 초기 민감성을 잃게 된다. 예를 들면, 일본 영아들은 일본어에서 존재하지 않는 'ra'와 'la' 사이의 차이를 더 이상 구별하지 못한다(Lalonde & Werker, 1995).

(2) 초기 음성화

언어발달의 첫 단계는 울음이다. 울음은 신생아가 의사소통하는 유일한 수단이다. 울음의 고저, 패턴, 강도는 배고플 때, 졸릴 때, 화가 날 때 모두 다르다. 따라서 울음의 질은 양육자에게 진단적 수단이 되기도 한다. 말하는 법을 배우기 전 신생아에게 울음은 원하는 것을 알리고 괴로움을 호소하는 방법인 것이다. 전형적인 3가지 울음소리의 크기 · 높낮이 · 리듬을 비교해 보면 [그림 8-2]와 같다.

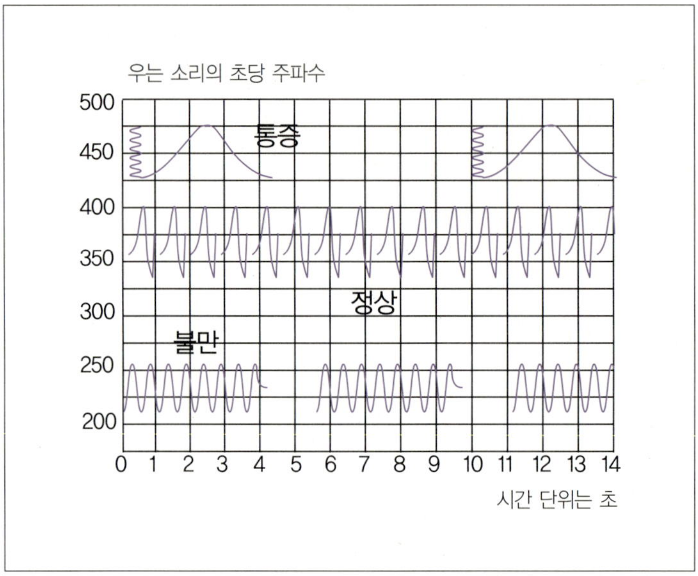

[그림 8-2] 신생아의 3가지 울음소리 비교
출처: Newsweek (2000)

아프거나 괴로워 울 때는 먼저 숨을 급히 들이쉰 후 길고 높은 비명을 지른다. 또 일정한 간격을 두고 운다. 아기를 안고 가볍게 흔들어주거나 음악으로 달래는 것이 바람직하다. 정상적인 울음소리는 높낮이가 규칙적이며 숨을 쉴 때 끊어진다. 주로 배가 고프거나 놀아 달라는 표시를 할 때 우는 방식이다. 불만을 나타내는 울음은 최초의 의사소통 시도다. 소리는 낮고 작으며 칭얼대는 소리처럼 들리는 경우가 흔하다. 아기가 보채기 시작하는 신호이며 아기를 다른 곳으로 옮겨 새로운 자극을 주는 것이 바람직하다.

6주에서 3개월 간에 아기들은 행복할 때 쿠잉을 시작하는데 목구멍을 꾸르륵 울리는 '쿠' 나 '구' 소리를 생성한다. 3~6개월경에 아기들은 주변의 사람들에게서 들은 소리에 맞추어 말소리 놀이를 시작한다.

반복적인 자음-모음 결합으로 이루어진 "마-마-마-마"와 같은 옹알이는 6~10개월 사이에 일어난다. 영아는 소리를 이해하지는 못해도 의도적으로 소리를 모방한다. 옹알이는 아기의 첫 단어로 오해되는 경우가 종종 있다. 옹알이는 아기에게 의미를 가지지 않기 때문에 진정한 언어는 아니지만, 단어에 더 가까워진다. 점차로 옹알이는 언어권에 따라 그 언어의 억양과 비슷한 억양의 옹알이로 변해간다.

(3) 손 짓

9개월의 재원이는 사물을 지적하고, 때때로 사물을 원한다는 것을 보여주기 위해 소리를 만든다. 9~12개월 사이에 재원이는 몇몇 인습적인 사회적 손짓을 배운다. 예를 들면 안녕으로 손을 흔들거나, 긍정의 의미로 머리를 끄덕이거나, 부정의 의미로 머리를 흔든다. 13개월경에 재원이는 좀 더 정교한 표상적 손짓을 사용한다. 예를 들면 마시고 싶다는 것을 나타내기 위해 빈 컵을 입으로 가져간다. 이러한 '안녕'의 의미로 손을 흔들거나 '싫다'는 의미로 고개를 흔드는 상징적 동작은 첫 단어(소리어)를 발화하기 시작할 즈음에 나타나며, 영아가 상징적 동작을 사용한다는 것은 사물이나 생각을 상징적으로 표현할 수 있다는 것을 이해하고 있음을 의미한다. 영아는 얼굴표정이나 손짓을 한 단어와 함께 사용하여 자신의 의사를 좀 더 정교하게 표현하는 것이다. 구체적으로 상징적 손짓은 영아가 25개 단어의 어휘를 가지기 전에 주로 나타나서, 생각 또는 사물을 말로 대체하면서 점차 사라지게 되며, 영아가 상징적 기능을 획득하게 됨에 따라 단어획득 속도는 급격하게 빨라진다.

손짓을 배우는 것은 영아가 말하는 것을 학습하는 데 도움을 준다. 한 실험(Goodwyn & Acredolo, 1998)에서 11개월 된 영아는 손짓을 수행하고 이에 해당하는 단어를 말하는 부모를 관찰하면서 손짓을 배웠다. 15~36개월 사이에 음성언어 발달을 테스트했을 때, 이들 영아들은 두 그룹의 다른 영아들, 즉 단지 단어만 말한 부모의 영아들과 음성이나 손짓 훈련 둘 다를 받지 못한 영아들보다 훨씬 수행이 앞섰다. 손짓은 특히 초기 어휘 형성기간 동안에는 단어에 대해 가치 있는 대안이 될 수 있으며 보충적인 역할을 한다.

(4) 첫 단어

대체로 첫 단어를 산출하기 이전에 아기들은 이미 서너 단어를 이해하고 있다. 아기가 이해하는 대부분의 첫 단어들은 종종 가장 많이 듣는 단어들이다. 예를 들면 자신의 이름이나 '안 돼'라는 단어, 또는 아이에게 특별한 의미를 가진 단어들이다.

헬렌 켈러가 아프기 전인 첫해 마지막 정도에 첫 단어를 말하였는데, 그 중 하나가 "무-무"(물에 대해)였다. 따라서 켈러의 언어발달은 전형적인 것이었다. 보통 아기는 10~14개월 사이에 첫 단어를 말하는데, 의미를 전달하는 음성 표현인 언어학적 말을 시작하는 것이다. 아기가 처음 사용하는 단어는 '엄마', '우유', '까까'와 같은 명사와 '가자', '먹어'와 같은 동사이다. 이는 대부분 아기가 주위에서 자주 접하는 사물이나 행위와 관련된다. 특히 영어를 모국어로 사용하는 아기는 명사의 단어를 더 빨리 학습하는 반면, 한국어와 일본어를 모국어로 배우는 아기는 물체 이름을 상대적으로 더 늦게 습득하는 대신 행위동사를 더 빨리 학습한다. 이러한 차이는 서로 다른 문화에서 부모들이 제공하는 자극의 종류에 기인하는 것으로 밝혀지고 있다. 이는 미국 엄마들은 물체에 대해 많이 말하고 물체의 이름들을 제시하는 경향이 있으며, 한국과 일본 엄마들은 행위에 더 초점을 맞추고 아기가 사회적 상황에 소속하게 만드는 데 관심이 있기 때문인 것으로 추정된다.

또한 한 단어는 아이가 말하는 상황에 의존하여 하나의 의미보다 더 많은 의미를 가진다. 예를 들어 '우유'라고 말했을 때, "우유가 여기 있어요", "우유 주세요" 등 다양한 의미를 가지므로 분명한 의미를 알려면 상황에 의존하여 그 의미를 해석하여야 한다. 이와 같이 단어는 완전한 사고를 나타내게 되는데 이를 일어문(holophrase)이라고 부른다.

어휘는 한 단어 시기 동안 계속적으로 성장하는데, 일반적으로 18개월까지 지속된다. 단어 급등 또는 "명명 폭발기"는 16~24개월 사이에 나타난다. 명명 폭발은 단어학습 속도가 급속하게 증가하는 현상을 의미한다. 걸음마기에는 50단어를 말할 수 있던 것에서 몇 주 안에 약 400단어를 말할 수 있게 된다. 음성 어휘에서의 이러한 빠른 성장은 생후 2년 동안 단어 인식의 속도와 정확성에 있어서 꾸준한 증가를 나타낸다.

(5) 첫 문장

일반적으로 첫 단어를 말하고 8~12개월 후인 18~24개월 사이에 하나의 생각을 표현하기 위해 두 단어를 함께 두면서 첫 문장이 나타난다. 아이의 첫 문장은 전형적으로 일상의 사건, 사물, 사람, 또는 활동을 다룬다. 처음에 아이들은 전형적으로 단지 몇 개의 중요한 핵심 단어들, 주로 명사, 동사, 형용사, 부사 등 내용어로만 구성된 전보식 말을 사용한다. 예를 들어 명사와 명사(엄마 가방), 명사와 동사(아가 자), 또는 형용사와 명사(예쁜 옷)를 결합하여 문장을 만드는 형태이다. 즉 조사나 관사와 같은 기능적 단어들을 생략한다.

20~30개월에 구문에 대해 아는 능력이 서서히 나타난다. 관사, 전치사, 접속사, 복수, 과제 시제에 대해 더 안정적이 된다. 3세경에 말의 일부분을 종종 생략하지만 말은 유창하고, 더 길고, 좀 더 복잡해진다.

2) 걸음마기의 언어의 특성

걸음마기 아이의 말은 어떠한 언어로 말하든지 간에 그 자체의 특성을 가진다. 아이들은 말을 단순화하는 전보식 말을 사용하지만 문법적 관계를 이해한다. 승현이는 개가 고양이를 쫓고 있다는 것을 이해할 수 있지만, 이를 표현하기 위해 단어들을 충분히 함께 연결할 수 없다. "강아지가 고양이를 쫓는다."라고 표현하기보다 "강아지 쫓는다."와 같은 문장으로 나타낸다.

아이들은 단어 의미를 과잉축소한다. 단어의 의미를 친숙한 대상에 한정시켜 적용하는 것이다. 민재의 삼촌은 민재에게 장난감 자동차를 사 주었다. 13개월 된 민재는 이 자동차를 "빵빵"이라고 불렀다. 그 후 아버지가 자동차 선물을 가지고 와서 "자, 민재야, 너를 위해 자동차를 가지고 왔다."라고 하였다. 민재는 고개를 흔들었다. 민재에게 자동차는 삼촌이 사 준 그 자동차만이었고, 같은 이름으로 어떤 다른 장난감 자동차를 부르는 것은 시간이 걸렸다. 민재는 단 하나의 사물로 자동차를 제한함으로써 자동차라는 단어를 과잉축소하였다.

아이들은 또한 단어 의미를 과잉확대한다. 단어의 의미를 지나치게 넓게 적용하는 것이다. 14개월에 현정이는 텔레비전 스크린에서 회색 머리의 남자를 보고 흥분하여 뛰면서, "핫지!"라고 외쳤다. 이는 현정이가 단어를 과잉일반화 또는 과잉확장한 것이다. 현정이는 자신의 할아버지가 회색 머리를 가졌기 때문에 모든 회색 머리의 남자는 "할아버지"라고 불려질 수 있다고 생각하였다. 또한 재선이가 "멍멍이"라고 할 때, 이는 강아지 이외에 고양이나 양 같은 네 발이 달리고 털이 있는 동물들에게 확대할 수 있다. 더 풍부한 어휘가 발달되고 아이가 말한 것에 대한 적절성에 대해 성인이 피드백을 해 주면, 과잉확대는 줄어든다.

조사, 시제형태소 등 문법적 형태소를 배우면서 아이들은 과규칙화를 사용한다. 어떤 규칙은 예외적이라는 것을 모르고 규칙을 엄격하게 적용한다. 민지는 주격 조사인 '가'를 지나치게 규칙적으로 적용하여 "엄마가", "아빠가" 뿐만 아니라 "선생님이가"라는 식으로 말을 한다. 영어에서, 죤은 "I thought" 대신에 "I thinked"라고 말한다. 이는 어떠한 측면에서는 진보를 나타낸다고 할 수 있다. 아이들의 언어활동은 매우 생산적이고 창의적인 것으로, 단순한 모방이 아니라 실수를 하면서도 적극적이고 능동적으로 이루어진다. 일단 아이들이 주격조사와 과거 시제에 대한 규칙을 배우면, 이것을 보편적으로 적용한다. 다음 단계는 규칙에 대해 예외를 배우는 것이다. 이는 일반적으로 학령 초기까지 진행된다.

3) 학령전기와 학령기 동안의 진전

학령전기 유아들은 어휘, 문법, 그리고 구문에서 빠른 진전을 나타낸다(〈표 8-2〉 참조). 언어의 모든 양상에 있어서의 진전은 학령기 동안 계속적으로 나타난다. 아동은 이제 구어와 문어를 더 잘 이해하고 해석할 수 있다.

(1) 어 휘

3세에 보통 900~1,000개 정도의 다양한 단어를 사용할 수 있고 매일 12,000개 정도의 단어를 사용한다. 6세까지 전형적으로 2,600개 단어의 음성어휘를 가지고 20,000개보다 훨씬 많은 단어를 이해한다. 또한 대략 $1\frac{1}{2}$세 때 이후로 하루에 평균 9개의 새로운 단어를 학습한다. 하지만 이러한 어휘 습득의 속도나 학습능력은 상당한 개인차가 있다.

어떻게 유아들은 그렇게 빨리 어휘들을 확장하는가? 유아가 특정 낱말의 의미를 획득하는 것은 기존의 인지구조나 지식기반 내의 지식들이 그 낱말이 사용되는 맥락적 단서와 결합하여 의미를 추론하는 과정에 의존한다. 이러한 과정을 '어휘의미의 신속한 연결(fast mapping)'이라고 한다. 이는 새로운 단어의 의미를 습득하는 방법으로 어떤 단어를 한두 번만 듣고도 그 단어의 의미를 정확하게 이해하는 것이다. 예를 들어 '청자빛'이란 단어를 한 번도 들은 적이 없는 아동은 기존의 지식과 맥락적 단서를 활용하여 예전에 박물관에서 고려청자를 본 경험이 있고 아동의 지식기반 속에 이러한 기억이 저장되어 있다면, '청자빛'이라는 새로운 단어의 의미를 쉽게 획득하게 된다. 이러한 맥락에서, 아이들은 단어의 의미에 대한 빠른 가설을 형성하고 기억 속으로 이를 저장한다. 또한 사물의 이름(명사)은 덜 구체적인 행위의 이름들(동사)보다 어휘어미의 신속한 연결이 더 쉽게 된다.

●표 8-2● 3~5세의 전형적인 언어 진전

3세	4세	5세
• 900~1,000단어 어휘를 가짐 • 3~4단어 문장을 만듦 • 주어와 동사로 문장을 사용, 그러나 단순한 문장 구조 • 단어와 소리로 놀이함 • 현재에 대해 이야기함	• 1,500~1,600단어 어휘를 가짐 • 많은 질문을 함 • 점차로 더 복잡한 문장 형태를 사용함 • 이야기와 최근 과거를 자세히 열거함 • 직접적인 환경에 대한 대부분의 질문을 이해함 • '어떻게'와 '왜'에 대답하는 것을 조금 어려워 함 • 해석할 때 단어순서에 의존함	• 2,100~2,200단어의 어휘를 가짐 • 감정을 토의함 • 단어 순서에 상관없이 '전'과 '후'를 이해함 • 90% 문법적 습득을 함 • 대개 직접적 요구를 사용함 • 교정하기 위해 반복함 • 성(gender) 주제를 사용하기 시작함

출처: Owens (1996)

어휘가 학령기 동안 증가하면서, 아동은 점차적으로 행위를 묘사하기 위해 정확한 동사를 사용한다(hitting, slapping, striking, pounding). 아동들은 run과 같은 단어는 하나 이상의 의미를 가질 수 있다는 것을 배우고, 의미는 의도된 맥락에서 구분할 수 있다는 것도 이해한다. 아동은 더 많은 단어들을 사용할 뿐만 아니라 특정한 상황에 올바른 단어를 선택하는 것도 배운다.

(2) 문법과 구문

음절에서 단어로, 단어에서 문장으로 결합하는 방식은 초기 아동기 동안 점차적으로 정교하게 된다. 3세에 전형적으로 복수, 소유격, 과거 시제를 사용하기 시작하고 나, 너, 그리고 우리 간의 차이를 알게 된다. 그러나 3세의 문장은 짧고 단순하다. a와 the 같은 작은 단어를 빠뜨리지만, 몇몇 대명사, 형용사, 그리고 전치사는 포함한다. 대부분의 문장은 서술문이다. 그러나 '무엇'과 '어디에'에 대해 질문할 수 있고, 대답할 수 있다('왜'와 '어떻게'는 이해하기 더 어렵다). 또한 3세에 아직 규칙의 예외를 배우지 않았기 때문에 불규칙의 오류를 범하는 경향이 있다.

4~5세 사이에 문장은 평균 4~5단어가 되고 서술문, 부정문, 의문문, 또는 명령문이 된다. 4세에 부모가 더 복잡한 절 문장을 사용한다면 더 자주 그러한 문장을

사용한다.

5~7세에 말은 제법 성인에 가깝다. 더 길고 복잡한 문장으로 말한다. 접속사, 전치사, 관사를 더 많이 사용한다. 이 시기의 아이들은 말을 더 유창하게, 이해할 수 있게, 그리고 꽤 문법적으로 사용하지만 아직 언어의 정교한 면에 숙달하지 못한다. 수동태, 조동사를 포함하는 동사시제, 조건문들은 드물게 사용한다.

9세경에 아동들은 구문 규칙을 더 정교하게 이해한다. 더 나이 든 아동은 종속절을 더 많이 사용한다.

(3) 화용론

어휘, 문법, 구문을 배움에 따라, 아동들은 의사소통하기 위해 언어를 어떻게 사용하는지에 대한 실제적인 지식인 화용론에 더 유능하게 된다. 이는 어떻게 질문하고, 어떻게 이야기하거나 농담하고, 대화를 어떻게 시작하고 계속하며, 어떻게 청자의 관점에 맞추어 설명을 조절할지를 아는 능력을 포함한다. 이는 모두 청자가 이해하는 말로 사회적 언어의 양상을 띤다.

대부분 3세는 말이 많아지고, 자신들의 말이 다른 사람에게 효과가 있는지 주의한다. 만약 사람들이 이해하지 못하면 보다 더 명확히 설명하려고 노력한다. 4세 유아들, 특히 여아들은 자신보다 더 어린 2세에게 이야기할 때 자신들의 언어를 단순화하고 더 높은 목소리를 낸다(Owens, 1996). 뿐만 아니라 4~7세를 대상으로 인형을 이용해 역할극을 하도록 한 연구(Anderson, 1992)에서, 4세아조차도 사회적 지위에서 나타나는 전형적인 말투를 사용하였다. 즉, 교사, 의사, 아버지와 같이 사회적 지배역할을 할 때는 명령문을 많이 사용하였고, 학생, 환자, 어머니와 같이 덜 지배적인 역할을 할 때는 보다 공손한 표현을 사용하였다. 5세아는 말다툼을 해결하기 위한 단어를 사용할 수 있고, 다른 아이들에게 말할 때보다는 성인에게 말할 때 더 공손한 언어를 사용한다.

학령기까지 아동들은 다른 사람의 견해를 더 잘 이해할 수 있고 사회적 차례 지키기를 더 잘 할 수 있다. 학령기 아동은 성인의 권위를 크게 의식하여 성인에게 훨씬 정중하게 이야기한다.

어린 아동들이 다른 사람이 말한 것을 잘못 해석하는 것은 종종 상위의사소통의 어려움에서 생긴다. 상위의사소통은 아동이 자신이나 상대방의 의사소통 능력에 관해 정확한 지식을 가지고 이에 맞추어 의사소통을 조정하는 능력을 의미한다. 이러한 지식은 중기 아동기 동안에 증가한다. 상위의사소통의 한 양상은 지시와 결과 간의 관계를 이해하는 것이다. 한 실험에서 유치원 유아와 2학년 아동들이 다른 아이가 쌓은 것과 똑같은 블록 건축물을 구성하도록 요구받았다. 아이들은 블록 건축물을 보지 않고 다른 아이의 녹음된 지시에 기초하여 이것을 쌓아야 한다(Flavell, Speer, Green, & August, 1981). 지시는 종종 불완전하고, 모호하고, 모순되었다. 건축물을 쌓는 아이들은 자신들의 건축물이 녹음테이프에서 아이가 만든 것과 같게 보여진다고 생각하는지, 그리고 아이의 지시가 좋은지 또는 나쁜지를 질문받았다. 2학년 아동들은 어린 유아들보다 지시가 부적절했을 때 더 많이 주의하였고, 잠시 더 생각하였고, 혼란스러워하였다. 2학년 아동들은 자신들이 어떤 것을 이해하지 못했을 때, 이해하지 못한다는 것을 더 많이 알았고 지시가 효율적이지 않았기 때문에 건축물이 녹음테이프에서 만든 것과 정확히 같지 않을 것임을 인식하였다. 유치원 유아들은 때때로 지시가 명확하지 않다는 것을 알긴 했지만 이것이 건축물을 잘 쌓을 수 없다는 것을 의미하는지는 인식하지 못했다.

(4) 혼잣말

4세인 소연이는 자신의 방에서 혼자 그림을 그리고 있다. 작업이 끝났을 때, 소연이는 큰 소리로 "자, 이제 그림을 말릴 곳에 가져가자. 창문 옆에 그림을 두어야지. 나는 공룡을 더 그려야지."라고 말했다. 다른 사람과 의사소통할 의도 없이 자신에게만 큰 소리로 말하는 혼잣말은 4~10세 아동들이 말한 것 중 20~50% 정도로 아동기에 정상적이고 보편적인 현상이다.

Piaget(1962, 1923)는 혼잣말을 인지적 미성숙의 지표로 생각하였다. Piaget에 따르면 어린 아동들은 자기중심적인데, 다른 사람들의 관점을 인식할 수 없고 따라서 의미 있게 의사소통할 수 없다. 전조작기 말경에 인지적 성숙과 사회적 경험이 쌓이면서, 아동들은 덜 자기중심적이 되고 상징적 사고가 더 가능하며, 그래서 혼잣말을 사용하지 않는다.

Piaget와 같이, Vygotsky(1962, 1934)는 혼잣말이 어린 아동의 언어와 사고를 통합하도록 돕는다고 믿었다. 그러나 Vygotsky는 혼잣말을 자기중심적인 것으로 간주하지 않았다. Vygotsky는 자신과 대화하는 의사소통의 특별한 형태로 생각하였다. 초기 사회적 말과 내적 언어 간의 발달과정에서 나타나는 과도기적 언어로 혼잣말이 매우 중요한 기능을 담당한다고 간주하였다. 혼잣말은 행동을 통제하는 자기 조절과 자기 지시의 기능을 가진다("자, 이제 그림을 말릴 곳에 가져가자"). Vygotsky는 혼잣말은 학령 전기 동안 증가하고 아동들이 자신의 행위를 더 잘 이끌게 되면서 초기 초등학교 연령 동안 감소한다고 주장하였다. 즉 점차로 자기 자신을 위한 언어 표현은 자신 안에서 내재화되면서 아동기에는 언어 표현을 수반하지 않고서도 사고나 행동을 자기 조정할 수 있게 된다.

또한 혼잣말이 아동 자신의 행동을 통제하기 위한 노력의 일환으로 자기-규제 역할을 한다는 증거가 있다. 보다 구체적으로 5세 유아를 대상으로 공간-지각적 과제 유형에서 혼잣말을 많이 하는 것이 과제 수행력에 긍정적인 영향을 미쳤다는 연구(이정화, 2002)도 이를 뒷받침하고 있다. 혼잣말은 아동들이 성인의 감독 없이 어려운 과제를 수행하려고 애쓸 때 증가하는 경향이 있다.

3 >>> 언어발달의 고전적 이론들: 천성-육성 논쟁

어떻게 유아들이 의사소통의 비밀에 근접하게 되는가? 언어적 능력은 학습되는가 또는 타고나는가? 1950년대 두 학파 간에 논쟁이 활발하였다. 한 학파는 학습이론의 최초의 제안자인 B. F. Skinner였고, 또 다른 학파는 언어학자인 Noam Chomsky이다.

Skinner(1957)는 다른 학습과 마찬가지로 언어 학습도 경험에 기초한다고 주장하였다. 언어습득은 강화와 모방이라는 학습 기제를 통해 이루어진다. 처음에 아기는 무작정 소리를 낸다. 양육자는 우연히 어른 말과 유사한 소리에 미소 짓고, 주의를 기울이고, 칭찬하면서 강화한다. 그러면 영아는 이들 강화된 소리를 더 자주 내고, 계속적으로 발전시켜 나간다. 모국어에 속하지 않은 소리들은 강화받지 못하며, 강화받지 않는 소리는 점차로 소멸된다. 이 과정에서는 유아의 발화에 대한 주변 사람들의 반응이 중요한 언어발달의 요소인 것이다.

Chomsky(1957)는 관찰, 모방, 그리고 강화가 언어발달에 기여하지만, 강화나 모방만으로 언어발달을 설명하기에는 충분하지 않다고 주장하였다. 첫째로는 단어 결합과 뉘앙스는 너무 복잡하여 특정한 모방이나 강화만으로 모든 것이 획득될 수 없다. 그리고 부모는 자녀가 문법적으로 맞지 않는 문장을 사용할 때도 그 의미만 맞으면 미소나 칭찬으로 종종 강화한다. 예를 들어 "I no like spinach"와 같은 문법적으로 잘못된 유아의 진술은 부모로부터 "Yes, I know"라는 긍정적 반응을 얻을 수 있는 반면에 문법적으로 올바른 "I' m sleeping"은 오히려 "No, you' re not"이라는 말을 듣게 된다는 것이다. 따라서 강화가 아동으로 하여금 언어의 규칙을 배우게 하는 요인이라는 증거가 없다. 또한 학습이론은 언어적 환경이 다른 경우에도 언어발달이 왜 보편적인가를 설명할 수 없으며, 아이들이 한 번도 들은 적이 없는 어휘를 말하는 창의적인 방식을 설명하지 못한다. 아동이 보이는 문법적 오류도 모방이론으로는 설명할 수 없다.

Chomsky의 견해는 선천주의라고 불리운다. 언어가 인간에게 보편적이기 때문에 Chomsky(1957, 1972)는 인간 두뇌는 언어를 획득하는 타고난 능력을 가지고 있다고 제안하였다. 따라서 아기는 걷기를 배우는 것처럼 자연스럽게 말하는 것을 배운다. Chomsky는 타고난 언어획득기제(language acquisition device-LAD)가 아동이 들은 언어를 분석하고 그 언어의 규칙을 이해하도록 하기 위해 아동의 뇌를 프로그램화한다고 제안하였다. 언어획득기제의 도움으로 아동은 태어나면서부터 생물학적으로 자신의 모국어를 획득하게 된다는 것이다.

선천주의자들은 거의 모든 문화권의 아동은 형식적인 교육을 받지 않더라도 쿠잉과 옹알이, 한 단어 문장, 전보식 말, 단순한 문장에서 복잡한 문장으로의 전이 등과 같은 보편적인 과정을 겪으며 자신들의 모국어를 숙달한다는 것을 지적한다. 더욱이 인간의 두뇌는 다른 쪽보다 한쪽이 더 큰 구조를 가지는데, 언어의 타고난 기제는 더 커다란 반구, 즉 대부분의 사람에게는 좌반구에 집중된다. 아직 선천주의자의 접근은 그러한 기제가 구체적으로 어떻게 작동하는가를 정확히 설명하지 못한다. 또한 어떤 아동은 왜 다른 아동보다 언어를 더 빠르고 효율적으로 습득하는지 밝혀내지 못하고 있다.

청각장애가 있는 부모의 아기도 정상 부모의 아기와 똑같이 옹알이를 한다는 점에서 강화나 모방만으로 언어발달을 설명할 수 없다(Lenneberg, 1967). 더욱이 학습이론과 선천주의의 두 가지 양상이 어떻게 청각장애 아기가 수화를 배우는지를 설명할 수 있다. 수화는 음성적 언어와 비슷한 순서로 획득된다. 청각장애 부모의 청각장애 아기는 정상 아기가 음성 언어를 모방하는 것처럼 부모가 사용하는 것을 보고 수화를 모방하는 듯하다. 수화를 본 경험이 있는 청각장애 아기는 마치 말하는 것처럼 손으로 옹알이(hand-babbling)를 계속적으로 반복한다. 이러한 동작언어를 강화하면서 아기는 점차 동작에 의미를 부여하게 된다.

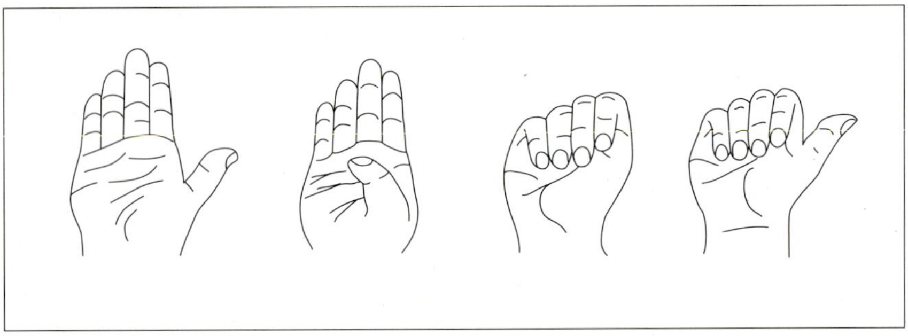

[그림 8-3] 수화에 노출된 청각장애 아기의 손으로 만든 옹알이(hand-babbling)의 예
아기는 순서적으로 이러한 일련의 손동작을 반복하고 반복한다. 각각의 동작은 음성적 옹알이의 순서에서 한 음절과 비교할 수 있다.
출처: Petitto & Marentette (1991)

때로 청각장애 아기는 따라할 모델이 없는데도 수화를 한다. 이는 환경적 영향만으로 언어적 표현의 출현을 설명할 수 없다는 증거이다. 더욱이 학습이론은 정상 아기와 청각장애 아기 간에 언어적 진전 순서에서 연령이 일치한다는 것을 설명하지 못한다. 청각장애 아기는 정상 아기가 음성적 옹알이를 시작하는 시기와 비슷한 10개월 전에 손으로 만든 옹알이를 시작한다. 또한 청각장애 아기는 정상아기가 문장으로 말하는 시기와 같은 시점에 수화에서도 문장을 사용하기 시작한다. 이는 타고난 언어 능력이 음성언어와 수화언어 습득에서 기초가 되며, 두 종류의 언어에 있어서 진보가 뇌의 성숙과 연결된다는 것을 나타낸다. 청각장애 영아는 옹알거리기는 하지만 자신의 옹알이 소리를 듣지 못하여 결국 말을 할 수 없게 된다.

오늘날 대부분의 발달 과학자들은 언어습득이 천성과 육성 모두에 의존한다고 생각한다. 정상 아기와 청각장애 아기가 모두 언어를 습득하는 타고난 능력을 가졌으며, 또한 부모를 포함한 성인과의 상호작용적 경험에 의해 언어습득이 활성화된다.

4 >>> 언어발달에 미치는 영향들

아동이 언어를 빠르게 이해하고 사용하도록 결정하는 것은 무엇인가? 이를 아동의 내적 측면과 외적 측면의 영향으로 나누어 논의해 보고자 한다.

1) 뇌의 성숙

초기 몇 개월 그리고 몇 년 동안 거대한 뇌의 성장과 재조직화는 언어발달과 밀접하게 연결된다. 어느 뇌 조직이 어느 뇌 기능을 통제하고 이러한 조직이 언제 발달하고 성숙하는가?

(1) 초기 연구: 브로카와 베르니케

18세기 후기 유럽에서는 유사-과학인 골상학이 유행이었다. 골상학자들은 특정한 인지와 감정 기능을 담당하는 두뇌의 영역이 있다고 믿었으며, 두뇌를 100개 이상의 영역으로 나누었다. 언어의 중심은 왼쪽 눈 부위보다 더 아래의 작은 영역에 있다고 생각하였다. 그러나 두 가지 중요한 발견은 그러한 믿음을 쇠퇴하게 만들었다. 1861년에 프랑스의 신경해부학자이며 인류학자인 폴 브로카(Paul Broca)는 탄(tan)이라는 한 단어만을 말하는 남자를 조사하였다. 6일 후에 그 남자가 죽자, 브로카는 뇌를 조사하였는데, 왼쪽 눈 가까이가 아니라 좌반구의 앞쪽에 손상된 영역이 있음을 발견하였다. 이것을 브로카 영역이라고 부르고, 말을 하기 위해 필요한 운동을 계획하고 조정한다는 것을 증명하였다. 즉 왼쪽 전두엽에 위치한 브로카 영역은 표현 언어를 관장하며 이 부분의 손상으로 인해 말을 유창하게 하지 못하는 표현적 실어증이 나타나게 된다. 몇 년 후, 오스트리아 의사인 칼 베르니케(Carl Wernicke)는 횡설수설하는 환자를 연구하였다. 이 경우 손상은 왼쪽 측두엽에 있었다. 베르니케 영역이라고 불리는 이 지점은 다른 사람의 말을 듣고 이해하는 수용언어에 관여한다. 이 영역의 손상은 무의미하고 이해할 수 없는 말들을 사용할 뿐만 아니라 다른 사람의 말을 알아듣지 못하는 수용적 실어증이 나타나게 된다.

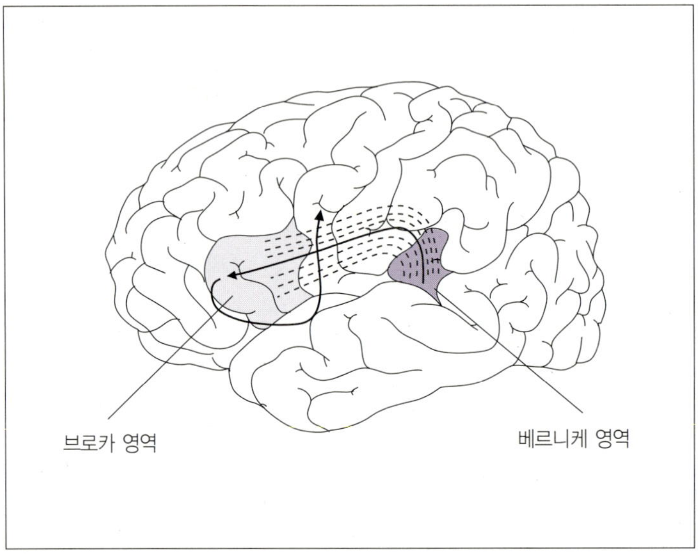

[그림 8-4] 두뇌의 언어영역

(2) Lenneberg: 언어 획득의 결정적 시기는 존재하는가?

Eric Lenneberg(1967, 1969)는 뇌 성숙이 실질적으로 완성되는 사춘기 말경까지 언어 획득의 결정적 시기가 있다고 가정하였다. Lenneberg는 2세부터 사춘기에 이르기까지는 언어를 쉽고 빨리 익히지만, 언어를 아직 획득하지 못한 아동은 사춘기 후에 언어를 습득하기가 어렵다고 주장하였다. Lenneberg는 Helen Keller같이 생의 초기에 말을 들었던 청각장애 아동은 말을 전혀 듣지 않았던 청각장애 아동보다 더 쉽게 말하기를 배울 수 있음을 지적하였다.

대략 98%의 사람들은 언어에 대해 좌반구가 우세하다. 뇌손상을 입은 아동에 대한 연구는 언어의 측두화가 확고하게 고정되기 전에 민감한 시기가 존재한다는 것을 제시한다. 어린 아동들의 뇌가소성은 손상된 영역에서의 기능을 다른 영역에서 대신할 수 있게 한다. 따라서 좌반구가 제거되거나 손상된 성인은 심각한 언어 손상을 입는 반면 이러한 손상을 겪은 어린 아동은 정상적인 말과 이해에 가깝다. 즉 좌 · 우반구의 기능의 분화는 2세 이후에 서서히 일어나서 사춘기 경에 끝나게 된다. 따라서 측두화가 끝나기 전의 좌반구 손상은 우반구가 어느 정도 언어 기능을 담당할 수 있다. 따라서 10대 초반전에 뇌손상을 겪은 아동은 뇌의 다른 부분이 남아 있다면 언어적 능력을 회복할 수 있다.

한 연구는 청각장애자가 다니는 학교에서 성인 영어수화자를 세 그룹으로 나누어 비교하였다. 3그룹은 태어날 때부터 영어수화에 노출된 학습자, 4~6살에 영어수화에 노출된 초기 학습자, 12세 후에 수화에 노출된 후기 학습자이다. 연구 결과 영어수화에 처음으로 노출된 사람의 나이가 더 많을수록, 비문법적이고 모순이 많은 수화를 더 사용하였다. 이러한 결과는 언어를 잘 학습할 수 있는가는 학습자의 최초의 성숙 수준에 달려 있음을 제안하는 것이다(Newport, 1991).

또한 한국과 중국 이민자의 영어 사용에 대한 연구는 제2언어 학습에 대한 결정적 시기를 지지한다. 이민 올 당시의 연령은 3~39세의 분포였다. 이들의 영어구사 능력은 [그림 8-5]와 같이 성숙 곡선과 일치하는 두드러진 양상을 나타내었다. 영어구사 능력은 사춘기 이후에 급격히 감소하였고, 성인기에 이민 온 사람들은 낮은 수준을 지속적으로 유지하였다(Newport, 1991). 3~7세 사이에 이민 와서 영어를 배운 경우에는 유창하게 영어를 모국어 수준으로 구사할 수 있었다.

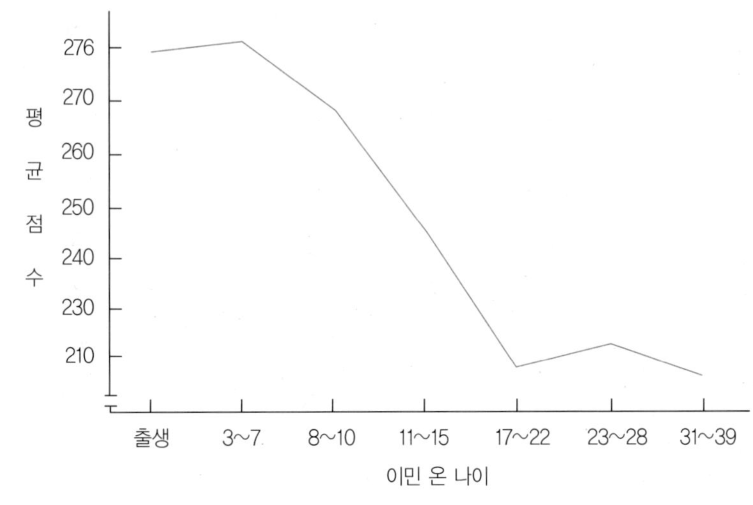

[그림 8-5] 미국에 도착한 나이와 관련하여 영어구사 능력에서 얻은 총 점수
출처: Newport (1991)

한편 좌반구의 정보처리 방식은 분석적이고 단계적이며 말을 부호화하고 해독하는 데 효과적이다. 반면 우반구는 종합적이며 시각적 · 공간적으로 정보를 처리한다. 따라서 양쪽 뇌반구를 상보적으로 활용하여 정보 전달을 언어와 영상으로 동시에 제시한다면 보다 더 효율적일 것이라는 점은 우리에게 시사하는 바가 크다.

2) 사회적 상호작용: 부모와 양육자의 역할

Helen Keller의 일화가 제안하듯이, 언어는 사회적 행위이다. 부모와 다른 양육자는 언어발달의 각 단계에서 중요한 역할을 한다. Bruner(1981)는 아동의 언어발달에 기여하는 부모의 역할을 언어습득 지원체계(Language Acquisition Support System: LASS)라고 하였다. 예를 들어 아기가 옹알이를 할 때 부모가 비슷한 발성으로 반응해 주면 아기는 옹알이를 더 많이 하게 된다. 또한 부모는 '까꿍 놀이'와 '코코코 놀이' 등의 놀이로 영아의 언어습득을 도와줄 수 있다.

(1) 전언어 시기

옹알이 단계에서, 부모는 아기의 소리를 반복적으로 흉내 내어 진짜 말로 진전하도록 돕는다. 아기는 다시 부모의 소리를 흉내 내어 반복한다. 아기의 소리에 대한 부모의 흉내는 언어습득의 속도에 영향을 준다. 또한 이것은 아기에게 말의 사회적 측면 즉 대화는 차례로 주고받는 것임을 경험하도록 돕는다. 대부분의 아기들은 7 $\frac{1}{2}$~8개월경에 이를 이해한다.

양육자는 아기가 말을 이해하도록 도울 수 있는데, 예를 들면 인형을 지적하면서 "인형을 주세요."라고 말하는 것이다. 만약 아기가 반응이 없으면 부모는 인형을 집어 들고 "인형"이라고 말한다. 부모는 다른 곳을 보면서 사물의 이름을 명명하기보다는 아기의 주의를 연합시켜 직접 사물을 바라보면서 사물의 이름을 명명할 때 그 단어를 더 잘 학습시킬 수 있다.

(2) 어휘 발달

아기가 말을 시작할 때, 부모 또는 양육자는 첫 단어를 다시 정확히 발음하여 반복함으로써 아기를 도울 수 있다. 부모는 적절한 기회를 활용하여 아기에게 새로운 어휘를 가르치고 증진시킬 수 있다. 재두가 공을 보고 있을 때, "이것은 공이야."라고 재두의 엄마가 말하는 것은 재두가 다른 것을 가지고 놀고 있는데 엄마가 재두의 주의를 돌리려고 "이것은 공이야"라고 하는 것보다 공이라는 어휘를 더 잘 기억하게 한다. 또한 부모는 두 단어 이상을 이야기하기 시작하는 걸음마기 아이의 언어를 확장하여 언어발달을 도울 수 있다. 예를 들어 지연이가 "엄마 양말"이라고 하면, 엄마는 "그래, 이것은 엄마의 양말이야."라고 응답해 준다.

아기는 성인이 말하는 것을 들음으로써 배운다. 엄마의 말에서 나타나는 다양한 단어들의 빈도와 아이가 이러한 단어들을 배우는 순서에는 분명한 관계가 존재한다. 뿐만 아니라 어머니의 말수와 걸음마기 아이의 어휘 간에도 상관이 있다(Huttenlocher, 1998). 2세아는 자신에게 직접적으로 말한 단어뿐만 아니라 무심코 들은 새로운 단어도 배울 수 있다.

영아의 발달 수준에 따른 민감성과 반응성은 엄마가 사용한 단어 수보다 더 중요하다. 한 종단 연구에서 영아가 9~13개월에 자신의 엄마와 함께 상호작용하는 것을 관찰하였는데, 엄마의 반응성은 초기 언어 이정표의 시기를 예언하였다(Tamis-LeMonda, Bornstein, & Baumwell, 2001). 유사한 관찰연구에서 13~20개월에 엄마는 영아의 증가하는 언어 능력에 맞추어 어휘 사용을 증가시켰다. 그리고 가장 어휘를 많이 사용한 영아들은 가장 반응적인 엄마를 둔 영아들이었다(Bornstein, Tamis-LeMonda, & Haynes, 1999).

두 언어가 사용되는 가정에서, 아기는 종종 같은 말에서 두 가지 언어의 요소를 사용한다. 이러한 현상을 신호 혼합(code mixing)이라고 부른다. 몬트리올에서 이루어진 자연관찰(Genesee, Nicoladis, & Paradis, 1995) 결과에서, 2세경의 영아들이 가정에서 이 중 언어를 사용한다는 것은 두 단어 간의 차이를 구별한다는 것을 제안하는 것이다. 예를 들어 주로 프랑스 말을 하는 아버지와는 프랑스어를 사용하고 주로 영어를 말하는 어머니와는 영어를 사용하는 것이다. 한 언어에서 다른 언어로 전이하는 이러한 능력을 신호 전환(code switching)이라고 부른다.

(3) 사회경제적 지위의 영향

사회경제적 지위는 부모와 아동 간의 언어적 상호작용의 양과 질에 영향을 끼친다. 중서부 40가족에 대한 종단 연구에서, 아기가 7개월에 연구를 시작하였는데, 수

입이 더 낮고 교육수준과 직업수준이 더 낮은 부모는 긍정적인 방식으로 아기와 이야기하는 시간을 적게 가지는 경향이 있었다. 이러한 아기들은 다양한 언어를 더 적게 들었고, 말할 기회도 더 적었으며, 자신들의 음성 어휘는 더 제한적이었다(Hart & Risley, 1996). 이러한 불이익은 후에 5~10세경에 언어적이고 학문적인 수행에서도 반영되었다(Walker, Greenwood, Hart, & Carta, 1994).

(4) 유아-지향적 말

영아 또는 걸음마기 아이에게 말을 걸 때, 성인들은 과장된 높은 어조로 천천히 말한다. 또한 말을 단순화하고, 모음 소리를 과장하고, 짧은 단어와 문장을 사용하고 많이 반복하는데, 이를 유아-지향적 말이라고 한다. 대부분의 성인들, 그리고 심지어 아동들조차도 이러한 형태의 말을 자연스럽게 사용한다. 그러한 "아기 말투"는 여러 문화권에서 나타나므로 보편적인 현상이다.

유아-지향적 말은 아기들에게 자신의 모국어를 좀 더 빨리 배우도록 한다. 또한 아기가 대화를 어떻게 해야 하는가를 가르쳐주는데, 주제를 제시하는 법, 주제에 대해 설명하고, 주제를 확장하는 법, 서로 번갈아가면서 이야기하는 법 등을 배울 수 있도록 한다. 유아-지향적 말이 단순한 주제로 한정되기 때문에 영아와 걸음마기 아이는 친숙하게 이해하고 있는 지식을 사용하여 말의 의미를 이해할 수 있다.

PART IV

성격 및 사회정서 발달

CHILD DEVELOPMENT

Chapter 9

성격발달

미리 보기

동화 속 쾌락의 원리와 현실의 원리

≪아기돼지 삼형제≫는 유치원에 다닐 연령의 아동들에게 가장 재미있으면서도 극적인 형태로 감동을 주는 동화이다. 이는 게으름을 피우거나 일을 대강대강 처리해서는 안 되며, 만약 그렇게 하다가는 망할지도 모른다고 가르친다. 지적인 계획성과 안목과 함께 힘든 노동이 결합되면 아무리 난폭한 적인 늑대를 만나더라도 결국 승리하게 된다는 교훈을 준다.

아기돼지 삼형제가 지은 초가집, 나무집, 벽돌집은 인간의 성장 과정을 상징한다. 내면적으로 볼 때 돼지의 행동은 본능의 지배를 받는 인성에서, 초자아의 영향을 받지만 근본적으로는 자아의 지배를 받는 인성으로의 발달을 의미한다.

가장 힘을 안 들이고 짚으로 집을 짓거나 나무판자로 집을 짓는 두 돼지들은 쾌락의 원리에 지배받는 삶을 살고 있는 반면 놀고 싶은 욕망을 뒤로 하고 앞을 내다보며 자기를 유혹에 빠뜨리는 적의 행동을 예측한 돼지는 현실의 원리에 따라 행동한다. 난폭하고 파괴적인 늑대는, 자신을 지키고 자아의 힘으로 물리쳐야 하는 이기적이고 무의식적인 자기 파괴적 힘을 상징한다.

≪아기돼지 삼형제≫는 현실원리에 따르는 것이 가장 만족스러운 결과를 가져오므로, 눈앞의 즐거움을 뒤로 미룰 수도 있다는 그런 융통성을 제시한다. 아동들은 이야기가 진행되는 동안 계속 그 주인공들 중 하나와 자기를 동일시하며 희망을 얻을 뿐만 아니라 지능이 발달하면 훨씬 힘센 적과도 대항하여 이길 수 있다는 사실을 깨닫는다.

출처: Bruno Bettelheim, 김옥순 · 주옥 역(1998), ≪옛 이야기의 매력≫

성격(personality)이란 용어는 지성, 능력, 정서, 관념, 습관, 태도, 신체적 특징 등 많은 요소를 포함하고 있어서 대개 포괄적이면서도 다의적으로 사용되고 있다. 성격의 개념에 대한 여러 학자들의 정의를 보면 다음과 같다.

성격에 대해 Allport(1961)는 "성격은 각 개인의 정신과 신체적 체계(psychophysical system) 안에서 그의 특징적 사고와 행동을 결정해 주는 역동적 조직이다"라고 정의하고 있으며 Sullivan(1953)은 "성격이란 인간관계에서 나타나는 것으로 행동을 특징지어 주는 비교적 안정적 양상"이라고 보았고, Cattell(1965)은 성격이란 특정한 상황에서 개인의 행동을 예측할 수 있게 해주는 것이며 개인의 내현적, 외현적인 모든 행동과 관계되는 용어로 보았다. 그러므로 성격이란 개인의 지속적인 동기의 경향이나 행동의 성향을 의미한다고 볼 수 있다. 이 장에서는 성격이론의 대표적인 이론으로서 Freud의 정신분석 이론, Erikson의 심리사회적 성격이론과 Maslow의 자아실현 이론, 고전적인 성격 유형론을 개괄하고, 성격형성의 요인에 대하여 살펴보고자 한다.

1 >>> Freud의 정신분석이론

1) 생 애

Freud는 1856년 모라비아(지금의 체코 제2의 도시)의 프라이버그에서 40세 아버지와 20세 어머니 사이에서 태어났다. 아버지는 상업에 종사하였으나 경제적인 어려움으로 인하여 가족이 두 번 이사하였다. 즉, 라이프치히, 그리고 Freud가 4살 때 비엔나로 이사하여 나치에 의해 점령당할 때까지 약 80년 동안 그 곳에서 살았다. 그는 어릴 때 명석하였고, 부모의 높은 기대를 받으며 자랐다고 인지하였고, 이러한 기대가 성공에 대한 자신감을 가지게 하고 이것이 실제 성공으로 이끈다고 생각하였다. Freud는 마르타라는 여성과 결혼하여 여러 자녀를 두었으며 그 중 Anna Freud는 후에 아버지의 뒤를 이어 정신분석학에서 중요한 위치를 차지하게 된다. 나치가 오스트리아를 점령하자 Freud는 1938년 비엔나를 떠나 영국으로 망명하고 그 곳에서 생의 마지막 해를 보내고 1939년 83세로 사망하였다.

Sigmund Freud(1856~1939)

Freud는 유년시절에 역사, 철학, 시, 연극 등 다방면에 관심을 가졌으며, 굉장한 독서광이었다. 침실에서 책을 읽으며 저녁 식사를 하기가 일쑤였고, 스페인어를 독학하여 ≪돈키호테≫를 원서로 읽기도 하였다. 중학교 때 Freud는 괴테의 자연에 관한 수필을 읽고 과학에 흥미를 가지게 되었다. 이후 과학 연구에 생애를 바치기로 하고 의과대학에 들어가 신경학을 전공하였다. 그러나 Freud는 연구에 전념하는 과학자가 되려는 자신의 목표가 어려운 경제적 여건과 자신의 유태인 배경이 장애가 됨을 깨닫고는 연구를 포기하고 클리닉을 개업하였다.

클리닉 개업 시절에 Freud는 신경질환 환자, 주로 마비, 무감각, 눈 돌아감, 전율 등의 증세를 보이는 히스테리아의 치료에 전념하였다. 그 당시 이 분야는 주로 수치료(여러 가지 목욕 요법)와 전기치료를 하는 원시적인 수준이었다. Freud는 Jean Charcot와의 접촉으로 히스테리아 치료방법으로 최면술 기법에 관심을 가지게 되었다. 최면술을 공부하는 동안 Freud는 어떤 질병은 생리적 원인보다는 심리적 원인을 가지고 있다는 생각을 하게 되었고, 자신의 환자들에게 최면술을 사용하기 시작하였다. 최면상태에서 환자들이 마음을 열고 자유롭게 이야기하고 자신의 감정을 쏟아 부음으로써 증상이 완화되거나 사라지는 것을 보았다. 또한 정상적인 상태에서는 떠올리지 못하는 중요한 사건과 감정을 최면상태에서 회상해 내는 것을 보고 인간의 자기이해 측면에 변화를 가져오게 되었다. 즉, Freud는 '무의식' 을 발견하였다. 예를 들어 Freud는 환자들의 자신의 생에 대한 설명들을 엮어서 손의 감각 상실은 자신의 성기를 만지는 것을 두려워함 때문이고 귀머거리나 맹인은 강한 불안을 일으키는 어떤 것을 보거나 듣지 않기 위함이라고 결론 내렸다.

Freud는 Josef Breuer의 이야기 치료법(talk cure)에 의해서도 큰 영향을 받았다. 즉, 히스테리아 환자들에게 자신의 감정이 얽힌 어린 시절의 경험을 자유롭게 이야기하게 함으로써 증상이 완화됨을 발견하고 이 방법을 실험하였다. 이러한 자유로운 이야기 기법은 최면술이 필요 없을 경우도 있었다. Freud는 이를 나중에 '자유연상' 이라고 명명하였다. 자유연상은 환자의 무의식으로 향하는 사고의 연결고리를 추적하도록 해 주고 이는 다시 어린 시절의 고통스러운 무의식적 기억으로부터 해방될 수 있게 하는 것이라고 믿었다. Freud는 이러한 이론과 관련된 기법을 정신분석이라고 불렀다.

Freud는 환자의 꿈과 어린 시절의 기억에 관한 연구를 1900년 ≪꿈의 해석≫이라는 책으로 출판하였다. 그러나 그의 연구는 의학 및 과학자 단체에 의해 무시되어 고립되었다. 그 후 그의 이론은 몇몇의 젊은 학자들을 매료시켰으며 이들은 매주 토론에 참석하여 Freud를 만나기 시작하였다. 그들은 후에 독자적인 정신분석학 이론을 세운 바로 Carl Jung과 Alfred Adler이었다. Freud가 지적인 고립에서 완전히 벗어나 명성을 떨치게 된 전환점은 미국 심리학자이자 클라크 대학의 총장인 G. Stanley Hall의 초청을 받아 미국에서 강연을 하게 되면서이다. 이때부터 Freud는 국제적인 명성을 얻게 되었고, 정신분석학은 정신과 의사와 사회과학자뿐만 아니라 문학, 미술, 윤리, 교육 등의 분야에까지 영향을 미치게 되었다. 그의 성적인 무의식적 충동에 대한 주장은 강한 비난을 받았지만 그의 영향력은 20세기의 그 어떤 이론보다 크다.

Freud 이론은 수년에 걸쳐 개정되어 상당한 변화를 가져왔고 어떤 문헌에서 나온 해석인가에 따라 다른 이론을 제기하기도 하고 이들이 서로 상반되기도 한다. 그러나 성격체제에 관한 세부적인 사항에서의 변화에도 불구하고 일반적 접근에서는 일관성이 있다. 중요한 일반적 특성을 살펴보면 다음과 같다.

2) 역동적 접근

역동적 접근은 정신 에너지(psychic energy)의 심리적 작용에 관한 이론이다. 이 정신 에너지는 심리적 에너지(psychological energy), 충동 에너지(drive energy), 리비도(libido), 긴장(tension)이라고 불려지기도 한다. 정신 에너지는 심리적 일을 수행하며 인간의 본능, 생물학적 충동으로부터 온다.

(1) 본 능

Freud는 두 종류의 기본적 본능을 가정하였다: 에로스(eros)와 파괴적 본능. 에로스는 성적 본능, 자기 보존, 사랑, 생의 힘, 통일의 추구와 관련된다. Freud는 에로스의 가용 에너지에 리비도라는 명칭을 사용하였다. 파괴적 본능은 공격성, 관계해지, 죽음 본능, 미움 등과 관련되며 파괴적 본능의 에너지에 해당하는 용어는 없다. 파괴적 본능 개념은 1차 세계대전을 겪으면서 후반기에 나왔고 이는 죽음을 향한 본능이며 "모든 생명체의 목적은 죽음이다"고 할 정도로 원초적 본능으로 인식하였다.

'본능은 신체의 특정 부위에서의 흥분을 가져온다', 즉 성적 충동은 구강, 항문, 남근 부위로 옮겨간다. 이러한 흥분 부위의 변화는 발달 단계 이동의 근거이다. 성적 충동 혹은 본능의 목적은 욕구의 제거, 긴장의 배출, 쾌락의 경험이다. 흥분 리비도가 신체의 어느 부위에서 배출되고 욕구가 충족되느냐에 따라 발달단계가 달라진다.

심리적 에너지도 물리적 에너지와 마찬가지로 없어지는 것이 아니라 에너지 보존의 법칙에 따라 불안이나 망상 등으로 변형된다.

(2) 쾌락의 원리

쾌락의 원리(pleasure principle)는 에너지가 가능하기만 하면 즉각적으로 배출되는 원리이다. 유기체는 지연되지 않은 직접적인 긴장의 감소를 추구하고 이는 고통을 감소시키고 쾌락을 가져온다.

(3) 현실의 원리

현실의 원리(reality principle)는 지연되고 비 직접적인 경로를 따른 후에 적은 양의 에너지가 배출된다. 즉, 에너지가 배출되기 전에 현실을 탐지하고 행동과정을 평가한다. 예를 들어 더운 여름날 목이 마른 아동은 친구의 얼음과자를 마음대로 먹어버리거나 여의치 않으면 시원한 팥빙수를 상상하여 환상에 의하여서라도 욕구를 충족시키고 목마름의 욕구를 배출한다(쾌락의 원리). 그러나 이러한 즉각적 욕구충족을 지연시키고 현실적으로 가능한 방법을 생각해 내어 시원한 음료를 구입하여 마심으로써 실질적으로 욕구를 충족시키는 것이 더 합당하다(현실의 원리).

3) 구조적 접근

심리적 에너지 혹은 힘이 흘러가는 기관인 심리적 구조에 관한 Freud의 이론을 살펴보면 다음과 같다. 그의 이론에는 주요한 세 가지 구조, 즉 원초아(id), 자아(ego), 초자아(superego)가 있다.

(1) 원초아

모든 본능적 충동, 욕망의 저장소이며, 정신 에너지의 주요 근원지이다. 인간의 출생 시부터 존재하는 것으로서 세 가지 구조 중에서 가장 먼저 발달한다. 원초아는 성격의 가장 원초적인 부분으로서 어둡고 접근 불가능한 부분이다. 이는 생물학적 본능으로 구성되어 있으며 주로 성적이거나 공격적인 것이다.

원초아는 쾌락의 원리에 의해 작용하며 즉각적 만족을 추구한다. 즉, 본능을 충족시킬 직접적인 행동을 하거나 부분적 만족을 줄 수 있는 이미지를 생성함으로써 쾌락을 추구한다. 위에서 든 예에서처럼 남의 것이라도 먹어버리거나 맛있는 얼음과자를 상상함으로써 비직접적이고 부분적인 만족을 얻는다. 이렇게 현실과 환상을 구별하지 못하며 환상적인 소원 충족을 일차적 정신과정(primary-process thought)이라고 한다.

아동은 나이가 들어감에 따라 원초아 이외에 자아와 초자아가 생겨난다. 원초아는 전 생애에 걸쳐 작용하지만 건전한 성격발달이 이루어짐에 따라 점점 더 자아와 초자아의 역할이 커지고 원초아가 가지는 정신적 에너지는 감소하게 된다. 성장한 이후에도 원초아가 지배적인 성격의 소유자는 본능적이고 충동적인 행동을 자주하고 자기 자신을 통제하지 못한다. 이들은 쾌락주의적이며, 사회적 혹은 윤리적 가치를 고려하지 않아 범죄자가 되는 경향이 있다.

(2) 자 아

원초아의 즉각적이고 일차적 과정에 의한 에너지 배출이 현실적 욕구 충족이 되지 않으며 생명 유지에 도움이 되지 않으므로 자아의 발달을 가져오게 된다. 정신의 현실 세계로의 통로인 자아는 신체적 · 심리적 생존을 위하여 필요하기 때문에 발달하게 된다. 자아는 현실의 원리에 의해 작용하고 이차적 정신과정(secondary-process thought)을 가지기 때문에 인간의 생존을 돕는다. 이차적 정신과정은 일차적 정신과정보다 더 조직적이고 합리적이며 상당한 지적 행위를 포함하기 때문에 현실에서의 가능한 방법으로 자신의 본능적 욕구를 충족시킨다. 즉, 환상에 의한 즉각적 욕구충족을 보류하며 실제로 욕구를 충족하여 생명을 유지하고 현실에 적응할 수 있게 된다.

자아의 행동 목적도 원초아와 마찬가지로 욕구충족이며 에너지를 원초아로부터 빌려 온다. 자아는 일차적 정신과정에 의해 행동하는 원초아와 외부세계와의 중재자로서 원초아의 본능적 욕구를 실제 사물을 얻거나 현실적으로 충족시키도록 함으로써 인간의 현실적 생존을 돕는다. 따라서 자아는 원초아, 초자아 및 현실세계의 통치자이다.

(3) 초자아

초자아는 사회적 관습과 도덕의 저장 기관으로서 가장 늦게 발달한다. 이는 아동이 오이디푸스 콤플렉스를 해결하고 부모와 동일시를 발달시킬 때 나타난다.

초자아는 양심(conscience)과 자아 이상(ego ideal) 두 부분으로 구성된다. 양심은 부정적인 측면으로서 부모의 금지, 통제, 즉 "해서는 안 되는 일"로 구성된다. 옳지 못한 일에 대한 부모의 처벌, 훈육으로부터 자라난다. 즉, 옳지 못한 행동을 했을 때 부모의 반복적인 벌은 도덕적으로 나쁜 행동이라는 기준을 세우게 되어 양심이 발달하게 되면 부모의 처벌과 마찬가지로 양심이 이러한 행동에 대하여 '죄책감' 이라는 벌을 주게 된다.

자아 이상(ego ideal)은 긍정적인 측면으로서 인간이 추구하는 바람직한 행동기준이다. 특정 행동에 대하여 부모로부터 보상을 받으면 도덕적으로 훌륭한 것이라는 자아 이상을 세우게 되고 부모로부터 보상을 받는 것과 마찬가지로 자아 이상으로부터 자존감(self esteem)과 자긍심(pride)이라는 보상을 받는다. 초자아의 사회적 규범과 도덕은 부모로부터의 보상과 처벌에 의하여 전달된다.

(4) 구조적 관계

성격은 원초아, 자아, 초자아로 나누어졌으나 이들은 조직화된 전체로서 기능한다. 자아가 이 구조적 관계의 중심에 있다. 즉, 원초아는 무조건적으로 자신의 본능적 욕구를 충족시키는 쾌락의 원리에 의거하여 작용하고 초자아는 이러한 행위에 벌을 주고 원초아에 반대하며, 도덕과 사회규범을 따르도록 강력하게 요구한다. 또한 초자아는 주관적인 것과 현실적인 것을 구별하지 못한다. 따라서 원초아와 초자아는 이러한 자신들의 욕구를 충족시키기 위하여 자아를 이용하려고 하기 때문에 자아는 원초아와 초자아 사이에 일어나는 갈등의 소용돌이에 말려들게 된다. 그러나 일상적인 상황에서 이 세 체제는 서로서로에게 대항하는 전쟁이라기보다는 조화를 이루는 팀으로서 함께 일한다. 건강한 성격의 소유자는 자아가 성격의 통제자로서 그 역할을 하는 경우이고 본능적 욕구와 성적 충동을 억제하지 못하고 즉각적인 쾌락을 추구하는 사람은 원초아가 지배적인 성격을 지닌 경우이다. 이에 비하여 초자아가 과도하게 발달한 경우는 지나친 양심의 가책과 엄격한 도덕규범을 추구함으로써 신경증적인 증상을 나타내기 쉽다.

4) 지형학적 접근

Freud의 초기 이론은 인간 정신을 무의식, 전의식, 의식의 세 층으로 이루어져 있다고 하였다. 그는 성격을 빙산에 비유하여 물위에 떠 있는 작은 부분이 의식이고, 물 속에 잠겨 있는 더 큰 부분이 무의식이며, 의식과 무의식 사이에 있는 것으로서 물 표면에 나타나기도 하고 잠기기도 하는 부분을 전의식이라고 하였다.

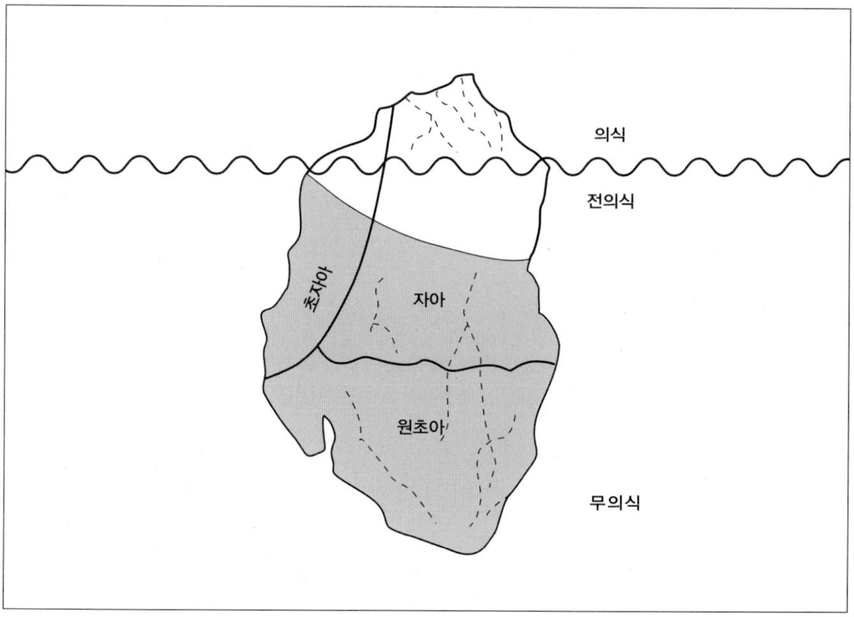

[그림 9-1] 의식과 전의식과의 관계

(1) 무의식(the unconscious)

무의식은 주로 의식 밑으로 억압된 감정 혹은 생각으로 이루어져 있으며 따라서 자신이 알아차리지 못한다. 이는 충동 강도의 증가, 자아 방어의 약화, 혹은 치료사의 도움과 같은 특별한 변화나 중재 없이는 의식으로 떠오를 수 없다. 억압되어 무의식 속에 갇힌 본능적 충동, 경험 등은 꿈, 사고(accident), 신경증의 증상을 통해 알아볼 수 없는 형태로 표출되기도 한다.

(2) 전의식(the preconscious)

전의식의 내용은 인간이 의식하지 못하는 것이지만 기본적으로 필요에 따라 의식으로 상기될 수 있는 정보와 경험의 저장고이다. 이는 의식으로부터 적극적으로 장벽이 쳐진 것이 아니기 때문에 정신적 이미지 혹은 언어 자극에 의하여 전의식의 사고가 의식화될 수 있다. 전의식은 여러 가지 정신활동 속에 개입되어 있다. 즉, 어떤 문제에 열중하여 일에 몰두할 때는 해결책이 떠오르지 않다가 휴식을 취하는 동안 혹은 잠자리에 들기 전에 갑작스러운 통찰 혹은 깨달음, 해결책이 떠오르는 것은 전의식으로부터 출현한 것이다.

(3) 의식(the conscious)

의식은 인간이 지금 이 순간에 지각하고, 깨닫는 혹은 알고 있는 것이다. 이러한 의식적 사고는 전의식과 의식 사이에서 사라졌다가 나타나곤 하기 때문에 의식이란 매우 순간적이고 붙잡을 수 없는 상태라고 한다. 사고가 의식으로 떠오르기 위하여서는 에너지를 필요로 하기 때문에 극히 소수의 사고만이 의식화될 수 있다. 대부분의 많은 정보들은 전의식과 무의식에 존재한다.

원초아와 자아, 초자아의 성격구조가 무의식, 전의식, 의식과 어떤 관련이 있는지를 살펴보면 다음과 같다. 모든 원초아는 무의식 속에 존재한다. 무의식적 원초아가 차지하는 영역은 매우 크고 자아나 전의식의 영역보다 더 크다. 자아와 초자아는 무의식, 전의식, 의식의 세 층 모두에 걸쳐 있다. 예를 들면 자아가 자신의 방어기제의 활동을 의식하지 못하는 것은 이것이 의식 아래의 수준에 있기 때문이다.

아동의 발달과 무의식, 전의식, 의식과의 관계를 보면, 아동이 발달함에 따라 무의식, 전의식, 의식의 상대적 크기가 달라진다. 즉, 영아의 정신은 거의 대부분 무의식적인 것이다. 연령이 증가함에 따라 전의식과 의식이 정신의 더 큰 영역을 차지하게 된다. 그럼에도 불구하고 성인도 무의식이 역시 가장 큰 영역이다.

5) 단계적 접근

Freud는 인간의 성격 발달을 5단계로 기술하였다. 각 발달단계는 성적 충동이 집중되는 신체 부위에 의하여 결정된다. 심리성적 충동의 출현과 이의 충족에 의해 결정되는 발달단계는 구강기, 항문기, 남근기, 잠복기, 생식기의 단계를 거친다. 각 단계에는 해결해야 할 요구가 있고 이러한 요구의 충족 방식은 성적 만족의 성취뿐만 아니라 다른 사람과의 관계 및 자신에 대한 생각에까지 영향을 미친다. 각 단계에서 해결하지 못한 갈등은 일생을 통해서 따라다니며 괴롭힌다. 따라서 Freud는 인생의 초기 경험의 중요성을 강조하였다.

(1) 구강기(oral stage)

출생 후 약 1년까지가 구강기에 해당하며, 이 단계에서는 빨기, 씹기, 먹기, 깨물기 등의 구강기적 본능의 충족으로 인하여 쾌락을 경험하게 된다. 이러한 구강활동은 입술, 혀, 입의 점막에서의 쾌감을 가져온다. 이는 심리성적 에너지 리비도가 구강에서 고착(cathected)되는 것이다.

그러나 이러한 구강기적 욕구충족이 이루어지지 않으면 좌절과 긴장을 경험하게 된다. 구강기적 욕구 충족의 좌절은 주로 젖꼭지가 바로 눈앞에 있지 않아 빨기 욕구가 즉각적으로 충족되지 않을 때나, 비위생적이거나 안전하지 못한 사물을 입으로 가져가지 못하게 하거나, 혹은 젖꼭지 대신 컵으로 마시게 하는 등의 사회적(주로 부모) 요구로 인하여 생겨난다.

구강기적 욕구가 과도하게 충족되거나 과소 충족될 때 모두 문제가 된다. 과소 충족의 부작용은 분명하다: 높은 불안, 성장한 후의 구강기적 만족 추구, 비관주의. 그러나 과도 충족의 결과는 그렇게 분명하지 않다. 이런 아동은 다음 발달 단계의 새로운 신체부위로의 전환이 매우 어려워 구강기에의 고착이 일어날 수 있다. 더 나아가 약간의 불안에도 구강기로의 퇴행을 가져오기 쉽다.

(2) 항문기(anal stage)

항문기는 약 1~3세 사이에 나타난다. 아동이 구강기에서 항문기로 성숙하면서 관심이 구강 부위로부터 항문주변으로 이동한다. 이 단계의 아동은 새로운 요구에 직면하게 되고 아동이 새로운 갈등을 해결하는 과정에서 긴장과 갈등 혹은 쾌락을 경험한다. 그러나 구강기적 욕구의 표현이 멈추는 것은 아니다. 이 시기에는 새로운 요구가 생겨나게 되고 이를 해결하기 위하여 아동의 즉각적 주의를 필요로 하게 되는 것이다.

배설의 생리적 요구가 긴장을 유발하고 이 긴장은 배설을 함으로써 해소된다. 이런 항문의 자극과 뒤따르는 긴장의 해소는 쾌락을 가져오고, 배변훈련과 자기통제에 대한 사회적 요구로 인하여 즉각적 만족(배설로 인한 긴장 해소)의 좌절과 긴장을 경험하게 된다. 이때 아동은 주로 부모에 의해 대표되는 사회, 외부 세계와의 갈등을 겪는다.

아동이 충분히 성숙하지 못한 시기에 배변훈련이 이루어지거나, 특별히 엄하거나 혹은 부모가 과도하게 강조하는 경우에는 배설이 굉장한 불안의 근원이 된다. 이런 과도한 불안은 성인이 되었을 때 특별히 지저분하거나 정리정돈을 하지 않는 사람 혹은 무책임한 사람이 될 수 있고, 그 반대로 강박적으로 깨끗하고 질서정연한 사람 혹은 고집 센 사람이 되기도 한다. 이 단계의 목적도 충분하지만 과도하지 않은 만족 추구와 자기통제를 발달시키는 것이 중요하다.

(3) 남근기(phallic stage)

남근기는 약 3~5세 사이에 해당하며 남아의 남근 소유와 여아에게 있어서 이의 부재가 아동의 주 관심사이기 때문에 이런 명칭이 붙여졌다. 이 단계에서는 쾌락과 문제가 생식기 주변에서 일어난다. 생식기 주변의 자극은 긴장을 가져오고 이 긴장

이 배출되면 쾌락을 경험한다.

이 단계의 문제는 성적 충동이 아동의 반대 성의 부모에게로 향한다는 것이다. 남아는 오이디푸스 콤플렉스(Oedipus complex), 여아는 엘렉트라 콤플렉스(Electra complex)를 경험한다. 이 단계의 남아는 어머니에 대하여 성적 욕망을 가지게 되고 아버지를 경쟁상대로 생각하고 아버지가 자신에게 보복으로 남근을 거세할까 두려워 하는 거세불안이 생긴다. 이런 극도의 불안으로부터 빠져 나오는 방법으로 아들은 어머니에 대한 욕망을 포기하고 아버지를 동일시함으로써 갈등을 해결한다. 반면 여아들은 아버지를 원하나 어머니에 의해 좌절되는 엘렉트라 콤플렉스를 경험하게 되며, 남아가 가진 남근을 부러워하는 남근선망(penis envy) 현상이 나타난다.

오이디푸스 콤플렉스와 엘렉트라 콤플렉스로 인하여 남아는 아버지와 동일시하고 여아는 어머니와 동일시한다. 남아는 아버지의, 여아는 어머니의 신념, 가치관, 태도 등을 내면화하여 아버지처럼, 혹은 어머니처럼 되고자 노력한다. 동일시는 사회화의 기초가 되며 초자아의 발달을 가져오고 자신의 성에 적절한 행동을 습득하게 된다.

오이디푸스 콤플렉스

그리스 신화 '오이디푸스 왕'에서 따온 용어로서 Freud가 정신분석학에서 사용하였다. 오이디푸스는 테베의 왕 라이오스(Laios)와 이오카스테(Iocaste)의 아들로 태어났으나 어릴 때부터 이웃나라에서 자랐다. 성인이 되어 아버지의 나라와의 전쟁에서 이겨 자신의 아버지인 줄 모르고 아버지를 죽이고 스핑크스의 수수께끼를 풀어 테베의 왕이 되어 어머니와 결혼하였다. 이후에 아버지인 줄 알고 자신의 눈을 파내어 스스로를 벌하였고 이오카스테는 자살하였다.

엘렉트라 콤플렉스

역시 그리스 신화에서 따온 용어로서 아가멤논의 딸 엘렉트라가 아버지에 대하여 보여준 집념과 어머니의 증오에서 유래하였다. 미케네의 왕 아가멤논은 10년 동안의 트로이 전쟁을 마치고 귀국한 날 밤에 아내인 클리타임네스트라와 정부 아이기스토스에게 살해당하였다. 엘렉트라는 자신의 남동생 오레스테스를 설득하여 어머니와 그의 정부를 죽이고 아버지의 원수를 갚았다.

(4) 잠복기(latency)

잠복기는 5세 정도에 시작하여 사춘기가 시작되면서 끝이 난다. 성적 본능의 추구와 갈등으로 인한 질풍노도의 시기인 첫 세 단계를 지나 이제는 비교적 평온한 시기인 잠복기에 도달한다. 이 단계에는 성적 충동이 억압되고 새로운 신체부위의 흥분이 나타나지 않는다. 대체로 초등학교에 다니는 시기이며 아동은 학교 활동과 동성의 친구들과 노는 데 대부분의 에너지를 소모한다. 따라서 아동은 많은 인지기술을 획득하고 사회적 문화적 가치를 습득하게 된다. 성적 에너지가 계속 흐르고는 있지만 사회적 관심과 성에 대한 방어로 전환되어 사용된다.

(5) 생식기(genital stage)

청소년기에 해당하며 잠복기 동안 억압되었던 성적 충동이 다시 나타난다. 사춘기를 겪은 청소년은 성적 충동이 강력한 힘으로 작용하고 성인의 성적 활동으로 전환된다. 사랑은 이전 단계보다 자기 자신의 쾌락에 관심을 덜 가지고 이타적이 된다. 사랑의 대상 선택은 초기에 발달시킨 사회적 패턴이나 태도에 의하여 영향을 받는다. 즉, 사춘기 남아는 어머니와 유사한 사람과 사랑에 빠지기 쉽고, 여아는 아버지와 같은 인물, 나이 많은 사람을 선택하기 쉽다.

6) 방어기제

일반적으로 원초아와 초자아는 서로 상반된 목적을 추구하기 때문에 본능적인 원초아와 이를 억제하려는 초자아 간에 갈등이 생긴다. 본능적 욕구를 추구하려는 원초아의 강력한 요구와 자아 자신을 위협하는 외부 환경 간에 긴장이 발생한다.

가능하다면 자아는 현실적으로 가능한 방법으로 문제를 해결한다. 그러나 불안이 과도하여 자아를 삼켜버릴 정도로 위협하는 경우에는 방어기제가 작용하게 된다. 방어기제는 정신분석 이론이 성격의 부정적인 측면을 강조한 데 대하여 반대하는 전문가들 사이에도 인정받는 부분이다. Freud와 Anna Freud는 5가지 주요 방어기제(억압, 반동형성, 투사, 퇴행, 고착)를 밝혔고 그 외의 다른 심리적 과정(승화, 동일시, 전이)이 방어기제로 간주되기도 한다. 이러한 방어기제와 심리적 과정을 요약하면 다음과 같다.

(1) 억압(repression)

위협적인 생각이 의식으로 나타나는 것을 막음으로써 긴장을 회피할 수 있다. '내가 모르는 것은 나를 해치지 않는다' 는 원리이다. 충격적인 경험, 스트레스를 유발하는 사건, 용납될 수 없는 충동을 무의식적으로 거부하는 것을 말한다. 어떤 경우에는 중립적인 기억이 고통스러운 기억을 유발할 수 있으므로 그와 관련된 모든 기억 집합체가 억압되기도 한다.

(2) 반동형성(reaction formation)

자아가 수용하기 힘든 감정을 그 반대 측면에 주의를 기울임으로써 숨기는 현상이다. 이는 대부분 과장되어 표현된다. 새로 태어난 동생에 대한 질투와 미움이 과장된 사랑으로 나타나는 경우가 이에 해당한다. 또 다른 예로는 10대의 미혼모가 자신의 인생을 망친 아기에 대한 적개심을 지나친 애정으로 표현하기도 한다.

(3) 투사(projection)

긴장을 유발하는 생각을 외부의 다른 사람 혹은 사물에게 전가시키는 일이다. 즉, '내가 어떤 사람을 죽이고 싶을 때 그 사람이 나를 죽이고 싶어한다' 는 식으로 바뀌는 것으로서 용납되기 어려운 충동을 내 자신이 아니라 상대방에게 귀속시키는 것을 말한다.

(4) 퇴행(regression)

현재의 불안이 감당하기 어려울 정도로 높을 때 통제가 적었던 어린 시절, 더 단순한 시기로 후퇴하는 것을 말한다. 따라서 이런 사람은 어린애 같은 행동을 하게 된다. 예를 들어 동생을 갖게 된 유아가 다시 손가락을 빨거나 오줌을 싸는 등 어린 시절 행동을 하는 것은 퇴행 행동이라고 할 수 있다.

(5) 고착(fixation)

고착은 성격발달의 특정 단계의 한 요소에 멈추게 되는 것을 말한다. 리비도의 일부가 발달의 초기 단계에 얽매여 고착되는 것으로서 다음 발달단계로 충분히 진행하지 못한다. 예를 들어 젖 혹은 우유병 빨기와 같이 현재의 만족이 너무 만족스러워서(과잉 충족) 이를 포기하고 싶지 않은 경우에 빨기에 고착이 일어나고, 다음 발달단계가 너무 무섭거나 과도한 요구일 때, 혹은 불만족스러울 때, 다음 단계로 진행하기보다는 현 단계에 부분적으로 남게 된다.

(6) 승화(sublimation)

승화는 수용될 수 없는 본능이 사회적으로 더 받아들여질 수 있는 행동으로 승화되어 나타나는 것이다. 예술, 문학작품 및 문화의 발달은 성적 욕구가 승화되어 나타난 경우라고 한다.

(7) 동일시(identification)

수용될 수 없는 경쟁자, 혹은 공격자에 대한 부정적 감정, 긴장, 갈등이 그 사람과 동일시함으로써 감소된다. 오이디푸스 콤플렉스를 경험하는 유아는 자신과 동일한 성의 부모와 동일시함으로써 이를 극복한다. 즉, 동성인 부모의 특성, 가치관, 태도, 신념 등을 자신의 것으로 받아들임으로써 아버지처럼 혹은 어머니처럼 되고자 한다. 동일시 과정을 통하여 사회적 규범, 가치관 등을 수용하게 되며 초자아가 형성된다.

(8) 전이(displacement)

본능적 충동이 다른 대상에게 전이되어 나타나는 것을 말한다. 예를 들어 청소년기 여아의 뱀에 대한 지나친 공포는 남성의 성기에 대한 공포가 전이된 것으로 해석된다.

7) 평 가

Freud의 이론은 상당한 논쟁을 불러일으켰고 많은 비판을 받아 왔지만 심리학 분야에 깊은 영향을 미쳤다. 즉, 그의 이론 중에서 원초아, 자아, 초자아의 성격 구조, 무의식의 중요성, 아동기의 성격 형성, 불안과 방어기제의 역동 등의 기본 아이디어들은 정신분석학자 및 다른 학자들에 의해 광범위하게 받아들여졌다. Freud 이론은 심리학 분야뿐만 아니라 문학, 영화, 정신 병리학 등을 포함하는 현대 문화의 전반과 대중들에게 광범위한 영향을 미쳤다. 그는 인간은 자신이 의식하지 못하는 욕구 및 갈등에 의해 동기화되며 어린 시절의 경험에 의해 성격이 형성된다는 주장을 함으로써 인간의 내면세계에 대하여 새로운 이해와 통찰을 가지게 하였다.

Piaget 등의 최근의 인지발달론자들은 논리적 조작을 강조함으로써 인지발달을 합리적 문제해결로 보았으며, 정보처리 이론가들은 발달하는 아동을 점점 더 합리적이고 효율적인 방법으로 진리를 찾아가는 유기체로 묘사하였다. 그러나 이러한 해석은 인지발달의 한 측면에 관한 것이지 전체 스토리를 말해 주지는 않는다. 왜냐하면 인간은 이러한 이론가들이 말하는 것처럼 그렇게 논리적인 존재가 아닐 수 있다. Freud는 다른 학자들이 간과한 인간의 비합리적인 사고과정을 연구함으로써 인간의 더 많은 부분을 차지하고 있을지도 모르는 무의식에 대한 통찰을 가지도록 하고 이는 인간에 대한 폭넓은 이해를 가져오게 되었다.

Freud는 인간의 성격발달에 있어서 인생의 초기 경험의 중요성을 강조하였고 초기 경험이 왜 중요한지를 밝힌 학자이다. 특히, 생후 약 5년에 걸치는 시기가 성격 형성에 큰 영향을 미치는 것으로 보고 영유아기 동안의 부모자녀 관계가 후기의 발달에 미치는 영향을 논리적으로 설명함으로써 부모의 역할과 유아 양육에 대한 관심을 불러일으킨 점이 또 다른 공헌이다.

Freud 이론에 대한 비판점은 다음과 같다. 첫째, 그의 발달에 관한 핵심 이론이 과학적 검증이 불확실한 점이다. 즉, 그의 대표적인 연구방법인 자유연상 혹은 꿈의 해석 등은 연구자가 정신분석학자로 훈련되어야만 연구를 반복 실험할 수 있기 때문에 검증하기 어렵다. 더구나 이러한 방법은 관찰 기록에 있어서 참여관찰자의 편견에 의해 환자 반응의 일부분만 기록할 수가 있기 때문에 자료 수집의 객관성이 결여될 수 있다. 또한 환자의 반응이 끝난 후 기록하였기 때문에 기억이 왜곡될 수도 있고, 환자가 치료사의 가이드에 의해 회상하기 때문에 치료사의 영향을 받아 선택적인 회상을 할 수가 있다. 이와 같이 Freud가 사용한 방법은 연구의 객관성을 보장할 수가 없다.

다음으로 성인으로 하여금 아동기에 대한 기억을 회상하게 함으로써 이에 근거하여 이론을 정립하였으나 사실 오래된 기억이 정확하다고 보기 어렵다. 현재의 정신상태 혹은 최근의 꿈도 객관적으로 보고하기 어려운데 하물며 50년 전의 정신 상태를 객관적으로 기술하기란 쉽지 않으며 언어적 보고는 그다지 신뢰롭지 못하다.

마지막으로 Freud의 이론은 아동기의 성적 충동을 과도하게 강조하고 있다는 지적을 받는다. 아동기의 성에 대한 강조는 심리학자뿐만 아니라 대중과 다른 많은 영역의 종사자들의 관심을 끌었다. 이와는 대조적으로 아동기에 성적 충동이 만연하다는 증거는 별로 없다. 다른 많은 발달에 관한 연구들은 정상적인 아동은 호기심이 많고, 스스로 동기화되며, 사회적인 존재라고 묘사하고 있다. 영아에 대한 최근의 연구들은 영아도 원초아 그 이상이라고 한다. 또한 여아는 거세불안이 없기 때문에 초자아를 내면화하지 못해 여아가 남아보다 덜 도덕적이라는 주장은 여성에 대한 편견이라는 비판을 받았다.

2 >>> Erikson의 심리사회적 이론

1) 생 애

Erikson은 1902년 독일의 프랑크푸르트에서 출생하였다. 그의 아버지는 덴마크인이고 어머니는 유태인이었으나 Erikson이 태어나기 몇 달 전 헤어지고 어머니가 프랑크푸르트로 이사하여 Erikson을 낳고 3살 때까지 어머니에 의해 양육되었다. 그의 어머니는 유태인 소아과 의사인 Homburger 박사와 결혼하여 그와 함께 살았고 Erikson은 자신의 아버지가 생부가 아님을 수년이 지나서 알게 되었다. 키가 크고 푸른 눈을 가진 금발 소년은 유태인 친구들로부터 '이교도' 라는 별명을 받게 되었으며 이러한 어릴 적 경험이 자아정체성 위기 및 혼란에 대한 연구의 기초가 되었다고 한다.

Erikson은 학창시절 모범생은 아니었다. 고대 역사와 미술 등에는 두각을 나타내었지만 형식적인 학교 분위기를 싫어하였다. 고등학교 졸업 후 미래에 대한 불확실성과 방황으로 인하여 대학에 가는 대신 1년 동안 유럽을 방랑하였고, 집으로 돌아와 잠시 미술공부를 하였으나 다시 한 번 여행을 하였다. 이 시기는 자신의 이론에서 위기를 경험하면서 정체감을 찾기 위하여 타임아웃(time-out)을 가지는 '정체감 유예(moratorium)' 를 겪은 시기이다.

25세가 되었을 때 Anna Freud와 Dorothy Burlingham이 설립한 비엔나 학교에서 학생들을 가르쳐 달라는 제안을 받아들였고, 학생들을 가르치지 않을 때는 Anna Freud와 다른 사람들과 함께 정신분석학을 공부하였다. 그 자신은 Anna Freud에 의해 분석되었다.

27세 때 Joan과 결혼하여 가정을 시작하였으나 1933년 히틀러의 탄압에 의해 유럽을 떠나 미국 보스턴으로 가서 그 도시의 최초의 아동 정신분석가가 되었다. 보스턴에서 3년을 보낸 후 예일대학으로 옮겨 일했으며, 2년 후 또 South Dakota의 Pine Ridge 보호구역으

Erik H. Erikson(1902~1994)

로 여행을 하였으며 거기에 살면서 Sioux 부족에 관하여 연구하였다. 샌프란시스코로 이사하여 캘리포니아대학교에서 아동의 심리치료와 중요한 종단적 연구를 하였다. 여기서 그는 또 한 번 인디언 부족인 Yurok 어민을 연구하기 위하여 캘리포니아 해안을 여행하였다.

1949년 캘리포니아 대학은 고용인들에게 충성서약을 강요하였고 Erikson은 이를 거절하고 몇몇 동료들이 해고당할 때 사임을 하고 매사추세츠 주의 Austin Riggs Center에서 새로운 직업을 얻어 1960년까지 일했다. 그 때서야 하버드대학에서 교수로 임명되었고(공식적인 대학학위는 갖지 못했지만) 은퇴할 때까지 그곳에서 일했다. 그는 1994년 91세의 나이로 사망하였다.

Erikson은 이러한 다양한 환경에 접함으로써 여러 영역에 흥미를 가졌으며, Freud가 연구하지 않은 부분인 정상아동에 대한 연구와 다양한 문화에서 성장하는 아동들에 대하여 연구하였다는 것을 알 수 있다. 즉, 제2차 세계대전에서의 고통받는 미국 병사들의 전쟁 위기감(combat crisis), South Dakota의 Sioux 부족과 태평양 연안의 Yurok 부족의 아동양육의 실제, 정상과 신경증 아동의 놀이, 정체감 위기를 겪는 문제 청소년의 대화, 인디아에서의 사회적 행동 등에 대하여 연구하였다.

이러한 그의 연구는 저서에 잘 나타났다. Erikson의 가장 중요한 저서인 ≪아동기와 사회(Childhood and Society)≫에서 인간의 전 생애에 걸친 8단계의 발달 단계에 관한 이론을 제시하였고, 이 8단계가 어떻게 서로 다른 문화권에서 다르게 진행되는가를 보여주었다. 또 다른 주요 저서인 ≪청년 루터(Young Man and Luther)≫와 ≪간디의 진실(Gandhi' s Truth)≫에서는 역사물 속에서 정신분석을 보여주었다. ≪정체성: 청년기의 위기(Identity: Youth and Crisis)≫는 청년기의 정체성 위기와 극복과정을 보여주는 대표적 저서 중의 하나이다.

발달에 대한 정신분석이론 중에서 Erikson만큼 실질적인 공헌을 한 학자는 없다. 즉, Erikson은 Freud의 각 발달단계에서의 아동의 과업에 대한 새롭고 폭넓은 그림을 제시하였다. 더 나아가 그는 성인기에 해당하는 3단계의 발달단계를 덧붙여 전 생애에 걸친 발달 사이클을 포함하게 되었다.

2) 발달단계

Erikson의 성격이론의 핵심은 인간의 성격은 몇 단계로 구분되어 진행되고 이것은 모든 인간에게 공통적이라는 가정이다. Erikson은 심리사회적 발달을 여덟 단계로 제시하고, 각 단계는 생리적 성숙과 그 단계에 있는 개인에게 부과된 사회적 요구로부터 유발된 개인생애의 전환기(turning point), 즉 위기를 수반한다고 가정한다. 성격은 이러한 과업이나 위기가 어떤 식으로 해결되는가 하는 방법에 의해 결정된다.

Erikson은 전 생애 사이클을 8단계로 나누었다. 8단계의 발달단계는 다양한 자아의 관심이 절정에 달하는 8개의 결정적 시기를 말한다. 아래의 〈표 9-1〉에서 Erikson의 8단계에 걸친 전 생애 발달 단계를 요약하였다.

(1) 기본적 신뢰감 대 불신감(Basic Trust vs. Basic Mistrust)

출생에서 약 1세 사이의 시기로서, 이 시기의 주요 과업은 신뢰감과 불신감을 바람직한 비율로 획득하는 것이다. 만약 불신감보다 신뢰감이 더 높다면 아동은 다음 단계의 위기를 더 잘 견뎌낼 수 있을 것이다. 기본적 신뢰감은 다른 사람에 대한 본질적 믿음일 뿐만 아니라 자신에 대한 신뢰이기도 하다.

신뢰감의 형성은 어머니 혹은 주 양육자와의 관계가 주요 관건이다. 어머니 혹은 주 양육자가 아기의 신체적, 심리적 욕구를 충족시켜 주고 일관된 양육을 한다면 아기는 신뢰감을 형성하게 되고 만약 아기의 욕구가 잘 충족되지 않고 일관된 보살핌을 받지 못하면 불신감을 형성하게 된다.

신뢰감을 형성한 아기는 자신이 배가 고플 때 엄마가 음식을 주고, 무섭거나 아플 때 달래 줄 것이라고 예측할 수 있다. 이런 아기는 어머니가 잠시 보이지 않아도 돌아올 것이라고 확신하기 때문에 이를 더 잘 견딜 수 있다. 아기는 또한 다른 사람들이 자신을 받아들인다는 느낌으로부터 자신에 대한 신뢰감을 형성한다.

표 9-1 Erikson의 8단계

단계	심리사회적 단계	과업	사회적 상황	심리사회적 결과
1 (0~1세)	구강-감각기	• 나는 이 세상을 신뢰할 수 있는가?	• 지원, 기본 욕구의 충족, 일관성 • 지원의 결여, 기본 욕구의 박탈, 비일관성	• 신뢰감 • 불신감
2 (2~3세)	근육-항문기	• 나는 내 자신의 행동을 통제할 수 있는가?	• 분별 있는 허용, 지원과 보호 • 지원의 결여, 확신의 결여	• 자율성 • 회의감
3 (4~5세)	이동-생식기	• 나는 부모로부터 독립하고 나의 한계를 아는가?	• 격려, 기회제공 • 기회결여, 부정적 감정	• 주도성 • 죄책감
4 (6~11세)	잠복기	• 나는 생존과 적응에 필요한 기술을 숙달할 수 있는가?	• 적절한 훈련, 충분한 교육, 훌륭한 모델 • 불충분한 훈련, 방향 제시와 지원의 결여	• 근면성 • 열등감
5 (12~18세)	사춘기 및 청년기	• 나는 누구인가? 나의 신념, 감정, 태도는 어떤 것인가?	• 내적 안정성과 계속성, 적절한 성역할 모델과 피드백 • 목적의 혼미, 불분명한 피드백, 부적절한 기대	• 정체감 • 정체감 혼미
6 (성인 초기)	성인 초기	• 나는 다른 사람에게 나 자신을 아낌없이 줄 수 있는가?	• 온정, 이해, 신뢰 • 고독, 배척	• 친밀감 • 고립감
7 (성인 중기)	성인 중기	• 나는 다음 세대에게 무엇을 해 줄 수 있는가?	• 목적성 · 생산성 • 여유 결여 퇴행	• 생산성 • 침체성
8 (노년기)	노년기	• 나는 평생 동안 한 일과 역할에 대하여 만족하는가?	• 종결감, 통일성, 방향성 • 완성의 결여, 불만족	• 통합감 • 절망감

출처: Erikson (1950)

아동이 완전한 신뢰감만을 형성하는 것은 바람직하지 않다. 위험이나 고통을 감지하기 위하여 혹은 정직한 사람과 정직하지 못한 사람을 구별하기 위하여 어느 정도의 불신감이 모든 연령에서 필요하다. 그러나 불신감이 신뢰감보다 더 크다면 그 사람은 좌절되고, 위축되며, 의심이 많으며 자기 자신에 대한 자신감이 결여된 인물이 될 것이다. 따라서 신뢰와 불신은 적당한 비율로 형성되는 것이 바람직한데 불신감보다는 신뢰감이 더 큰 비중을 차지하는 것이 바람직하다.

(2) 자율성 대 수치심과 회의감(Autonomy vs. Shame and Doubt)

약 2~3세 사이의 아동에게 해당하는 시기로서 이 시기의 주요 과업은 자율성을 획득하느냐 아니면 수치심과 회의감을 획득하느냐이다. 신경 및 근육 발달로 인하여 걷고 말하며 항문 통제의 잠재력을 갖게 된다. 아동이 신체적으로 심리적으로 성인으로부터 독립하게 되면서 새로운 성격, 즉 자율성 발달의 가능성이 열린다. 동시에 부모로부터의 분리에 의한 불안, 항문통제가 항상 성공적이 아닐 수 있기 때문에 오는 두려움 및 실패로 인한 자아존중감 상실이 나타날 수 있다. 자기통제감을 발달시킬 수 있도록 아동에게 스스로 할 수 있는 기회를 제공하는 정도와 과도한 불안과 두려움 및 자기존중감의 상실을 일으키지 않도록 부모가 도와주는 정도가 조화를 이루어야 한다. 부모는 자아존중감의 상실이 없이 자기통제감(self-control)을 발달시킬 수 있는 지지적인 분위기를 조성하는 것이 이상적이다. 즉, 아동이 스스로 할 수 있는 능력을 과도하게 넘어서지 않는 정도의 과업을 수행하도록 함으로써 실패를 경험하지 않고 독립심을 기르고 자기통제감을 키우는 것이 바람직하다.

스스로 해보는 기회를 통한 자율성 확립

수치심은 다른 사람이 자신을 보고 있다고 의식하는, 즉 "바지가 벗겨져 있는" 상태로 보여진다고 의식하는 것, 완전히 노출되어 있다는 생각이다. 따라서 얼굴을 파묻고 싶고 숨고 싶은 충동으로 묘사되었다. 의심은 아동이 아직 알지 못하지만 통제하려고 노력해야만 하는 뒤에 숨겨진 알려지지 않은 상태와 관련이 있다

(즉, 나 자신을 잘 통제할 수 있을까 하는 의심). 자신의 자기통제감과 독립심에 대한 수치심과 회의감은 기본적 신뢰감이 충분히 발달되지 않았거나 상실되었을 때, 배변훈련이 너무 이르거나 너무 가혹할 때, 과도하게 통제하는 부모에 의해 아동의 의지가 꺾였을 때 나타난다.

(3) 주도성 대 죄책감(Initiative vs. Guilt)

약 4~5세 사이의 아동에게 해당하는 시기로서 주요 발달과업은 '주도성' 혹은 '죄책감' 이다. 이 시기의 아동은 자신이 어떤 사람이 될 것인가를 발견해야 한다. 비합리적으로 상당히 위험하게 보일지라도 강한 힘을 가지거나 매우 아름답게 보이는 부모와 같은 존재가 되기를 원한다. 이 단계의 주제는 크고, 강하고 밀어붙이는 것으로 지각되는 자신의 부모와의 동일시이다. Erikson은 오이디푸스 콤플렉스를 통한 동일시에 대한 Freud의 기본적 아이디어를 받아들인다. 그러나 성적인 요소보다 사회적인 요소를 더 강조하였다.

이 단계의 아동은 세상을 향한 돌진, 주도성, 목표의 설정과 실행, 경쟁 등이 주 특징이다. 대체로 생기와 활력이 넘치고, 호기심이 강하며, 활동수준이 높으며 에너지가 넘친다. 세상을 향해 돌진하며 다른 사람을 방해하고 공격하기도 하며, 활발하게 움직이면 성공적으로 주도성을 획득한다. 아동의 탐색과 호기심 및 세상을 향한 돌진이 가혹한 질책과 직면하게 되면 그 결과는 죄책감으로 나타난다. 즉, 강한 호기심으로 인한 사물의 해체 및 타인의 몸 탐색, 높은 활동 수준과 타인 방해 등이 파괴적 행동 및 성적 충동으로 해석되어 부모가 과도하게 억제하고 처벌한다면 죄책감을 발달시키기 쉽다.

(4) 근면성 대 열등감(Industry vs. Inferiority)

약 6세~사춘기까지의 시기로서 주요 과제는 근면성의 획득이다. 근면성은 아동이 속한 사회에서 성공적으로 기능하고 경쟁하는 데 필요한 기술을 습득하는 시기이다. 이 단계는 전 단계보다 더 넓은 세계로 나아가는 시기이며 학교 교육이 시작된다. 학교에서 읽기, 쓰기, 셈하기 등 중요한 인지적 기술과 사회적 기술을 습득한다. 기본적 신뢰감, 자율성, 주도성을 획득하기 위하여 보낸 시간들은 이러한 기능적 사회에의 활기 찬 진입을 위한 준비이다. 학업 및 또래 사회에서의 성공적인 경험은 유능감 및 우월감을 나타내는 근면성을 획득하게 된다. 만약 이러한 기술을 성공적으로 습득하지 못하고 실패를 거듭하면 부적절성 및 열등감을 발달시키게 된다. 열등감은 아동이 자신이 속한 사회에서 자신이 무능하다고 지각하거나 소용없는 존재라고 지각하면서 생겨난다. 이들은 인지적 과업과 일에 있어서 즐거움을 느끼지 못하고 열등감에 시달리거나 심지어는 훌륭한 사람이 되지 못할 것이라고 생각할 수 있다.

인지적 기술을 통한 근면성 획득

(5) 정체감 대 정체감 혼미(Identity vs. Identity Confusion)

약 12~18세 사이의 청소년기에 해당하며 이 시기에는 자신에 대한 확고한 정체감을 획득하느냐가 관건이다. 많은 청소년들은 '나는 누구인가?' 라는 질문을 하게 되고, 이러한 근본적인 문제로 고민하게 된다.

자아정체감 형성은 일생을 통해 모든 단계에서 나타난다. 이전 단계에서의 신뢰감, 자율성, 주도성 및 근면성 모두가 아동의 정체감 형성에 공헌한다. 그러나 이 다섯 번째 단계에서 정체감에 대한 관심이 절정에 달하고 대부분 정체감 위기를 경험한다. 이 시기는 급격한 생리적 변화가 친숙하지 않은 성적 충동을 가진 새로운 몸을 만들어 내고, 이러한 변화는 합리적, 교육적 결정을 내려야 하는 사회적 압력과 함께 다양한 역할을 고려하도록 강요한다. 청소년기의 기본적 과제는 아동기로부터 가져온 자신에 대한 다양한 생각들을 더 완전한 형태의 정체감으로 통합하는 것이다. Erikson은 이 전체(정체감)는 그 부분들(자신에 대한 생각)의 합 이상이라고 강조하였다. 이렇게 새롭게 재조합된 정체감은 청소년기의 새로운 욕구, 기술 및 목적에 적합하다. 만약 청소년이 자신에 대한 생각, 역할 및 본성 등을 통합할 수 없다면 정체감 혼미를 맞게 된다. 이런 사람은 붕괴된, 핵심을 잃은 성격이 된다. 이러한 문제는 자신의 사회적 지위가 낮거나, 성적 정체감이 확실치 않거나, 부모와 과도하게 동일시를 하거나, 혹은 어느 것을 선택할지 모를 정도로 너무 많은 직업적 역할을 가질 때 악화된다.

청소년은 자신의 정체감을 확립하기 위하여 고민하고 탐색한다. 주로 주변의 동료들, 모임, 종교집단, 정치적 활동 등을 통해 진정한 자신을 찾는 시도를 한다. 이는 옷가게에서 자신에게 맞는 옷을 고를 때까지 여러 가지 옷을 입어 보는 것과 같다.

(6) 친밀감 대 고립감(Intimacy vs, Isolation)

초기 성인기에 해당하는 시기로서 다른 사람과 친밀감을 형성하는 것이 주요발달 과업이다. 5단계에서 합리적으로 잘 통합된 정체감을 가진 경우에만 다른 사람들과 심리적 친밀감을 가질 수 있다. 만약 자신이 다른 사람에게서 자기 자신을 잃을지 모른다는 두려움을 가진다면 자신의 정체성을 다른 사람과 융합할 수 없을 것이다. Erikson은 친밀감이란 자신의 정체감과 다른 사람의 정체감을 융합시키는 것이라고 표현하였다.

이성과의 정체감 융합을 통한 친밀감 형성

대체로 이 단계에서 젊은이들은 이성과 친밀한 관계를 형성하고 배우자를 만나 결혼하게 된다. 하지만 동성과의 우정 및 그들 자신의 친밀한 감정과 사고에의 접근도 이 단계의 특징이다. 만약 친밀감 형성의 시도가 실패한다면 고립으로 퇴보한다. 이런 경우 사회적 관계는 관례적이고, 차가우며 텅 비었다고 할 수 있다.

(7) 생산성 대 침체성(Generativity vs. Stagnation)

성인 중기에 해당하는 시기로서 생산성 대 침체성의 위기를 경험한다. 생산성은 아동 양육, 창의적 노력 혹은 생산적 노력에 의하여 다음 세대를 구축하고 이끄는 데 홍미를 가지는 것을 말한다. 단순히 아이를 낳는 것만은 생산성의 감정을 형성할 수 없다. 미래에 대한 신념, 종족에 대한 믿음, 다른 사람을 돌보는 능력은 이 단계의 발달의 전제조건인 것 같다.

생산성은 아이를 낳아 기르는 일 이외에 직업에서의 생산적 활동, 혹은 문화적 창조 및 보존 등으로 표출될 수 있다. 따라서 생산성은 세대 간의 사회적 존속을 보장한다.

이와 같은 생산적인 측면에서의 실패는 침체성에 빠지게 한다. 침체성은 다음 세대를 위해서 자신이 한 일이 아무 것도 없다는 것을 깨닫는 것이다. 이들은 침체되고, 자기 자신에게 몰두하며(방종), 인생이 따분하고, 심리적인 성장이 이루어지지 않는다.

마샤(Marcia)의 자아정체감 수준

마샤는 자아정체감을 성취 지위에 따라 정체감 확산, 정체감 유실, 정체감 유예, 정체감 성취의 네 단계로 분류하였다. 대학생을 대상으로 직업선택, 종교 및 정치이념에 대한 관여, 위기 경험 여부에 대하여 면접한 결과 이에 근거한 자아정체감 수준의 특성을 설명하였다. 정체감 확산에서부터 정체감 성취의 상태로 갈수록 더 높은 성취지위의 특성을 보인다.

【정체감 확산(identity diffusion) 혹은 혼미(confusion)】
자아정체감이 확립되지 않은 상태로서 직업, 성역할, 가치 등에 대하여 심각하게 생각하지 않는다. 즉, 인생을 설계하려는 욕구가 부족하고 인생에 대한 방향감각이 없다. 외부의 피드백에 따라 쉽게 가치나 생각이 바뀐다. 이러한 정체감 확산의 상태가 오래 지속되면 사고과정이 비조직화되고 대상관계가 혼란한 양상을 나타내게 된다.

【정체감 유실(identity for closure) 혹은 폐쇄】
위기를 경험하지 않은 채 바로 부모나 다른 권위주의에 의하여 주어진 가치관을 선택의 여지없이 그대로 받아들여 거기에 동조하고 있는 상태이다. 이들은 권위에 맹종하는 경향이 있으며, 사회적 인정을 받으려는 욕구가 강하고 부모와 원만한 관계를 유지하며, 가업을 이어받거나 일찍 결혼하여 안정된 가정을 꾸려가는 경향이 있다. 이러한 사람은 정체감이 확립된 것처럼 행동하지만 외적 상황이 바뀌거나 외적 충격이 오면 외견상 유지되던 정체감이 쉽게 붕괴될 수 있는 위험이 있다.

【정체감 유예(identity moratorium)】

이것저것 적극적인 시도를 하나 안정적이지 않고 만족하지 못하며 정체감의 위기를 경험하는 수준이다. 즉, 일종의 역할실험의 단계로서 위기를 경험하면서 선택적 참여를 위해 여러 가지 대안들 중에서 능동적인 노력을 기울이는 상태이다.

【정체감 성취(identity achievement)】

이미 위기를 경험하고 안정적인 정체감을 가지는 단계이다. 대체로 강한 참여를 할 수 있게 되었으며 상황적 변화에 따른 동요 없이 성숙한 정체감을 소유하게 된다.

마샤는 위와 같은 성취 수준 상태들에 순서가 있는 것은 아니지만 유예상태는 정체감 확립에 필요불가결의 선행조건이라고 한다. 즉, 유예상태를 거치지 않은 사람은 정체감을 성취한 듯하더라고 어떤 외적 충격이 오면 쉽게 정체감 혼미에 빠진다.

(8) 통합감 대 절망감(Integrity vs. Despair)

의미있는 삶의 인식을 통한 통합감 형성

성인 후기에 해당하며 성격발달의 마지막 단계이다. 이 단계에서는 지금까지 자신의 인생에서 이룩한 모든 것 위에서 통합감을 획득하느냐 혹은 절망감에 빠지느냐의 문제에 당면한다. 통합감은 인생의 종점을 바라보면서 자신이 살아온 삶을 되돌아 볼 때 자신의 삶을 대체로 만족스럽고 의미 있는 것으로 인식하고 생의 한계를 받아들이는 것이다. 즉, 자신의 삶이 더 큰 역사의 한 부분이라고 인식하고 연륜의 지혜를 지녔다고 생각하며, 노년이 모든 전 단계의 마지막 통합이라고 생각하는 것이다. 통합감의 반대는 절망감이다. 절망감은 지금까지 자신이 한 일 혹은 하지 않은 일을 후회하고, 죽음이 다가옴이 두렵고, 자기 자신이 싫고, 인생이 무의미하다고 느끼는 것이다. Erikson에 의하면 자신의 인생에서 잘못된 일에 대한 후회뿐만이 아니라 인간존재의 나약함과 무상함에 대한 비탄을 가질 수 있다고 한다. 따라서 어느 정도의 절망감을 피할 수 없는 것이다.

3) 심리사회적 단계

Erikson은 여러 문화에서의 연구에 의하여 Freud의 심리성적 발달단계에 전 생애에 걸친 심리사회적 발달단계를 추가해야 한다고 생각하였다. Freud는 리비도가 표출되는 신체부위를 중심으로 하는 심리성적 발달 단계를 제시한 데 비하여 Erikson은 내적 욕구와 환경과의 상호작용에 의해 자아가 발달하는 과정을 성격발달의 주요 요인으로 보았다. 심리사회적 관점에서 성숙은 새로운 기술을 사용할 수 있게 되고 사회는 아동에게 새로운 행동양식을 취하도록 압력을 가하게 된다. 예를 들어 심리성적 이론의 관점에서 유아가 구강적 즐거움으로 소리를 만들어 내는 시기에 심리사회적 관점에서는 자신의 요구표현을 위해 우는 대신 말로 이야기하도록 압력을 가한다. 이러한 사회의 요구는 부모의 양육, 학교, 사회 조직, 직장, 가치관 등에서 나타난다.

Erikson은 아동이 속한 사회적, 문화적 환경과의 상호작용에서 자아가 위기를 극복하는 과정을 통하여 성격이 형성된다고 하였다. 성숙과 사회적 기대가 함께 각 단계에서의 위기 혹은 이슈를 만들어 내고 아동은 이를 해결해야 한다. 각 단계에서의 이슈는 특정 단계에서 가장 분명하게 드러나는 것이지만 전 발달단계를 통하여 어느 정도 다른 형태로 나타나기도 한다. 예를 들어 자율성은 두 번째 단계에서 가장 지배적인 관심이지만 그 전 단계에서 준비되어지고 그 이후의 단계에서도 더 정교한 형태로 나타난다. 각 단계에서의 위기는 '신뢰감 대 불신감', '자율성 대 수치감과 회의감' 등으로 긍정적인 결과와 부정적인 결과를 초래할 수 있다. 성공적인 해결은 반드시 긍정적인 측면만을 발달시키는 것을 의미하지 않는다. 즉, 긍정적인 측면이 부정적인 측면을 지배할 수 있는 정도의 비율로 발달시키는 것이 이상적이다. 예를 들어 인생에 대하여 전반적으로 신뢰할 수 있어야 하지만 어떤 경우에 신뢰하고 어떤 경우에는 불신해야 하는지를 알아야 한다.

Erikson은 특정 단계의 위기를 해결하지 못하여도 생물학적 성숙이나 사회적 압력에 의하여 다음 발달 단계로 진행한다고 보았다. 새로운 단계에서 새로운 위기나 갈등을 만나 이를 해결하고자 투쟁한다. 또한 어떤 위기가 특정 단계에서만 해결 가능한 것이라고 보지도 않았다. 만족스럽게 해결하지 못한 초기의 위기를 이후의 발달 단계에서도 해결하고자 노력한다. 만족스럽게 해결되지 못한 위기 혹은 과업들은 노년기가 되었을 때 자아통합감을 이루고자 할 때 장애가 된다.

4) 정체감에 대한 강조

Erikson의 성격발달의 주요 개념은 자아정체감의 발달이다. 일생을 통해서 "나는 누구인가?"라는 질문을 하게 되고 각 단계마다 서로 다른 답을 형성한다. 만약 모두 잘 진행된다면 각 단계의 마지막에 아동의 자아정체감은 새로운 수준에서 재확인된다. 청년기 동안 정체감의 발달은 위기를 맞지만 정체감은 아기 때 어머니를 인지하고 어머니에 의해 인지된다고 느낄 때부터 발달되기 시작한다. 따라서 정체감은 한 단계에서 다음 단계로 이동할 때 변형되고 초기의 정체감은 후기의 정체감 형성에 영향을 미친다. Erikson은 자신이 혼합된 문화적 유산(덴마크인 아버지와 유태인 어머니, 성장기의 유태인 가정)을 지녔고, 방랑했던 젊은 시절을 겪었으며, 후에 미국 이민자로서의 생활로 인하여 사회에서 소외되었다고 느꼈고, 따라서 자신의 자아정체감에 혼란을 겪으면서 정체감에 대하여 큰 관심을 가지게 된 것으로 보인다.

Freud의 이론과 Erikson 이론의 차이점을 도표로 요약하면 다음과 같다.

표 9-2 Freud와 Erikson 이론의 차이점

차원	Freud	Erikson
강조된 성격 구조	원초아(id)	자아(ego)
이론의 강조점	자아 방어에 대한 강조	자아정체감에 대한 강조
발달단계	5단계(아동기까지)	8단계(전생애)
인간관계	모-아동-부의 갈등적 삼각관계	더 넓은 사회 속에서 맺게 되는 사회적 관계
인간에 대한 관점	부정적 측면에 중점	긍정적 측면에 중점
발달의 주요 요인	성적 본능	사회적 관계(인간의 이성과 적응)
정상/비정상	비정상적 발달	정상적 발달
문화적 근거	특정 문화에 근거	비교문화적 관점

5) 평 가

Erikson은 Freud의 정신분석 이론을 확장하여 신뢰도와 적용 가능성을 높였다. 즉, Freud가 성적인 본능을 지나치게 강조한 데 비하여 Erikson은 사회적 영향을 중요시 하였고 인간의 이성과 적응을 강조하였다. 본능(id)보다 자아(ego)의 통합적 기능을 강조하여 자아의 통합적 기능이 성격발달에 있어서 중요한 작용을 한다고 하며 사회화 과정에 있어서도 계속적인 경험을 획득하는 자아의 기능을 강조하였다. 또 성격발달에 있어 인간관계를 가족으로부터 보다 확대된 사회적인 관계에서 찾으려 했으며 성격발달의 궁극적인 면에 중점을 두어 발달단계에서 생기는 발달적 위기를 극복해 나가는 과정을 중요시하였다.

그는 Freud의 심리성적 발달에 심리 사회적 발달을 더했고, 생물학적인 요인에 문화적 요인을 더했으며, 자아방어의 강조에 자아정체감을 더 보탰으며, 비정상적인 발달에서 정상적인 발달로 확장했으며, 특정한 문화에 근거한 이론에서 비교 문화적 요인을 더했다. 또한 성인에 의한 아동기에 대한 회상에서 아동에 대한 관찰로 발전했으며, 아동의 발달로부터 성인의 발달로 확장했으며, 인간발달에 있어서 전생애 발달 접근을 시작한 학자이다. Erikson의 이론은 자신의 생에서 일관성과 의미를 발견하려고 노력하는 사람들 대부분의 일상생활에 근거한 발달이론으로 보인다.

Erikson 이론의 또 다른 강점은 인간의 발달에 대한 광범위한 관점을 가진 점이다. 특정 아동의 특정 행동은 그의 과거 역사와 현재의 상황, 그가 속한 문화의 과거와 현재의 역사, 더 나아가 세계 사회에 의해 영향을 받는다. 그는 현대 행동심리학의 가장 위대한 합성자(synthesizer)라고 한다.

그의 이론의 단점은 체계성의 결여이다. Erikson 이론은 관찰, 실험적 일반화, 추상적인 이론적 주장의 허술한 연합체이다. 따라서 그의 이론은 증명 가능한 방법으로 진술되기 어렵고, 실험적 결과를 더 추상적인 수준의 이론과 관련짓기가 어렵다. Freud와 마찬가지로 통제된 실험이 아니어서 방법적인 부적절성이 문제가 된다.

또 다른 단점은 발달의 구체적인 메커니즘의 결여이다. 그의 이론은 아동이 각 단계에서 다음 단계로 어떻게 나아가는지에 대한 설명이 없으며, 심지어는 각 단계

내에서 위기를 어떻게 해결하는지에 대한 설명도 없다. 어떠한 요인들(신체적 성숙, 부모, 문화적 믿음 등)이 영향을 주는지에 대한 설명은 있지만 이러한 이동이 어떻게 일어나는지에 대한 설명은 없다.

3 >>> Maslow의 욕구위계 이론

1) 생 애

Abraham Maslow는 뉴욕 브루클린에서 태어났으며 부모는 러시아에서 이주한 유태인으로 일곱 자녀 중 첫째로 태어났다. Maslow는 부모의 뜻에 따라 법학을 공부하려고 했으나 흥미를 느끼지 못하고 뉴욕시립대학에 입학한 지 1년 만에 학교를 그만두었다. 이후 코넬 대학을 거쳐 학사, 석사 및 박사학위를 위스콘신 대학에서 취득하였다. 왓슨의 행동주의에 심취해 있었던 그는 원숭이를 대상으로 한 애착연구로 유명하였던 Harry Harlow의 지도 아래 원숭이의 성적 특성과 지배특성에 관한 논문으로 박사학위를 받았다. 그러나 행동주의 노선을 따라가면서도 Freud 이론과 형태심리학에 관심을 갖게 된다.

그가 행동주의에 등을 돌리게 된 이유는 자신의 첫 딸을 낳았을 때로, 생명의 신비에 감동을 받은 그는 아이를 가져본 사람은 누구도 행동주의자가 될 수 없다고 느낄 정도로 행동주의가 어리석다는 것을 깨닫게 된다. 이렇듯 Maslow의 사상은 추상적인 이론보다는 자신의 개인적 경험들로부터 형성된 것이었다. Maslow는 졸업 후 콜롬비아 대학을 거쳐 브랜다이스 대학에 재직하였다. 여기서 Maslow는 독일의 신경정신의학자 Goldstein을 알게 되었으며, 자아실현이라는 말도 Goldstein이 사용한 용어였다. Maslow의 이론은 오늘날 인본주의 심리학의 기초가 되고 있다.

Abraham Maslow(1908~1970)

2) 욕구위계 이론

Maslow는 인간 행동은 자신의 삶을 의미 있고 가치 있는 것으로 만드는 개인적인 목표를 달성하려는 욕구에서 비롯된다고 보았다. 이러한 욕구에 대해 Maslow는 자아실현의 욕구라는 말을 썼는데 이는 '개인의 선천적이고, 긍정적인 가능성을 개발하고 성취시키려는 경향' (Bruno, 1977)을 뜻한다.

Maslow는 인간의 동기를 결핍동기(Deficiency motivation)와 성장동기(Being motivation)로 구분하였다. 결핍동기는 결핍욕구의 부족에서 기인하는 것으로 결손상태, 즉 배고픔, 추위, 불안 등으로부터 야기될 유기체의 긴장을 미리 막는 것이다. 이러한 의미에서 결핍동기는 행동결정에 있어서 긴급한 요인인 것이다. 결핍동기와는 대조적으로, 성장동기는 인간의 잠재력을 실현하려는 선천적 충동과 연관된 목표이다. 성장동기의 목적은 경험을 넓힘으로써 삶을 풍요롭게 하고, 삶의 기쁨을 증대시키는 것이다.

Maslow는 인간의 여러 욕구는 생득적인 것이며, 각기의 강도와 중요성에 따라 위계를 이루는 것으로 보았다(그림 9-2).

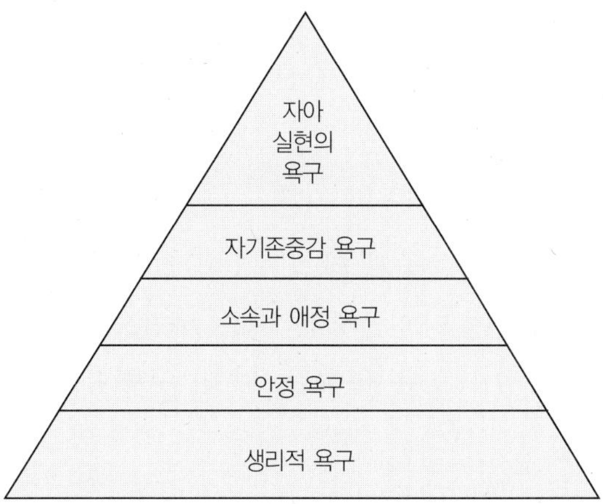

[그림 9-2] Maslow의 욕구위계

(1) 생리적 욕구(physiological needs)

인간이 지닌 가장 기본적이고 강력한 욕구이다. 이에는 음식물, 물, 공기, 활동과 수면, 극단적인 기온의 조절, 그리고 감각적 자극에 대한 욕구가 포함된다. 욕구위계의 더 높은 단계의 욕구를 추구하는 것은 이 생리적 욕구를 어느 정도 만족해야 가능해진다.

(2) 안정욕구(safety needs)

생리적 욕구가 만족되면 개인은 새로운 것, 즉 안전의 욕구에 관심을 갖게 된다. 이에는 안전, 보호, 질서와 같이 개인의 환경 내에서 보장받고자 하는 동기이다. 아동에게 있어 부모 간의 불화, 이혼 등은 이들의 안정감에 나쁜 영향을 미칠 수 있다. 한편 Maslow에 의하면 강박장애 환자들은 자신이 감당하기 어렵거나 기대하지 않은 낯선 위험이 일어나지 않도록 하기 위하여 세상을 질서 있고 안정적으로 만들고자 노력한다고 한다.

(3) 소속과 애정욕구(belonging and love needs)

이는 주로 애정적 관계를 유지하기를 원하며, 가족과 집단 내에서 인식되기를 갈망하는 것이다. 가족 간의 불화로 가족에 대한 애정이 결여될 경우, 이 아이는 자연 유사한 환경의 아이들과 어울림으로써 자신의 소속감을 확보하려 할 것이다.

(4) 자기존중감 욕구(self esteem needs)

자기존중감의 욕구에는 자기존중과 타인존중이 있다. 자기존중은 개인이 자신을 가치 있다고 생각하는 것이며 타인존중은 다른 사람으로부터 인정받고 존경받는 것을 의미한다. 이와 반대의 느낌은 열등감, 약함, 무력함, 자기비하이다.

(5) 자아실현의 욕구(self actualization needs)

이상과 같은 모든 욕구가 충분히 만족되면 자아실현의 욕구가 등장한다. 이 단계에서 개인은 자신의 재능, 능력, 잠재력을 충분히 발휘하기 위해 노력한다. 자아실현은 자아증진을 위한 개인의 갈망이며 그가 잠재적으로 지닌 것을 실현하려는 욕망이다.

사람들은 보통 낮은 단계의 욕구 충족이 있어야 더 높은 단계의 욕구에 대한 인식과 동기 부여가 있게 된다. 그러나 Maslow는 반드시 특정한 욕구가 충족되어야 높은 수준의 욕구충족이 시작되는 것은 아니라고 하여 인간 동기의 위계적 배열에 예외가 있을 수 있음을 인정하고 있다. 실제로 암스트롱과 같은 도전적인 사람들은 육체적 고통 속에서도 새로운 도전을 하는가 하면, Aung San Suu Kyi와 같은 사회 개혁가들은 고된 시련 속에서도 투쟁을 계속하는 예를 볼 수 있다.

그러나 일반적으로 낮은 욕구 단계일수록 그 강도와 우선순위가 앞선다고 본다. Maslow에 의하면 인류는 자아실현을 원하고 찾지만 극소수만이 달성할 수 있다고 보았다. 자아실현에 대한 장애요인으로는 안전의 욕구가 가져다주는 강한 부정적 영향이다. 인간은 두려움과 걱정으로부터 안전하려는 경향을 보이기 때문이다.

Chapter 10

정서 및 기질 · 애착발달

미리 보기

Jane Goodall-침팬지 '플로'의 교훈

침팬지와 더불어 30여 년을 아프리카에서 생활한 '제인 구달(Jane Goodall)'은 지금은 매우 유명해진 동물학자이자 인류학자이다. 그녀는 처음 자신의 꿈을 좇아 겨우 스물여섯의 나이에 아프리카로 갔지만 미래가 두려웠고 의문뿐이었다. 그때 제인 구달은 '플로'라고 이름 붙인 늙은 침팬지에게서 배운 많은 교훈을 글로 남겼다. 다음은 제인 구달이 쓴 관찰 내용 중 한 예화이다.

'플로'는 제인이 덩굴에 걸려 넘어지거나 가시에 걸려 뒤처질 때 기다려 줄 정도로 제인의 존재를 가장 잘 참아 준 침팬지였습니다. 플로는 서른다섯 살로 야생 침팬지치고는 나이가 많았답니다. 푸석푸석한 털, 흉터 자국이 난 귀, 이빨은 잇몸까지 마모되어 있었습니다. 하지만 제인은 플로의 눈 속에 깊은 지혜와 고요함이 깃들어 있음을 알 수 있었습니다. 그것은 플로가 새끼를 키우는 모습에서 더욱 잘 관찰되었답니다. 플로의 딸 피피는 갓 태어난 동생을 자꾸만 만지려고 했습니다. 그때마다 플로는 피피의 손을 아주 천천히 부드럽게 밀어냈습니다. 아마 인간 어머니였다면 아이 손등을 '탁' 하고 때렸겠지만 플로는 끊임없이 뻗는 딸의 손을 부드럽게 걷어낼 뿐이었습니다. 플로는 새끼의 사소한 울음소리에도 당장 달려갔고, 새끼들이 못된 짓을 하려고 할 때면 화를 내기보다 새끼들의 몸을 간질여 주의를 딴 데로 돌렸으며, 끊임없이 새끼들을 끌어안고 털을 골라 주었습니다. 가끔 훈육을 위해 새끼를 세게 잡아당기기도 하지만 나중에 반드시 어루만져서 안심시켰습니다. 플로의 새끼들은 훌륭하게 자라서 무리의 우두머리가 되거나 좋은 어미가 되었습니다.
정말 놀라운 것은 플로와는 반대로 새끼들을 철썩철썩 때리던 올리의 딸 길카는 소심하고 잔병치레가 많은 어른 침팬지가 되었고, 아무리 끽끽거려도 나 몰라라 하던 패션의 딸 폼은 거칠고 일탈을 일삼는 암컷으로 자랐다는 사실입니다.

-Jane Goodall-

어쩌면 우리의 아이들은 자신의 사소한 행동과 표정에도 부모가 부드러운 사랑의 마음으로 받아주기를, 또 자신에게 무한한 관심을 쏟아주기를 항상 바란다. 그래서 침팬지 '플로'와 같은 따뜻한 스킨십, 아이의 조그만 표현에도 관심을 기울이는 그런 사랑의 표현을 바라고 있는지도 모른다. 바로 이 세상에서 가장 아름다운 눈빛은 '자식을 바라보는 어머니의 깊고 그윽한 눈빛' 일 것이다.

이 장에서는 정서 및 기질 · 애착의 발달에 대해 살펴보고자 한다.

1 >>> 정 서

정서란 일반적으로 자극에 직면하여 발생하거나 자극에 수반되는 혈압, 맥박수, 호흡과 같은 생리적 변화와 미소나 찡그림과 같은 눈에 보이는 행동의 반응으로 기쁨, 행복, 공포, 불안, 분노 등을 말한다.

1) 정서표현의 발달

정서에 대한 연구에서 대부분의 학자들은 흥미나 불쾌, 슬픔과 같은 정서는 가지고 태어나지만, 다른 정서들은 연령이 증가하면서 점차 분화된다고 주장한다. 기쁨, 행복, 공포, 불안, 분노, 놀람과 같은 일차적 정서는 영아기 초기에 나타나고 당혹감, 수치심, 부러움, 자부심, 죄책감과 같은 이차적 정서는 첫돌 이후에 나타나며 2세 이전에 분화되었던 정서는 연령에 따라 표현하는 방법이나 그 요인이 다르다 (Izard & Malatesta, 1987).

(1) 일차적 정서

태어난 후, 아기들은 흥분 상태이었다가 2~3개월쯤 되면 쾌와 불쾌의 두 감정으로 나누어져 쾌의 감정은 1년이 지날 때까지 지속되나, 불쾌의 감정은 5~6개월이 되면 분노 · 혐오 · 공포의 감정으로 나누어진다(Kostelnik, Stein, Whiren, & Soderman, 1993). 만 3세쯤이 되면 성인에게서 볼 수 있는 대부분의 정서가 모두

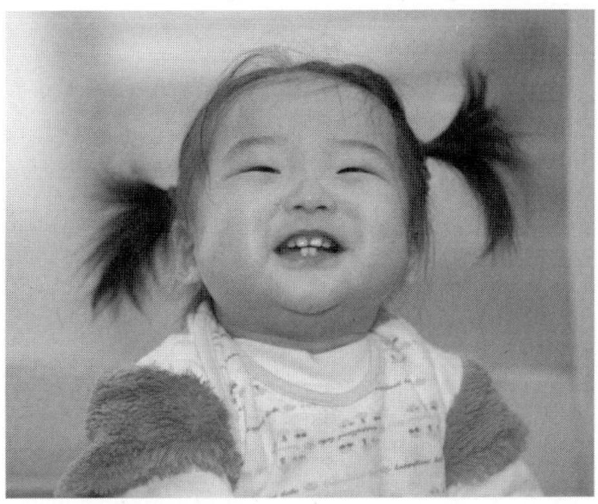

긍정적 정서 표현

나타난다. 정서 표현에는 행복, 기쁨 등의 긍정적 정서가 있으며, 공포, 불안, 분노, 놀람과 같은 부정적 정서가 있다.

(2) 이차적 정서

이차적 정서는 일차적 정서보다 늦게 나타나고, 좀 더 복잡한 인지능력을 필요로 하는데 Lewis와 그의 동료들(1989)에 의하면, 자아의 인식이 이차적 정서에 있어 필수적이라고 한다. 당혹감, 수치심, 부러움, 자부심, 죄책감, 질투 등을 포함하는 이차적 정서는 영아가 거울이나 사진으로 자신을 알아보기 전에는 출현하지 않는 것으로 보인다. 즉, 영아의 코에 빨간 루주를 바르고 거울 앞에 세워 영아의 반응을 관찰하는 것으로, 만약 거울 속 자신의 얼굴을 보고 코를 만진다면 거울에 비친 상이 자신이라는 것을 인식한다는 의미이다.

영아기의 정서는 영아의 얼굴 표정을 통해 다양한 감정들을 전달하고, 각 표정은 연령에 따라 특별한 정서를 인지할 수 있는 신호가 된다(Izard, Fantauzzo, Castle, Haynes, Rayias, & Putnam, 1995). 영아기 정서의 주요 기능은 생존을 위한 방편이 되며 의사 전달의 수단이 된다(Santrock, 1995). 유아기의 정서는 영아기의 정서와 별로 차이가 없으나 이러한 정서를 유발하는 요인이나 표현 방법에서는 차이를 보이게 된다. 아동기에도 정서의 발달은 여전히 계속 되며 자긍심이나 죄책감 같은

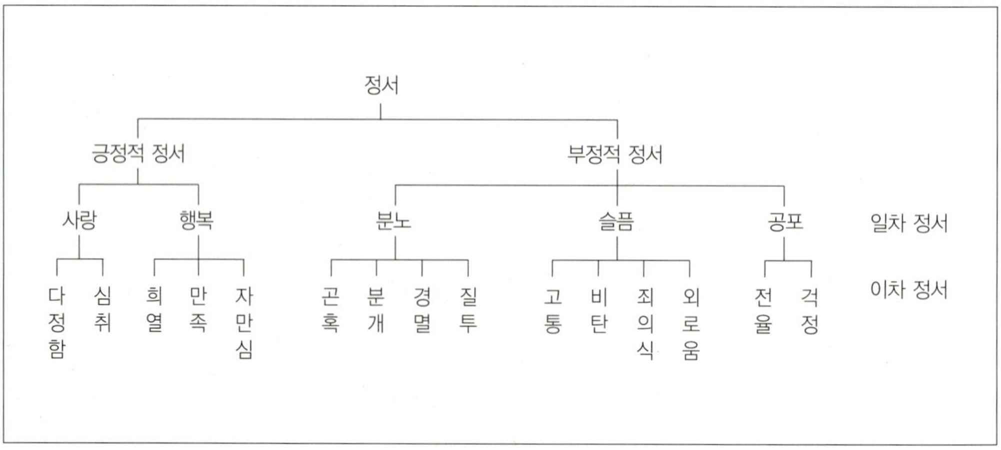

[그림 10-1] 정서의 체계
출처: Cole & Cole (1993)

정서는 성인의 피드백이 없어도 자연스럽게 표출되고, 정서를 표출하는 규칙에 대한 이해도 크게 증가한다(Underwood, Coie, & Herbsman, 1992).

2) 정서이해 능력의 발달

6개월경에 영아는 정서와 관련된 얼굴표정을 구분할 수 있을 뿐만 아니라 다른 사람의 정서에 의해서 영향을 받는다. 영아는 어떻게 해야 할지 모르는 상황에서 어머니나 양육자를 바라보는데, 이때 어머니나 양육자의 얼굴표정은 영아가 그 상황에서 어떻게 반응해야 하는가를 알려주는 길잡이 역할을 하게 된다. Sorce와 그의 동료들의 연구(1985)에서 1세 된 영아와 그 어머니를 대상으로 Gibson과 Walk(1960)가 고안한 시각벼랑(visual cliff) 실험을 하였다. 영아는 얕은 쪽에 놓여지고 어머니는 재미있는 장난감과 함께 반대편의 깊은 쪽에 서 있었다. 이런 상황에서 영아는 어찌할 바를 몰라 어머니를 바라보게 된다. 이때 어머니는 공포, 행복, 분노, 호기심, 슬픔과 같은 몇 가지 얼굴표정을 짓도록 지시를 받았다. 연구자들의 관심은 어머니의 얼굴표정이 시각벼랑 실험에서 영아의 행동을 통제할 수 있는가 하는 것이었다. 어머니가 기쁨이나 호기심을 표현했을 때 대부분의 영아들이 어머니 쪽으로 기어간 반면, 어머니가 분노나 공포를 표현했을 때는 대부분의 영아가 어머니 쪽으로 건너가지 않았다. 1세 된 영아는 환경을 이해하고, 환경에 적응하는 데에 얼굴표정을 단서로 이용하는 능력이 있음을 보여주는 연구 결과이다. 유아기가 되면 유아는 정서표현에 대해 많은 것을 이해하게 된다. 유아는 다른 사람의 기쁨과 같은 긍정적 정서를 이해하는 데는 성인과 거의 동일한 수준이지만, 슬픔과 같은 부정적 정서를 이해하는 데는 아직 서툴다(Fabes, Eisenberg, Karbon, Bernzweig, Speer, & Carlo, 1994). 또한 기쁜 표정과 슬픈 표정은 구별할 수 있지만, 슬픈 상황에서 기쁜 표정을 짓는 사람을 이해하지 못한다. 유아는 아직 사람들이 '진짜로' 느끼는 정서와 그들이 '표현하는' 정서를 잘 구별하지 못하기 때문이

부정적 정서 표현

다(Friend & Davis, 1993). 아동기에는 얼굴표정이 그 사람의 진짜 정서를 표현하는 것이 아닐 수도 있다는 사실을 이해하기 시작하고(Gnepp, 1983), 한 가지 이상의 정서를 경험할 수 있다는 사실을 이해하는데, 그 정서는 동시에 긍정적일 수도 있고 부정적일 수도 있으며, 강도가 다를 수도 있다(Wintre & Vallence, 1994).

3) 정서규제 능력의 발달

모든 사회는 어떤 정서를 표현할 경우 표현해도 괜찮은 정서와 표현되지 말아야 하는 정서 표출 규칙을 갖고 있다. 예를 들어 아이들이 선물을 받았을 때 행복감이나 고마움을 표시해야 하고, 그 선물이 마음에 들지 않더라도 실망감을 억눌러야만 한다고 배운다. 이러한 정서규제 능력은 정서표현을 통제하는 능력으로, 18개월이 되면 영아는 부정적 정서를 숨길 줄 알게 된다. 특히 3세경에는 다른 사람 앞에서 자기 감정을 잘 숨길 수 있게 된다(Cole, 1986). 예를 들어 넘어졌을 때 어머니가 있을 때는 울지만 어머니가 없을 때는 울지 않고 일어날 수 있다. 특히 여아가 남아보다 자신의 정서를 더 잘 숨기는 것으로 보인다. 정서규제의 중요한 측면인 '좌절에 대한 참을성' 은 2세경에 나타나기 시작해서 유아기에 크게 증가한다(Brides & Grolnick, 1995). 예를 들어 원하는 장난감을 가질 수 없는 좌절 상황에서 나이 든 유아는 어린 유아보다 잘 참는다. 아동기에는 충동적인 욕구나 행동을 억제할 수 있는 자기 통제 능력이 급격하게 증가하는데, 성숙한 인간으로 성장하는 과정에서 매우 중요한 의미가 있다. 자기 통제 능력은 청년기 자아존중감, 성인기의 직업적 성공과 대인관계에서의 성공을 예측할 수 있는 특성과 관련이 있다(Newman, Caspi, Moffitt, & Silva, 1997).

2 >>> 기 질

기질에 대한 연구는 여러 학문 분야에서 이루어졌다. 많은 기질연구가들의 일치된 특성으로는 기질이 인간 행동의 특성이라는 점과 안정성을 가지고 있고, 개인차가 있다는 것이다.

아동의 기질은 영아 초기에 나타나는 행동과 정서적 반응부터 초점을 맞추어야 한다. 발달심리학자들은 영아의 경우, 성격이라는 용어 대신 기질이라는 용어를 사용하는데 겉으로 드러난 행동을 의미하는 것이 아니고 개인적인 특질로서 다른 사람들과 구별되는 독특하고 일관적인 행동, 감정, 사고 등을 의미한다.

1) 기질의 특성

(1) 기질의 정의

오늘날 발달심리학에서 많이 쓰이는 용어 중 하나로 기질(temperament)은 다양하게 정의가 내려지고 있다. 기질에 대한 과학적 연구는 2명의 정신과 의사 Thomas, Chess와 소아과 의사 Birch(1968)에 의해 시작하여 더욱 활성화되었다. 이들은 기질에 있어서 태어날 때부터 안정적으로 지속되는 특성을 찾기 위하여 1956년부터 141명의 아동을 대상으로 뉴욕 종단적 연구(New York Longitudinal Study: NYLS)를 하였다. 영아기부터 성인기 초기에 이르기까지 여러 특질에 관해 추적하여 조사를 한 결과 '기질(temperament)'은 처음부터 갖고 태어나는 것이고, 영아의 기질적 특성이 환경 자극에 의해 상처와 스트레스를 쉽게 받는 아동들을 파악하는 데 중요한 요인이 된다는 결론을 내렸다. 물론 특별한 경험이나 부모의 양육태도에 따라 아동들이 초기 행동양식에서 변화를 보이는 것도 발견하였다(Thomas & Chess, 1986).

기질에 대한 개념을 크게 세 가지 측면에서 살펴보면 첫째, 성격심리학적 접근에서는 기질을 생애초기에서부터 나타나는 유전적인 성격 특성으로 정의하였다(Buss & Plomin, 1975). 둘째, 아동의 개인차 연구 분야에서는 기질의 정서적인 측면을 강조하여 기질을 환경적 자극에 대한 정서 반응의 질과 강도에서 안정적으로 나타나는 개인차로 해석하였고(Goldsmith, 1987), 개인의 정서적 반응 또는 환경과 상호작용하는 데 있어서의 행동양식(Carey, 1981)으로 보았다. 셋째, 발달맥락적 조망에 기초가 되는 개별적 접근에서는 기질을 출생 초기에 나타나는 행동양식으로 정의하였다(Thomas & Chess, 1977).

이와 같이 기질은 타고난 생물학적 요인을 기초로 환경과의 상호작용을 통해 한 개인의 독특한 행동양식으로 표출되는 것이다.

(2) 기질의 유형

아동은 태어날 때부터 개인차가 크고 개성이 뚜렷한 것을 볼 수 있다. 동일한 부모와 환경에서 자라나는 형제자매이지만 임신했을 때 태동에서부터 차이가 있고, 자녀를 차이가 나지 않게 길러도 너무나 다른 아이로 크는 경우가 많다. 이것은 여러 자녀를 키워 본 부모라면 모두 동감할 것이다.

표 10-1 기질의 9가지 범주

1	활동성(activity)	일상생활에서의 젖 먹기, 목욕 등의 신체활동량
2	규칙성(rhythmicity)	수유, 배설, 수면 주기의 규칙성
3	주의산만성(distractibility)	외부 사건이나 자극에 의해 행동을 변화시키는 정도
4	접근/회피성 (approach/withdrawal)	새로운 사람이나 사건에 반응 또는 회피함
5	적응성(adaptability)	환경의 변화에 대한 적응의 용이함
6	주의집중과 지속성 (attention span and persistence)	활동의 지속 시간과 방해가 있을 때도 활동을 계속하는 정도
7	반응의 강도(intensity)	자극에 대한 긍정적/부정적 반응 강도 또는 에너지 수준
8	반응역치(threshold)	어떤 반응을 유발하는 데 필요한 자극의 강도
9	기분(mood)	즐겁고 행복한 긍정적인 반응과 불쾌하거나 부정적인 반응의 비율

Chess와 Thomas는 기질의 개인차를 연구한 결과 기질을 구성하는 요소를 〈표 10-1〉과 같이 9가지 범주로 나누어 설명하였다(Chess & Thomas, 1977; Thomas & Chess, 1991).

Chess 와 Thomas는 이 9가지 기질 범주에 기초해 아동의 다양한 반응들을 크게 순한(easy) 기질, 까다로운(difficult) 기질, 그리고 느린(slow to warm up) 기질이라고 하여 세 가지 유형으로 구분하였다(Chess & Thomas, 1977; Thomas & Chess, 1991).

1 순한 아동(easy child)

약 40%의 아동이 이 유형에 해당된다. 수면, 음식섭취, 배설 등의 일상적인 활동들이 규칙적이고, 밝고 명랑한 성격으로 낯선 사람에게도 친숙하게 대하며, 새로운 환경에 쉽게 적응한다. 일반적으로 행복하고, 우호적이며, 예측 가능하고, 적응적이다.

순한 아동과 까다로운 아동

2 까다로운 아동(difficult child)

약 10%의 아동이 이 유형에 속한다. 순한 아동과 반대로 일상적인 활동이 불규칙하고, 환경으로부터의 자극이나 욕구좌절에 대한 반응강도는 강하여 크게 울거나 짜증을 많이 내는 부정적인 반응을 강하게 보인다. 또한 새로운 음식을 받아들이는 속도는 늦고, 낯선 사람에게 의심을 보이며, 환경의 변화에 대한 적응도 오랜 시간이 걸린다. 일반적으로 부정적인 정서를 자주 보이고, 예측할 수 없으며, 매우 활동적이다.

3 느린 아동(slow to warm up child)

약 15%의 아동이 이 유형에 속하는 것으로 보고되고 있다. 수면, 음식섭취, 배설 등의 일상적인 활동들은 까다로운 아동보다 규칙적이지만, 순한 아동보다는 불규칙하다. 비활동적이고, 자극에 쉽게 반응하지 못하며, 상황의 변화에 대한 적응력이 늦다. 전반적으로 낯선 사람이나 사물에 부정적인 반응을 나타내지만 반응의 강도가 약하고, 예측 가능하지만 새로운 상황에는 움츠러들고 두려워하기 때문에 반복해서 경험한 후에야 참여한다.

모든 아동이 반드시 이 세 가지 유형 중 어느 하나에 해당되는 것은 아니며, 나머지 약 35%의 아동은 활동성과 규칙성, 긍정적인 정서 등에서 또 다른 독특한 기질을 보이거나 기질 특성이 혼합된 유형을 나타내 보이기도 한다.

2) 기질의 안정성

기질은 시간적으로 얼마나 안정적인가? 한 개인의 기질 안정성은 7~8세까지 높은 것으로 보고되고 있다(Sanson & Rothbart, 1995). 많은 기질연구가들은 기질을 영아기부터 성인기까지도 지속되는 안정된 특성으로 믿는다(Rothbart & Bates, 1998; Caspi & Silva, 1995; Rothbart, Derryberry, & Posner, 1994; Buss & Plomin, 1984). 특히 친숙하지 않은 사람이나 상황에 대해 위축되는 경향을 보이는 행동억제(behavioral inhibition)는 영아기에 심한 경우 아동기에도 지속적으로 나타남에 따라 성인기까지 지속된다고 결론을 내렸다(Kagan, 1992; Kagan, Arcus, Snidman, Feng, Hendler, & Greene, 1994). 뉴질랜드에서 수행된 한 종단 연구에서도 3세에 측정된 몇 가지 기질 요소들이 3~18세 사이에 어느 정도 안정적일 뿐 아니라, 비사회적 경향성에서의 개인차가 18~21세 사이의 대인관계와 가족의 질을 예측한다고 보고하였다(Caspi & Silva, 1995; Henry, Caspi, Moffitt, & Silva, 1996; Newman et al., 1997). 우리나라의 경우, 2~4세 아동의 행동억제에 관한 단기종단연구(정옥분 · Rubin · 박성연 · 윤종희 · 도현심, 2003)에서는 2세와 4세라는 2년의 기간 동안 극단적인 행동억제를 보이는 유아들의 경우에만 지속성이 있는 것으로 나타났다. 이러한 결과는 유전적으로 많은 영향을 보이는 것으로 보이는 기질 특성도 환경의 영향에 의해 변할 수 있다는 것을 의미한다. 그러나 모든 개인들이 기질적으로 안정적인 것은 아니다. 행동적 억제에서 가장 높게 억제되거나 낮게 억제되는 아동들만이 장기적인 기질의 안정성을 보였을 뿐, 대부분의 다른 아동들은 시간이 흐름에 따라 억제 수준에 있어 많은 변화를 보였다. 이는 유전적으로 영향을 받는 기질의 측면들이 환경적 영향에 의해서도 변화할 수 있음을 보여주는 것이다.

위의 연구결과들을 자세히 분석해 보면, 대체로 이러한 기질적 안정성, 즉 한 시기에서 측정한 기질 점수와 다른 시기에 측정한 기질 점수 간의 상관관계는 기질 점수가 극단적으로 높거나 낮았던 집단을 제외하고는 그리 높지 않다(박성연, 1998)는 것을 알 수 있다.

3) 기질과 적응

적응(adjustment)은 사회적인 관계 속에서 주어진 기대에 얼마큼 부응하여 행동하는가를 의미한다. 기질과 적응은 직접적인 관계가 있어서 적응에 관한 개인차가 아동의 기질로 많이 설명되고 있다(Rothbart & Bates, 1998).

생의 초기에 나타나는 행동 경향성인 기질은 시간의 흐름에 안정적이고, 아동이 타인 및 환경과 맺는 관계, 사회적 발달에 많은 영향을 미치고 아동의 사회적 행동을 예측하는 주요한 변인 중 하나이다. 아동의 기질은 다양한 장면에서 적응에 영향을 미친다. 구체적으로 영아기에 까다로운 기질로 분류된 아동은 다른 기질의 아동에 비해 문제 행동을 많이 보이는데(Garrison, Earls, & Kindel, 1984), 형제자매와 또래들과의 상호작용에서 충동적이고 짜증을 내거나 공격적이어서 유치원이나 학교에서 부적응 행동을 보인다(Lytton, 1990; Garrison et al., 1984; Thomas, Chess, & Korn, 1982). 반면, 더딘 기질의 아동은 다른 종류의 적응 문제를 보인다. 예를 들어 새로운 활동과 도전을 하는데 주저하는 행동은 또래로부터 무시되거나 묵살될 수 있다(Chess & Thomas, 1984). 그러나 더딘 기질의 아동은 처음에는 적응을 잘못하지만 시간이 지나면 서서히 적응을 한다.

아동들은 각자의 기질적인 특성에 따라 서로 다른 독자적인 양육의 요구를 갖기 때문에 아동의 기질에 적합한 양육을 해야 한다. 예를 들어, 까다로운 아동은 그러한 성향으로 인해 나타날 수 있는 부적응 문제행동을 최소화할 수 있도록 하는 부모의 양육이 필요하다. 내성적인 아동은 사교적인 아동과는 다른 방식으로 양육하여야 하며, 같은 양육 유형도 아동의 기질에 따라 다른 결과가 나타나기 때문에 아동 개인별 기질에 따른 맞춤 양육으로 아동의 적응을 도와야 한다.

4) 기질과 양육태도

우리 속담에 "우는 아이 젖 준다"는 말이 있다. 까다로운 기질의 아동은 부모로 하여금 자녀를 양육하기 힘들게 하고 고통스럽게 만든다. 반면 순한 기질의 아동은 욕구를 표현하지 않아 부모로부터 무시되기도 한다. 대담하거나 수줍어하는, 느리거나 빠른, 내성적이거나 외향적인, 수동적이거나 적극적인, 리듬이 불규칙적이거나 규칙적인 이러한 아동의 기질 특성은 태어나면서부터 바로 양육자와의 상호작용에 영향을 미친다.

아동이 속한 문화는 양육자의 기대와 가치를 구성하는 것과 마찬가지로 아동의 기질을 형성한다(Rothbart & Bates, 1998; Sameroff, 1994). 집단마다 성격 특성에 대한 가치가 다르며, 이는 양육자가 개별 아동의 기질을 어떻게 느끼는지에 영향을 미친다. 따라서 사회화 과정에 있어 아동의 기질이 부모의 양육과 어떤 식으로 조화되는지가 중요하게 영향을 미치는 요인이다.

아동의 초기 기질은 때로는 이후 삶으로 이어지고 때로는 이어지지 않는다(Thomas & Chess, 1986; Chess & Thomas, 1984). 다른 말로 하면, 기질은 변할 수 있는데, 변화를 결정하는 한 가지 요인으로 아동의 기질 유형과 부모가 사용하는 자녀-양육의 패턴 간 '조화의 적합성(goodness of fit)'이 있다. 조화의 적합성이란, 아동의 기질적 반응 유형과 물리적 · 사회적 환경 간의 조화를 말하는 것으로, 기질과 환경적인 압력이 어떤 식으로 어울려 바람직한 결과를 가져올 수 있는가 하는 문제와 관련되는 개념이다(Thomas & Chess, 1977). 즉 아동들은 각자의 기질적인 특성에 따라 독자적인 양육의 요구를 갖기 때문에 아동의 기질에 적합한 양육으로 아동의 적응을 도와야 한다. 이 때 아동의 사회적 상호작용은 아동의 기질 특성들이 환경의 요구나 기대와 일치하는 정도에 따라 영향을 받는다(Sanson & Rothbart, 1995).

기질과 자녀-양육 간의 이상적인 조화를 생각해 보고자 한다. 먼저 짜증을 많이 내는 부정적인 정서를 자주 보이고 행동을 예측할 수 없으며 새로운 일상에 적응하는 데 어려움을 갖는 까다로운 기질의 아동일 경우, 제인 구달의 침팬지 '플로' 처럼 만일 부모가 평온하고 약간의 제한을 통해 느긋하게 반응하도록 허용한다면, 덜 까다롭고 보다 잘 적응하게 된다. 실제로 부모의 인내심 있고 민감한 양육을 경험한 많은 까다로운 기질의 아동들은 아동기나 청소년기에 더 이상 까다로운 기질로 분류되지 않는다(Chess & Thomas, 1984). 그렇지만 부모의 제지에 대해 저항하는 매우 활동적이고 변덕스런 아동에게 인내심 있고 민감하게 된다는 것은 결코 쉬운 일이 아니다. 대부분의 부모들은 까다로운 아동에 대해 성급하고 요구적이며 인내심이 없이 처벌하는 경우가 많다(van den Boom, 1995). 예를 들어, 규칙적인 습관을 가진 어머니는 아이의 불규칙한 리듬을 고려하지 않고 정해진 시간에 재우고 수유를 하려고 한다. 또한, 내성적인 어머니는 매우 활동적인 아이를 오랜 시간 동안 방에 조용히 앉아 있게 하거나 정적인 활동만을 허용하는 경우도 있을 수 있다. 이와 같은 부조화는 아동과 어머니 모두에게 갈등과 긴장을 불러일으킨다. 이러한 부모의 행동이나 태도는 자녀와 열악한 적합성을 보이게 되어 아동들은 자극의 반응강도가 더욱 강하게 되며, 부모의 강제적이고 처벌적인 전술에 대해 저항적으로 반응하는 경향이 있다. 이와는 대조적으로, 변화에 적응하는 데 어려움을 갖는 까다로운 기질의 아동에게 부모가 인내심을 가지고 서서히 새로운 변화를 경험하도록 기다려준다면 이후 아동기나 청소년기에는 까다로운 특성이 지속되지 않을 수 있다(Chess & Thomas, 1984). 따라서 특히 까다로운 아동은 그러한 성향으로 인해 나타날 수 있는 부적응 행동을 최소화할 수 있도록 하는 부모의 양육이 필요하다. 결국, 아동의 기질과 환경적 요구가 잘 맞지 않는 부모의 양육 간의 부조화(poorness-of fit)는 아동의 부적응 행동을 악화시키는 한편, 아동의 기질과 부모의 양육 특성이 조화를 이룬 상호작용이 이루어질 경우에는 타고난 기질에 관계없이 바람직한 발달을 이룰 수 있다. 한편 내성적이고 수동적인 아동은 외향적이고 적극적인 아동과는 다른 방식으로 양육하여야 하며, 같은 양육 유형도 아동의 기질에 따라 다른 결과가 나타나기 때문에 양육자는 아동의 기질을 이해하고, 이에 적절한 양육방식을 견지해야 한다. 다시 말해, 아동의 개별 특성에 민감하고 융통성 있게 대처해야 한다. 아동의 개별적인 기질적 특성이 어떤지는 아동과 그 아동을 둘러싼 환경이 얼마나 조화를 이루는가에 달려 있으므로 이를 아동만의 문제로 간주하거나 아동의 부적응 행동에 대해 부정적인 반응을 해서는 안 된다. 또한 어떤 부모는 아동의 부적응 행동에 대해 자신들에게 전적인 책임이 있다고 자책하는데, 이 때 아동의 행동 방식이 타고난 기질로부터 발현된다는 것을 이해한다면 불안감이나 죄책감을 감소시키는 데 도움이 될 수 있다. 아동의 기질 특성에 따른 양육방식을 정리하면 〈표 10-2〉와 같다.

●표 10-2● 아동의 기질 특성에 따른 양육방식

1	활동이 적은 아동	• 주어진 시간 안에 충분히 달성 가능한 현실적인 과제 주기 • 아동이 늦을 경우에는 다그치거나 비난하지 않기
2	활동이 많은 아동	• 에너지를 발산시킬 수 있는 운동을 격려해서 감정을 풀 수 있는 기회 제공하기 • 주의를 다른 곳으로 돌리는 기술을 가르치고 연습시키기
3	변화에 적응이 늦은 아동	• 날마다 일상 활동을 일관성 있고 예측가능하게 계획해 주기 • 불필요한 변화를 피하지만, 불가피하다면 미리 아동이 준비할 수 있도록 하거나 앞으로 닥칠 변화에 아동을 짧게, 자주 노출시키기
4	처음에 움츠러드는 아동	• 새로운 것은 점진적으로 제시하기 • 미리 아동에게 말을 해 주고, 아동의 진도에 맞춰 진행하기
5	부주의하고 산만한 아동	• 과제, 지시와 설명을 가능한 짧고 단순하게 하기 • 대화의 방법은 아동의 이름을 부르고 눈을 맞추며 명확하게 말해준 뒤 다시 정리해 주기
6	부정적 감정을 나타내는 아동	• 아동의 부정적 감정은 부분적으로 타고난 기질임을 이해하기 • 기분을 상하게 만드는 기대나 요구를 조절하고 긍정적인 반응을 칭찬하고 격려하기
7	사소한 자극에도 예민한 아동	• 자극 정도를 줄여주고 문제를 예상하여 아동을 미리 준비시키기 • 아동의 취향이나 선택을 존중해 주기
8	강한 감정을 표현하는 아동	• 참을성 가르치기 • 적절한 반응에 대해 모델링이 되어주고 아동의 행동에 대한 일반적인 의견 말해주기
9	불규칙한 아동	• 아동이 준비되지 않은 상황에서 먹고, 자는 것을 강요하지 않기

아동들은 각기 다른 기질을 가지고 태어난다. 그 기질이 유지되기도 하고, 부모의 양육 태도 등 후천적 요인에 의해 변하기도 한다. 기질은 성격의 기초가 되기 때문에 매우 중요하며 기질에 따른 올바른 육아법이 선행되어야 올바른 성격형성을 할 수 있다. 따라서 부모는 자녀의 타고난 기질을 잘 이해하는 한편, 그 기질을 어떻게 좋은 방향으로 이끌어줄 것인가를 생각해야 한다.

아동의 여러 가지 기질을 부모의 눈에서 바라보면 단점으로 보일 때가 많다. 또한 다른 기질로 바꿔 줄 수는 없을까 고민하는 부모들이 많다. 중요한 건 부모의 관점이 달라져야 한다는 것이다. 즉 산만한 아동의 기질을 '산만하다' 라는 하나의 부정적 정의로 보지 말고, '사물과 여러 사건에 관심이 많다' 로 생각하는 것이다. 긍정적인 잣대로 자녀를 바라보고 그 부분을 긍정적으로 최대한 바꿀 수 있도록 도와준다면 자녀의 기질이 장점이 되어 숨겨진 능력을 찾을 수 있을 것이다. 즉, 장점을 살리고 아동 특성에 맞게 개인화된 양육방식을 선택해야 한다.

3 >>> 애 착

애착(attachment)은 한 개인이 자신과 가장 가까운 사람에 대해서 느끼는 강한 감정적 유대관계를 뜻한다(Bowlby, 1958; Ainsworth, Blehar, Waters, & Wall, 1978). 애착 형성은 모든 영아의 공통적인 특성일 뿐 아니라 출생 후 1년 이내에 영아와 어머니 또는 양육자와 이루어지는 애착 형성의 결과가 후에 발달하는 정서적 안정성과 대인관계의 중요한 기초가 되기 때문에 중요하다.

Harlow와 Zimmerman(1959)의 원숭이 실험에 의하면 철사와 헝겊으로 된 어미 원숭이와의 접촉시간은 어떤 어미에게서 수유를 받았는지와 관계없이 헝겊으로 된 어미 원숭이를 더 좋아하는 것으로 나타났다. 공포스러운 상황에서도 헝겊으로 된 어미 원숭이에게 달려가 매달리는 연구 결과로 보아 배고픔과 같은 일차적 욕구 충족과 관계없이 애착은 발달하고, 수유가 애착형성에 결정적 요인이 아니라는 것을 알 수 있다.

Harlow의 연구에 기반을 둔 Bowlby의 애착 이론은 영아가 선천적으로 양육자에게 울기, 미소 등과 같은 반응을 보내는 능력을 가지고 있으며 양육자 또한 영아와의 접촉을 통해 애착이 발달된다고 보았다.

1) 애착 형성의 단계

영아가 양육자와의 애착을 어떻게 형성해 나가는지 Schaffer와 Emerson(1964)은 다음과 같이 네 단계로 분류하고 있다.

(1) 비사회적 단계(0~6주)

매우 어린 영아는 많은 종류의 사회적 또는 비사회적 자극에 호의적인 반응을 보이고 거의 어떤 저항도 보이지 않는다는 점에서 '비사회적' 이다. 영아는 미소를 띤 얼굴로 사회적 자극에 대한 선호를 나타내기 시작한다.

(2) 비변별적 애착 단계(6주~6 · 7개월)

이제 영아는 말하는 봉제 인형보다 사람을 더 좋아하지만 다소 비변별적이다. 3~6개월에는 친숙한 양육자에 대해 더 큰 웃음을 보여주지만 낯선 이를 포함한 누군가로부터 받는 주의를 즐기는 듯이 보인다.

어머니와 안정애착된 영아

(3) 특수 애착 단계(약 7~9개월)

7~9개월 사이에 있는 영아는 특별한 한 개인(양육자)으로부터 분리되었을 때만 저항하기 시작한다. 그 대상은 대개 어머니이고 어머니 뒤를 따라다니려 하고 어머니가 돌아오면 따뜻하게 맞이하지만, 낯선 이들에 대해서는 다소 경계한다. Schaffer와 Emerson(1964)에 따르면, 이런 아기들은 최초의 진짜 애착을 형성한 것이다.

(4) 다인수 애착 단계

18개월이면 소수의 영아만이 단지 한 사람에게 애착되고, 몇몇은 다섯 이상의 사람에게 애착된다.

2) 애착의 유형

Bowlby의 견해를 지지하는 Ainsworth는 애착을 측정하기 위해 '낯선 상황' 이라는 실험을 실시하였다. 낯선 상황은 8개의 일화(〈표 10-3〉 참조)들로 되어 있으며 영아와 어머니의 분리와 재회의 과정을 통해 애착 형성을 네 가지 유형으로 구분하였다(Ainsworth et al., 1978).

(1) 안정 애착(secure attachment)

1세 된 영아들 중 약 60~65%가 안정 애착 유형에 속한다. 안전하게 애착된 영아는 어머니와 단둘이 있는 동안 적극적으로 탐색하고 분리가 되면 눈에 띄게 혼란스러워질 수 있다. 영아는 어머니가 돌아왔을 때 어머니를 따뜻하게 맞이하고, 만일 심하게 스트레스를 받았다면 어머니와 물리적 접촉을 하려 하는데, 이것은 스트레스를 완화하는 데 도움을 준다. 영아는 어머니가 있으면 낯선 이들과도 잘 지낸다.

(2) 불안정 회피 애착(insecure-avoidant attachment)

1세 된 영아들 중 약 20%가 불안정 회피 애착 유형에 속한다. 이 영아들은 어머니와 분리되었을 때 스트레스를 덜 받을 뿐만 아니라 어머니가 주의를 끌려고 할 때조차도 돌아서서 어머니를 무시한다. 회피 영아는 낯선 이들에 대해 다소 사회적이지만 어머니를 회피하거나 무시하는 것과 동일한 방식으로 회피하거나 무시할 수도 있다.

(3) 불안정 저항 애착(insecure-resistant attachment)

1세 된 영아의 약 10~15%가 불안정 저항 애착 유형을 보인다. 이 영아들은 어머니 가까이에 머물려고 하지만 어머니가 있을 때 거의 탐색하지 않고, 어머니가 떠나면 매우 스트레스를 받는다. 어머니가 돌아와도 저항 영아들은 양가감정을 가지며, 낯선 이들에게는 어머니가 있을 때조차도 아주 경계한다.

(4) 불안정 혼란 애착(insecure-disorganized attachment)

1세 된 영아의 5~10%가 불안정 혼란 애착 유형의 특징을 보인다. 이 영아들은 어머니에게 접근할지 또는 회피할지에 대한 갈등을 반영하는 저항적 유형과 회피적 유형이 복합되어 반응을 보인다. 어머니와 재회했을 때 이 영아들은 멍하고 얼어붙은 듯이 행동하거나 어머니 가까이로 움직이다가 어머니가 가까이 오면 멀리 피한다. 혹은 양쪽 유형을 보일 수도 있다.

애착의 질은 불안감을 느끼는 상황에서 아동이 보이는 애착행동에 대해 어머니가 어떻게 반응했느냐에 따라 구분된다. 즉, 울거나 어머니에게 접근할 때 민감하게 반응하며 정서적으로 언제든지 위로를 얻을 수 있는 양육을 경험한 아동들은 어머니와 안정적인 애착을 형성하고 있는 반면, 아동의 신호를 무시하거나 일관성이 없이 자기 멋대로 반응하는 양육을 경험한 아동들은 어머니와 불안정 회피 애착이나 불안정 저항 애착, 불안정 혼란 애착을 형성하게 된다. 애착은 아동의 애착행동에 대해 어머니가 어떻게 반응했느냐 하는 어머니와 아동 관계의 질적인 차이를 나타내므로, 애착행동 자체만으로 평가하지 말고 아동이 환경에서 느껴지는 안전감 정도에 따라 어떻게 애착행동과 탐색행동의 균형을 이루고 있느냐로 평가해야 한다.

〈표 10-3〉은 Ainsworth와 그의 동료들(1978)의 '낯선 상황 절차(Strange Situation Procedure)' 이다. 낯선 상황 절차란 점점 더 큰 스트레스를 경험하게 되는 8개의 일화로 구성되어 있으며, 낯선 놀이방에서의 분리 및 재회 상황에서 아동이 보이는 행동을 통해 애착관계를 측정한다. 첫 번째를 제외한 모든 일화는 3분간 지속이 되나, 극도로 불안해하는 아기의 경우는 분리 일화는 축약되고 재회 일화는 확대된다.

● 표 10-3 ● 낯선 상황의 8가지 일화

일화No.	등장인물	행동 기술
1	관찰자 어머니 아기	관찰자가 어머니와 아기를 장난감과 여러 가지 놀이기구들이 있는 실험실에 인도한 후 남겨두고 나간다.
2	어머니 아기	어머니는 아기가 방안을 탐색하도록 둔다. 아기가 아무것도 하지 않을 때는 2분이 지난 후 놀이를 하도록 격려한다.
3	낯선이 어머니 아기	낯선이가 들어온다. 최초의 1분은 침묵, 두 번째 1분은 낯선이가 어머니와 대화, 세 번째 1분은 낯선이가 아기에게 접근, 3분이 다 지난 후 어머니가 가만히 방을 나간다.
4	낯선이 아기	첫 번째 격리로, 낯선이의 행동은 아기의 행동에 맞추어 조정한다.
5	어머니 아기	첫 번째 재회로, 어머니가 아기를 반기거나 달랜 후, 아기가 다시 놀이를 하도록 도와준다. 그런 다음 어머니가 '안녕'이라고 말하며 방을 나간다.
6	아기 혼자	두 번째 격리이다.
7	낯선이 아기	두 번째 격리의 계속, 낯선이가 들어와서 아동의 행동에 맞추어 행동한다.
8	어머니 아기	두 번째 재회로, 어머니가 들어와서 아기를 반기고 안아준다. 그 사이에 낯선이는 가만히 방을 나간다.

출처: Ainsworth, Blehar, Waters, Wall (1978)

Chapter 11

자아개념 및 성역할 발달

미리 보기

이 시대의 여주인공, Oprah Winfrey

인기와 존경, 명예, 돈 모두를 얻은 Oprah Winfrey는 이 시대 가장 성공적인 삶을 살아가고 있는 여성 중 한 명이다. 그녀는 최초의 흑인 앵커이자 보그지의 패션모델이었고, 영화 〈컬러 피플〉에 출연해 아카데미 여우조연상을 수상한 배우이기도 하다. 현재 그녀는 미국 내에서 뿐만 아니라 세계적으로 인기 있는 오프라 윈프리 쇼의 진행자로 사랑받고 있으며, 방송, 영화, 출판을 아우르는 종합 미디어 그룹 하포(Harpo: Oprah의 역순) 엔터테인먼트 대표로 일하고 있는 진정한 커리어우먼이다.

그 밖에도 명예스러운 일과 업적들은 많다. 1993년에는 역경을 극복하고 자신의 분야에서 지도자로 성공한 이들에게 수여하는 '호레쇼 알저 상'을 수상했으며, 2004년 유엔 선정 올해의 지도자상을, 2005년에는 미국 인권 박물관이 매년 인권운동에 힘써 온 사람에게 수여하는 '자유상'을 수상했으며 2006년에는 AP 통신 여론 조사에서 가장 본받고 싶은 인물 1위에 올랐다.

Oprah Winfrey는 한 해 벌어들이는 돈이 엄청난 만큼 그 경제력을 적극적인 봉사활동에 쓰고 있다. 그녀는 4천만 달러를 들여 남아프리카공화국 요하네스버그 남쪽 헨리 온 클립이란 작은 마을에 오프라 윈프리 리더십 아카데미를 설립했다. 이 학교는 152명의 가난한 남아프리카 소녀들에게 좋은 환경에서 질 높은 교육을 전액 무료로 제공하여 더 나은 미래를 살아갈 수 있도록 돕고 있다. 이렇게 그녀는 현재 미국 사회에 가장 영향력 있는 유명 인사로 자리매김하고 있다.

이와 같이 성공적인 삶을 이루어낸 Oprah Winfrey지만 그녀의 어린 시절은 누구도 상상하기 힘든 불우한 환경이었다. 미시시피의 작은 시골 마을에서 사생아로 태어나 지독한 가난 때문에 주변 사람들에게 '거지' 소리를 듣고 살았으며, 9살에 강간과 성폭행을 당하고, 14살에는 미혼모로 아이를 낳기까지 했다. 그리고 2주 만에 아이가 죽는 아픔을 겪었다. 그 이후 마약에 손을 대 사람들의 손가락질을 받았으며, 100kg의 뚱뚱한 몸매로 고민에 빠졌었다. Oprah Winfrey는 흑인에다 사생아였고, 가난했고, 미혼모였으며, 뚱뚱했다. 그러나 그녀는 "그래서? 그게 뭐 어쨌다고" 라고 되뇌이며, 당당히 시련을 겪고 일어서서 현재 '신화가 된 여자 Oprah Winfrey'로, '토크쇼의 여왕, Oprah Winfrey'로 불려지고 있다.

그녀의 대단한 성공 비결은 무엇일까? 그것은 무엇보다도 끊임없는 지적 탐구이다. 어릴 때부터 계속된 엄청난 양의 독서가 비참한 자신의 인생에 용기와 극복의 힘으로 성공의 밑거름이 되어 주었다. 오늘날 그녀는 '출판업계의 마이다스'로 불리우며, 그녀가 괜찮다고 추천하는 책은 순식간에 베스트셀러가 된다. 또한 그녀의 뛰어난 말재간과 암기력, 그리고 무엇보다도 고난을 통해

쌓여진 강인함과 당당함, 진솔하면서 사려 깊고, 정신적인 삶을 추구한 그녀의 성격과 태도가 오늘날 전 세계가 인정하는 쇼 진행자로 성공하게 했다. 그리고 자신의 불행과 아픔으로 얻어진 성숙을 불행에 처한 사람들을 위한 수많은 봉사활동으로 실천하면서 '노블리스 오블리제'의 극치를 보여주어 존경받고 있다.
우리나라 여대생들에게 역할 모델이 누구냐고 물어보면 보통 열에 한둘은 Oprah Winfrey라고 대답한다고 하니 그녀의 영향력은 이미 국적, 인종, 민족을 완벽하게 뛰어넘었다고 해도 과언이 아니다.

Oprah Winfrey는 단순한 유명 엔터테이너가 아닌, 성과 피부색을 뛰어넘어 모든 사람들이 이루고 싶어하는 꿈의 대상이다. 어린 시절 그녀는 부정적인 자아개념이 형성될 조건들로 휩싸여 있었으며, 학창시절까지 상처투성이인 삶이었다. 그러나 그러한 삶의 경험은 그녀가 성공을 향한 의지를 키우는 데 원동력이 되었다. 그 동안은 착하고 순종적인 여성을 사회적인 표준으로 삼아왔다. 그러나 지금은 Oprah Winfrey처럼 당당한 여자, 강한 여자가 사회에서 성공하고 있다. 남성의 고유영역이 없어지고, 심지어 그러한 영역에서 오히려 우먼파워가 두드러지고 있다.

이 장에서는 자아개념의 정의, 자아개념의 발달, 자아존중감, 성역할 발달이론 및 성유형화의 발달적 성향에 대해 살펴보고자 한다.

1 >>> 아동의 자아개념

"나는 누구인가"라는 물음에 어떻게 답할 것인가? 이와 관련해서 심리학자들은 자아라고 부르는 개념을 소개하면서 언제부터, 어떻게 그것이 생겨나며, 성장하면서 자아가 어떻게 발달하고 변화하는지 등에 관심을 가져왔다. 자아에 대한 이해는 다른 사람들과 접촉하면서 경험하는 것에서 시작된다. 즉, 자아개념은 사회적 상호작용 속에서 발달하며 인생 전반에 걸쳐 여러 차례 변화를 겪는다.

1) 자아개념의 정의

자아개념에 대한 정의는 학자마다 다양하다. 자아개념을 처음으로 소개한 James는 '자아는 이원성을 가지고 있다' 고 주장하면서 주체로서의 자아는 'I' 로, 객체로서의 자아는 'Me' 로 규정하였다. 즉, 그는 경험하고, 생각하고, 지식을 구성하는 주체로서의 자아와 타인이 생각하는 객체로서의 자아가 있다고 보았다. 이와 같은 신념과 더불어 James는 자아를 '인간이 자신의 것이라고 할 수 있는 모든 것' 으로 정의했다(Shaffer, 1988).

Rogers는 자아개념을 '개인의 의식 속으로 들어올 수 있도록 용인된 자아지각의 조직된 형태' 라고 정의하고, 개인은 이러한 자아개념을 계속 유지하고 환경적 요인이 허용하는 한 그 자아를 실현하고 신장시키려는 경향이 있다고 말한다. Felker는 자아개념을 개인이 자신에 대해서 갖는 모든 관점이라고 정의하고 이러한 관점은 개개인에 따라 독특한 것으로서 개인이 자신에 대해서 가지는 지각, 관념 및 태도의 세 요인으로 구성되어 있다고 하였다(김경중 외, 2006). 또한 정옥분(2002)은 자아개념은 자신이 독특하고 타인과 구별되는 분리된 실체라고 인식하는 데에서 발달하기 시작한다고 주장하면서 자아개념은 신체적 특징, 개인적 기술, 특성, 가치관, 희망, 역할, 사회적 신분 등을 포함한 '나' 는 누구이며, 무엇인가를 깨닫는 것으로 정의한다.

Allport는 자아라는 용어 대신 '고유 자아' 라는 용어를 사용했는데 이는 우리가 자신을 중요하고 따뜻하게 그리고 중심적으로 느끼는 인식된 자아이다. 그는 아동기에서 청년기에 걸친 고유 자아를 일곱 단계로 나누어 제시하였다. 이 일곱 단계는 '자아확장 감각' , '신체적 자아 감각' , '자아정체성 감각' , '자아존중 감각' , '자아상' , '합리적 적응자로서의 자기 감각' , 그리고 마지막 단계인 '고유 자아의 추구' 이다. Allport는 이들의 궁극적인 통합이 결국 주관적 지식과 감정을 가진 한 대상으로서의 '나' 의 존재, 즉 고유 자아를 형성하는 것으로 보았다(권민균 외, 2006).

이상의 정의들을 종합해보면 자아개념은 성격 특성과 관련한 신념과 신체적 특성, 능력, 가치, 목표, 그리고 역할과 같은 자신에 관한 지식의 축적이라고 할 수 있다.

2) 자아개념의 발달

신생아들의 자아지각에 대한 견해는 학자들마다 다르다. 어떤 발달학자들(Brown, 1998; Meltzoff, 1990)은 신생아들조차 주위환경으로부터 자신을 구별하는 능력을 갖고 있다고 믿는다. 이 견해에 대한 흥미로운 증거는 신생아들이 녹음한 다른 아기들의 울음소리를 들을 때는 짜증스러워했지만 자신들의 울음소리를 들을 때는 그렇지 않았는데, 이는 자신과 타인에 대한 구분이 태어날 때부터 가능하다는 것을 암시한다는 것이다(Dondi, Simion, & Caltran, 1999).

다른 발달학자들은 신생아들이 자아에 대한 자각이 없는 상태로 태어난다고 믿는다. 정신분석학자 Mahler와 그의 동료들(1975)은 신생아를 주위환경에서 자신을 분리할 이유가 없는 '알 속의 병아리' 에 비유했다. 신생아가 갖는 모든 욕구는 그들 곁에 있는 양육자들이 곧바로 충족시켜주기 때문에 주위환경으로부터 자신을 분리시킬 필요를 느끼지 않는다. 즉, 신생아들은 아직 자신과 타인에 대한 구분을 할 수 없고 자신에 대한 개념이 형성되어 있지 않다고 주장한다.

영아가 처음으로 자아인식을 하게 되는 시점을 명백하게 설정하기는 쉽지 않다. 영아와 그들의 자아감에 대한 연구의 동일한 결과들도 다른 가설을 지지하기 위해 여러 가지 다른 방법으로 해석될 수 있어서 영아들이 자아감을 갖고 태어나는지에 관한 진실은 결코 알 수 없다. 영아들은 말할 수 없기 때문에 각자의 결론에 도달하기 위해 유추와 분석을 사용해야만 하는데, 이런 모호함이 영아 대상 연구의 매력 중 하나이다.

(1) 영아기

1 자아 출현

자아의 출현에 대한 다양한 견해에도 불구하고 대부분의 학자들은 적어도 생후 2~3개월이 된 영아들은 어렴풋이나마 외부세계로부터 자신을 분리할 수 있다고 믿는다(Samuels, 1986; Stern, 1995). Piaget에 의하면 영아는 생후 첫 2개월 동안 외부의 대상보다는 손가락을 빨거나 팔을 흔드는 것과 같은 자신의 신체가 중심이 된 활동을 반복한다. 그러면서 영아들은 자신의 신체적 능력을 알아차리기 시작한다.

2~3개월 된 영아들은 모빌에 달린 끈을 잡기 위해 팔을 뻗거나 발을 차면서 흥미로운 볼거리와 소리를 만들어내고는 즐거워한다(Lewis, Alessandri, & Sullivan, 1990; Rovee-Collier, 1995). 8주 정도 되는 영아도 2~3일 후에 이 과정을 회상하여 흥미로운 동작을 해낼 수 있었다. 만약 끈이 떨어져서 더 이상 자신이 조절할 수 없게 되면, 더 세게 잡아당기거나 발로 차보기도 하면서 섭섭해 한다. 이와 같이 2개월 된 영아들은 제한적으로나마 자신이 어떤 일을 했는지 인식하고 있으며, 그들을 흥미롭게 한 사건에 자신의 책임이 어느 정도 있다는 것을 이해하는 듯했다. 따라서 영아들은 2개월 동안에 자신의 신체의 한계를 배워서 외적 사물로부터 신체적 자아를 분화시키고, 그 후 4~8개월경이 되면 외부 사물을 통제하고 조종할 수 있게 된다(최경숙, 2006).

2 자아인식

영아들은 언제 자신의 신체적 모습을 인식하고, 다른 영아들과 분리할 수 있을까? 5개월 된 영아들을 대상으로 한 연구(Legerstee, Anderson, & Schaffer, 1998)에서 또래들과 자신의 모습이 있는 비디오테이프를 보여주었을 때 친숙한 자신의 얼굴보다는 새롭고 흥미로운 또래의 모습을 더 오래 바라보았다.

그러나 다양한 특성을 갖는 자기에 대한 인식은 더 이후에 발달한다. 영아들의 자아인지 탐색을 위한 또 다른 연구(Lewis & Brooks-Gunn, 1979)에서는 9~24개월의 영아를 대상으로 코에 빨간색 루주를 발라 놓고 거울 속의 자신의 모습을 보도록 하였다. 만약 영아가 자신의 얼굴에 대한 도식이 형성되었고 거울 속의 모습을 자신으로 인식한다면 코의 빨간 점을 알아차리고 그것을 만져보거나 지우려고 할 것이다. 이 실험에서 어린 영아일수록 자아에 대한 인식이 없었다. 그들은 거울 속에 비친 자신의 모습을 마치 다른 영아인 것처럼 다루었다. 15~17개월까지의 영아들 중에는 소수만이 자아 인식을 하는 것으로 나타났고, 18~24개월 된 영아들은 대부분 자신의 코를 만지면서 얼굴에 낯선 빨간 것이 묻어 있다고 느꼈다. 그들은 정확하게 거울 속의 아이가 자신임을 인식했다. 따라서 18개월경에는 자신을 단지 분리된 것으로 보는 것뿐만 아니라 자신의 용모에 대해서도 느낌을 갖고 자기를 분명히 인식해 타인과 구별하는 능력이 시작된다고 볼 수 있다.

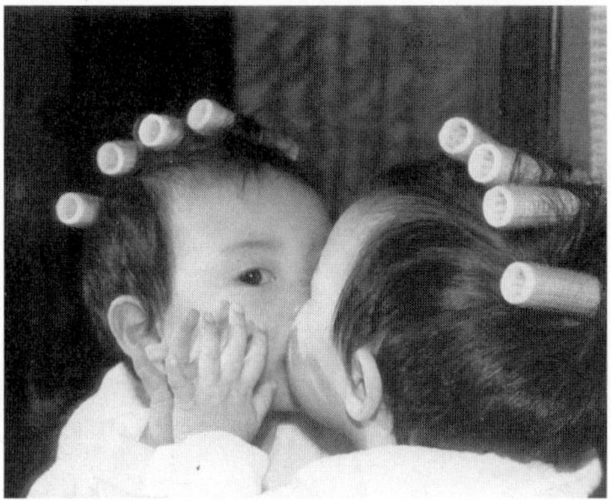

거울 속의 자신을 다른 아이로 인식하는
13개월된 영아

거울 속의 자신을 인식하는
25개월된 유아

거울을 보았던 경험이 없는 유목민족의 영아들도 빨간색 루주를 코에 바르는 실험에서 도시에서 성장한 영아들과 거의 같은 시기에 자신을 인식하기 시작했다(Priel & DeSchonen, 1986). 또한 18~24개월 된 영아들은 현재의 모습을 찍은 사진 속에서도 자신을 구별해내고 종종 사진 속의 인물에 이름을 붙일 때 '나'라는 대명사나 자신의 이름을 사용했다(Lewis & Brooks-Gunn, 1979).

위와 같은 실험들의 결과로 볼 때 18개월 이후 영아는 감각 운동적 도식을 정신적 표상으로 내재화해가는 것으로 보이며, 이는 자아인지 발달이 영아의 인지발달 수준과 밀접하게 관련된다고 볼 수 있다. 다운증후군의 아이들과 정신장애아들조차도 그들이 적어도 18~20개월의 정신적 나이에 도달한 경우에는 거울에서 그들 자신을 인식할 수 있었다.

비록 자아인식을 위해 어느 정도 수준의 인지발달이 요구되지만 사회적 경험 역시 중요하다. 사회적으로 고립되지 않고 정상적인 환경에서 길러진 침팬지는 거울 속의 자신의 모습을 쉽게 인식했으나, 사회적으로 고립되어 길러진 침팬지는 거울 속의 자기 모습을 마치 다른 동물인 것처럼 바라보았다(Gallup, 1979). 이는 사회적 경험이 자아인식 발달에 영향을 미친 것이다.

인간의 자아인식에 영향을 미치는 사회적 경험은 양육자와의 안정 애착이다. 2~3세 유아를 대상으로 자아인식 과제와 더불어 이름과 성을 알고 있는지를 측정하는 검사를 실시했다(Pipp, Easterbrooks, & Harmon, 1992). 그 결과 [그림 11-1]에서와 같이 안정애착된 2세 어린이는 불안정애착된 또래보다 자기에 대한 지식 점수가 더 높았으며, 3세 유아들은 안정애착과 불안정애착 사이에 더 큰 차이를 보였다.

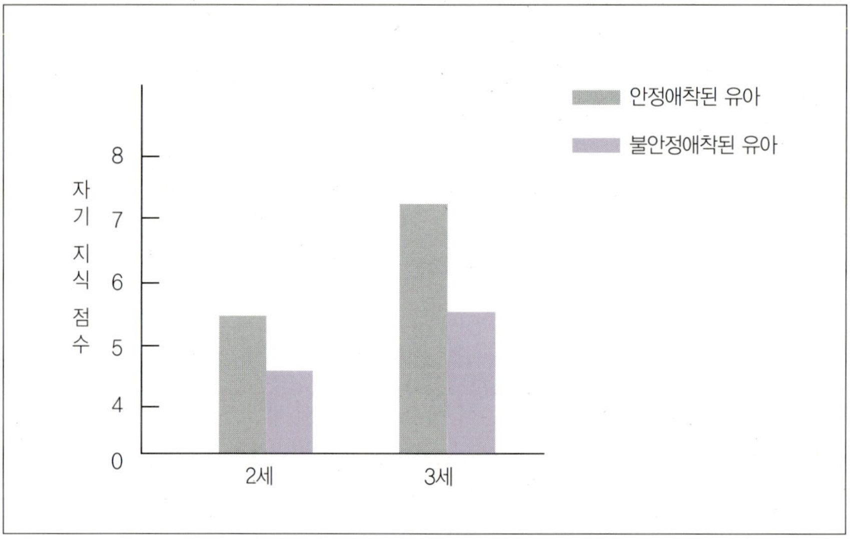

[그림 11-1] 나이와 애착 질에 따른 자기 지식 검사의 평균 점수
출처: Berk (2005)

(2) 유아기

3~5세 아이들을 대상으로 2~70세까지의 사람들 사진을 보여주었을 때 그들은 쉽게 사진 속의 사람들을 범주화해서 분류할 수 있었다. 2~6세까지의 사진에는 '남자아이'와 '여자아이'로, 7~13세까지의 사진에는 '형'과 '누나'로, 14~49세까지의 사진에는 '엄마'와 '아빠'로, 50세 이상은 '할아버지'와 '할머니'로 분류했다. 이 시기에 유아들은 자신을 정의할 때도 특정한 연령과 성별 범주에 속하는 범주적 자기로서 묘사한다.

유아기에는 자기 인식 능력이 확장되고 범주적 자아가 발달하면서 자아 개념이 구성되기 시작한다. 그러나 아직까지는 자아가 덜 분화되고, 신체적 모습, 소유물, 재주와 같은 구체적 특성들이 중심이 된다(Salkind, 2002). 3~5세 정도의 아이들에게 자신에 관하여 말해보라고 하면 주로 다음과 같이 묘사한다.

> "제 이름은 영민이고요, 나는 새 옷을 입었어요. 네 살이고요, 양치질을 할 수 있고 나 혼자 머리도 감을 수 있어요. 나는 새 장난감으로 큰 탑을 만들었어요."

특히 유아기 아이들은 소유물 및 사물에 대한 자신의 권리 주장과 관련된 행동을 통해 자아개념을 형성한다. 유아의 자아결정이 강하면 강할수록 "내 거야!"라고 주장하면서 소유욕이 더 강해지는 경향이 있다(Fasing, 2000; Levine, 1983). 이는 이기적이라기보다 사물에 대한 초기 갈등의 자아가 발달하는 모습이고 자신과 타인과의 사이에서 경계를 분명히 하려는 노력이다.

유아들은 자아감이 확고하므로 게임을 하거나 간단한 문제를 해결할 때 협동하도록 가르쳐야 한다. 예를 들어, 다정한 또래 관계를 형성시키고자 할 때 부모와 교사는 유아의 자아확신("그래, 그것은 네 장난감이야")의 상징으로서 그들의 소유를 인정하고, 다른 친구들과 함께 놀아야 한다고 강요하기보다는 협상("그렇지만 잠시 다른 친구들이 해볼 수 있도록 하면 어떨까")하도록 격려해야 한다.

(3) 아동기

아동기에는 자아개념이 더 통합되고, 아동이 사회적으로 비교를 당하면서 분화되고, 점점 분명하게 자아를 내재적이고 심리적인 특성의 구성으로 인식하게 된다. 청소년기를 통해 자아개념은 점점 추상적이고, 복잡하며 인지 정신 표상 속으로 위계적으로 조직화된다(Salkind, 2002). 아동들이 나이가 들어감에 따라 자신들에 대해 신체적, 행동적, 그리고 다른 외적인 특성을 묘사하는 데서 점점 벗어나서 자신들의 특성, 가치, 신념, 사상 같은 내적인 특성을 묘사하게 된다(Berk, 2005).

Montemayor와 Eisen(1977)은 4, 6, 8, 10, 12학년 학생을 대상으로 '나는 누구일까?'에 대한 물음에 20가지로 대답하도록 했다. 이 연구에서 어린 아동일수록(9~10세) 자신을 구체적으로 묘사했고, 청소년일수록 추상적으로 묘사했다. 다음은 9

세, 11~12세 아동들의 자신에 대한 기술이다. 이들 내용을 비교해 보면 자아개념이 연령에 따라 어떻게 변하는지를 알 수 있다.

> 9세: 내 이름은 브루스이다. 내 눈은 갈색이다. 내 머리는 갈색이다. 나는 스포츠를 좋아한다. 내 가족은 일곱 명이다. 나는 시력이 매우 좋다. 나는 친구가 많다. 나는 ○○에 살고 있다. 나는 키가 거의 7피트나 되는 아저씨가 있다. 우리 선생님은 미시즈 V이다. 나는 하키를 한다. 나는 우리 학급에서 최고로 똑똑하다. 나는 음식을 좋아한다. 나는 학교를 좋아한다.
>
> 11~12세: 내 이름은 A이다. 나는 인간이다. 나는 소녀이다. 나는 진실한 사람이다. 나는 예쁘지 않다. 나는 공부는 그저 그렇다. 나는 매우 훌륭한 첼리스트이다. 나는 내 또래에 비해 키가 크다. 나는 서너 명의 남자아이들을 좋아한다. 나는 서너 명의 여자아이들을 좋아한다. 나는 구식이다. 나는 수영을 아주 잘 한다. 나는 유익한 사람이 되려고 노력한다. 나는 대개는 착하지만 화도 낸다. 나는 몇몇 여자아이들과 남자아이들은 좋아하지 않는다. 나는 남자아이들이 나를 좋아하는지 잘 모르겠다(Montemayor & Eisen, 1977; Berk, 2005, 재인용).

9세 아동이 자신을 설명하기 위해 외적인 속성을 사용하는 대신 $11\frac{1}{2}$세 아동은 '나는 첼로를 훌륭하게 연주할 수 있다'와 같이 능력을 강조한다. 또한 자신의 성격을 분명하게 기술하고, '진실한' 그러나 '예쁘지 않은' 또는 '첼로 연주는 훌륭하다' 그러나 '학과 공부는 그저 그렇다'와 같이 긍정적인 면과 부정적인 면을 동시에 언급한다. 나이가 들어갈수록 비현실적으로 '이것 아니면 저것'이라고 표현하는 일이 줄어든다(Harter, 2003).

아동기의 자아개념에 대한 또 다른 변화는 자신의 외모, 능력, 행동 등을 다른 사람들과 비교해서 판단한다. 어떤 능력을 표현할 때도 친구들에 비해 얼마나 더 잘하는지 비교한다. 4~6세 정도의 유아들이 자신의 능력이나 성취를 또래 한 명과 비교한다면 나이가 들수록 자신을 포함한 여러 사람과 비교한다. 예를 들자면, 철자암기대회에서 한 어린이는 자신이 다른 친구들과 비교해서 얼마나 잘 하는지를 설명했다. 즉, 철자암기는 다른 친구보다 더 잘 하나 사회는 별로 잘 하지 못한다. 또한 자아개념에 대해 점점 더 심리적인 표현을 사용하고, 일관성이 생기며 자아상이 통합되고, 보다 더 추상적이게 된다.

3) 자아존중감

자아존중감이란 자아에 대한 평가적 측면으로 자신이 느끼는 자신의 능력, 특성, 가치를 판단하는 자아개념의 일부이다. 자아존중감이 높은 아동들은 그들 자신에 대해 만족한다. 그들은 자신의 장점을 알고 있으며, 결점도 인정하고, 또한 일반적으로 자신들이 행하는 특성이나 능력에 관해서 매우 긍정적으로 느낀다. 그러나 자아존중감이 낮은 아동들은 자신을 별로 호의적으로 보지 않으며, 종종 장점보다는 부적절성에 주의를 기울인다(Brown, 1998). 자아존중감은 개인의 행동과 심리적 적응의 모든 측면에 영향을 줄 수 있는 자아의 가장 중요한 부분이다.

(1) 자아존중감의 측정 및 위계적 구조

일반적으로 어른들이 자아존중감에 관해 생각할 때, 자아에 대한 전반적인 평가는 다양한 생활영역에서 보여주는 장점과 약점에 근거한다. 그러나 아동은 처음에는 자신의 능력을 여러 다른 영역에서 분리해서 평가하다가 나중에 하나의 총체적인 자아평가로 통합한다(Berk, 2005).

Susan Harter(1982, 1999)는 아동기 자아존중감에 대한 위계 모델을 제안했다. 그녀는 자아존중감에 대한 초기연구(1982)에서 아동들에게 인지능력, 사회적 능력, 신체적 능력, 일반적 자아존중감의 네 개 영역에서 자신의 능력을 평가하도록 하는 28개 문항의 자아개념 검사를 개발했다.

그러나 그녀는 그 후 연구(1999)에서 아동들에게 다섯 개 영역에서 자신들을 평가하는 자아지각척도에 답하도록 했다. 즉, 학업 능력, 사회적 수용, 운동 능력, 외모, 행동 측면이다. 또한 이를 바탕으로 한 자아존중감을 알아보기 위한 검사들은 아동들에게 "나는 읽기를 잘 한다", "나는 게임에 잘 뽑힌다" 그리고 "대부분의 친구들은 나를 좋아한다"와 같은 문장에 자신들과 일치하는지를 표시하도록 한다. 여러 연구에 따르면 7~8세 아동들은 학업 능력, 사회적 존중감, 신체/운동 능력, 그리고 외모의 네 측면에서 자아존중감을 형성하게 되는데, 이들은 연령이 증가함에 따라 다시 세분된다(Marsh, 1990; Marsh & Ayotte, 2003). 예를 들면, 학업 능력은 언어, 수, 그리고 기타 교과목으로 세분화되고, 사회적 자아존중감은 또래 관계 및 부모와의 관계로 나뉜다. 그리고 신체/운동 능력은 실외 게임이나 스포츠 기술로 분리된다. 결과적으로 자아존중감은 [그림 11-2]와 같은 위계적 구조를 이루게 된다.

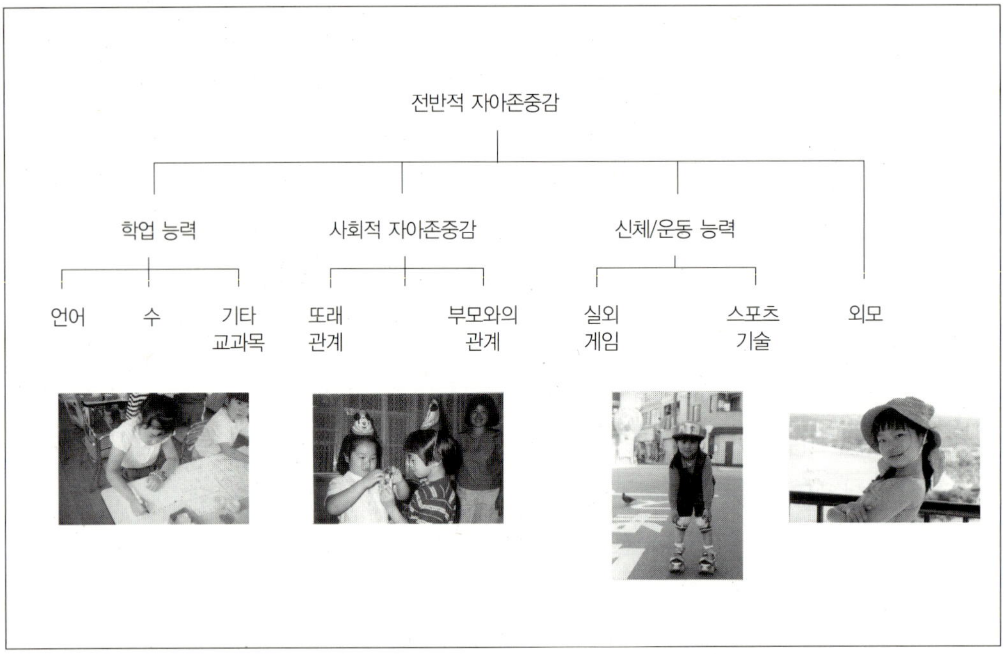

[그림 11-2] 자아존중감의 위계적 구조
출처: Berk (2005)

그러나 분리된 자아존중감들이 일반적 자아존중감에 동등하게 기여하지는 않는다. 아동들은 어떤 자아 평가에 더 큰 중요성을 부여하고 더 무게를 두기도 한다. 이에 따라 일반적 자아존중감에 미치는 영향 정도도 다르다. 아동에 따라 차이는 있지만, 아동기와 청소년기 동안에는 외모가 가장 전반적 자아존중감과 상관관계가 높다(Harter, 1998). 한편, 우리나라 초등학교 5, 6학년생과 중학생을 대상으로 한 연구(조현철, 2000)에서는 자아개념에서 학업 자아개념이 차지하는 비중이 매우 높은 것으로 나타났다.

Harter에 의하면 4~7세 아동들은 거의 모든 영역에서 자신들을 긍정적으로 평가하는 경향이 있다고 밝혔다. 이들의 높은 긍정적 평가는 고정된 자아존중감이라기보다는 다른 사람들이 자기를 좋아해주기를 바라는 욕망과 다양한 활동에서 잘

하기를 바라는 욕망이 반영된 것으로 보인다(Eccles, Wigfield, Harold, & Blumenfeld, 1993; Harter & Pike, 1984). 그러나 4~7세 아동의 자아 평가는 같은 영역에서 교사가 평가한 것과 대체적으로 상관관계가 있는 것으로 보아 전적으로 비현실적인 것은 아니다(Marsh, Ellis, & Craven, 2002).

8세 이상 아동들의 자아평가는 점점 더 자신들에 대한 다른 사람들의 평가를 반영하기 시작한다(Harter, 1982). 예를 들면, 사회적 존중감에 대한 자신의 평가는 급우들로부터 받는 사회적 능력 평가에서도 확인되었다. 그리고 운동에서 높은 자아존중감을 갖고 있는 아동들은 팀 스포츠에 자주 뽑혔고, 운동능력에 대한 교사의 평가에서도 높은 점수를 받았다. 이러한 사실들은 아동 자신에 대한 이해와 자아존중감은 아동들의 행동을 다른 사람들이 어떻게 지각하고 반응해주는가에 따라 영향을 받는다는 것을 시사한다.

(2) 자아존중감의 변화

연령이 높아짐에 따라 이미 형성된 자아존중감의 수준은 변화한다. 일반적으로 유아기에는 자아존중감이 매우 높은 편이다. 유아들은 자신의 욕망과 실제 능력의 차이를 잘 구분하지 못하기 때문에 어떤 일을 얼마나 잘 하는지 물었을 때 그들은 보통 자신의 능력을 매우 높은 것으로 평가하며, 작업의 난이도를 종종 낮게 추정한다(Harter, 2003).

그러나 아동기에 들어서면서 자신을 다양한 영역에서 객관적으로 평가하기 때문에 유아기에 보였던 자아존중감에 대한 극단적인 긍정적 반응은 사라진다. 초등학교에 입학하면서 자아존중감의 수준이 점차 하락하고 보다 현실적인 수준으로 조정된다(Marsh, Craven, & Debus, 1998). 이러한 현상은 능력과 관련하여 피드백이 잦아지고, 아동의 행동이 다른 사람과 비교되어 평가되면서 자신에 대한 판단을 타인의 견해나 객관적인 수행능력에 맞추어 조정하려는 것으로 여겨진다(Stipek & Maciver, 1989).

자아존중감의 변화에 대한 모든 연구 결과들이 일치하는 것은 아니다. 그러나 많은 연구들이 12~13세에는 자아존중감이 떨어지고, 그 후 몇 년은 점차적으로 증가한다고 보고한다(McCarthy & Hoge, 1982; O' Malley & Bachman, 1983).

9~90세까지 30만 명을 대상으로 한 전반적인 자아존중감에 대한 연구(Robins,

Trzesniewski, Tracey, Gosling, & Potter, 2002)에 따르면, 9~20세 사이에 자아존중감이 낮아지는 경향을 보였으며, 점차 회복되면서 성인 초기부터 65세까지는 서서히 자아존중감이 증가하다가 이후 노인기에 다시 떨어진다.

(3) 자아존중감의 영향요인

자아존중감 형성에 영향을 미치는 데는 여러 가지 요인이 있다. 첫째, 부모의 양육태도는 아동의 자아존중감을 형성하는 데 결정적 역할을 할 수 있다. 부모가 온정적·긍정적인 양육태도를 취할 경우에는 아동의 자아존중감이 높은 반면, 거부·통제·간섭 같은 부정적인 양육태도를 보일 경우에는 자아존중감이 낮은 것으로 나타났다(Carlson, Uppal, & Prosser, 2000; Feiring & Taska, 1996).

우리나라 초등학교 6학년 아동 253명과 아동의 어머니를 대상으로 한 연구(공경혜, 2003)에서도 어머니가 민주적인 양육방식으로 자녀를 대할 때 가족 간의 유대관계와 애정 및 적응 정도를 지각하는 자녀의 가족적 자아개념이 높게 나타났다. 만 3~5세까지의 유아들에게도 부모들의 양육행동이 애정적, 자율적, 긍정적일 때는 유아의 자아개념 형성에 긍정적인 영향을 주며, 부모가 거부적, 통제적인 양육행동을 보일수록 유아의 자아개념 형성에 좋지 않은 영향을 주는 것으로 나타났다(정종희, 2007). 높은 자아존중감과 부모의 민주적인 양육태도의 정적 상관관계는 미국이나 캐나다뿐만 아니라 대만에서도 같은 결과를 보였다(Scott, Scott, & McCabe, 1991). 더불어 부모에게 안정애착한 아동일수록 자신을 더욱 긍정적으로 바라보는 것을 알 수 있다(박연경, 2006).

둘째, 또래와 교사 및 유의미한 타인들의 반응 역시 아동의 자아존중감에 영향을 준다. 만 4~5세 정도부터 이미 아동들은 다양한 영역에서 또래들보다 더 잘 한다든지 더 못 한다든지 비교하는 반응을 받으면서 자신이 또래들과 다른 점을 인식하기 시작하며, 이러한 비교는 성장함에 따라 증가하고 더 민감해진다(Butler, 1998; Pomerantz, Ruble, Frey, & Grenlich, 1995). 또래보다 좋은 반응을 얻고 또래로부터 인기 있는 아동들의 자아존중감이 높았다(이사라, 2000; 김윤하, 2006). 특히 또래의 영향은 초등학교 1학년 때와 고등학교 1학년에서 매우 큰 영향을 미쳤으며, 부모보다는 또래의 영향이 자아존중감 발달에 더 크게 작용한 것으로 나타났다(이사라, 2000).

또한 초등학교 5학년생을 대상으로 한 연구에서는 교사의 높은 기대, 더 많은 기회와 선택부여 행동이 아동의 자아존중감에 긍정적인 영향을 미쳤으며, 교사의 부정적 피드백과 지시행동은 아동의 자아개념과 학교생활 적응에 모두 부정적인 영향을 미쳤다(손미정, 2007). 청소년의 경우도 교사의 격려가 긍정적 자아감 형성에 도움이 되었다(Carlson et al., 2000).

셋째, 지적 능력이나 학업성취도도 자아존중감에 영향을 미친다. 초등학교 3학년과 6학년을 대상으로 한 연구(강영희, 2006)에서 학업성취도가 높은 집단이 자아존중감과 사회적 능력이 높았으며, 자아존중감이 높은 집단이 낮은 집단보다 학교생활에 더 잘 적응하는 것으로 나타났다(강임정, 2006; 손미정, 2007). 또한 초등학교 4~6학년 영재와 일반아를 대상으로 인물화 검사를 통해 심리적 특성을 비교한 연구(Moon & Lee, 1992)에서 영재아들이 일반 아동들보다 자아존중감이 높은 것으로 나타났다.

넷째, 사회 · 경제적 지위 역시 자아존중감과 관계가 있다. 사회 · 경제적 지위가 높은 집단은 낮은 집단에 비해 자아존중감이 높은 것으로 나타났다(이재효, 2002). 경제적인 스트레스로 갈등을 경험하는 부모는 아동에게 적대적인 양육행동을 보이게 되며, 이는 낮은 자아존중감을 형성하게 하는 요인으로 작용한다(Conger, Ge, Elder, Lorenz, & Simons, 1994). 또한 아동 자신이 또래집단보다 가난하다고 지각하고 있으면 낮은 자아존중감을 형성하기도 한다(McLoyd, Jayaratne, Ceballo, & Broquez, 1994).

그 밖에 중국, 일본, 한국과 같은 집단의식이 강한 나라의 아동과 청소년들이 미국, 캐나다, 호주와 같은 개인주의적인 성격이 강한 나라의 아동과 청소년들보다 낮은 자아존중감을 보였다(Harter, 1999). 또한 성역할 정체감 유형에 따라 자아존중감의 차이를 분석한 결과 양성성 유형의 집단이 남성성유형이나 여성성유형, 미분화유형 집단보다 자아존중감이 높았다(이재효, 2002).

2 >>> 성역할 발달

일생을 통해 가장 뚜렷하게 구별되는 것 중의 하나가 바로 성이다. 기본적으로 염색체와 생식기의 구별로 성이 결정되지만 이 범주는 분만실에서부터 따라다니기 시작해서 사실상 인간이 경험하는 모든 면에 영향을 미칠 평생의 기능적 꼬리표로 작용한다. 성별의 기능적 사용을 사회가 강조하기 때문에, 아동의 신체적 · 사회적 · 인지적 그리고 정서적 사건들은 성별로 구분되어 발달할 것이다(Miller, Trathner, & Ruble, 2006).

1) 성역할 발달 이론

성역할 발달은 인간 발달의 가장 중요한 영역 중 하나이다. 성역할 발달을 설명하는 다양한 이론들은 강조하는 면은 다르지만 모두 성차와 성역할 발달 이해에 중요한 기여를 했다. 어떤 이론들은 남녀 사이의 생물학적 차이를 강조하는 반면 다른 이론들은 아동에 대한 사회적 영향을, 그리고 어떤 이론들은 사회가 아동에게 어떻게 영향을 끼치는가를 강조했다.

(1) 진화론적 이론

Buss(1995)나 Kenrick와 Luce(2000)와 같은 진화론적 심리학자들에 의하면 남성과 여성은 인류 역사를 통해서 서로 다르게 진화과정을 겪어야 했고, 적자생존 과정이 남성과 여성의 노동의 성 분류를 결정할 때 근본적 차이를 야기했다고 한다. 남성의 경우 자손을 생산하기 위해 여러 명의 파트너에게 정자를 제공하고, 많은 자식을 생산함으로써 그들의 유전자가 보존되도록 확실히 담보하려 한다. 반면, 같은 목적을 성취하기 위해 여성들은 수정부터 아이 출산까지 9개월 동안 임신과정을 겪고, 그들의 유전자가 보존되도록 하는 데 몇 년을 더 투자해야 한다. 자녀를 성공적으로 기르기 위해 여성들은 부드럽고 친절하며 애정과 배려가 깃든 마음을 갖도록 점차 진화되었을 것이다. 그리고 자녀의 생존을 돕기 위해 음식을 제공해주고 외부로부터 보호해주며 친절하게 대해주는 남자를 선호했다. 따라서 남성들은 점점 더 경쟁적이고 강인하며 공격적인 성격으로 진화해 갔다. 왜냐하면 짝을 성공적으로 유혹하고 필요한 자원을 확보하기 위해서는 그러한 특성이 필요했기 때문이다.

진화론의 이론가들에 의하면 남성과 여성은 심리적으로 유사한 면도 있지만, 진화론적 생존의 역사를 통해 적응문제에 직면할 때 대응방법이 다르다. 남성은 시각 및 공간 면에서 훨씬 우월하다는 점을 주목할 필요가 있다. 사냥에서 공간적 지각력은 필수적이다. 움직이는 동물을 사냥하려 할 때 창이나 화살 또는 돌의 궤도를 예상하지 못하면 동물을 잡지 못할 것이다. 따라서 생존을 위해 필요한 음식을 제공해야 하는 남성들은 여성보다 공간지각 능력을 더 발달시켜야 했다.

성차와 성 유형에 대한 진화론적 설명은 대체적으로 비난을 받아왔다. 진화론적 접근 이론은 문화 전반에 걸쳐 성차를 일관되게 적용할 뿐 아니라 특정 문화나 역사적 시기 또는 기간의 차이를 전적으로 무시한다는 것이다. 또한 사회적 역할 가설론자들은 사회가 남성과 여성에게 다른 역할을 부여했기 때문에 성차와 성 유형의 차이가 발생한다고 주장하면서 생물학적으로 진화된 기질이라는 진화론적 이론을 비판한다.

(2) 정신분석이론

Freud는 아동의 성역할은 부모의 행동을 동일시하는 과정을 통해 획득하는 것으로 설명하고 있다. Freud에 의하면, 심리성적 발달 5단계 중에서 3단계인 남근기에 남녀가 서로 다른 경험을 하면서 성유형의 차이가 나타난다고 한다. 이 단계에서 남자 아동들은 오이디푸스 콤플렉스(Oedipus complex)를, 여자 아동들은 엘렉트라 콤플렉스(Electra complex)를 경험하게 된다. 즉, 이러한 콤플렉스를 해결하기 위한 수단으로 아동은 자신과 같은 성의 부모를 동일시한다는 것이다.

남자 아동들은 자신의 성과는 반대인 어머니를 사랑하고, 어머니를 두고 아버지와 경쟁상대가 되면서 거세불안을 겪게 된다. 아버지가 자신의 생식기를 없앨지도 모른다는 두려움과 어머니에 대한 성적 욕망을 현실적으로 실천할 수 없음을 깨닫는다. 이러는 과정에서 남자 아동들은 거세불안을 감소시키기 위해 방어적으로 아버지를 동일시하게 되며 남성의 역할을 습득한다.

그러나 여아들은 거세불안을 느낄 필요가 없으므로 엘렉트라 콤플렉스를 해결하고자 하는 동기에 대한 Freud의 이론은 딜레마에 빠진다. Freud는 여자아이들은 남근선망의 감정을 갖고, 아버지를 사랑하는 대상으로 선택하게 된다. 그러나 아버지의 애정 상대인 어머니와의 갈등상태를 초래하게 되어, 경쟁을 피하고 아버지의 사랑을 얻기 위해 어머니의 행동을 동일시하면서 여성의 역할을 습득한다.

만약 아버지가 남성적 모델로 부적절하거나 자주 부재하거나 확실한 정체성을 키우기에 부족하다면, 이후에 남아는 약한 남성성을 보이거나 때로는 동성애 경향을 보일 수 있다고 Freud는 주장한다(Shaffer, 1988). Freud에 따르면 여아가 만약 어머니를 동일시하지 못하거나(또는 아버지를 너무 동일시하거나), 비교적 유전적으로 강한 남성적 체질을 물려받았거나, 어머니가 여성적 모델로서 부적절하다면 후에 말괄량이나 동성애자가 될 수도 있다고 본다(Shaffer, 1988).

그러나 성역할 발달에 대한 Freud의 이론은 설득력이 없다는 이유로 비판도 받는다. 남근기 아동들이 그들의 성에 대해 인식하고는 있지만 생식기상의 성 차이를 알지 못했다(McConaghy, 1979)는 점이다. 따라서 남녀의 해부학적 차이를 모르는 아동이 거세불안이나 남근선망을 경험한다고 여기기는 어렵다는 것이다.

(3) 사회학습이론

1 차별적 강화

차별적 강화란 성에 적절한 행동에는 보상을 하고 부적절한 행동에는 처벌하는 절차이다. 부모들은 아동이 그들의 기본 성 정체성이나 성역할 선호가 형성되기 이전인 2세경에 이미 성에 적절한 행동은 격려하며, 부적절한 행동이나 놀이는 제한한다(Fagot & Leinbach, 1989). 여아들은 춤추고, 소녀다운 옷을 입고, 부모를 좇아다니고, 도움을 청하고, 인형놀이를 하면 칭찬을 받으나, 달리고, 뛰고, 기어오르는 행동을 하면 제지를 받는다. 이와는 반대로 남아들은 인형 놀이나 도움을 청하는 등의 소녀 같은 행동은 야단을 맞는 반면, 블록이나 트럭, 밀고 당기는 힘을 쓰는 장난감 등을 가지고 노는 남성적인 활동은 적극적으로 격려된다(Fagot, 1978). 여아들이 남성적 행동을 했을 때보다 남아들이 여성적 행동을 했을 때 더 많은 제재를 받았다(Fagot, 1978).

3~5세 아동의 장난감 놀이에 대한 반응에서 아버지는 어머니보다 자녀들이 자

신의 성에 적합한 장난감을 가지고 놀 때 보상을, 다른 성의 장난감을 가지고 놀 때 벌을 주는 경향이 강했다(Leve & Fagot, 1997). 또한 또래가 다른 성의 장난감을 가지고 놀 때는 놀리거나 '부적절한' 놀이를 방해하는 등 심한 비판적 행동을 보였다(Langlois & Downs, 1980). Fagot(1985)는 '성에 적절한' 장난감 놀이에 대한 또래의 압력은 성 정체성에 대한 기초가 성립되기 이전부터 시작된다는 것을 발견했다. 21~25개월 된 남아들은 여아용 장난감을 가지고 놀거나 여자아이와 노는 아이들을 괴롭혔으며, 여아들 역시 남아용 장난감이나 남아와 노는 아이를 비난했다.

또래들의 강력한 영향은 아동기에도 계속되며(Martin & Fabes, 2001), 나이가 들수록 부모보다는 교사나 또래가 성유형화의 태도와 행동에 대한 강화의 근원으로 점점 더 중요해진다(Roopnarine, 1984).

2 관찰학습

부모의 차별화된 강화를 통한 직접적인 지도와 더불어 아동들은 동성의 역할모델을 관찰하고 모방함으로써 성역할 발달이 촉진된다(Bandura, 1989). 즉, 어머니, 아버지뿐만 아니라 또래와 교사, 형제, 그리고 미디어의 인물 등 주위의 동성모델들에 대하여 선택적으로 주의를 기울이고 관찰함으로써 어떤 장난감이나 활동과 행동이 남아에게 또는 여아에게 적합한지를 배우게 된다(Fagot, Rodgers, & Leinbach, 2000).

특별히 3~6세의 아동들은 각각의 성에 대한 모델을 주의 깊게 관찰하여 여자와 남자의 전형적인 패턴을 배운다. 예를 들면, 어머니가 직장생활을 하는 아동들 또는 아버지가 요리나 청소 등 지속적으로 가사 일을 하는 아동들은 보다 전통적인 부모의 아동들보다 성 고정관념 행동이 적었다(Serbin, Powlishta, & Gulko,1993; Turner & Gervai, 1995). 또한 여자 형제가 있는 남아나 남자 형제가 있는 여아들은 동성의 형제나 자매끼리만 성장하는 아동들보다 성유형된 행동이 덜한 것을 볼 수 있었다(Colley, Griffiths, Hugh, Landers, & Jaggli, 1996; Rust, Golombok, Hines, Johnson, & Golding, 2000).

사회학습이론가들이 주장하는 차별적 강화와 관찰학습이 아동의 성역할 발달에 기여함은 분명하지만, 아동을 외부의 영향을 받는 수동적 존재로 설명하고 있어서 아동 자신의 능동적인 성역할 사회화에 대한 기여는 간과하는 경향이 있다.

(4) 인지이론

Kohlberg(1966)는 왜 남아와 여아가 전통적인 성역할을 취하게 되는지 이유를 설명하는 다른 이론들과는 달리 개인의 성역할 발달은 인지적 측면에서 보아야 한다고 주장한다. 그의 이론의 핵심은 다음과 같다.

- 성역할 발달은 인지발달에 달려 있다. 따라서 아동은 사회적 경험에 영향을 받기 전에 성에 관한 어느 정도의 이해가 필요하다.
- 아동은 스스로를 능동적으로 사회화한다. 즉 아동은 단지 사회적 영향을 받는 수동적 목표물이 아니다(Shaff & Kipp, 2007).

정신분석이론이나 사회학습이론에 따르면 아동들은 부모가 여성 또는 남성의 행동들을 격려하기 때문에 남아 또는 여아가 할 일을 먼저 배운다. 그러고 나서 자신의 성을 인식하거나 동성의 모델을 모방하면서 자신의 안정된 성 정체성을 획득하게 된다. 그러나 Kohlberg는 정반대의 견해를 보인다. Kohlberg에 따르면 아동들은 먼저 자신이 남아인지 여아인지를 확실하게 인식하고 그 다음에 능동적으로 동성의 모델을 찾고, 남아 또는 여아로서 어떻게 행동할지를 배우기 위해 정보를 구한다는 것이다. 즉 나는 '남아로 취급되었기 때문에 남자임에 틀림없어' 라는 것이 사회학습이론의 견해라면, 인지발달이론의 견해는 '나는 남자니까 남자처럼 행동하는 법을 익히기 위해 내가 할 수 있는 모든 일을 할 거야' 라고 표현할 수 있다(Shaff & Kipp, 2007).

Kohlberg는 아동들이 남성 또는 여성이 되는 것이 무엇을 의미하는지 확실한 이해를 하는 데는 〈표 11-1〉과 같이 3단계를 거친다고 본다.

Kohlberg에 따르면 아동이 자기 성에 적합한 행동을 배우는 자기 사회화는 성 일관성 단계에 이르렀을 때에야 가능하다고 본다. 따라서 자신의 성별에 대한 완벽한 이해가 성 유형화를 촉진한다. 그러나 실제로 성 유형화는 이미 아동이 성숙한 성 정체감을 획득하기 전부터 잘 진행되고 있다는 것이 많은 연구에서 나타났다.

따라서 이는 Kohlberg의 성역할 발달 이론의 주요 문제점으로 지적되고 있다.

●표 11-1● Kohlberg의 성 이해 단계

단계	내 용
제1단계 (기본 성 정체감 단계)	3세 정도의 아동은 자신을 남자 또는 여자라고 지칭할 수 있다.
제2단계 (성 안정성 단계)	성 정체감 단계 이후의 아동은 성은 시간의 변화와 관계없이 변하지 않는 것으로 이해한다. 앞으로 남아는 남자 어른이 되고 여아는 여자 어른이 된다는 것을 안다.
제3단계 (성 항상성 단계)	사람의 성이 상황의 변화와 상관없이 안정된 것임을 깨닫게 될 때 성 개념이 완벽한 것이다. 이 단계에 있는 5~7세의 아동들은 더 이상 외모만으로 성을 구별하지 않는다. 그들은 사람의 성이 옷을 바꾸어 입거나 다른 성의 행동을 하더라도 변할 수 없다는 사실을 이해한다.

(5) 성 도식 이론

Martin과 Halverson(1981, 1987), Bem(1981, 1985) 등이 주장하는 성 도식(gender-schema) 이론은 사회학습이론과 인지발달이론의 요소를 결합한 것이다. 정보처리이론에 기초하여 성 유형화가 아동의 인지발달 수준이나 사회문화적 요인의 영향을 받지만 동시에 성 도식화 과정을 통해서 형성된다고 설명한다. 성 도식은 개인이 주의를 기울이고 기억하려고 하는 정보에 영향을 주며, 사람들로 하여금 남성적 특성과 여성적 특성을 구분하게 해준다.

아동은 먼저 어떤 사물이나 행동 또는 역할이 남성과 여성에게 적절한 것인지 구별할 수 있도록 내·외 집단(in-group·out group schema)이라는 일반도식을 획득한다. 예를 들자면 트럭은 남자아이에게 적합하고, 여자아이는 울어도 되지만 남자아이는 안 된다는 것과 같은 내용을 터득하는 것이다. 이러한 일반도식이 형성되면 아동은 자신의 성에 일치하는 다양한 행동을 수행하기 위해 필요한 정보를 추구하여 자신의 성 도식(own-sex-schema)을 획득하게 된다. 따라서 기본적 성 정체감을 형성한 여자아이의 경우 바느질은 여자아이 일이고, 모형비행기 조립은 남자아이 일이라고 배운다. 그러고 나서 자신은 여자아이기 때문에 자신의 성 정체감과 일치되게 행동하기를 원한다. 따라서 자신의 성 도식에 첨가할 수 있는 바느질에 관한 많은 정보를 수집하게 되는 반면 모형비행기 만드는 정보는 거의 무시해버린다.

이와 같이 자신의 성 도식은 아동들의 정보수집에 영향을 미친다. 아동들은 자신의 성 도식과 일치하는 정보는 쉽게 기호화하고 기억하지만 도식과 일치하지 않는 정보는 잊어버리거나 자신의 성 유형과 좀 더 일치하도록 왜곡하여 기억할 가능성이 높다(Liben & Signorella, 1993; Martin & Halverson, 1983). 이와 같은 현상은 특히 그들의 정형화된 지식이나 선호가 매우 구체화되는 6~7세경에 뚜렷하다(Welch-Ross & Schmidt, 1996). 즉, 아동의 성역할 발달은 자신이 가지고 있는 성 도식에 근거한 선택적인 기억과 선호과정을 통해 이루어진다.

2) 성 유형화의 발달적 성향

각 사회마다 각각의 성에 보다 더 적합하다고 여겨지는 행동, 태도, 의무와 같은 성역할 기준이 있다. 아동은 이 역할 기준 속에서 성장하며 그것들을 자신의 것으로 내면화시키는 성 유형화(sex typing) 과정을 통해 성에 적합한 성역할 개념을 습득하게 된다.

(1) 성 정체감 발달

아동들이 남녀를 구분하고, 자신을 남자 또는 여자로 범주화할 수 있는 성 정체감은 언제부터 어떤 과정을 거쳐 발달하게 될까? 단순히 남녀에 대한 구분은 상당히 일찍부터 시작된다. 생후 4개월경의 아기들은 이미 여자와 남자 목소리를 얼굴과 연결시키기 시작하며(Walker-Andrews, Bahrick, Raglioni, & Diaz, 1991), 생후 1년이 되었을 때는 사진을 보고 남녀를 비교적 정확하게 구분할 수 있다(Leinbach & Fagot, 1996).

아동들은 처음에 몸의 형태나 다른 특성보다 옷차림새나 머리 모양을 단서로 남녀를 구별한다. 2세경에는 짧은 머리나 바지를 입고 있는 사진 속의 여성을 봐도 성을 정확히 구분하기도 한다. 그러나 이때의 아동들은 자신의 성 정체감에 대해서는 불확실했다(Thompson, 1975).

보통 2~3세 사이의 아동들은 엄마, 아빠, 남자아이, 여자아이와 같은 성별에 적합한 명칭을 정확하게 사용하게 된다(Leinbach & Fagot, 1986). 2세 반에서 3세경 아동들의 대부분은 자신의 성을 정확히 알고 있다. 그러나 이 시기의 아동들에게 성은 옷이나 머리형태의 변화와 상관없이 생물학적인 특성에 의해 변하지 않는다는 성 항상성은 발달되어 있지 않다. 실제로 3~5세 아동들은 자신들이 원하면 남자아이가 엄마가 될 수 있고, 여자아이가 아빠가 될 수 있으며, 외모만 바꾸면 다른 성으로 바뀐다고 생각한다(Fagot, 1985; Szkrybalo & Ruble, 1999). 5~7세가 되어서야 성은 변하지 않는다는 성 항상성 개념을 형성하기 시작하며, 대부분의 아이들은 초등학교에 입학할 때쯤에야 남자 또는 여자로서 안정된 성 정체감을 갖게 된다.

(2) 성역할 고정관념 형성

성역할 고정관념이란 '모든 여성들은 수동적이고 의존적이며, 모든 남성들은 공격적이고 독립적이다' 와 같이 남성이나 여성 행동에 대해 예상되는 개념이다(Papalia et al., 2003). 대부분의 문화에 배어 들어 있는 성역할 고정관념은 집단에 속한 개개인이 그 특징과 다를 수 있기 때문에 때때로 남녀 간의 실제적인 차이를 과장하거나 왜곡할 수 있다. 성역할 고정관념은 유아 초기에 형성되어 오랫동안 지속된다. 2세경에 자신의 성 정체감을 인식하기 시작하면서부터 유아들은 성 유형화된 장난감을 선호하기 시작한다. 즉 여자아이들은 인형이나 부드러운 장난감을, 남자아이들은 트럭이나 자동차를 좋아한다. 2~3세경에 남자아이들은 여자아이들 장난감을 가지고 놀기를 피하는 경향을 보였으며(Powlishta, Serbin, & Moller, 1993), 3세경에 이미 또래 선호에서 성 분리를 보이기 시작한다. 놀이 친구를 선택할 수 있는 기회가 주어지면 같은 성의 또래와 노는 경향이 있었다. 이러한 성 분리 경향은 점점 더 확실해져서 놀이 활동, 장난감, 행동 등에서 성 고정관념이 증가

인형놀이를 선호하는 여아

권총놀이를 선호하는 남아

하고, 5세경에는 절정을 이룬다(Ruble & Martin, 1998; 김경옥, 2004). 5세 유아들은 전통적 성역할 고정관념에서 벗어난 상황에 부딪히면 오히려 혼란스럽게 생각할 정도로 전통적 성역할로 사회화되고 있었다(김경옥, 2004).

학령전기와 초등학교 저학년 아이들은 점점 더 성에 적합한 장난감, 활동 및 성취영역에 대하여 배워가게 되며(Welch-ross & Schmidt, 1996), 또래들 중에서 반대 성의 행동을 하는 것에 꽤 부정적인 반응을 보인다. 특별히 남자 아동이 드레스를 입는다든지, 여자 아동이 짧은 머리를 하는 것처럼 반대 성의 옷차림이나 머리 스타일 등 외모에 민감하게 반응한다(Signorella, Bigler, & Liben, 1993). 남자 아동들의 성 고정관념이 여자 아동들보다 일찍 발달하며 더 확고한 경향이 있고, 남자와 여자 아동이 모두 반대 성의 행동을 마땅찮게 여겼다. 특히 남자 아동들 사이에서는 여성적 외모를 가진 남자 아동을 싫어했다. 이는 '남성다움' 에 대한 고정관념이 '여성다움' 에 대한 고정관념보다 더 확고하다(Ruble & Martin, 1998)는 것을 보여준다.

아동들의 대부분은 8세 이후부터 성에 대한 행동, 활동, 직업에 대한 기준들이 절대적이라기보다는 문화적으로 결정된다는 것을 이해하기 시작하고, 보다 융통성 있는 성 고정관념을 갖게 된다. 그러나 청소년기에는 다시 흔들리기 시작한다. 청소년기에는 성 관련행동이나 정서적인 면, 대외활동 등에서 성 고정관념적인 경향을 다시 드러낸다. 예를 들어 많은 청소년기 소녀들은 헤어스타일, 유행하는 옷, 쇼핑과 같은 '여성다움' 에 관심이 높아지고 거친 행동이나 경쟁적인 스포츠와 같은 남성적인 활동들은 줄어든다(Cook & Cook, 2005). 또한 청소년기에는 또래들의 반대 성 행동이나 외모에 대해 아동 후기에 융통성을 보이던 것과는 반대로 부정적 반응을 보인다(Ruble & Martin, 1998). 그러나 청년 후기에는 남자나 여자로서 자신의 정체감에 안정을 느끼면서 성역할 고정관념에 융통성이 생긴다(최경숙, 2006).

성역할에 관련한 많은 연구들은 아동의 성 고정관념 형성에 영향을 미치는 다양한 요인들을 보여주고 있다. 무엇보다도 아이와 최초로 상호작용하는 부모가 남아와 여아에게 거는 서로 다른 기대(Williams, Bennett, & Best, 1975), 부모의 성역할 태도와 자녀교육 가치관(Bernett, 1981; 서인숙, 2001; 이윤진, 2007), 어머니 직업의 유무 및 교육수준(서인숙, 2001), 부모의 사회경제적 지위 및 가정 내 역할 분담(신영숙, 2003) 등이 부모의 행동을 모방하면서 성장하는 아동에게는 큰 영향을 미치는 요인이다. 또한 교사들의 교육방식(최영주, 2001; 이미숙, 2003), 교사들의 성역할 태도 및 상호작용 내용(김경옥, 2004), 교사 언어(노미영, 2005) 등 교사의 역할과 또래들(김경옥, 2004)과 형제(Grotevant, 1978)의 역할이 역시 중요한 요인이 된다. 이 밖에 양성평등교육 내용(김용란, 2005), 교육활동 자료(원세희, 2003; 이광자, 2005), 텔레비전(문영숙, 1983) 등이 성역할 고정관념 형성에 영향을 미칠 수 있다.

지난 30년 동안 성역할에 대한 사람들의 고정관념은 꾸준히 약화되거나 모호해졌지만 남녀가 다르다는 생각은 여전히 존재한다. 즉, 한 번 형성된 고정관념은 그 강도가 약화되기는 하지만 일생동안 계속되면서 개인의 사고방식, 행동, 직업 선택 등 다양한 방면에 영향을 미친다.

(3) 심리적 양성성

전통적으로 대부분의 사회에서 남성다움과 여성다움은 별개의 것이며 서로 배타적인 것으로 생각되어 왔다. 즉, 남성성과 여성성이 동일 차원의 양극단에 있어서, 남성성 수준이 높으면 여성성 수준이 낮으며, 반대로 여성성 수준이 높으면 남성성 수준이 낮은 것을 의미했다. 그러나 1970년대부터 Bem을 중심으로 한 많은 연구자들은 남성성과 여성성을 두 개의 분리된 차원으로 생각하기 시작했다. 남성성 차원은 독립성, 단호함, 우월감, 자신감, 야심 등과 같은 특성을 포함하는 도구성 차원이며, 여성성 차원은 타인에게 민감, 다정함, 정서적 표현, 수동성 등과 같은 특성으로 이루어진 표현성 차원이다. 이런 새로운 개념을 기초로 개인은 성역할 정체감의 내용에 따라 네 가지 유형으로 분류된다(Bem, 1974; Bem & Lenney, 1976).

[그림 11-3]에서 보듯이 남성적 차원은 도구성이 높고 표현성이 낮은 집단으로서 남성적인 개인으로 분류되며, 반대로 여성적 차원은 도구성이 낮고 표현성이 높은 집단으로서 여성적인 개인으로 분류된다. 양성적 차원은 도구성과 표현성이 모두 높은 집단으로서 양성적 개인으로 분류되며, 미분화 차원은 도구성과 표현성이 모두 낮은 집단이며 분화되지 않은 개인으로 분류된다.

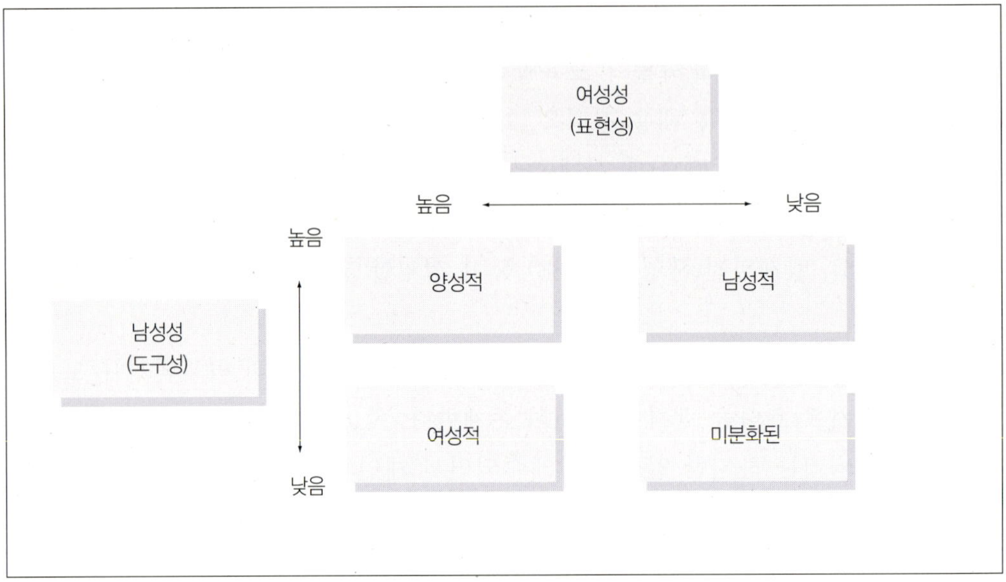

[그림 11-3] 남성성과 여성성 차원
출처: Bem (1974)

양성성(androgyny)이란 그리스어로 남성이란 의미의 'andro'와 여성이라는 의미의 'gyn'으로 구성된 용어이며, 하나의 유기체 내에 여성적 특성과 남성적 특성이 공존하는 것을 나타낸다. 이는 양성적인 사람들은 전통적으로 남성적인 특성과 고정관념적인 여성스러운 심리적 특성을 동시에 갖고 있기 때문에 상황에 따라 남성적 독립성과 여성적 민감성을 보일 수 있다. 그러므로 상황에 적합하고 효율적으로 성역할을 수행할 수 있다는 것이다. 따라서 전통적 사회에서는 남자는 남자답고, 여자는 여자다워야 심리적으로 건강하다고 판단했으나 현대사회에서는 남성적이거나 여성적인 차원이나 미분화된 차원에 속한 개인들보다 양성적 개인들이 다양한 상황에 더 잘 적응한다고 주장한다.

10세 정도의 아동들은 양성적으로 분류하기가 어렵다. 그러나 초등학교 3학년에서 중학교 1학년을 대상으로 한 연구(Boldizar, 1991)에서는 25~30%의 학생들이 양성성으로 분류되었으며, 남학생보다는 여학생이 더 많이 양성성으로 분류되었다. 이는 소년들의 성 개념과 성 유형이 소녀들보다 엄격했다는 것을 암시한다(Rose & Montemayor, 1994). 현대사회가 남성적 특성을 보다 가치 있는 것으로 여겼기 때문에 소녀들에게는 양성성이 격려되었으나, 소년들에게는 여성적 특성을 보이는 것을 제한했을 것이다. 실제로 근래에 와서 양성적인 개인들과 남성적인 개인들이 여성적인 개인들보다 자아존중감이 더 높았고 심리적으로 더 건강하다는 연구결과들이 제시되었다. 이는 양성성 자체가 아니라 양성성에 포함된 남성적 특성이 적응과 높은 상관이 있다는 주장이 제기되고 있다(Boldizar, 1991).

그러나 여전히 양성적인 아동들과 청소년들이 성 유형화된 또래들보다 자아존중감과 인기가 높았고, 적응력도 더 좋았다는 연구결과(Allgood-Meerten & Stockard, 1991)는 아동의 양성성 교육을 강조한다. 특히 여성의 취업률이 증가하고 있는 현대사회에 효율적으로 적응하기 위해서는 남녀 모두가 상황에 따라 도구적 특성과 표현적 특성을 적절히 발휘할 수 있는 양성성 교육이 필요하다.

Chapter

12

도덕성 발달

미리 보기

인정 많은 영웅, Danny Seo

Danny Seo

지구상에서 가장 경이로운 청년, 기적을 만들어 내는 사람, 인정 많은 영웅, 대니 서. 그는 1973년 미국으로 이민 간 한국인 부모의 2남1녀 중 막내로서 펜실베니아 주 레딩에서 1977년에 태어나 자란 한국계 미국인이다.

대니가 환경운동가로 활동하게 된 결정적 동기는 텔레비전을 보며 치킨버거를 먹고 있을 때였다. 그 때 TV에서는 닭과 다른 동물들을 도살하는 장면이 방영되었다. 대니는 순간 더 이상 치킨버거를 먹을 수가 없었고, 그 후 지속적으로 환경운동을 하고 있다.

11살 때 대니는 책과 텔레비전을 통해 환경재해가 많다는 사실을 발견하여 환경운동가가 되었다. 그는 12번째 맞이하는 생일에 선물 대신 친구들이 「지구 2000」이라는 환경단체에 가입한다는 각서를 받았다. 지구의 날에 맞추어 2000년까지 지구를 구하기 위해 창립된 이 조직은 곧 20,000명의 회원을 가지게 되었다. 13살에 대니는 '페로스제도 고래사냥'을 반대하였고 66에이커의 역사를 담고 있는 동물의 서식처이고 유서 깊은 숲인 '히든폰드'를 개발하려 하자 '숲 지키기 캠페인'을 벌여 산림을 구하기 위해 엄청난 규모의 대기업과 싸우기도 하였다. 대니는 세상을 염려하고 정이 많은 젊은이들이 나아갈 길을 보여주고 있는 셈이다.

어릴 때부터 동물해부를 싫어했던 대니는 생물시간에 필수로 해야 하는 동물해부 실습을 거부할 수 있는 법을 통과시킨다. 실험에 해로운 화학물질을 사용하고 동물을 죽이는 게 해롭다는 것을 증명해 내기 위하여 조사하고, 신문에 투고하고, 의회 로비를 펼친 결과이다.

그는 얼마나 적극적인지 3만 달러를 모금하면 불우한 이웃을 돕는 토크쇼에 출연할 수 있다는 말을 듣고 스스로 분수대에서 동전을 건져내는 일을 비롯하여 의회의원들을 찾아가서 10달러만 기부하라고 하여 한 달만에 3만 달러를 모아 주위 사람들을 놀라게 했다. 대니는 결국 오프라 윈프리 쇼에 출연하여 자신의 생각을 널리 알릴 수 있는 기회를 가졌다.

대니 서는 한국에서 '이승은'이라는 여학생과 함께 백화점 앞에서 모피판매 반대 시위를 벌이기도 했다. 이승은 양은 대니가 쓴 책을 읽고 감명 받아 그 정신을 행동으로 옮기기 위해 편지를 보내고 기어코 시위까지 하게 된 것이다. 대니가 미국에서 모피반대 운동을 벌여 모피상점 4천 군데가 문을 닫았다고 한다. 한국에서는 모피 옷을 만드는 데 매년 동물 4천 마리가 희생된다고 한다. 전 세계에서 모피 옷을 만들기 위해 동물 3천만 마리를 죽인다고 한다.

병원에서 에이즈 환자를 돕기도 한 대니 서의 학교 성적은 그리 좋지 않았다. 고등학교를 졸업할 때 170명 중에서 169등을 했을 정도였다. 그의 영어성적은 형편없었지만 신문이나 잡지에 글을 기고했고, 그의 사회성적도 나빴으나 그가 추진하는 캠페인은 성공했다. 그는 필요한 기금을 모으고, 사람들의 협조를 모아 자신의 목표를 이루어 냈다.

대학에 가지 않은 이유도 특이하다. 대니가 대학에 가지 않겠다고 했을 때 부모님은 물론 펄쩍 뛰며 반대하셨다고 한다. 그러나 고등학교 졸업 후 2달만에 미국의 큰 출판사 중에 하나인 밸런타인사에서 대니의 책을 출판하겠다고 제의하자 부모님도 누그러졌다고 한다. 얼마 전에는 위스콘신 대학에서 명예졸업장을 주겠다고 했으나 대니는 이를 거절했다. 졸업장이 꼭 필요하면 노력해서 얻겠다는 생각이다. 대학을 가는 대신 사회활동을 선택한 대니는 요즘 대학 강단에서 강의를 한다.

대니는 1년에 30회 정도 강연을 하고, 천국이라는 단체와 함께 컴퓨터 보급 운동에 나서서 현재까지 약 3천대 이상의 컴퓨터를 보급해 주었다고 한다. 그는 작은 기적이라는 철학을 내세워 실천하고 있는데, 작은 기적이란 보통사람들이 하루에 15분만 투자하면 세상이 달라진다는 것이다. 마일리지 기증하기, 분수에 떨어진 동전 기부하기, 농구화의 금속제품 재활용하기, 물건 살 때 연재료인지 아닌지를 확인하는 것만으로도 세상은 달라진다고 한다.

대니는 많은 사람들이 환경보전의 의무는 알고 있지만 그에 대한 구체적인 실천 방안을 잘 알지 못하고 누구 하나 제대로 알려주지 않는 것 같아서 2002년부터 생활디자이너의 길을 택하였다. 2006년에는 University of California Berkeley 졸업식에서 졸업식사를 하였다. 또 Simply Green이라는 상표(brand)를 출현하여 책과 상품을 출품하고 있다.

대니 서는 그의 소신 있는 활동들로 많은 인정을 받았다. 주요 수상은 다음과 같다.

1995년 후 케이즈 선정 〈올해의 젊은이〉 수상

1996년 미 출판업계 선정 〈미국에서 가장 영향력 있는 10대〉

1998년 People지 선정 〈세계에서 가장 아름다운 50인〉

(레오나르도 디 카프리오, 영국 윌리엄 왕자 등과 함께 선정)

1998년 〈슈바이처 인간 존엄상〉 수상

삼성그룹 선정 〈차세대 한국 지도자〉

아동은 성장하면서 인지발달, 언어발달, 신체발달 등의 여러 영역에서 발달을 경험하게 된다. 이때 다양한 발달 중 자아와 타인을 분리하여 다른 사람의 관점에서 생각할 수 있는 능력과 함께 도덕발달이 형성된다. 아동의 도덕발달을 인지발달적 접근법으로 해석한 Piaget와 Kohlberg는 "도덕성이란 외부로부터 강요되는 규칙에서 시작하여 상황을 고려하고 융통성 있게 판단하게 되는 내적인 판단"이라고 정의한다.

Piaget는 아동은 또래들과의 상호작용을 통하여 공평함과 정의감을 발달시키고, 서로 경쟁하고 협조하고 공유하는 경험을 통하여 나와 타인의 입장 차이를 인지하고, 이를 바탕으로 감정과 생각을 조절해 나가면서 도덕성이 발달한다고 보았다. Kohlberg는 또래와의 관계를 사회적 경험의 한 측면으로 보고, 모든 사회적 상호작용은 타인의 입장을 생각하게 하는데, 아동은 다양한 역할 경험을 통해 도덕적 발달을 이룰 수 있다고 생각했다.

사회화 이론에서는 도덕발달이 어릴 때 받은 양육 방법과 사회적 환경이 내면화되면서 형성된다는 입장을 취하는 반면에 인지발달이론에서는 아동이 더 높은 단계의 사고를 하게 되면서 자신만의 도덕적 규정을 가지게 된다고 주장한다. 그리고 정신분석 이론에서는 어른과 동일시하는 과정에서 그 어른의 가치관을 내면화하는 것이 도덕발달이라고 설명한다. 이 장에서는 아동의 도덕발달이 형성되는 과정을 살펴보고자 한다.

출처: United Feature Syndicate, Inc(1968)

1 >>> 인지발달 이론

1) Piaget의 도덕발달 이론

Piaget는 도덕발달을 인지발달 관점에서 조명했다. Piaget는 유아들의 도덕성에 대한 생각을 알아보기 위하여 주관적으로 답을 유도하는 임상적 방법으로 유아들과 인터뷰했다. 그는 5~13세 된 아동들에게 구슬놀이의 규칙에 대하여 질문했고, 행동의 의도와 결과에 대한 생각도 알아보았다. 가장 잘 알려진 예로, 저녁을 먹으러 가다가 문 뒤에 놓여 있던 15개의 컵을 깬 현철이와, 엄마 몰래 선반 위에 있는 과자를 먹으려다가 컵 1개를 깬 민우 중 누가 더 나쁜 것일까? 그리고 왜 그렇게 생각하는지를 물어보았다. 또 다른 예로 두 명의 어린이가 있었는데, 성희는 아버지 책상 위에 있는 잉크병이 비어 있는 것을 보고 아버지를 도와주기 위해 새 잉크병의 뚜껑을 열다가 그만 잉크를 꽤 많이 쏟았다. 반면 은지는 몰래 아버지 책상 위에 있는 잉크병을 갖고 놀다가 조금 쏟았다. '누가 더 나쁜 아이일까?' 그리고 '왜 그렇게 생각하는가?' 라는 질문을 했다.

유아의 도덕적 사고를 나타내는 대화

어른: 누가 더 나빴을까?
아동(7살): 얼룩 크게 만든 사람이요.
어른: 왜?
아동: 왜냐하면 그게 크니까요.
어른: 왜 크게 얼룩지게 했을까?
아동: 도와주려구요.
어른: 그럼 작은 아이는 왜 작은 얼룩을 만들었을까?
아동: 만날 이거저거 만져요. 그러다가 작은 얼룩을 만들었어요.
어른: 누가 더 나빴을까?
아동: 큰 얼룩 만든 애요.

일반적으로 7세 이전의 아동들은 컵을 많이 깬 현철이나 잉크를 많이 쏟은 성희가 더 나쁘다고 생각했다. 그러나 나이가 들수록 아동들은 현철이나 성희는 실수였지만, 민우나 은지는 하지 말아야 하는 일을 하다가 컵을 깨고, 잉크를 쏟았다는 것을 이해하게 된다. 결국 어린 유아들은 결과에 치우쳐 판단하지만, 더 성숙한 아동은 의도를 고려하여 판단한다는 것이다. 이러한 질문에 대한 아동의 반응을 정리하여 Piaget는 아동의 도덕성 발달을 크게 2단계로 나누었다(Piaget, 1932).

(1) 도덕발달 단계

첫 번째 단계는 타율적 도덕성(heteronomous morality: 5~10세)의 단계로 이 시기는 권위자에 대한 복종 단계이다. 이때 권위자는 하느님, 부모 또는 교사와 같이 유아가 권위 있다고 느끼는 어른으로 생각할 수 있다. 유아는 이렇게 권위자가 정한 규칙은 변할 수 없으며 영원하고 꼭 지켜야만 하는 것이라고 믿는다. 그래서 구슬놀이의 규칙도 변경하면 안 된다. 만약 규칙을 바꾸려고 하면, 유아는 "하느님이 바꿔도 된다고 가르치지 않았어.", "다르게 하면 안 돼.", "그러면 반칙이야.", "원래 규칙대로 해야 맞는 거야."와 같은 말을 한다(Piaget, 1932).

이때 아동의 사고를 제한하는 두 가지 요인이 있다. 첫째 요인은 어른들의 요구, 즉 어린이는 어른 말을 잘 들어야 한다는 생각이고, 두 번째 요인은 아동의 인지적 미성숙, 특히 타인의 관점에 대해서 생각하지 못한다는 점이다.

타율적 도덕성 시기에 있는 유아는 모든 사람들이 규칙에 대해서 다 똑같이 생각한다고 믿기 때문에 규칙이란 수정할 수 없는 확고부동한 것이라고 생각한다. 아동들은 어떤 행동이 잘못되었는가를 판단할 때 행동의 결과를 중요시하고 의도를 보지 못하는 것이다. 앞서 제시한 예에서 사고로 15개의 컵을 깬 현철이가 엄마를 속이려다 컵 1개를 깬 민우보다 더 나쁘다고 생각한다.

Piaget가 제시한 도덕발달의 두 번째 단계는 자율적 도덕성(autonomous morality; 10세 이상)의 단계이다. 이 시기의 아동은 인지발달이 더 성숙해지고, 어른의 통제를 덜 받게 되고, 또래들과의 상호작용을 통하여 더 성숙한 단계의 생각을 하게 된다. 이 단계의 아동은 더 이상 규칙이 불변하다고 생각하지 않는다. 규칙은 사회적 합의가 있으면 바꿀 수도 있다고 융통성 있게 생각한다. Piaget는 이때 또래들과의 상호작용, 즉 의견의 일치와 불일치가 도덕발달의 성숙을 불러오는 데 큰 역할을 한다고 생각했다. 아동은 또래들과 갈등을 해결해 나가는 과정에서 서로 합의점에 도달하는 방법을 터득한다. 그러면서 자신에게 이익이 되는 결과가 있듯이 타인에게도 이익이 되는 방식이 있다는 것을 알게 되고, 그러한 점을 깨달으면서 도덕성이 발달하는 것이라고 보았다. 처음에는 "내가 너를 위해 이것을 해주면 너도 나를 위해 저것을 해줘."와 같은 '하나주고 하나받기' 식의 사고로 시작해서, 나중에는 황금법칙(Golden Rule; 내가 받고 싶은 대로 남에게도 해라)까지도 실천하게 되는 것이다. 이렇게 해서 규칙은 상황에 따라 모두에게 공평하게 바뀔 수 있는 것이라고 생각하게 된다.

아동들이 게임의 규칙에 대하여 취하는 태도도 비슷한 발달 양상을 보인다. 처음에는 주어진 게임의 규칙을 그대로 받아들인다. 그러다가 게임의 규칙도 사람이 만든 것이라는 사실을 인지하게 되면 구성원들의 동의하에 규칙을 바꿀 수도 있다고 생각하게 된다. 더 나아가서 더 복잡한 규칙을 만들어 보기도 한다. 그러다가 반대에 부딪히면 구성원들끼리 의논하여 합의점을 찾도록 한다. 즉 규칙은 외부에서 주어지는 것이 아니라 서로 협의 하에 수정될 수도 있다는 것을 알게 되는 것이다.

(2) Piaget의 도덕발달 이론에 대한 평가

후속 연구들은 대체로 Piaget의 이론을 뒷받침하고 있다. 도덕발달의 방향, 즉 아동이 성장하면서 결과의 크기와 같은 외적인 요인보다는, 의도나 타인의 바람과 같은 내적인 요인에 더 비중을 두는 것을 볼 수 있었다. 또한 도덕발달은 인지발달의 영향을 받는다는 사실도 지지되었다. 이 외에도 또래들과의 상호작용이 도덕발달을 촉진시키는 요인으로 작용하는 것도 볼 수 있었다. 그러나 전반적으로 볼 때 Piaget의 도덕발달 이론도 인지발달 이론과 마찬가지로 아동의 능력을 과소평가했다는 비판을 피하지 못했다.

2) Kohlberg의 도덕발달 이론

Kohlberg도 Piaget와 마찬가지로 도덕발달은 인지발달과 밀접한 관련이 있다고 생각했다. Kohlberg는 1950년대부터 시작하며 10, 13, 16세 된 어린 소년들에게 여러 가지 딜레마를 제시한 후 질문을 하고, 그 답을 토대로 도덕발달 단계를 정리하였다. 모든 딜레마에는 '정의' 라는 핵심개념이 들어가 있었고, 소년들이 이 딜레마에 대해 제시한 판단과 그렇게 결정하게 된 이유를 분석하여 이론을 발전시켰다. Kohlberg가 제시한 딜레마 중에 가장 대표적인 것이 하인츠의 딜레마이다.

> 한 여인이 암에 걸려 죽어가고 있었다. 그 동네 약사는 그 여인을 낫게 할 수 있는 약을 개발했다. 약사는 그 약을 $2000에 팔겠다고 했는데 이 가격은 약 원가의 20배가 되는 액수이다. 그 아픈 여인의 남편인 하인츠는 자기가 있는 돈과 주위에서 빌린 돈을 다 합쳐 $1000를 마련했다. 하인츠는 약사에게 가서 제발 $1000를 받고 약을 지금 나에게 팔고 나머지는 두고두고 갚겠다고 했다. 약사는 거절하며 "내가 약을 개발했으니 돈을 벌어야겠소."라고 답했다. 하인츠는 결국 약을 훔쳤다. 하인츠의 행동은 잘 한 것인가 잘못 한 것인가? 그리고 그 이유는 무엇인가?(Kohlberg, 1969)

(1) 도덕발달 단계

Kohlberg는 그의 딜레마에 대한 반응을 토대로 도덕발달을 3수준으로 나누고 각 수준을 2단계로 나누어 다음과 같은 3수준 6단계로 구분한다.

1 수준 I: 전인습적 도덕수준(Preconventional morality)

사람들은 외적인 통제하에 움직인다. 벌을 피하거나 보상을 받거나 자기 이익을 위해 규칙을 지킨다. 사회규범이나 기대를 잘 이해하지 못한다. 이 수준에 있는 아동은 매우 자아 중심적이고 다른 사람의 입장을 이해하지 못한다. 또한 자신의 욕구충족에만 관심이 있다.

- 1단계(벌과 복종)-이 단계에서 아동은 벌을 피하기 위해 행동한다. 예를 들면 민경이는 엄마에게 야단 맞을까봐 동생을 때리지 않는다.
- 2단계(목적과 상호교환)-이 단계에서 아동은 자신의 흥미와 욕구를 만족시키기 위해 규칙을 지킨다. 예를 들면 민경이는 엄마가 약속한 보상을 받기 위해 동생을 돌봐준다.

2 수준 II: 인습적 도덕수준(Conventional morality)

사람들은 권위자의 기준을 내면화하고 '착한 사람' 이 되기 위해서, 다른 사람에게 잘 보이기 위해서, 또는 사회질서를 유지하는 데 목적을 두고 판단을 한다. 다른 사람의 입장을 어느 정도 이해하게 되고, 도덕적 추론은 내면화된다. 그리고 사회관습에 맞는 행동을 도덕적 행동이라고 생각한다.

- 3단계(착한 아이)-다른 사람으로부터 착한 아이로 보이고, 인정받기 위해 행동한다. 사람의 동기나 의도, 신뢰, 충성, 감사의 의미가 중요하다고 생각한다. 예를 들면 민경이는 칭찬을 받기 위해 엄마가 상 차리는 것을 도와드린다.
- 4단계(법과 질서)-이 단계에서는 추상적 사고를 할 수 있게 되고 사회질서를 위해 법을 준수하는 행동이 도덕적이라고 생각한다. 예를 들면 민경이는 누가 보는 사람이 없어도 신호등을 지킨다.

3 수준 III: 후인습적 도덕수준(Postconventional morality)

사람들은 도덕적 기준들 사이에도 갈등이 있을 수 있음을 알고 정의와 평등을 기준으로 스스로 사안별로 판단을 내리도록 한다. 사회규범을 이해하고 기본적으로 그것을 인정하지만 법이나 관습보다는 개인의 가치기준에 우선을 둔다.

- 5단계(사회계약)-법과 사회계약이 '최대 다수의 최대 행복' 이라는 전제하에 만들어졌다는 것을 이해하고 최대다수의 복지와 권리를 보호하기 위해 법을 준수한다. 그러나 때로는 법적 견해와 도덕적 견해가 서로 모순됨을 알고 갈등한다. 예를 들면 조카들이 굶주려서 빵을 훔친 사람을 경찰에 고발해야 하나, 고발하지 말아야 하나 갈등하는 것이다.
- 6단계(보편원리)-법이나 사회계약은 일반적으로 보편적 윤리기준에 입각한 것으로 필요하다고 믿는다. 보편원리란 인간의 존엄성, 평등, 정의 같은 개념으로 만일 이러한 원칙에 위배될 때에는 관습이나 법보다 보편원리에 따라 행동한다.

표 12-1 Heinz 딜레마에 대한 Kohlberg의 여섯 단계에 속한 피험자의 전형적 반응

수준	단계	찬성반응	반대반응	특징
1. 전인습적 도덕성	1. 처벌과 복종 지향	약을 가져온 것은 나쁘지 않다. 그는 먼저 돈을 치르겠다고 말했으니까, 또 약값은 실제로 2,000달러가 아니라 200달러 정도니까 약제사에게 손해를 끼친 것도 아니다.	그는 무단으로 약을 가져갔다. 그는 창문을 깨고 들어가면 안 된다. 그는 나쁜 범죄를 저질렀다. 그렇게 비싼 약을 훔치는 것은 큰 범죄다.	의도보다는 결과를 중시함. 찬성자는 결과를 최소화하고 반대자는 결과를 최대화함. 또한 큰 범죄는 심한 처벌을 받아야 한다고 생각한다.
	2. 수단적 (상대적) 쾌락주의	Heinz는 약제사에게 손해를 끼치지 않았고 항상 보상해 줄 수 있다. 만약 그가 아내를 잃고 싶지 않다면 약을 가져올 수 있다.	약제사는 나쁘지 않다. 그는 다만 우리 모두처럼 이익을 얻으려는 것이다.	찬성자는 Heinz의 의도를 분명히 말하지만 반대자들은 약제사의 의도를 명시하지 않는다. Heinz나 약제사 모두 자신의 욕구, 목표를 만족시키려 한다는 점에서 옳다.
2. 인습적 도덕성	3. 착한 소년, 착한 소녀 지향	훔치는 건 나쁘지만 이것은 상황 탓이다. Heinz는 착한 남편이라면 의당 해야 할 일을 했을 뿐이다. 아내는 사랑하는 그를 탓할 수는 없다. 다만 그의 가난을 탓해야 할 것이다.	Heinz의 아내가 죽는다 해서 그를 탓할 수는 없다. 그가 약을 훔치지 않았다고 하여 무정하다고 비방할 수는 없다. 약제사는 이기적이고 매정한 사람이다. Heinz는 최선을 다했어야 했다.	찬성자나 반대자나 모두 타인의 승인 여부에 초점을 맞춘다. 두 경우 모두 Heinz의 의도를 선하다고 본다.
	4. 권위와 사회질서 유지 지향	약제사는 누군가를 죽도록 내버려두니까 잘못된 삶을 사는 거다. 그렇다면 아내를 구하는 것은 Heinzd의 의무다. 그러나 그가 법을 위반해서는 안 된다. 그는 약제사에게 약을 돌려주고 훔친 행위에 대한 벌을 감수해야 한다.	Heinz가 아내의 생명을 구하는 것은 당연하지만 훔치는 것은 나쁘다. 우리는 자신의 기분이나 상황이 어떻다 해도 규칙을 준수해야 한다.	법을 지키는 의무가 개인적 이익 위에 있다. 찬성자조차 Heinz가 도덕적으로 그릇되었고 위반행동에 대한 벌을 받아야 함을 알고 있다.

수준	단계	찬성반응	반대반응	특징
3. 후인습적 도덕성	5. 계약, 개인적 권리, 민주적으로 용인된 법 지향	훔치는 행동이 나쁘다고 판단하기에 앞서 전체상황을 고려해야 한다. 물론 남의 집 유리를 깨고 무단 침입하는 것은 나쁘다. Heinz도 자기 행동이 잘못되었음을 알 것이다. 그럼에도 불구하고 이런 상황에서라면 누구라도 약을 훔칠지 모르겠다.	Heinz가 비록 약을 훔쳤다 해도 의도가 선하다. 그러나 목적이 수단을 정당화할 수는 없다. 그가 약을 훔친 것을 완전히 나쁘다고 할 수는 없지만 그런 상황에서라도 절도 행위는 옳지 않다.	흑백논리식의 단순한 판단을 넘어선다. 찬성자는 절도가 비합법적이지만 이 남편이 약을 훔칠 수도 있음을 인식하고 이해한다. 반대자도 이와 유사하다. 즉 Heinz의 절도행위는 나쁘지만 그의 의도는 선하다고 생각한다.
	6. 양심의 개인적 원칙 지향	법의 준수와 인간생명을 구하는 것 중 하나를 택해야 할 때 생명을 구한다는 상위 원리는 약을 훔치는 행동마저도 도덕적으로 정당화할 수 있게 한다.	암환자가 많고 약이 부족한 경우 약은 그것을 필요로 하는 모든 사람에게 골고루 돌아갈 수가 없다. 이 경우 정당한 행동이란 관련된 모든 사람에게 올바른 것이어야 한다. Heinz는 감정이나 법이 아니라 객관적 입장에서 정당하다고 여겨지는 방식에 따라 행동해야 했다.	이들은 자신의 양심에 따라 선택한 윤리적 원리를 기초로 옳고 그름을 정한다. 사회적 계약을 넘어서는 상위의 원칙(예: 생명의 존엄성, 개인의 권리)을 중요시한다.

출처: 인간의 사회, 성격 발달심리, 최순영, 2003, 학지사

Kohlberg는 딜레마에 대하여 어떤 입장을 택하였는지를 보는 것이 아니라 그 입장을 택하게 된 이유에 주목했다. 그러므로 한 딜레마에 대해 다른 입장을 택한 두 사람이 같은 수준일 수도 있고, 또 같은 입장의 사람들이 각각 다른 수준의 사고를 하고 있을 수도 있다.

청소년들이나 어른들도 Kohlberg의 도덕단계에서 1수준에 머물러 있는 경우가 있으며 이러한 특성을 가진 사람들은 벌을 두려워하며 자신의 욕구를 우선시하며 행동을 한다. 대부분의 청소년과 어른들은 두 번째 단계의 수준에서 사고하게 되는데 사회적 규범 내에서 행동하고 남들에게 잘 보이기 위해서, 혹은 법을 지키기 위해 행동한다. 후인습적·도덕 수준의 단계에 도달하는 사람은 그리 많지 않으며 특히 마지막 수준의 두 번째 단계인 6단계 사고를 보이는 사람은 극히 드물어 '과연 6단계가 존재하는가?' 라는 의문이 제시되기도 하였다. 그러나 이후에 Kohlberg는

7단계까지 제안했다. 사람들은 자신의 행동이 남에게 미치는 영향뿐만 아니라 전체 우주에 미치는 영향까지 고려하는 '우주적' 단계(Cosmic stage)를 제안하기도 하였다(Kohlberg, 1981).

(2) Kohlberg의 도덕발달 이론의 평가

Kohlberg의 이론에 대한 연구를 하기 위해서는 딜레마를 개별적으로 제시하고 반응을 기록한 후에 훈련된 전문가가 일일이 평가해야 한다는 어려움이 있다.

도덕발달이라는 개념은 사람들의 인식을 변화시키는 중요한 이론이 되었다. 특히 Kohlberg와 Piaget는 도덕발달이라는 개념 자체에 대하여 인식의 변화를 가져왔다. 이전에는 도덕발달을 자기만족이나 자기충동의 억제 정도로 보았다면, 이 두 학자의 이론이 나온 후에는 사회와 세상에 대한 이해의 정도에 따라 변화하는 도덕적 판단에 주목하게 되었다.

후속 연구에서 Kohlberg 이론의 일부는 지지받았지만 일부는 재고의 여지를 남기고 있다. Kohlberg의 연구대상이 되었던 미국의 소년들은 모두 Kohlberg의 도덕발달단계를 순서대로 거쳤으며 단계를 뛰어넘는 경우도 없었다. 그들의 도덕적 판단은 나이, 교육, 지능지수(IQ)와 사회경제적 지위와 정비례적인 관계를 보였다 (Colby, Kohlberg, Gibbs & Lieberman, 1983).

Kohlberg 의 딜레마-중대장의 고민

전투중인 중대장은 숫자가 많은 적을 당해낼 수가 없어서 후퇴를 명령하였다. 중대원들은 다리를 건너서 후퇴하였다.

다리를 건너 온 중대장은 만약 이 다리를 건널 때 다리를 폭파하여 적을 죽인다면 중대원들은 모두 무사히 후퇴할 수 있으며, 만약 다리를 폭파하지 않는다면 중대원들은 모두 살아남지 못한다는 것을 알았다. 그래서 중대장은 특공대 한 사람을 남겨 다리를 폭파하기로 결심했다. 그런데 누구를 특공대로 남겨두어야 할 것인가 하는 것이 고민이었다. 그래서 중대장은 자신이 그 일을 할까 하고 생각해 보았다. 그런데 후퇴하는 길을 아는 사람은 중대장뿐이었다. 그러던 중 중대장의 머리에 후보자 두 사람이 떠올랐다. 한 사람은 중대에서 이름난 말썽꾸러기로 매일 싸움과 도둑질로 세월을 보내는 쓸모없는 사람이었으며, 또 한 사람은 전쟁 중에 중한 병을 얻어서 몇 달 살지 못할 사람이지만 다리를 폭파할 수 있는 힘을 가지고 있는 사람이었다.

① 중대장은 특공대를 반드시 이 두 사람 중에서 뽑아야 하는가? 아니면 다른 사람들 중에서 뽑아야 하는가? 그 이유는 무엇인가?

② 중대장은 말썽꾸러기를 지명하였다. 그런데 그 말썽꾸러기는 중대장의 결정이 옳지 못하다고 하며 따를 수 없다고 하였다. 말썽꾸러기의 이와 같은 행동은 옳은 것인가? 아니면 잘못된 것인가? 그 이유는 무엇인가?

Kohlberg 의 딜레마-죠오의 고민

죠오는 캠핑가기를 무척 원하는 열네 살의 소년이다. 그의 아버지는 그가 캠핑에 필요한 돈을 저축하면 보내주겠다고 약속했다. 그래서 죠오는 열심히 일해서 번 돈을 착실히 저축하여 캠핑가는 데 필요한 40달러와 약간의 돈을 갖게 되었다. 그러나 캠핑을 출발하기 직전에 아버지가 마음을 바꿨다.
죠오의 아버지는 친구들과 함께 낚시 여행을 가기로 했는데 그 비용이 약간 부족했다. 그래서 죠오가 푼푼히 저축한 돈을 달라고 했다. 그러나 죠오는 캠핑가는 것을 포기하고 싶지 않았다. 그래서 그는 아버지의 청을 거절하기로 했다.

죠오는 아버지의 청을 거절하는 게 옳은가? 왜 그런가?

표 12-2 Kohlberg와 Piaget의 도덕발달 비교표

Kohlberg의 도덕발달 단계	행동 및 사고의 동기	Piaget의 도덕발달 단계
벌과 복종	권위자에 대한 두려움과 벌을 회피하려는 동기	전조작기, 초기 구체적 조작기
목적과 상호교환	개인적인 욕구를 충족시키려는 동기	구체적 조작기
착한 소년-착한 소녀 지향	친구와 친지들의 인정을 받기 위한 동기	초기 형식적 조작기
법과 질서 유지	법과 질서를 준수하려는 동기	형식적 조작기
사회계약 유지	개인의 권리와 다수의 필요를 충족시켜주기 위해 법을 수정하기도 하고 준수함	
보편적 도덕 원리	전 인류를 위한 추상적이고 보편적 원리를 준수함	

반면 또 다른 연구에서는 Piaget나 Kohlberg가 생각했던 것보다 아동들은 더 빨리 더 성숙한 단계의 도덕적 판단을 할 수 있는 것으로 나타났다(Helwig & Jasiobegzka, 2001). 그리고 도덕적 판단과 도덕적 행동 간의 상관관계에도 문제가 있었다. 후인습적인 수준으로 사고하는 사람이 반드시 더 낮은 단계의 사람들보다 더 도덕적으로 행동하지는 않았다는 사실이 밝혀졌다(Colby & Damon, 1992).

인지발달 이론에서 접근한 도덕발달 이론의 비평가들은 도덕발달에 있어서 인지적인 접근은 정서의 중요성을 간과한다고 지적했다. 도덕적인 행동은 정의라는 추상적인 개념뿐만 아니라 죄책감, 감정이입과 같은 사회적인 정서가 내면화된 결과라는 것이다. Kohlberg 자신도 정서발달이나 인생경험과 같은 비인지적인 요소가 도덕발달에 영향을 미친다는 점을 인지하고 있었다. 따라서 도덕발달에 있어서 인지발달 이외의 요소들이 작용하는 것을 알 수 있다.

2 >>> 사회학습이론

다음으로 다루게 될 두 이론들은 사회학습이론과 정신분석이론으로 인지발달이론과는 다른 관점을 가지고 아동의 도덕발달에 대해 접근한다. 이 이론은 도덕적 발달을 내면화(internalization) 과정을 거치면서 사회의 규준을 자기 것으로 만드는 것이라고 보고 있다. 그래서 아동이 규칙을 습득하고, 착한 행동이 무엇인지 알아가는 도덕적 가치가 사회에서 개인으로 옮겨가는 과정에 주목했다.

사회학습 이론적인 관점에서는 도덕성이 특별한 발달과정을 거치는 것으로 보지 않는다. 도덕적 행동은 인간의 여러 다른 행동들과 마찬가지로 강화와 모델링에 의하여 습득된다고 생각하는 입장이다.

즉, 아동의 도덕적인 행동 대부분은 어른들의 모델링을 통하여 습득된다고 보고 있다(Bandura,1977). 아동은 공유하기, 남 도와주기, 다친 사람 위로하기 등과 같은 친사회적인 행동을 하는 어른들을 보고, 아동이 모방할 때 칭찬해주고 보상해주는 등 강화하면 도덕적인 행동이 증가한다. 많은 연구들은 도와주거나 나누어 주는 어른이 가까이 있을 때 아동들의 친사회적인 반응이 증가한다고 보고한다. 아동들이 특히 모방하고자 하는 모델들에게는 다음과 같은 특징이 있다.

첫째, 따뜻하고 반응적이다. 유아들은 다정한 어른에게 더 주의를 주고 모방한다(Tarraow, Scott & Waxler, 1973).

둘째, 능력과 권력이 있다. 유아들은 자신의 눈에 힘이 있다고 비쳐지는 사람의 행동을 모방한다. 또래나 아랫사람보다 어른이나 윗 형제의 행동을 모방하는 경향을 볼 수 있다(Bandura, 1977).

셋째, 자기주장과 행동이 일치하는 사람을 모방한다. 말과 행동이 다른 경우 가장 노력을 들이지 않아도 되는 쪽을 모방하는 경향이 있다. 예를 들어 "남을 돕는 건 중요한 일이야."라고 말하면서 정작 돕는 행동을 별로 하지 않는 모델이 있으면 유아도 돕지 않는 행동을 모방한다(Mischel & Liebert, 1966).

모델의 영향은 학령전기에 가장 뚜렷하게 나타난다. 양육자가 따뜻하게 돌보아

주는 환경에서 자란 아동은 대체로 친사회적으로 성장한다. 자신이 보고 배운 행동들이 내면화된 것이다.

3 >>> 정신분석이론

정신분석이론의 창시자인 Sigmund Freud에 의하면 유아의 도덕성은 3세에서 6세 사이에 발달한다고 한다. 이 시기에 오이디푸스 콤플렉스(Oedipus Complex), 일렉트라 콤플렉스(Electra Complex)를 경험하게 된다. 유아는 다른 성의 부모를 소유하고 싶은 마음이 있으나, 같은 성의 부모로부터 처벌을 당하거나 거부당할 것을 두려워해서 같은 성의 부모와 동일시 한다는 내용이다. 유아는 부모의 가치관이나 취향 등을 내면화시키고 모방함으로써 사랑을 받으려고 한다. 이 과정에서 초자아(Super ego)가 형성된다. 유아는 이때 도덕적인 기준뿐만 아니라 감정적인 정서들도 함께 내면화한다. 같은 성의 부모에게 가졌던 두려운 마음을 보상하기 위해 그 부모의 행동이나 가치관이 자신 안에 내면화되어 있어서 초자아가 지시한 대로 행동하지 않을 경우 강한 죄책감을 느끼게 된다. Freud에 의하면 유아가 5,6세 정도 되면 도덕발달이 거의 이루어진다고 한다(Freud, 1925, 1961).

또 Freud는 여성보다 남성이 더 도덕성이 강하다는 생각을 했다. 도덕성 발달의 핵심은 초자아의 발달이고 초자아는 오이디푸스 콤플렉스의 거세불안에서 비롯된다고 보았다. 남성은 거세에 대한 무서운 공포가 있어서 어른과의 동일시가 강하게 이루어지는 반면, 여성은 이미 거세되어 불안이 없으므로 어른과의 동일시 과정도 남성보다는 약하다는 것이다. 그러나 이 주장은 지지를 받지 못하였다. 오히려 남성보다 여성이 도덕적 원리를 더 잘 내면화하고 있다는 연구 결과들이 속출하고 있다(Hoffman, 1984).

현대에 와서는 Freud의 도덕발달 이론이 너무 성적인 면에 치중해 있음을 지적하며 비판하는 목소리가 많다.

4 >>> 도덕적 · 사회관습적 · 개인적 영역 차별화 관점

많은 연구결과들을 보면 유아기의 도덕발달이 Kohlberg가 제시한 것과 같이 전인습적이고 외적 영향에 치우친 것은 아닌 것으로 나타난다. 특히 유아는 도덕적인 상황과 사회관습적인 상황, 또 개인의 선택상황에 대해 구별하여 이해하고 있으며 공평한 보상에 대한 개념도 있는 것으로 나타났다. 좀 더 구체적으로 살펴보면 유아들은 인간의 기본적인 권리나 안녕, 보호와 같은 도덕적 영역(moral domain)과 사람들의 합의하에 만들어져서 지키는 예식과 같은 사회관습적 영역(social conventional domain), 그리고 남들에게 피해를 주지 않으면서 개인의 선택에 따라 달라질 수 있는 개인적 영역(personal domain)을 구분할 수 있는 것으로 나타났다(Yan & Smetana, 2003).

【도덕적 영역】
상훈이는 가게 앞을 지나다가 빨간 사과가 진열되어 있는 것을 보고 너무 먹고 싶어서 사과 하나를 몰래 가져왔다.

【사회관습적 영역】
태란이는 아빠랑 아이스크림을 먹을 때 손으로 먹었다. 참 맛있었다.

【개인적 영역】
엄마는 민환이에게 노는 시간에 블록 쌓기를 하라고 하셨는데, 민환이는 퍼즐 맞추기를 했다.

위와 유사한 상황들을 3~4살 된 유아들에게 들려주고 누구의 행동이 가장 나빴는지 묻고, 또 그 일이 일어난 장소가 다른 곳, 예로 다른 나라이어도 나쁜 건지를 질문하였다. 어린 유아들은 위의 3가지 상황 중에서 도덕적 상황이 가장 나쁘고 그 일이 일어난 장소가 바뀌어도 마찬가지라고 답했다. 더 나아가 그런 일에 대한 규칙이나 법이 없거나 다른 사람(부모, 교사)이 보지 못했다 하더라도 여전히 나쁜 행동이라고 생각했다(Smetana, 1995). 유아들은 개인의 머리 스타일이나 어떤 친구를 사귈지, 여유시간에 무엇을 할지 등과 같은 개인적 상황에 대해서도 구분을 한다.

어린 유아들은 어떻게 이런 구분을 할 수 있게 되는 것일까? Elliot Turiel(1998)에 의하면 유아들은 자신의 경험을 토대로 적극적인 사고를 한다는 것이다. 도덕적 상황 후에는 또래나 어른들이 강한 반응을 보이고 벌을 주거나 반격을 해온다. 또 상대방의 입장에 대해 설명을 듣는다. 반면에 사회 관습적인 상황에서는 피해 받는 대상이 없다는 것을 보거나 사람들이 약한 반응을 보인다. 또 부모나 교사들은 개인적 영역이나 사회 관습적 영역에 대해서는 타협을 하기도 하며, 별로 관여를 하지 않기도 한다.

이와 같이 어린 유아들이 도덕적 영역과 사회관습적 영역을 구분할 수는 있다 하더라도 각 영역 내에서는 경직된 사고를 하는 것을 볼 수 있다. 예를 들어 유아 때는 훔치거나 거짓말하는 것은 어떤 상황에서도 안 된다고 생각한다. 그러나 성장하면서 여러 가지 상황을 고려하게 되어 의도, 지식, 믿음, 또 법이나 규칙의 목적 등을 함께 생각할 수 있게 된다.

7세 된 아동들은 교사가 잘못된 지식을 가지고 있어서(소녀들이 영양분을 더 많이 필요로 한다) 여학생들에게 간식을 더 많이 나누어 주는 것은 참을 수 있으나, 불공평한 개인적인 선호사상(소녀들에게 더 잘해 줘도 될 거야)으로 행동한다면 더 비난받아야 한다고 생각한다.

아동은 성장하면서 개인적 영역에서 어른들과 갈등을 겪게 된다. 특히 개인적 영역과 사회관습적 영역이 함께 혼재되어 있는 부분에서 가장 심하다. 예를 들어 아동은 자기 방 치우기를 개인적인 영역으로 보고 마음대로 하고 싶은데, 부모 입장에서는 가족 전체의 공간으로 보고, 사회관습적 영역으로 정의해서 잔소리를 하게 되는 경우이다.

서양사회에서 생활하든 동양사회에서 생활하든 다 비슷한 기준에서 도덕적 영역, 사회관습적 영역, 개인적 영역을 구분하는 것을 볼 수 있다(Nucci, 2002). 중국은 어른의 권위에 무게를 많이 두는 사회임에도 불구하고, 아동이 자유시간을 어떻게 활용하는지와 같은 개인적 영역에 참견할 권리가 없다고 생각한다. 콜럼비아의 한 아동은 토론시간에 어디에 앉을 것인지 교사가 지정하는 것에 저항하며 "자기가 앉고 싶은 자리에 앉아야 해요!"라고 주장했다(Helwig et al., 2003).

그러나 문화 간에 차이를 보이는 예도 있다. 동인도에서 힌두교를 믿는 유아들은 아버지가 돌아가신 다음날 닭고기를 먹는 것은 도덕적으로 나쁜 일이라고 생각한다. 힌두교에서 이러한 행동은 아버지의 영혼이 승천하는 것을 방해한다고 믿기 때문이다. 반면 남아메리카 아동들은 그런 행동에 큰 의미를 두지 않는다(Shweder, Mahapatra, & Miller, 1990).

남에게 피해를 주거나 남의 권리를 침해하는 행위 즉 약속을 어기기, 남의 재산을 파괴하기, 동물을 발로 차기와 같은 행동들에 대해서는 전세계적으로 유사한 입장이다(Turiel, 1998). 여기서 다시 한 번 도덕발달에 있어서 정의(justice) 개념이 차지하는 부분이 크다는 것을 알 수 있다.

5 >>> 분배의 정의(Distributing Justice) 관점

아동은 매일매일 무엇인가를 나눠 가지는 상황을 경험한다. 누가 몇 개를 가져야 하는지, 왜 그런지, 더 큰 것은 누구 것인지, 또 순서는 어떻게 정해야 하는지, 차 탈 때 누가 어디에 앉아야 하는지 열띤 토론이 오고간다. 4세 유아들은 사물을 공유할 때 자기중심적인 이유를 드는 경우가 많다.

"내가 나눠주지 않으면 그 아이가 나랑 안 논다고 했어" 혹은 "내가 더 나이가 많으니까 나는 많이 가지고 너는 조금만 가져." 하고 당당하게 말하는 모습을 종종 볼 수 있다.

그러나 아동은 나이가 들어가면서 더 성숙한 기준으로 타인과 나누기 행동을 하게 되는데 그 판단의 기준은 다음과 같은 세 단계로 나누어진다(Damon, 1977).

- 1단계: 엄격한 공평성(Strict equality, 5~6세): 모든 구성원이 자원을 똑같이 나누어 가져야 한다고 생각한다. 이 시기의 자원이란 돈, 게임할 때 돌아오는 순서, 먹을 것 등이다.
- 2단계: 자격(Merit, 6~7세): 열심히 일한 사람이나 더 자격이 있는 사람에게 더 많이 줘야 한다고 생각한다.
- 3단계: 평등과 연민(Equailty & benevolence, 8세부터): 더 불리하거나 상황이 안 좋은 사람에게 더 줘야 한다고 생각한다.

아동들은 자신이 속한 집단에서 준비를 많이 하지 못하거나 용돈이 적은 사람에게 더 주기도 한다. 그러나 상황에 따라 판단기준을 달리 하기도 한다. 예로 아동들은 잘 모르는 사람들하고는 평등의 원칙에 의해 분배하고, 잘 아는 사람들하고는 연민의 원칙에 의해 분배하는 경향이 있다.

부모의 충고나 격려는 아동의 정의 개념을 촉진시킨다. 그러나 무엇보다 같은 수준에서의 또래 집단 간의 상호작용이 정의 개념을 촉진시키는 중요한 역할을 한다. 분배논리의 발달은 사회적 문제해결 능력과도 연관이 있으며, 남들과 공유하고 도움을 주는 행동과도 관련이 있다.

6 >>> 도덕발달에 영향을 미치는 요인

1) 가족요인

Kohlberg나 Piaget는 유아의 도덕발달에 있어서 부모의 역할을 고려하지 않았으나, 이후 부모의 영향을 분명하게 보여주는 연구사례가 제시되었다. 1, 4, 7, 10학년 학생 63명의 부모에게 딜레마 2개를 주고 자녀들과 대화를 나누도록 했다. 이 연구에서 Kohlberg 도덕발달 단계의 진행이 가장 빠른 집단은 부모가 아동에게 유머, 칭찬, 경청을 하고 아동의 의견을 묻고, 질문을 할 때는 명료하게 하고, 아동의 대답을 다시 반복하고, 아동이 내용을 잘 이해했는지 확인하는 집단이었다. 또한 이 집단의 부모들은 비계(scaffolding) 사용을 연상하는 방법으로 아동의 현 단계보다 조금 높은 단계의 논리를 펼쳤다.

반면 아동의 도덕발달 진행이 가장 늦은 집단의 부모들은 일방적으로 말하거나 아동의 생각에 도전하거나 반대하는 특징이 있었다(Walker & Taylor, 1991). 이와 같이 부모의 양육태도가 아동의 도덕발달에도 큰 영향을 미치는 것을 알 수 있다.

2) 성별요인

Kohlberg는 미국의 백인 중산층 소년들을 대상으로 그의 도덕발달 이론을 전개하여 남성주의 이론이라는 비판을 받는다. 여성을 대상으로 연구한 Carol Gilligan (1982)에 의하면 남성은 도덕성을 '정의(justice)' 의 개념으로 보는 데 반해, 여성은 '보살핌(responsibility to show care and avoid harm)' 의 개념으로 본다고 한다. 하인츠의 딜레마를 제시했을 경우 여성들은 "하인츠에게 아이들이 있느냐?", "약사에게 무슨 사연이 있었느냐?", "하인츠의 부인이 통증으로 어느 정도 고통스러워 하느냐" 식의 의문이 생기고, 그 답에 따라 판단이 달라질 수도 있다는 것이다.

후속 연구를 보면 여성 청소년이 남성보다 더 높은 Kohlberg의 단계를 보이기도 하는 등 일관적이지 않은 결과를 보인다(Garmon et al., 1996).

3) 문화적 요인

Kohlberg의 이론은 다른 여러 문화권에서도 어느 정도 적용된다. 즉 아동이 나이가 들수록 더 높은 단계의 사고를 나타낸다. 그러나 서구사회가 아닌 나라들에서는 4단계 이상의 사고를 하는 사람이 드물었다(Edwards, 1981; Nisan & Kohlberg, 1982).

그렇다면 다른 문화권에서는 높은 단계의 도덕발달을 권장하지 않는 것일까? 그보다는 Kohlberg의 도덕발달 기준이 다른 문화권의 가치관과 맞지 않기 때문일 것이다.

Gilligan은 성인 여성을 대상으로 실제상황에서 도덕적 사고를 조사하였다. 낙태에 대하여 망설이는 과정에 있을 때 미혼모 28명을 면접하여 낙태할지에 대한 판단과 그 이유에 대하여 알아보았다. Kohlberg가 사용한 추상적이고 도덕적 갈등상황에서는 사회적 질서를 지향하는 남성들이 대다수 4단계 추론을 하는 반면, 대인관계 지향적인 여성들은 대부분 더 낮은 3단계 추론을 하는 것으로 나타나는 것은, Kohlberg의 딜레마들이 개인의 요구 및 권리와 사회적 공정성 유지 간의 갈등을 내포하고 있으므로 대인관계를 중요시하는 여성들에게는 다소 불리한 경향이 있다고 Gilligan은 주장했다.

다음은 Gilligan(1982)이 제시하는 여성들의 도덕적 발달단계이다.
1단계는 개인적 생존지향 단계로 자기중심적이고 실제적인 관점을 가진다.
예를 들면 "*내가 원하니까 낳아야지.*" 또는 "*내가 원치 않으니까 낙태할 거야.*" 등의 사고를 한다는 것이다.
2단계는 자기희생으로서 선(善)을 지향하는 단계로 자신의 욕구보다 타인의 입장을 중요시하는 전통적인 여성들의 관점을 보이는 것이다.
예를 들면 "*그이가 아이를 원치 않아. 그이를 사랑하니까 그를 위해 어쩔 수 없이 낙태해야지.*"라는 사고를 하는 것이다.
3단계는 비폭력의 도덕성을 지향하는 단계로 일방적 자기욕구나 자기희생보다는 관련된 모든 사람들에게 최선의 방법을 모색하고 자신과 타인에 대한 책임감을 중요시하는 단계이다.
예를 들면 "*낙태하는 것은 그이에게도, 나에게도, 아기에게도 모두 최선의 방법일 거야.*"라는 사고를 하게 된다는 것이다.

한 예로 인도의 불교 스님들은 일반인들보다 더 낮은 단계를 나타냈다. 스님들이 일반인들보다 낮은 도덕성을 나타내는 이유는 Kohlberg의 발달단계가 불교에서의 종교적 이념이나 원칙을 반영하지 못했기 때문일 것이다(Gielen & Kelly, 1983). 사람들은 높은 단계의 도덕성이 확립되기 전에 도덕적 기준이 상대적이라는 사실을 알게 된다. 많은 사람들은 성장한 후에 자신이 어렸을 때 생각했던 판단에 대해 회의하곤 한다. 다른 문화나 종교, 가치, 관점들을 접하고 나서 본인의 생각을 수정할 수도 있다. 모든 사회는 그 사회 고유의 전통과 가치관이 발달된다는 것도 알게 된다. 그래서 한 문화에서는 가치 있는 행위가 다른 문화에는 충격을 줄 수도 있다는 것을 이해하게 된다.

예를 들어 여성의 처녀성을 보존하고, 성욕을 억제하며 아름다움을 극대화한다는 이유로 행하는 여성 성기 절단(female genital mutilation)은 지구촌 몇 곳에서 아직도 성행하고 있으나, 서구사회에서는 여성에 대한 폭력이라고 규정하고 있다(Council on Scientific Affairs, 1995; Samad, 1996).

4) 양육태도, 사회화, 도덕발달

앞서 언급하였듯이 도덕적 판단이 도덕적 행동으로 이어지지는 않는다. 행동은 여러 가지 복합적인 요인이 작용하여 발생하는 것이다. 그 중에 중요한 역할을 하는 것이 부모의 양육태도와 사회화이다.

(1) 양육태도

부모들은 훈육을 통하여 자녀들을 가르친다. 훈육이란 부모가 유아에게 자기통제나 도덕적 가치와 행동 등을 가르치기 위하여 쓰는 다음과 같은 방법들이다.

1 강화와 처벌-행동주의에 기초한 기법들

부모들은 유아의 나쁜 행동을 멈추게 하기 위해 벌을 준다. 그러나 유아는 벌을 주기보다는 좋은 일을 했을 때 칭찬을 받거나 보상을 받는 등 긍정적 강화를 통해 더 많은 것들을 배운다. 외적인 강화로 사탕, 돈, 장난감, 별 스티커 등과 같은 물질적 강화가 있을 수도 있고, 미소, 칭찬, 꼭 껴안아 주기, 특별대우 등의 추상적 강화가 있을 수도 있다. 강화를 줄 때 중요한 것은 모든 강화는 유아 자신의 행동에 따른 결과임을 알아야 한다는 것과, 강화가 비교적 일관성 있게 주어져야 한다는 것이다. 만일 민수가 떠들 때만 야단치고 조용히 잘 놀 때는 그냥 지나친다면 민수는 부모의 주의를 받고 싶을 때는 떠들도록 강화되는 것이다.

그러나 간혹 벌이 필요할 때가 있다. 돌아가는 선풍기에 손가락을 넣으려 하거나 다른 아이를 때린다거나, 찻길로 뛰어간다거나 하면 안 된다는 메시지를 분명히 해주어야 한다. 이런 경우에는 일관성 있게, 그 즉시, 안 되는 행동과 연관해서 벌을 주면 효과가 있다. 이때 벌은 침착하게 왜 안 되는지 알아듣도록 전달한다. 적절하지 않은 벌은 오히려 역효과가 난다. 벌이 너무 강하거나 너무 자주 주어지면 다른 사람의 행동이나 의도를 이해하기도 전에 겁부터 먹거나 자신이 미움을 받고 있다고 느낄 수도 있다. 또 어린 유아들은 오히려 공격성을 배우게 되거나 상황에 대해 무기력하게 대처하려 할 수도 있다. 그리고 유아들에게 벌을 심하게 주는 부모를 두려워하게 되고 피함으로써 적절한 교육과 양육을 받을 기회를 잃게 되기도 한다 (Grusec & Goodnow, 1994).

보통 신체적인 체벌로는 때리기, 꼬집기, 흔들기 등 신체에 아픔을 가하는 행위들이 포함된다. 이러한 신체적 체벌은 꼭 필요한 때에 적절하게 활용하면 효과가 있다고 생각하는 경우도 있으나, 많은 연구결과들을 보면 부정적인 영향이 훨씬 많은 것으로 나타나 신체적 체벌은 자중해야 한다는 결론이 지배적이다.

2 권력 이행, 설득, 사랑 거두기

강화와 체벌만으로 부모의 영향력을 행사하는 것은 아니다. 근래에 많은 연구들은 또 다른 훈육 방법들에 관심을 가지고 조사하고 있다.

- 권력이행(power assertion): 바람직하지 않은 행동을 물리적으로나 언어적으로 제재하는 방법이다. 이때 부모는 유아에게 강하게 요구하기, 협박하기, 특권 빼앗기 등 여러 가지 방법을 동원할 수 있다.
- 설득하기(inductive technique): 바람직한 행동을 유도하거나 바람직하지 않은 행동을 바꾸기 위해 아동을 설득하는 방법을 뜻한다. 설득하기의 방법으로는 한계를 명시하기, 행동의 결과에 대해 이해시키기, 설명하기, 토론하기, 아동이 옳다고 생각하는 것을 경청하기 등이 있다.
- 사랑 거두기(withdrawal of love): 무시하기, 고립하기 혹은 아동을 싫어하는 듯 보이기 등의 방법을 동원한다. 어떤 방법으로 아동을 훈육하는가 하는 것은 부모의 성격, 아동의 나이와 성품, 부모-자녀 관계, 그리고 문화에 따라 달라질 수 있다.

일반적으로 아동에게 부모의 가치관을 심어주기에는 설득하기가 가장 효율적인 방법이며 권력이행이 가장 비효율적인 방법으로 꼽힌다. 설득하기는 아동이 잘못했을 때 상대방의 입장을 고려하게 하고 죄책감을 느끼게 하므로 가치관이 내면화되어 그 후에 감독하는 이가 없어도 그런 행동을 하지 않게 된다.

부모들은 처해 있는 상황과 자녀에 대한 인식에 따라 여러 가지 훈육방법을 동원한다. 타인에 대한 배려를 가르칠 때는 설득하기 방법을 쓰고 놀이가 너무 거칠어지면 권력이행 방법을 쓴다. 또 거짓말이나 도벽 같은 상황에서는 설득하기와 권력이행을 병행해서 쓴다(Grusec & Goodnow, 1994).

아동의 인지발달단계, 성품 그리고 정서상태는 훈육에 대한 아동의 반응에 영향을 미친다. 아동이 부모의 훈육을 받아들이기 위해서는 부모가 공평하고 정당하다고 믿어야 할 것이다. 또한 부모는 일관성이 있어야 한다. 부모와의 관계가 따뜻하고 좋을 때 아동은 부모의 뜻을 더 잘 받아들인다.

(2) 사회화

과거에 '사회화'라 하면 부모가 아동에게 전달하는 일방통행으로 생각했으나 현대적인 해석은 부모와 아동의 양방향적인 상호작용이다(Eisenberg & Fabes, 1998; Grusec et al., 2000). 현대적인 의미에서의 사회화란 아동이 부모의 가치관을 내면화하는 것뿐만 아니라 독립심, 주도성, 긍정적인 부모-자녀 관계의 유지 등을 의미한다. 경우에 따라 부모가 아동의 의견을 반영하여 자신의 요구를 수정할 수도 있다. 토론의 과정을 통하여 아동은 효과적인 의사소통 방법을 배우고 자신의 입장을 피력하고 협상하는 방법을 배운다. 결국 이상적인 사회화 과정을 거치면서 부모와 똑같은 행동을 하는 아동이 아니라, 사회적으로 기능을 하기 위해 필요한 핵심적인 가치관을 가지고 있으면서 자신의 생각과 신념에 따라 행동할 수 있는 독특한 개성을 가진 한 개인으로 성장하는 것이다.

(3) 도덕적 행동

친사회적 행동(Prosocial behavior)은 두 돌이 지나기도 전인 어린 유아들에게서도 볼 수 있다. 우리는 흔히 어린 유아가 남을 도와주기, 물건이나 음식 나누어 주기, 위로하기 등의 친사회적 행동을 하는 모습을 볼 수 있다. 이러한 행동은 다른 사람의 감정을 이해할 수 있는 능력에서 비롯되었을 수도 있고(Eisenberg & Fabes, 1998), 주의를 끌고 싶어서나 같이 놀고 싶다는 신호를 보내는 것일 수도 있다.

일반적으로 아동이 성장하면서 친사회적인 성향도 늘어난다. 아동이 어느 정도 성장하게 되면 감정이입과 친사회적인 행동이 증가하며 이는 적응을 잘 하고 있다는 표시이기도 하다. 친사회적인 아동은 주어진 상황에서 적절하게 행동하며 부정적인 감정이 적으며 문제가 생기면 건설적으로 해결해 나간다(Eisenberg, Fabes & Murphy, 1996).

이타심이나 친사회적 행동은 도덕적 사고, 정보처리 능력(주의, 평가, 계획)과 정서와 통제능력의 발달에서 오는 것이라 할 수 있다. 아동은 성장하면서 자신과 주위의 사람들의 감정에 대해 더 잘 알게 된다. 그래서 자신을 더 잘 통제하고 타인의 어려움에 반응할 수 있게 되는 것이다.

친사회적인 행동을 할 때 연령에 따라 그 동기가 다를 수 있다. 학령 전 유아들은 자기중심적인 생각으로 칭찬받고 벌을 피하기 위해 친사회적 행동을 한다. 반면 학령기 아동은 '착한' 아동이 되고 싶어 행동하고 이러한 가치들이 내면화되어 가치관을 형성하게 된다.

친사회적 행동에 영향을 주는 것은 무엇일까? 친사회적 성격이라는 것이 존재하는 것일까? 이러한 궁금증을 알아보기 위해 4~5세 유아기부터 성인기까지 32명을 대상으로 연구하였다. 그 결과 친사회적 성향과 같은 특성이 있고 그 특성은 비교적 이른 시기부터 나타나 유아가 성장하면서 지속된다는 것을 발견했다(Eisenberg et al., 1999). 어릴 때 같은 반 친구들과 공유하고 감정이입을 잘 하는 유아들은 17년이 지난 시점에서도 친사회적인 행동을 보였다. 친사회적인 성향은 유전적인 것과 성격적인 것의 결합일 것이다. 즉, 도덕적 사고에 있어서 개인차가 나타나고 이러한 개인적 성향은 가족 안에서 강화되었을 것이다. 가족은 도덕성 형성에 중요한 모델이 되며 이는 친사회적 아동의 부모가 대부분 친사회적인 성향을 띄고 있음을 볼 때 쉽게 동의할 수 있다.

친사회적인 부모는 친사회적인 모델을 보여주고 이야기나 영화, TV 프로그램에서 행동, 나눔, 감정이입 등 친사회성을 발달시키는 내용을 인지하도록 돕는다(Singer & Singer, 1998). 집안에서도 서로 역할을 나누어 심부름을 하고, 도움이 필요한 사람을 도와주도록 하면서 칭찬을 아끼지 않는다. 또 부정적인 감정이 들 때에는 적극적으로 대처할 수 있도록 도와준다.

일반적으로 부모가 권력이행적인 방법보다 설득하기 방법으로 훈육할 때 친사회적인 행동이 증가한다. 설득하기 방법은 자신의 행동이 어떤 결과나 영향을 미치는지 생각하게 함으로써 타인에게 집중하도록 도와준다. 반면에 권력이행적 방법은 자기 자신에게 집중하게 만듦으로 친사회적인 행동이 감소한다. 부모가 야단을 치거나 벌을 주는 것보다 실망감을 표현할 때 아동은 더 책임 있게 행동하게 되는 것이다(Krevans & Gibbs, 1996). 그러나 설득 방법도 화난 어투나 아동이 죄책감이 들게 하면 효과가 없다.

형제자매 간의 관계는 대인 관계를 학습할 수 있는 연습의 장이다. 아동은 어린 동생을 돌보면서 타인의 관점이나 정서를 읽고 거기에 반응하는 방법을 터득할 수 있다. 또래 집단과 교사들도 아동의 친사회적 행동의 모델이 될 수 있다. 다양한 문화에서도 친사회적 행동을 배운다. 개인의 성취를 강조하는 문화보다 대가족제도 하에 서로 일을 분담하면서 지내는 전통적인 문화에서 친사회적 가치를 더 강조하는 것을 볼 수 있다(Eisenberg & Fabes, 1998).

5) 공격성 (Aggression)

공격성은 여러 형태로 나타난다. 예를 들어 상호가 현빈으로부터 공을 빼앗아 온다고 하자. 이는 공을 차지하기 위한 행동이지 현빈이를 다치게 하려는 것은 아니다. 이렇게 공격성을 활용해서 목표를 달성하고자 하는 것을 도구적 공격성(instrumental aggression)이라고 한다. 도구적 공격성은 유아기 때에 가장 흔히 나타나는 현상이다. 보통 2살 반~5살 사이 유아들은 장난감이나 공간을 빼앗기 위해 공격성을 보인다. 공격성은 사회적 놀이 시간에 가장 많이 나타난다. 흥미롭게도 공격적인 유아가 가장 사교적인 경우가 많다. 어느 정도의 도구적 공격성은 사회적 발달에 있어서 필요한 단계일 수도 있다. 2~4세 정도의 유아들은 자기통제 능력이 발달하면서 자신의 의지를 표현하고, 원하는 것을 위해 기다리는 것을 배우고, 행동으로 보여주던 공격성을 말로 대신하게 된다. 그러나 2세 때 때리거나 빼앗거나 하는 등 또래보다 더 공격적인 행동을 보이는 유아들은 5세 때도 더 공격적인 경향이 있었다(Cummings, Iannotti & Zahn-Waxler, 1989).

유아가 6~7세 정도 되면 공격성이 감소하고 더 협조적이 되고 자기중심적 사고에서 남을 생각하게 되며 의사소통 능력 또한 발달하게 된다. 이 시기의 유아는 남의 입장이 되어 생각할 수 있고 자신의 욕구를 사회적으로 적절한 방법으로 표현할 수 있게 된다. 그러나 학령 전에 폭력적인 놀이를 많이 한 유아들은 6세가 되었을 때 자기통제능력이 부족하고 또래들과의 놀이에서도 갈등이나 분노를 표출하는 빈도가 높다(Dunn & Hughes, 2001).

학령기가 되면 도구적 공격성이 감소하고 대신 적대적 공격성(hostile aggression)이 증가한다. 적대적 공격성이란 남에게 해를 주기 위한 의도로 행동하는 것을 뜻한다.

적대적 공격성에는 다음과 같은 3가지 유형이 있다.

첫째, 신체적 공격성 (Physical aggression): 남에게 신체적인 가해를 하는 경우로 밀기, 때리기, 발로 차기, 남의 물건을 훼손하기 등이 포함된다.

둘째, 언어적 공격성 (Verbal aggression): 언어를 통하여 협박하기, 놀리기, 욕하기, 무시하기. "이것 안하면 같이 안 놀거야!"

셋째, 관계적 공격성 (Relational aggression): 타인의 사회적 관계에 해를 미치는 것, 다른 사람을 고립시키기, 나쁜 소문을 퍼뜨리기 등의 예를 들 수 있다.

공격성의 정도는 성별에 따라 차이가 있다. 흔히 소년들이 소녀들보다 더 공격적이라고 이야기한다. 많은 연구 결과는 이러한 주장이 옳다는 의견을 보이고 있다. 의학적으로는 남성호르몬인 테스토스테론이 공격성과 관련 있다고 보여지는데, 영아기 때부터 남자아기들은 남으로부터 물건을 더 빼앗는 등의 공격적인 행동을 보이기 시작하고, 여자아이들은 말로 자신의 감정 표현을 더 한다는 연구도 있다(Coie & Dodge, 1998). 그렇다고 소녀들이 전혀 공격적인 행동을 하지 않는다고는 할 수 없다. 소녀들은 공격성을 다른 방법으로 표출한다. 소년들은 대체로 가시적 공격성(overt aggression)을 보인다. 이는 신체적이나 언어적으로 상대에게 협박을 하거나 가해하는 것을 의미한다. 반면 소녀들은 관계적 공격성(relational aggression: 암묵적, 심리적, 감정적)을 보인다. 관계적 공격성은 한눈에 보이지 않으면서 관계나 명예, 또는 심리적 안정감을 훼손시킨다. 예를 들면 계속 무시하기, 소문 퍼뜨리기, 별명 부르기, 놀리기, 소외시키기 등이 있다.

아동기 중간 정도부터 가시적 공격성은 감소하고 암묵적 공격성이 증가한다. 아동은 왜 공격적이 되는가? 왜 어떤 아동은 다른 아동보다 더 공격적인 것일까? 유전적인 요소도 있을 것이고, 타고난 성품도 요인이 될 것이다.

가정환경이 스트레스가 많고 좋은 자극이 없는 분위기에서 자란 유아들은 공격성이 어릴 때부터 발달한다. 가정에서 지나치게 엄격한 훈육을 받거나, 엄마의 따뜻한 보살핌이 결핍되었을 때, 공격적인 어른들을 보며 자랄 때, 또래와 지속적인 우정을 나누지 못했을 때 유아들은 공격적이 된다(Dodge, Bates, & Pettit, 1994; Grusec & Goodnow, 1994).

또한 어머니와의 관계도 중요하다. 영아기 때 엄마가 미혼모이거나 부부 사이가 좋지 않거나 하여 거부적이고 냉담한 분위기에서 정상적인 애착형성이 이루어지지 않은 경우 유아기 때 공격성이 나타난다(Coie & Dodge, 1998).

부모와의 잘못된 관계는 형제자매 관계에도 영향을 미쳐 갈등과 공격적인 행동을 보이게 된다. 그리고 이러한 행동은 또래들과의 관계에까지 영향을 미친다(Mackinno-Lewis et al., 1997).

비사회적인 아동의 부모들은 아동이 좋은 행동을 했을 때 적절하게 강화하지 못하고 평소 나쁜 행동을 했을 때 과도하게 심한 벌을 주거나 일관성 없이 대하곤 한다. 또 유아가 고집을 부리면 져 주거나 요구를 들어주는 부모는 유아의 그러한 행동을 강화하는 결과를 초래한다. 반면 신체적 처벌과 같이 너무 심한 훈육은 아동으로 하여금 고통, 분노, 굴욕 등과 같은 정서를 불러일으켜 더욱 공격적으로 만들 수가 있다(Coie & Dodge, 1998).

공격적인 아동들은 또래집단에서 인기가 없고 사회적, 심리적인 문제가 있는 경향이 있다. 그 원인으로 공격성이 이러한 문제점들을 불러오는 것인지, 아니면 이러한 문제들의 표출이 공격성으로 나타나는 것인지는 명확하지 않다. 매우 공격적인 아동은 공격적인 친구를 사귀게 되고 서로의 비사회적인 행동을 가중시키는 경향이 있다(Hartup, 1989; Hartup & Stevens, 1999).

공격성은 실제이든 가상이든 학습이 된다. 유명한 실험으로 Bandura는 3~6세 유아들을 세 집단으로 나누어 어른들이 장난감을 가지고 노는 모습을 보여줬다. 첫 번째 집단은 어른들이 조용히 장난감을 가지고 노는 모습을 보았다. 두 번째 집단은 장난감을 던지고, 차고 때리면서 노는 모습을 보았다. 세 번째 집단은 아무런 모델도 보여주지 않았다. 그 후 아동들이 장난감을 가지고 노는 모습을 관찰했다. 장난감을 공격적으로 가지고 노는 모델을 본 아동들이 가장 공격적이었다. 그리고 조용히 장난감을 가지고 노는 모델을 본 아동들이 아무 모델도 보지 않은 아동들보다 덜 공격적이었다. 이 결과를 보면 아동이 좌절했을 때도 비공격적으로 문제를 해결할 수 있다는 것을 부모가 행동으로 보여줌으로써 자녀의 공격적인 행동을 감소시킬 수가 있을 것이다.

PART V

사회환경과 발달장애

CHILD DEVELOPMENT

Chapter 13

가족과 아동발달

미리 보기

Marian Anderson - 흑인영가의 제 1인자

Marian Anderson(1897~1993)

20세기 최고의 흑인 알토 가수로 알려진 Marian Anderson은 1897년 미국 필라델피아에서 가난한 얼음장수의 딸로 태어났다. 6세 때부터 이미 연합침례교회 청소년 합창단의 일원으로 활약해 '꼬마 알토'라는 별명으로 불려졌다. Marian은 그녀의 재주를 인정하는 많은 사람들의 도움으로 음악 공부를 할 수 있었으며, 19세 때 이탈리아의 음악가 Guiseppe Boghetti로부터 사사받기 시작했다. Marian Anderson은 오디션에서 '깊은 강'을 불렀는데, 이 자리에 있던 Boghetti가 눈물을 흘릴 정도로 감동적인 실력을 발휘했다. 1925년에는 신인콩쿠르에서 300명의 경쟁자를 물리치고 우승한 대가로 뉴욕 필하모니 오케스트라와 협연하는 영광을 누리기도 했다.

그러나 Marian은 인종차별 문제로 활동에 제약을 받게 되자 흑인 음악가 연합회로부터 장학금을 받아 영국으로 건너갔고, 그 곳에서 큰 성공을 거두었다. 그 후 유럽에서 활동을 하게 된다. 1935년 잘츠부르크 음악제에서는 Arturo Toscanini의 지휘 아래 흑인영가를 불러 "100년에 한 사람 나올까 말까 한 아름다운 목소리"라는 극찬을 받았다.

1939년 그 해 가장 큰 공헌을 한 흑인에게 주어지는 메달을 비롯하여 일생동안 수많은 상을 수상했다. 1941년에는 필라델피아 시로부터 공로를 인정받아 1만 달러의 상금을 받게 되는데, 이 상금으로 '인종과 계급의 차별 없이 젊은 예술인을 돕는다'는 취지 아래 '앤더슨(Anderson)상'을 제정하기도 했다.

그녀의 영광 뒤에는 인종차별의 어려움이 있었다. 흑인이라는 이유만으로 고향 필라델피아 음악학교에서 입학을 거절당했으며, 1939년 워싱턴 D.C. 연주장에서의 공연 역시 거절당했다. 그러나 그녀의 실력을 믿은 루즈벨트 대통령 영부인의 주선으로 마침내 공연이 성사되었다. 부활절 주일에 링컨 기념관의 계단에서 열린 공연이었는데, 이날 관중은 무려 7만 5천 명이었으며 방송을 통해 수백만 명이 그녀의 노래를 청취했다. 몇 주 뒤 Marian은 백악관에서 공연하는 최초의 흑인 가수로서의 영광을 누렸다. 하지만 1955년이 되어서야 겨우 그녀는 흑인으로서는 처음으로 뉴욕 메트로폴리탄과 함께 노래할 수 있었다.

Marian은 정열적이고 깊은 정취가 풍부하게 묻어나는 음성을 지닌 알토로, 매우 다양한 연주곡명을 가지고 있다. 그녀는 흑인영가의 제1인자로 불린다. 1952년(6.25 전쟁 중 야전병원 위문공연)과 1956년에는 한국에서도 공연하였으며, 1965년 카네기 홀에서 마지막 연주를 했다.

이러한 Marian Anderson의 여정 뒤에는 놀랄만한 이야기가 숨어 있다. 그것은 여러 세대에 걸쳐 이루어진 상호 도움과 관심의 유대로 이루어진 가족 이야기이다. Marian Anderson은 John과 Annie Anderson 사이에 태어난 세 자매 중 맏딸이었다. 그녀가 2살이 되던 해 가족은 단칸방 아파트를 떠나 조부모 댁으로 이사하였고, 그 이후로도 셋방살이를 전전했다. 그녀 나이 13세가 될 무렵에 사랑하는 아버지가 사망하였고, 가족은 다시 조부모, 이모, 이종사촌뿐 아니라 여러 다른 친척들과 살기도 했다. 아버지가 사망하자 Marian은 아버지처럼 친절하고 자신을 사랑해주는 할아버지를 무척 따랐다. 그러나 할아버지마저 1년 뒤에 사망하고 말았다. Marian은 그 후 강인한 정신력을 가진 여인들로 가득한 집에서 청소년기를 보내게 되었다.

Marian Anderson의 일생에서 가장 중요한 영향은 끝까지 그녀를 지지해주는 어머니의 충고, 본보기, 정신적 지도였다. 어머니 Annie Anderson은 자식들의 학업을 매우 중요시 여겼고, 그들이 숙제를 대충하는 일이 없도록 철저하게 신경을 썼다. 어머니는 심지어 종일 근무를 하고 난 날에도 매일 밤 저녁식사 준비를 했으며, 자립심을 길러주기 위해 Marian에게 자신의 옷은 스스로 수선해 입도록 가르쳤다.

그녀의 할머니는 모든 자식들을 돌보면서 그들에게 할 일을 할당하고 동고동락하며 서로를 존중하라고 가르쳤다. 훗날, 그녀의 어머니와 여동생 Alyce는 소박한 집에서 같이 살았고, 다른 여동생 Ethel도 아들과 함께 바로 이웃집에 살았다. 그녀는 자신의 가족은 항상 포근하고 서로를 아끼고 보호해 주었다고 회상한다.

Marian Anderson은 1992년, 남편을 잃고 아이도 없이 당시 오리건 교향악단 지휘자로 있던 조카인 James DePriest와 같이 살았다. 그 이듬해에 그녀는 조카의 집에서 심장마비로 사망했다. 1993년 카네기 홀에서 진행된 그녀의 장례식에는 2,000명이 넘는 사람들이 참석하여 애도했다.

Marian Anderson은 미국과 전 세계에서 엄청난 변화를 겪으면서 살았고, 아프리카계 미국인으로서의 삶 또한 마찬가지였다. 그러나 단 한 가지 변하지 않은 것은 그녀와 그녀의 가족을 지탱해주는, 강한 지원을 아끼지 않는 관계망이었다.

이 장에서는 가족에 대한 이해, 부모 양육태도와 아동발달, 형제자매관계와 아동발달 그리고 다양한 가족형태와 아동발달에 관해서 알아보고자 한다.

1 >>> 가족에 대한 이해

아동은 대부분의 시간을 가족과 함께 보내고 그 안에서 책임 있는 사회인으로 성장하는 것이 무엇인지를 배운다. 따라서 가족은 아동발달을 위한 최초의 사회적 환경이며, 일생을 통해 신체발달을 비롯한 인지, 성격, 사회성, 성 정체감, 도덕성 등 아동발달의 모든 영역에 중요한 영향을 미친다. 따라서 가족에 대한 전반적인 이해가 필요하다.

1) 가족 구조

가족의 크기나 구조는 아동발달에 영향을 줄 수 있다. 양쪽 부모와 함께 사는지, 한부모와만 사는지, 형제가 있는지 없는지, 형제가 몇 명이나 되는지, 조부모나 고모, 사촌 등 다른 친척들과 함께 사는지, 또는 유모와 같이 가족이나 친척이 아닌 다른 사람과 같이 사는지 등에 따라 아동이 지각하는 가족 역할과 상호작용의 내용이 달라진다.

대부분의 사회에서 가족구조는 문화적으로 결정된다. 일반적으로 핵가족은 서구문화에서 흔한 반면, 확대가족은 가족환경 내에서 노부모를 모시는 문화에서 빈번하게 나타난다. Marian Anderson과 같이 많은 아프리카계 미국인들이나 아시아 사람들은 전통적으로 확대가족이 많다. 확대가족은 서로 가까이 살면서 친척들과 자주 만나고, 가족 간에 강한 의무감을 갖고, 어려운 일이 있을 때 상호 협조한다. Anderson의 가족에서 알 수 있듯이 확대가족은 가깝게 서로 소속되어 있으며 강한 협조체제가 구축되어 있다. 확대가족에서 조부모는 아이들을 기르는 일과 의사결정을 하는 데 주요한 역할을 한다. 그러나 핵가족 체제에서 아동들은 부모와

양육에 참여하는 조모

형제 사이에서 또는 부모 사이에서만 성장한다. 조부모는 가족과 떨어져 살면서, 아동 양육에 직접적으로 참여하지는 않는다.

핵가족과 확대가족은 분위기 또한 매우 다르다. 확대가족은 핵가족보다 더 분주하고, 시끄럽고, 생동감이 있으며, 때때로 참견이 심하고, 어른들이 아이 양육을 위해 많이 보조한다.

Marian Anderson은 13세 이후 아버지가 안 계셨으며, 아들이 없는 딸만 셋인 집안의 맏이였고, 조부모나 이모 등 여러 사람이 함께 사는 대가족 구조 속에서 생활했다. 아버지의 부재, 오빠나 남동생이 없는 상황에서 그녀는 맏딸로서 강한 책임감을 기를 수 있었을 것이며, 인자한 할아버지는 그녀에게 애착의 대상이었을 것이다. 또한 여러 가족들과의 관계 속에서 협동심과 높은 사회성을 기를 수 있었을 것이다.

2) 가족분위기

가족의 심리사회적인 상호관계와 가정 경제 상황에 의해 일어나는 가족 분위기 역시 가족환경을 구성하는 중요한 요소이다. 가족 사이에 애정과 지원이 충분한지 아니면 갈등이 자주 일어나는지, 부모는 자녀를 어떻게 다루는지 등과 같은 가족 구성원들 사이의 상호작용, 가족의 기본 욕구를 충족시킬 만한 경제적 능력이 충분한지 등이 가족분위기를 결정하는 요소들이다.

가족 간에 맺는 관계의 질이나 아동들의 적응에 긍정적인 영향을 미치는 좋은 분위기를 만드는 능력은 가족구조의 형태보다 아동발달에 더 큰 영향을 미친다. 즉, 가족 간에 갈등이 없고 서로 신뢰하고 사랑하며, 자녀의 물질과 심리적인 욕구를 잘 맞추어 주고, 바람직한 양육태도를 보이는 좋은 분위기에서 성장한 아동은 신체적으로나 정서적으로 건강하고 보다 바람직한 사회인으로 성장할 것이다.

Marian Anderson의 경우 조부모의 사랑과 엄격한 기대, 어머니의 엄하면서도 애정 어린 교육, 경제적 어려움 등과 같은 가족분위기는 그녀의 음악적 성공을 위한 동기유발이나 사회성 · 성격 발달에 많은 영향을 주었을 것이다.

3) 사회 변화와 가족

사회가 산업화되면서 가족 형태는 점점 더 다양해지고 있다. 가족 형태 변화에 큰 영향을 주는 것은 무엇보다도 대가족에서 핵가족화되면서 평균 자녀수가 점점 줄고 있다는 것이다. 자녀수가 계속 줄어드는 주요 이유는 효과적인 임신조절과 더불어 많은 여성들이 경제활동에 참여하면서 양육 부담으로 한두 명의 자녀만을 갖는 경향 때문이다. 또한 많은 커플들이 직업 등 경제적으로 안정될 때까지 자녀 갖기를 늦추고 있는 것도 큰 영향이다.

이와 더불어 여성의 경제적 활동으로 맞벌이 가족과 이혼 가정이 늘었고, 성 개방으로 인한 동성애 가족도 생겨났다. 불임이나 그 밖의 이유로 양자를 기르는 가족과 한 사람의 성인 부모와 자녀들로 구성된 한부모 가족이 점점 늘어나고 있다.

이러한 가족형태의 변화는 가족들 사이의 상호관계에 변화를 가져오고, 이는 자녀양육 태도 및 행동에 직접 또는 간접적으로 영향을 미치며 아동의 사회화에도 큰 영향을 미친다.

4) 가족의 직접적, 간접적 영향력

인간은 가족 속에서 태어나 성장하여 결혼하고, 자녀를 낳아 양육하게 되는데 이러한 과정을 거치면서 가족은 공동체적 성격을 갖게 된다. 가족은 서로 영향을 주고받을 수밖에 없는 존재이다. 특히 정서적인 면에서는 보다 많은 영향을 받고 있다.

가족을 한 조각이 흔들리면 줄에 매달린 다른 모든 모형들이 흔들리는 속성을 가진 모빌(mobile)에 비유한 Satir(1972)에 따르면, 가족구성원 중 한 사람에게 어떤 일이 생기면 그 사람에게 일어나는 변화와 관련되어 다른 사람들에게도 진동이 일어난다. 이는 가족이란 가족성원 모두의 정서적 애착과 충성으로 서로 묶여 있다는 것을 단적으로 표현해주는 것이다(김유숙, 1999).

가족이란 물리적 · 심리적 공간을 점유하는 개인들의 집합체 이상이다. 가족은 각 가정마다 고유한 특성을 지니고 있으며 나름대로의 규칙, 역할, 세력, 구조, 의사소통의 유형을 발전시켜 온 하나의 사회적 체계이다(Goldenberg & Goldenberg, 1980). 가족을 하나의 사회적 체계로 보는 체계이론의 가족 모형(그림 13-1)이 보여주듯이 가족 내에서 각 구성원들은 서로에게 직 · 간접으로 영향을 주고받는다. 이와 같이 가족구성원들 사이의 상호작용은 가족의 구조보다 아동발달에 더 많은 영향을 미친다.

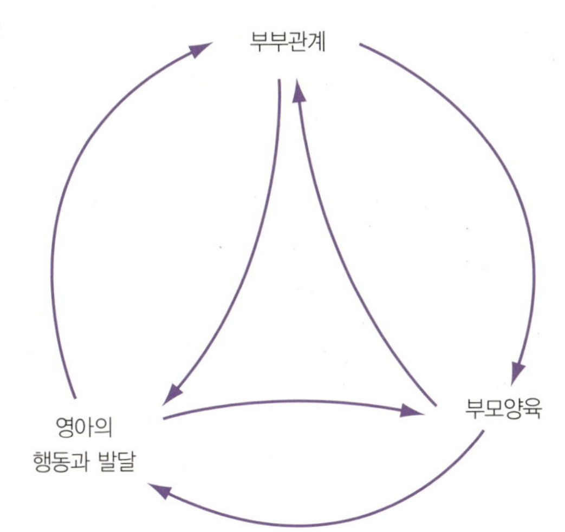

[그림 13-1] 사회체계로서의 가족 모형
출처: Belsky (1981)

2 >>> 부모의 양육태도와 아동발달

여러 가지 가족의 기능 중에서 아동발달의 제일 중심은 사회화일 것이다. 부모들은 아이들이 처음으로 부모의 지시에 따르게 되는 두 살 정도가 되면 자녀를 사회화하는 데 열중하게 된다. 이때 부모의 양육방법이나 태도는 아동의 사회화에 큰 영향을 미친다. 따라서 바람직한 부모의 양육태도가 아동발달에 필수이다.

1) 부모의 양육유형

Baumrind(1971)는 애정과 통제라는 두 차원에서 부모의 양육 유형을 네 가지로 분류해서 설명하고 있다. 애정차원은 부모가 아동들에 대해 수용적이고, 민감하며, 따뜻하게 배려하는 정도를 일컫는다. 따라서 매우 애정이 많은 부모들은 자녀의 요구에 많은 주의를 기울이며, 부모의 요구나 부모의 편리에 초점을 두지 않고 아이들 중심에서 키운다. 낮은 애정을 보이는 부모들은 아동들의 행동에 민감하게 반응하지 않으며, 아이들 중심보다는 부모 중심으로 양육한다.

통제차원은 아동 훈련을 위해 부모가 설정한 제한이나 규칙을 강요하는 정도를 나타낸다. 높은 통제를 사용하는 부모들은 아동들의 행동에 확고한 제한을 정해놓고 그 규칙을 철저하게 따르도록 강요한다. 그들은 아동의 인생에 깊이 관여하며 아동의 행동을 제대로 가르치기 위해 강하게 다룬다. 그러나 낮은 통제를 사용하는 부모들은 엄격하지 않고 느슨하며, 허용적이고 아동들의 일에 별로 개입하지 않는다.

[그림 13-2]는 애정과 통제의 2×2 매트릭스 안에서 네 가지 양육유형을 보여준다. 애정과 통제차원이 둘 다 높은 경우는 '권위 있는(authoritative)' 부모, 애정차

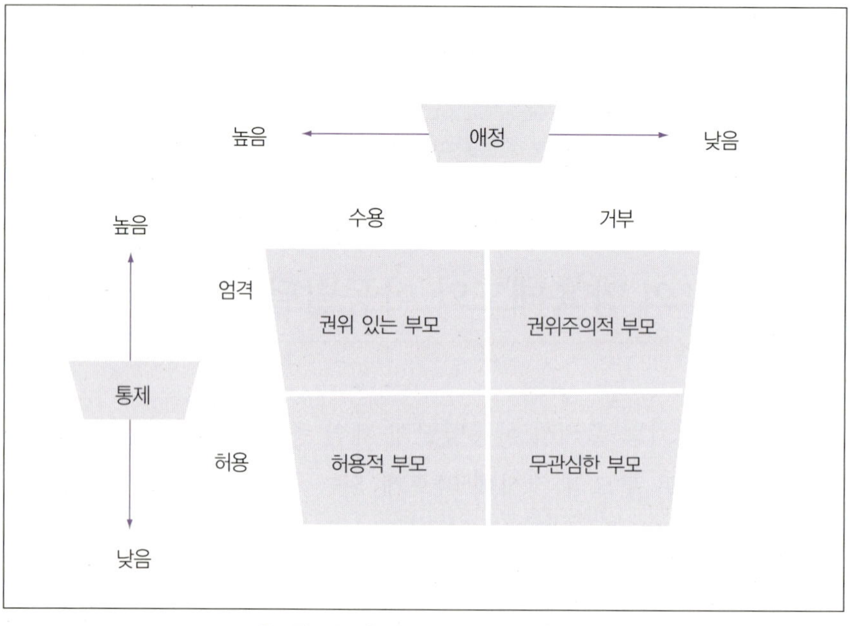

[그림 13-2] 부모의 자녀양육 형태
출처: Maccoby & Marith (1983)

원은 낮고 통제차원은 높은 경우는 '권위주의적(authoritarian)' 부모, 애정차원은 높은데 통제차원이 낮은 경우는 '허용적(indulgent)' 부모, 그리고 애정과 통제차원 모두 낮은 경우는 '무관심한(neglectful)' 부모로 명명되었다.

(1) 권위 있는 부모(Authoritative parents)

양육에서 가장 성공적인 접근 방법이다. 권위 있는 부모의 양육은 높은 애정과 높은 통제이다. 권위 있는 부모들은 아동의 행동에 온정적이고, 민감하게 반응한다. 동시에 그들은 아동의 바람직한 행동을 위해 확고한 통제를 발휘한다. 그들은 자녀를 가까이에서 돌보며 그들의 행동에 확실한 기준이 있다. 부모와 아동 사이에 분명한 대화가 있고 서로 통하는 대화를 한다. 아동들의 요구를 세심하게 들어주며, 언제나 그들의 생각, 감정, 요구를 표현할 수 있도록 편안한 분위기를 만들어 준다. 또 아동의 나이에 적합한 훈련을 하며 아동들에게 적절한 자유를 주고, 책임감을 가질 수 있도록 일정한 제한도 둔다. 그들은 규칙이 왜 필요하며, 그 행동이 어떤 영향을 주는지 아동에게 설명한다. 그리고 아동이 성장함에 따라 적절한 자율권을 부여한다.

다른 아동에 비해 권위 있는 부모에게 양육받은 아동들은 학교생활에서도 높은 성과를 보였으며, 적대감이 덜했고, 친구 사이에서도 인기가 있었다. 또한, 자아존중감이 높았고, 활동에서도 뚜렷한 목표와 독립심을 보였으며, 청소년이 되었을 때 그들 부모의 가치를 더 정확하게 이해하고 있었다(Baumrind, 1973, 1991; Knafo & Schwartz, 2003; Parke & Bruiel, 1998).

(2) 권위주의적 부모(Authoritarian parents)

권위주의적 부모의 양육은 통제에서는 확고하지만 아동에게 민감하게 반응하지 않거나 거부하는 등 낮은 애정을 보인다. 이 유형의 부모들은 아동이 바람직한 행동을 하도록 확고한 제한을 설정한다. 권위 있는 부모와 달리 아동의 훈련을 위해 벌을 주거나 너무 엄하게 다루는 경향이 있다. 잘못 되었다고 생각하는 행동에 대해 합리적인 토론보다는 즉각적으로 아동을 무시하고 나무라는 경향이 있다. 종종 설명이나 조정 없이 부모의 명령에 무조건 복종할 것을 요구한다. 권위주의적 환경에서 자란 아동들은 답답하고 화가 나지만 그들의 부모와 직면하는 것이 두려울지도 모른다(Parke & Bruiel, 1998).

권위주의적 부모에게 양육받은 아동들은 권위 있는 부모에게 자라난 아동들에 비해 학교생활에서 성취도가 낮다. 또 적대감이 높고 공격적이며, 친구들에게도 인기가 별로 없고 덜 독립적이다(Baumrind, 1973).

(3) 허용적 부모(Permissive parents)

허용적인 부모들은 애정은 보이나 거의 통제를 하지 않는다. 자녀들에게 적절한 제제를 가하지도 않고, 기준을 정하지도 않는다. 허용적인 부모들은 자녀들과 직면하려 하지 않는다. 너무 관대하기 때문에 자녀가 바람직하고 책임 있는 행동을 하도록 특별히 요구하지 않는다. 때때로 허용적인 부모는 자녀를 친구로 생각한다는 이유로 자신들의 지나치게 허용적인 행동을 정당화하려고 한다. 극도로 허용적인 부모는 아동들의 잘못된 행동에도 관대함이 지나쳐 마음대로 하게 내버려둔다. 때로는 잘못된 행동을 부추기기까지 한다. 허용적이고 관대한 부모들은 학교를 가지 않거나 알코올이나 약물을 복용하는 것, 난잡한 성적 행동이나 야만적 행위와 같은 부적절한 행동조차도 묵과한다.

권위 있는 부모에게 자란 아동에 비해 허용적인 가정의 아동들은 더 충동적이고, 학업 성취가 낮으며, 자신감과 독립심이 부족하다(Parke & Buriel, 1998).

(4) 무관심한 부모(Rejecting/Neglecting parents)

무관심한 부모들은 아동의 욕구에 민감하게 반응하지도 않고 행동을 제한하지도 않는다. 이러한 스타일의 양육에는 두 가지가 있다. 즉 거부(rejecting)하는 부모들은 자녀의 행동에 엄하고 적극적으로 거부한다. 반면에 무관심한 부모들은 자녀를 무시하고, 부모로서의 책임을 충실히 이행하지 않는다. 위 두 타입의 부모들은 자녀들이 어디에서 무얼 하는지 알지도 못하고 관심도 없다. 무관심한 부모들은 스트레스가 많아서 적절하게 양육할 수 없거나, 자녀양육에 대한 책임을 느끼지 못할 수 있다. 또 우울증과 같은 심리적 문제가 있거나, 정서적으로 자녀양육이 불가능할지도 모른다.

따라서 무관심한 부모 밑에서 양육받은 아동들이 가장 바람직하지 못하다. 다른 아동들에 비해 거부 또는 무관심으로 자란 아동들은 비행 확률이 높고, 알코올과 약물 복용, 조기 성적 경험 등을 보였다. 또한 그들은 학업 성취도도 매우 낮았으며, 인지발달과 친구 관계에서도 문제를 보였다.

이러한 Baumrind의 연구를 시작으로 다른 많은 사람들이 이들 정보와 그에 근거한 연구를 토대로 하여 양육방법 중 확실하게 구분지어 주는 세 가지 요소를 발견했다. 즉, 〈표 13-1〉에서처럼 네 가지 양육유형마다 다음 세 행동에서 부모들의 태도가 확연히 달랐다(Berk, 2005).

- 아동의 수용과 아동과의 정서적 유대를 위한 아동생활에 참여하기
- 좀 더 성숙한 행동을 불러일으키기 위한 아동에 대한 통제
- 자립심 확립을 위한 자율권 인정하기

표 13-1 양육 유형에 따른 부모의 태도

양육태도	수용과 참여	통제	자율권 인정
권위 있는	• 온정적, 이해심, 사려 깊은, 인내심, 아동의 욕구에 민감하게 대응하기	• 발달 정도에 따른 합리적인 요구, 변함없는 강조와 설명	• 발달준비에 따라 아동이 결정하도록 허락 • 생각, 감정, 욕구를 표현하도록 장려 • 의견 대립시 가능하면 결정조정에 참여하도록 함
권위주의적	• 냉정함, 거절, 아동을 자주 무시	• 강압적 요구가 많고, 힘과 벌을 사용함. 종종 심리적 통제를 가하고, 애정을 철회하며, 아동의 개성을 무시	• 아동 대신 부모가 결정 • 아동의 의견을 거의 듣지 않음
허용적	• 온정적이나 방임하거나 태만함	• 통제를 거의 하지 않음	• 아동이 준비되지 않은 상태에서도 아동이 결정하도록 허락
무관심한	• 정서적으로 이탈 또는 애정 철회	• 통제를 거의 하지 않음	• 아동의 결정과 의견에 대해 무관심

2) 양육유형 연구에 대한 평가

Baumrind의 양육유형에 대한 분류는 실제로 우리가 알고 있는 가족이나 우리 어린 시절의 양육에서 찾아볼 수 있다. 그리고 엄하면서도 따뜻하고 지원적인 양육은 가장 훌륭한 어린 시절 행동을 이끌 수 있다는 데 쉽게 동의한다. 그러나 Berk(2005)는 Baumrind의 양육유형에 대한 연구 결과에 대해 아래와 같은 몇 가지 점을 유의해야 한다고 주장한다.

우선 이 영역에서의 연구는 상관관계가 높다. 권위 있는 부모는 인기 있고 학업에 성공적인 자녀를 갖게 될지 모른다. 하지만 이들 관계가 양육에 의한 결과인지 아동의 특성에 기인한 것인지는 어떻게 알 수 있을까? 예를 들면, 쉬운 기질과 다정한 성격을 갖고 태어난 아이는 양육하기가 편하고, 이들 부모들은 자녀에게 자유와 책임을 주기가 쉽다. 반대로, 만약 다루기 힘든 까다로운 기질을 가진 아이라면, 부모들은 처음에는 따뜻하고 민감하게 반응하다가도 어린이가 적절한 반응을 보이지 않을 때는 점점 더 엄하거나 허용적이거나 무관심한 양육 형태로 변할 수 있다. 부모와 아동과의 관계는 복잡해서 부모가 아동들의 생각과 행동에 영향을 미칠 뿐만 아니라 동시에 아동들도 부모 양육 방식에 영향을 미친다. 따라서 단순히 어떤 특정한 양육 형태가 특정한 발달상의 결과를 이끈다고 말하기 어렵다.

둘째로, 전형적으로 보고된 양육유형의 '효과'는 기대만큼 극적인 것은 아니다. Baumrind(1973)는 아동의 IQ 점수와 적대감 혹은 우월감, 독립심과 같은 측정 평가를 연구했다. 그러나 어느 누구도 부모양육 유형 사이에 압도적인 차이를 발견하지 못했다. 즉, Baumrind의 발견을 가지고 어느 한 양육태도가 완벽한 성공을 이끈다거나 다른 유형은 모두 실패한다고 단정할 수 없다는 것이다. 만 명의 고등학교 학생들을 대상으로 그들의 양육 유형과 학업성취, 심리적 현상, 약물복용, 비행 등과 같은 행동에 대한 연구가 있었다(Lamborn, Mounts, Steinberg, & Dornbusch, 1991). 이 결과에 따르면, 권위 있는 부모와 권위주의적 부모를 둔 학생들 사이의 학교 평균 평점은 차이가 없었다. 단 권위 있는 부모의 자녀들이(2.86) 허용적이거나(2.68) 무관심한 부모의 자녀들(2.57)보다 약간 높았다. 그러나 여전히 이들 평균 평점을 살펴볼 때 어떤 특정한 양육유형이 완벽한 성취를 이룬다거나 학업에 철저하게 실패한다는 사실은 발견할 수 없다.

셋째로, 양육유형과 결과들의 상관관계는 보편적이지 못하다. Baumrind(1973)의 최초 샘플에서 권위 있는 부모에게 길러진 남자 어린이들은 권위주의적 부모 밑에서 자란 남자아이보다 덜 공격적이고 덜 반항적이며, 아이큐 점수도 훨씬 높았다. 그러나 여자아이들 사이에는 확실한 차이가 없었다. 권위 있는 부모의 여자아이들은 권위주의적 부모의 여자아이들보다 더 자기 주장적이고, 목적 지향적이었다. 하지만 남자아이들 사이에는 이러한 면에서 차이가 없었다. 이와 같이 성에 따라 서로 다른 차이를 나타내는 것을 볼 때 어느 한 유형이 다른 유형보다 효과적이라고 단정하기는 어렵다.

마지막으로 단순히 한 가지 유형으로만 양육할 수 있을까? 부모들은 항상 따뜻하고 지원적이거나 아니면 항상 엄하고 냉정하지만은 않다. Baumrind의 최초 연구에서도 거의 3분의 1에 가까운 부모들이 어떤 한 스타일에 정확하게 속한 것이 아니고 여러 가지가 혼합되어 있었다. 부모들이 다양한 양육형태와 행동을 혼합해서 사용할 때 발달의 결과는 어떤 것인가? 따라서 부모들의 양육 유형을 분류하려고 할 때는 이와 같은 복잡성을 반드시 명심해야 한다.

3 >>> 형제 · 자매 관계와 아동발달

가족의 수가 줄어들고 있음에도 불구하고 여전히 80% 정도의 미국과 유럽 어린이들은 아직까지 적어도 한 명 이상의 형제나 자매와 살고 있다(Dunn, 2002). 형제, 자매와의 생활은 아동발달에 중요한 영향을 미치는데 직접적으로는 형제들 사이에 서로의 상호작용에 의해서고, 간접적으로는 부모가 다른 형제나 자매로 인해 자녀에게 베푸는 행동의 차이로 인해서다. 형제, 자매의 관계는 언어발달, 성격, 자아개념, 사회적 이해, 성역할 등에 대해 영향을 미친다.

1) 연령별 형제 · 자매 상호관계

(1) 영아기의 형제 · 자매 관계

이 시기의 아이들은 보통 그들의 형이나 언니를 가까이하려 한다. 어린이들이 부모와 가깝게 지내면 지낼수록 형제들끼리도 서로 잘 지낸다(Teti & Ablard, 1989). 그럼에도 불구하고, 어린아이가 걷기 시작하면서 이곳저곳 돌아다니고 자기 마음대로 하기 시작하면서 형제들 사이에 갈등이 생기기 시작한다. 그리고 작은아이가 18개월이 되기 시작하면서 형제들 사이의 갈등은 급격하게 심해진다(Vandell & Bailey, 1992).

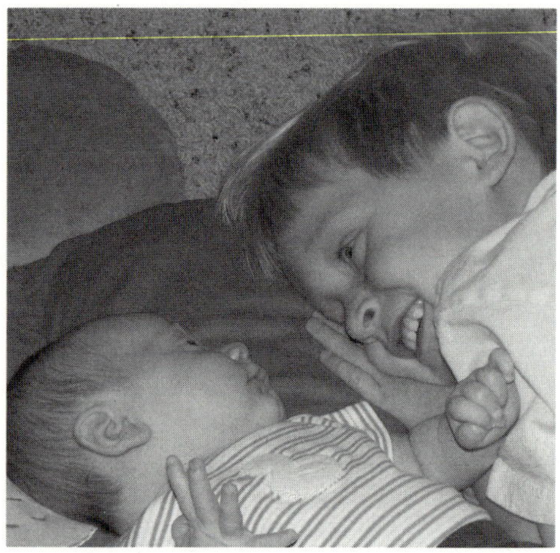

5개월 된 동생을
사랑스럽게 보고 있는 2세 남아

인지 능력과 사회적 이해가 넓어지기 시작하면 형제들 사이의 갈등은 좀 더 건설적이 되고, 동생은 화해하려는 시도에 동참하게 된다. 건설적인 갈등은 어린이로 하여금 서로의 욕구, 희망, 견해 등을 인식할 수 있게 해주고, 싸우는 법, 다른 의견을 다루는 법을 배우며, 안전하고 안정된 상태에서 타협하는 법을 배우도록 돕는다(Vandell & Bailey, 1992).

(2) 유아기의 형제 · 자매 관계

"그거 내 거야!"
"아니야, 내 거야!"
"내가 먼저 갖고 놀았잖아!"

유아기의 형제들 사이에서 가장 자주 일어나는 싸움은 소유권에 관한 것이다. 말하자면 장난감은 누구 것이고, 누가 가지고 놀 것인가 등등 유아기 형제들은 평균 매 15분에 한 번씩 소유권 문제로 다툰다(Ross, 1996). 이 시기의 형제들에게는 싸우면서 화해하는 것이 좋은 사회화의 기회라고 볼 수 있다. 그런 가운데 형제들은 도덕원리와 참을성도 배우게 된다.

형제들 싸움에 부모가 끼어들어야 할까? 부모들은 언제 어떻게 개입할 것인가에 대한 나름대로 현명한 선이 있어야 한다. 건설적인 갈등에서 부모들은 아동들이 자신의 문제를 스스로 해결하도록 지켜보는 것이 좋다. 그러나 몹시 화가 나 있거나, 누구라도 다칠 위험이 있을 경우에는 부모가 참견해야 한다. 부모들은 조용히 아이들 각자의 감정과 의견을 들어보고, 문제를 설명하는 아동들이 문제를 해결할 수 있도록 방을 나와 있으면 갈등을 진정시킬 수 있다(Vandell & Bailey, 1992).

이와 같이 자주 일어나는 갈등에도 불구하고, 형제 사이의 경쟁이 유아기 형제, 자매 사이에 주요 패턴은 아니다. 약간의 경쟁심이 존재하긴 하지만 그것은 애정, 관심, 동지애, 영향 같은 것이다. 동생이 한 살 반이고 큰아이가 3~4살 반까지의 아이들을 대상으로 연구를 시작하여 3년 반 동안 관찰한 바에 따르면 그들은 서로 경쟁하고 적대심을 갖기보다는 서로 협조하고 같은 놀이 친구로 지내는 경우가 더 많았다(Abramovitch, Corter, & Lando, 1979; Abramovitch, Corter, Pepler, & Stanhope, 1986).

(3) 아동기와 청소년 시기의 형제 · 자매 관계

형제 관계는 아동기 동안 갈등 해결에 대한 타협의 장으로 이어진다. 형제들은 싸움 뒤에 억지로라도 화해하려 한다. 왜냐하면 그들은 서로 매일 다시 봐야 한다는 사실을 안다. 아이들은 같은 성끼리 더 많이 싸우는 경향이 있으며, 특히 남자 형제들끼리 가장 많이 싸운다(Cicirelli, 1995).

형제 자매

아이들이 가족들과 보내는 시간보다 친구들과 보내는 시간이 더 많아질 때 형제 간의 결속에서 받았던 정서적인 만족감에 대한 요구가 줄고 함께하는 시간도 준다. 청소년은 가족이나 친구보다도 형제 간에 덜 가깝게 지내며, 덜 영향을 받고, 청소년기간 동안 더 거리감을 갖는다(Laursen, 1996).

형제 관계의 변화는 부모-자녀 관계와 비슷한 변화를 갖게 된다. 동생은 좀 더 독립적이 되고, 형은 덜 권위적이 된다. 아이들이 고등학생이 되면 그들의 관계는 점진적으로 동등하게 된다. 형은 동생에게 힘을 덜 사용하고 싸움도 줄어든다(Buhrmester & Furman, 1990). 청소년은 여전히 친밀감, 애정 그리고 형이나 누나에 대한 존경심을 갖지만(Raffaelli & Larson, 1987) 그들의 관계는 덜 돈독해진다(Buhrmester & Furman, 1990).

(4) 외동이

일찍이 Stanley Hall은 '외동이는 그 자체로서 병이다' 라고 언급할 정도로 형제 관계가 아동의 사회화에 미치는 영향을 강조했다. 많은 사람들은 종종 형제, 자매 없이 자라난 외동이는 외롭고, 버릇없고, 이기적이고, 제멋대로 행동한다고 생각한다. 하지만 115편의 연구를 분석한 Falbo(1986)와 Polit(1987)의 연구 결과에 따르면 '외동이' 들은 비교적 잘 적응하는 것으로 나타났다. 형제, 자매가 있는 아동들보다 학업과 직업적인 성취가 높았으며, 좀 더 성숙된 행동을 하고, 성취동기와 자아존중감도 높았다. 전반적인 사회 적응과 사회성도 형제, 자매가 있는 아동들과 별로 차이가 없었다. 이는 외동이의 부모들이 더 많은 관심을 갖고 아이들과 더 많은 시간을 함께 하며, 그들에게 많은 기대를 갖기 때문으로 풀이된다.

그러나 외동이는 스트레스 상황에서는 타인에게 보다 많이 의지하려고 한다. 이는 외동이가 불편하고, 욕구불만의 신호를 보내면 부모가 신속하게 반응을 해주기 때문에 영아기와 유아기 때부터 자신이 불안하고 걱정스러울 때 타인이 편안하게 해 줄 것이라는 기대감을 발달시키기 때문이라고 하겠다(윤은성 · 정정옥, 1997). 외동이는 형제, 자매가 있는 아이들만큼 가깝고, 깊은 우정관계를 맺고 있다. 하지만 또래 그룹에서는 덜 인정받는 경향이 있다. 이는 형제 상호관계를 통해서 효과적인 갈등해결 방법을 배울 기회가 없었기 때문이다(Kitzmann, Cohen, & Lockwood, 2002).

비록 형제, 자매 관계가 아동의 사회화에 많은 이점과 영향을 미치지만, 외동이들이 형제, 자매가 없다는 이유만으로 인해 큰 불이익을 받는 요소는 없어 보인다.

2) 출생순위의 영향

부모가 두 명 이상의 아이를 기를 때 출생 순위에 따라 양육방법이나 태도가 같을까? 아이를 향한 열정은 많지만 실제로 아이를 길러본 경험이 없는 대부분의 부모들은 첫 아이를 종종 '시험대'에 오르게 한다. 따라서 그들에게 많은 애정을 쏟으면서 꾸지람도 많이 한다. 아이들이 더 늘어나게 되면 먼저 태어난 아이들을 기르면서 얻어진 시행착오를 교훈삼아 훨씬 유연해진다. 부모들은 첫 아이 때보다 후에 태어난 아이들에게는 현실적인 기대를 갖게 되며, 자녀교육에도 훨씬 느긋한 태도로 임한다.

첫 아이와 그 다음 아이들에게 부모가 대하는 태도가 다르기 때문에 아이들 사이에도 여러 가지 면에서 출생순위에 따라 다른 양상을 보인다. Adler에 의하면 첫째 아이는 폐위된 왕에 비유된다. 첫째 아이는 동생이 생기기 전까지 안전하고 평화스러운 생활을 즐긴다. 동생이 태어나면서 빼앗긴 모든 권리로 인해 첫째 아이는 스스로 고립해서 적응해 나가는 한편, 첫째로서의 책임감과 지도성에 따른 리더로서의 성격, 배려하는 성격을 갖게 되기도 한다.

둘째 아이는 형이나 누나의 장점을 능가하기 위한 자극과 도전을 받는다. 이 점이 둘째 아이에게 첫째보다 더 빠른 발전의 동력이 되어 둘째는 더 큰 야망을 소유한 성격을 갖게 된다.

막내는 동생에게 자리를 뺏기는 충격을 경험하지 않고 귀염둥이, 응석받이로 자란다. 만약 부모가 경제적으로 넉넉하지 못하면 형에게 늘 물려받아야 하는 위치로 전락한다. 막내는 늘 강한 열등감을 가지는데 위의 형들을 능가하려는 강한 동기유발을 소유함으로써 가족 중 가장 야망 있는 성격이 된다.

외동이의 경우 과잉보호로 인해 자기중심적, 비사교적, 인내심 부족 등의 성향을 보이는 반면, 자신감 있고 자립적인 성격을 보이기도 한다.

3) 형제 · 자매 역할의 문화적 요소

아시아, 아프리카, 오세아니아, 중앙아메리카 등의 시골에서는 맏이가 서너 명의 동생을 돌보는 것이 보통이다. 먹이고, 업어주고, 대소변 훈련까지 시킨다. 때로는 집안의 잡일까지 하면서 동생들을 돌보기도 한다. 빈곤한 농업사회나 목축업을 하는 사회에서는 맏이가 아주 중요한 역할을 한다. 일찍부터 부모들은 동생들을 돌보는 법, 땔감을 수집하는 일, 물 기르는 일, 동물 돌보는 일 등에 대해 가르친다.

집안일에 참여하는 인도의 여자아이

산업화된 사회에서 부모들은 일반적으로 동생 돌보는 일로 맏이를 힘들게 하지 않는다(Weisner, 1993). 물론 어떤 면에서 돌보기는 하지만 그것은 일반적으로 가끔씩 있는 일이다. 형이나 누나가 동생을 가르치기는 해도 보통 그런 일은 우연히 일어나는 일이며 사회적 체계에서 정착된 부분은 아니다(Cicirelli, 1994).

한 가족에서 가족의 수와 출생 순위, 성 등은 종종 역할과 관계를 결정한다. 덜 산업화된 사회에서는 형제, 자매가 많을 때 가족 일을 서로 돕고, 노인을 봉양한다. 산업화 사회에서는 형제, 자매의 수가 적어지고 있으며, 나이 차도 많다. 이는 부모가 자신들의 직업이나 다른 취미생활을 하고 있는 것을 뜻하며 반면에 각각의 자녀에게 좀 더 많은 지원과 관심을 보일 수 있다(Cicirelli, 1994).

4 >>> 다양한 가족형태와 아동발달

최근 우리나라의 가족 체계는 산업화, 도시화, 세계화 등으로 갑작스런 변화를 맞이하고 있다. 전통적인 대가족 제도를 유지하던 형태에서 핵가족화되고, 더불어 이혼가족, 한부모 가족, 재혼가족, 맞벌이 가족, 입양가족, 다문화 가족, 동성애 가족 등 다양한 형태의 가족 모습이 나타나고 있다. 이러한 가족형태의 변화는 가족들 사이의 상호관계에 변화를 가져오며 이는 자녀양육 태도 및 행동에 직접 또는 간접적으로 영향을 미치며 아동의 사회화에도 큰 영향을 끼친다.

1) 이혼 가족

이혼율은 지난 수년간에 걸쳐 계속 증가하고 있다. 부모가 이혼한 경우 대부분의 아동들은 부모의 이혼 후 처음 2년 내지 4년 동안 가장 힘들어 했다(Buchanan, Maccoby, & Dornbusch, 1996). 이혼 자체보다는 이혼하는 과정에서 발생하는 여러 가지 문제를 중요시해야 한다. 이혼-스트레스-적응 관점(divorce-stress-adjustment perspective)에 따르면, 이혼하는 과정에서 부모와 자녀 모두가 스트레스를 겪으며, 이혼의 전반적인 효과는 다양한 요소의 영향을 받는다. 부모의 양육태도나 부모의 갈등 과정과 간접적 사건 등이 아동의 정서와 행동에 영향을 미친다.

까다로운 기질과 같이 개인적으로 상처받기 쉬운 성격이나 우울증과 같은 유전적 성향의 문제를 가진 경우, 이혼의 스트레스 처리에 어려움이 더 많을 것이다. 반대로 사회적인 충분한 후원과 유연한 사회성을 지닌 경우라면 쉽게 적응할 수 있다. 어떤 아동들에게는 부모의 이혼이 오히려 스트레스를 덜어주는 경우도 있다. 부모가 오랫동안 갈등을 겪어 왔다거나 학대를 하고, 심리적인 질환을 보인 경우에, 부모의 이혼은 경제적인 어려움을 겪을지는 모르지만 전반적으로 스트레스는 줄고 아동에게는 긍정적인 효과를 가져온다.

반대로 이혼과정의 스트레스나 간접적인 매체들이 아동들의 부정적 행동의 주요 원인이라고 보지 않는 경우도 있다. 부모의 반사회적 성격이나 잘못된 양육태도와 같은 부모들의 특별한 성격이 이혼과 아동들의 문제의 원인이라고 주장하는 이들도 있다(Amato, 2000; Harris, 1989). 이들 견해를 선택 모델(Selection model)이라고 부르는데, 이들에 따르면 부정적 특성은 이혼을 '선택'하는 원인이 되고, 아동들에게 부정적인 영향을 미친다. 예를 들면, 욕설을 퍼붓는 아버지는 자녀에게 부정적인 결과를 가져오고, 부인에게 훨씬 쉽게 이혼을 당할 수 있다. 만약 아동이 부모의 이혼 후에 공격적이거나 학교생활에 부적응을 보이는 등 부정적인 태도를 보인다면 이 원인은 이혼 자체보다는 욕설을 퍼붓는 아버지와 살았기 때문에 나타나는 결과라고 본다는 것이다.

이혼하지 않은 가정의 아동들에 비해 이혼가정의 아동들에게서 반항, 공격적 행동, 자기 통제의 어려움, 반사회적 행동과 청소년 비행과 같은 외향적 문제가 현저하게 나타난다(Amato, 2001; Amato & Keith, 1991).

이혼가정의 아동과 청소년들이 우울증 증세를 보였으나 이는 병리적인 우울증 증세라기보다는 헤어짐에서 오는 단기간의 고통이었다(Conger & Chao, 1996). 또한 자아존중감도 낮았지만 아주 큰 차이는 아니었다(Amato & Keith, 1991).

이혼이 긍정적인 영향을 미치는 경우도 있다. 부모의 이혼이 아이들에게 고통스럽기는 하지만, 심한 갈등을 겪으며 살아가는 결혼생활을 마무리하게 되어 아이들에게 오히려 도움이 될 수도 있다. 이혼을 하지 않은 채 심한 갈등을 겪고 있는 가족의 아동들은 이혼 가족의 아동들보다 심리적 적응과 자아존중감이 낮은 것으로 보고되었다(Amato & Keith, 1991; Booth & Amato, 2001; Hanson, 1999).

이혼의 영향으로 남녀 아동 간에 차이가 있는지에 관해서는 확실하게 답하기 어렵다. 어떤 연구들은 남아들이 여아들보다 사회적응에 어려움을 더 많이 겪고, 행동상의 문제가 더 많으며, 아버지와의 관계에서 정서적인 문제를 더 많이 갖고 있다고 밝히고 있다(Hetherington, 1999). 반면에 여아들은 울음이나 자기비판, 우울증과 같은 내면화된 반응을 더 많이 보였다. 그런가 하면 이혼의 영향이 성별 간에 큰 차이가 없다는 연구결과도 있다(Amato & Keith, 1991).

2) 한부모 가족

한부모 가족은 한 사람의 성인 부모와 18세 이하의 자녀들로 구성되는 가족을 의미한다. 한 사람의 성인 부모는 어머니일 수도 있고 아버지일 수도 있다. 한부모 가족은 부모의 이혼이나 사별, 혹은 혼전임신의 결과로서 발생한다. 요즈음은 미혼 여성이 정자은행을 통해 임신하여 출산하고 혼자 양육을 선택했거나, 결혼은 하지 않고 자녀를 낳아 한쪽 부모가 기르는 유형의 한부모 가족도 늘어나고 있다. 우리나라의 경우 남성의 재혼율이 여성의 재혼율보다 높고, 결혼하지 않고 아이를 키우고 싶다는 여성들의 증가로 한부모가 된 여성 가정의 수가 한부모가 된 남성 가정의 수보다 많다.

한부모가 된 남성과 여성들은 그들의 전통적 성역할 외에 이성의 부모역할을 동시에 수행해야 하기 때문에 어려움을 겪는다. 일반적으로 한부모가 된 남성들은 자녀에게 덜 전통적이고 덜 훈육 지향적이며 자녀들과 원만한 관계를 형성하는 동시에 교육에 더 많은 관심을 갖는 경향이 있다. 대조적으로 여성들은 자녀들에게 보다 더 엄격해지고 권위주의적 태도와 행동을 나타낸다(장휘숙, 1998). 여성 한부모

가족의 남아인 경우, 아버지 부재로 인한 동일시 대상의 결여로 남성성을 배우는데 어려움이 있고, 남성 한부모 가족의 여아들은 동일시할 수 있는 어머니의 부재로 여성성의 습득에 어려움을 겪는다고 주장하는 연구(김영희, 1996) 결과도 있다.

한부모 가족의 가장 큰 어려움은 경제적 문제이다. 특히 한부모 여성 가장들은 대체적으로 교육 수준이 낮고 저임금의 직업에 종사하는 경향이 있기 때문에 더 많은 경제적 어려움을 겪는다. 또한 한부모 가족의 아동들은 일반 가족의 아동들에 비해 행동이나 학업에 있어서 문제가 많다. 특히 이혼으로 인해 부모 중 한 쪽과 사는 아동들에게서 더 그렇다(Hetherington, 1999).

통계청 '인구주택총조사' 에 의하면 우리나라 2005년 전체 가구 중 한부모 가구 비율이 6.7%로 조사되었다. 그런데 신고된 아동학대사례 가운데 한부모 가정에서 발생한 아동학대 건수가 47.2%를 차지하고 있어 일반가정(26.5%)에 비해 한부모 가구의 아동학대 발생률이 상대적으로 높았다(보건복지부, 2007). 그러나 한부모 가족의 자녀들이 가족의 의사결정에 적극적으로 참여하고, 독립심이 증가된다는 긍정적인 측면도 있다(Hetherington, 1999).

최근 우리나라에는 '기러기 아빠' 라는 신조어와 함께 새로운 형태의 한부모 가족이 생겼다. 조기 유학 자유화 조치 이후 영어를 공용어로 쓰는 나라로 자녀를 유학 보내는 사례가 늘면서 부부와 가족들이 떨어져 사는 경우이다. 어머니와 자녀들은 외국에서 공부하고 아빠는 생활비를 송금하면서 한국에 거주하는 이 '기러기 아빠' 는 2007년에만 1만 명으로 추정되고 있다. 이 같은 현상은 가정 해체뿐 아니라 '기러기 아빠' 의 자살 · 이혼 등 다양한 사회문제를 일으키고 있으며, 이에 따른 아동교육에도 부정적인 영향이 큰 것으로 조사되고 있다.

3) 재혼 가족

재혼 가족이란 배우자 한쪽이나 양쪽 모두가 재혼으로 새롭게 가족을 구성한 형태를 말하며, 재결합 가족(reconstituted family), 혼합 가족(blended family), 계부모 가족(step family) 등으로 혼용되어 사용된다. 재혼은 배우자와 사별을 했거나 이혼한 후에 이루어지며, 특별히 이혼율이 높아지면서 재혼율도 점점 증가하는 추세이다.

재혼 가족은 여러 면에서 초혼 가족과 다른 특징을 가지고 있으며, 재혼 가족의 아동들은 대부분 안정된 상태에 있는 초혼 가족의 어린이들보다 문제가 더 많다. 계부모들은 새로운 자녀양육의 경험을 하게 되고, 새로운 규칙이나 책임과 기대로 종종 스트레스를 받는다. 하지만 새로운 가족들 간에 얼마나 잘 적응하는가는 어린이의 나이, 성별, 자녀 수, 전 부모와의 친밀감 정도, 혼합 가족 구성의 복잡성 등과 같은 다양한 요소가 영향을 미치며, 가족 간에 전반적인 관계가 얼마나 잘 이루어지고 있는가에 달려 있다(Hetherington & Kelly, 2002).

모든 아이들이 그런 것은 아니지만 일반적으로 자녀들이 어릴 때보다 청소년일 때가 부모, 자녀 간의 성공적인 관계를 이루는 데 더 많은 어려움이 있으며(Bray, 1999), 재혼 전의 자녀를 포함해서 아이들이 많을 때, 그리고 재혼 후 새로운 아이가 태어났을 때 적응하기가 더 어렵다(Hetherington, 1989). 친어머니와 계부와 함께 사는 경우 남자아이들은 빨리 적응하는 경향이 있으며, 딸의 경우는 어머니와 가깝게 지낸 관계에 방해를 받는다고 생각해 쉽게 적응하지 못한다(Hetherington, 1999).

대체로 계부모들이 자녀들의 발달에 긍정적인 영향을 미칠 수는 있다. 하지만 재혼 가족의 아동들은 전형적으로 행동상으로나 심리적으로 별로 좋은 편이 아니며, 때로는 한부모 가족의 자녀들보다도 좋지 않은 경우도 있다(Amato, 1994). 그러나 시간이 지나면서 아이들은 재혼 가족에 적응하게 되며, 결혼 생활이 행복하면 아이들도 분명 부모 양쪽 어른의 보살핌과 혜택을 받는다. 하지만 불행히도 연구 결과에 의하면 재혼은 초혼보다도 이혼으로 이어지는 경우가 조금 더 많은 편으로 나타났다. 특히 재혼하고 5년 이내(Parke & Buriel, 1998)나 25세 이하의 어린 나이에 재혼했을 경우에는 더 쉽게 이혼하는 경향이 있었다(Bramlett & Mosher, 2001). 이와 같이 부모의 이혼을 여러 차례 겪는 아이들은 큰 고통을 받으며, 아동 발달상에도 큰 지장을 초래하여 여러 가지 문제에 봉착한다. 부모가 반사회적인 성향과 양육 방법에 미숙할 때 이혼과 재혼을 반복하기 쉽다. 이들 가족들은 항상 지속적이고 심도 있는 심리치료가 필요하다.

계부모와 자녀들 모두가 재혼 가족에 대한 현실적인 기대를 가져야 한다. 계부모와 자녀들 간에는 갈등과 복잡한 관계, 질투 등이 항상 존재하기 때문에 재혼 가정이 성공적으로 정착하기 위해서는 많은 노력이 요구된다. 재혼 가족에서 계부모와 자녀들이 복잡한 새로운 상황에 잘 적응하기 위해서는 가족 상담이나 교육의 도움을 받을 필요가 있다. 무엇보다도 효과적인 적응을 위해서는 처음에 서로 간의 믿음과 신뢰를 바탕으로 한 애정을 정립하는 것이다. 따뜻한 애정이 정립된 후에야 좀 더 효과적인 양육이 가능해진다(Visher, Visher, & Pasley, 2003).

4) 맞벌이 가족

맞벌이 가족은 결혼한 부부가 모두 직업을 가진 형태를 일컫는다. 오늘날 여성의 취업으로 맞벌이 가족이 늘어나고 있으며, 특히 정보화 사회에서는 여성 인력의 요구가 더욱 높아지고 있어 앞으로 맞벌이 가족 증가율은 계속 높아질 전망이다. 대부분의 사회에서 자녀양육의 우선적 책임을 지고 있는 어머니가 일을 하게 되면서 자녀 양육에는 어떤 영향을 미칠지에 대한 많은 연구들이 나왔다.

어머니의 취업은 가족과 자녀 발달에 부정적인 영향을 미친다는 연구(Bronfenbrenner & Crouter, 1982; Hoffman, 1984)도 있다. 하지만 자신의 일을 좋아하고 남편과 가족들로부터 적절한 지원을 받으면서 양육에 대한 책임을 지고 있는 어머니들의 아동들은 전반적으로 발달에 긍정적인 반응을 보인다. 이들은 사회 · 정서적 적응이 원만하고, 자아존중감이 높고, 가족과 친구 관계도 긍정적이며, 성역할에 대해 고정관념을 덜 갖고 있다. 특히 취업모의 여아들은 여성의 역할이 보다 많은 선택의 자유를 갖고 있는 것으로 인식하고 있어 더욱 성취 지향적이고 직업 지향적이었다(Hoffman, 2000).

하지만 어머니의 직장 일이 너무 과중하거나 여러 가지 이유로 스트레스를 많이 받는 경우에는 자녀들이 비효율적인 양육을 받을 위험이 있다. 너무 많은 시간 일을 하거나 직장에서 부정적인 경험을 하게 되면 자녀 양육에 민감하게 반응하지 못하며, 유치원부터 청소년 시기에 자녀들의 인지발달이 저조할 수 있다(Brooks-Gunn, Schley, & Hardy, 2002; Harvey, 1999). 특히 사회 · 경제적으로 낮은 지위에 있는 어머니가 낮은 임금과 가정 경제에 큰 도움도 되지 못하면서 육체적으로 고된 일을 할 때, 우울증, 욕구불만, 피로로 연결되고, 따라서 엄하고 일관성 없는 양육태도로 이끌면서 아이들에게 부정적인 영향을 미친다(Raver, 2003).

반대로 파트타임이나 일정에 융통성 있는 직업을 가진 어머니의 자녀들은 적응을 잘 하는 것으로 나타났다. 융통성 있는 관리는 가족들의 역할에서 오는 갈등을 막아주고 부모가 자녀의 요구에 잘 부합되도록 돕는다(Frederiksen-Goldsen &

Sharlach, 2000).

아버지가 자녀 양육에 함께 참여할 때 어머니가 효과적인 양육을 할 수 있다. 만약 아버지가 돕지 않을 경우, 어머니는 가정과 직장일로 두 배가 힘들어지며, 이는 어머니의 피로, 고통을 가져오고 아이를 돌볼 시간과 에너지도 없게 만든다. 따라서 아동발달에 부정적인 영향을 미친다.

맞벌이 부모, 취업모를 위해서는 직장의 도움과 어린이를 마음 놓고 맡길 수 있는 질 높은 보육기관이 필요하다. 생의 초기부터 질 높은 보육기관에 다녔던 아동들은 영아기부터 청소년기에 이르기까지 긍정적인 사회적 · 정서적 · 지적 발달을 보였다(Anderson, 1992)는 연구 보고도 있다.

5) 입양 가족

자녀를 입양하는 일은 역사적으로 모든 문화에서 일어나는 일이다. 입양은 반드시 불임인 부부 사이에서만이 아니라, 유전적인 질병을 피하고자 혹은 노인, 동성애 부부, 심지어 이미 자신들의 자녀가 있는 부부들 사이에서도 이루어진다. 미국의 경우, 약 8%의 입양이 아시아나 라틴 아메리카와 같은 다른 나라 아이들을 통해 이루어진다.

입양은 특별한 기쁨이고, 특권이다. 특히 자신이 부모가 될 수 있다고 생각해보지 못한 사람들이나 가정을 필요로 하는 아동에게 온정을 베푸는 것에 깊은 만족을 찾는 사람들에게는 특별히 그렇다. 또한 입양은 특별한 도전이 필요하다. 입양부모는 아이들을 자신의 가족 속으로 통합해야 하고, 아동에게 입양에 대해 설명해야 한다. 또, 건강한 자아를 형성하도록 도와야 하고, 자신의 생부모에 대한 감정도 해결해주어야 한다. 결국 어떤 양부모들은 어린이가 생부모를 찾고 만날 수 있도록 도와준다.

입양아와 그렇지 않은 아이들 사이의 적응 문제에서 특별히 큰 차이를 보이지는 않는다는 연구(Haugaard, 1998)도 있고, 입양 아동과 청소년은 태어난 곳이 어디인가와 상관없이 다른 아동들보다 교육과 정서적인 면에서 어려움을 겪고 있다고 밝히는 연구들(Levy-shiff, 2001; Miller, Xitao, Christensen, Grotevant, & van Dulmen, 2000)도 있다. 동시에 입양아들은 특별한 도전에 직면한다. 입양된 아동과 청소년은 다른 아동들보다 공격적이며, 청소년 비행, 학습부진, 약물복용, 학교

적응문제들을 보인다. 일반적으로 나이가 많아서 입양된 아동들일수록 더 많은 어려움을 겪는다. 이는 입양 때문이라기보다는 어린 시절의 부정적인 경험 때문일 것이다.

남자 입양아들이 여자 입양아보다 어려움을 더 많이 겪으며, 유아기에 입양된 아이들은 적응문제를 거의 일으키지 않는다(Sharma, McGue, & Benson, 1996). 때때로 유아기나 아동기에서 나타나지 않던 문제들이 청소년기에 나타난다. 주로 문제가 표면화되는 때는 성적인 성숙기이다(Goodman, Emery, & Hauguard, 1998). 그러나 대부분의 입양아들은 자신들의 입양 상태에 대해 만족하고 있으며 입양부모와 정서적으로 애착관계를 갖고 있는 것으로 보고되고 있다(Brodzinsky, 1990; Howe, 1998; Miller et al., 2000).

그러나 청소년기의 입양아들은 자신의 뿌리에 대한 해결되지 않은 호기심으로 종종 혼란에 빠진다. 어떤 아이들은 자신들의 친부모를 결코 알 수 없을지도 모른다는 사실을 받아들이는 데 어려움을 겪는다. 또 자신의 친부모가 갑자기 나타나면 어떻게 할 것인가를 두려워하기도 한다(Grotevant & Kohler, 1999). 자신들의 뿌리에 대해 걱정하고 두려워하지만, 대부분의 입양아들은 낙천적이며 성인으로서 잘 적응한다.

6) 다문화 가족

다문화 가족이란 국제결혼이나 입양 등에 의해 가족구성원 내에 두 개 이상의 서로 다른 문화가 존재하는 경우를 말한다. 최근 우리나라에도 다문화 가족이 급속도로 증가하고 있다. 해방 후 우리나라에서의 다문화 가족 형성의 시작은 주로 한국여성과 미군 병사 사이의 혼혈인 2세들로 구성된 가족이었다. 그러나 그들의 대부분은 미국으로 이민을 갔으며, 2003년에 인권위 조사 결과 400～500여 명 정도가 국내에 남아 있는 것으로 추산되고 있다. 요즘에는 한국남성과 외국이주민여성으로 이루어진 가족의 수가 점차 늘어가고 있다. 2005년도에는 전체 결혼 건수의 13.6%가 국제결혼이었으며, 특히 농·어촌 출신 남성 중에서 35.9%가 국제결혼을 했다(통계청, 2006). 그리고 한국에 거주하는 외국 이주노동자들 사이의 결혼으로 인한 다문화 가족도 증가 추세이다(김범수 외, 2007).

아직까지는 다문화 가족에 대한 부정적인 부분이 많다. 특히 결혼 이민가정의 경우 언어적 · 문화적 차이로 인한 크고 작은 갈등이 끊이지 않고 일어난다. 어린이들의 경우는 그래도 한국말을 빨리 배우나 가사노동에만 매여 한국말을 제대로 못 배운 엄마는 자녀와 말이 통하지 않아 서로 간에 장벽이 생기기도 한다. 이에 경제적 문제까지 겹치면서 이혼으로 이어지는 경우가 많다. [그림 13-3]에서 보듯이 2003년 이후 국내 전체 이혼 건수는 매년 줄고 있지만 국제 이혼은 급속도로 늘고 있다. 이혼 후 여성과 그들 사이에 태어난 자녀들의 교육 및 적응 문제는 더욱 심각하다.

세계화 시대에 다문화 가정은 계속 늘어날 것으로 보이며, 그들을 위한 배려가 절실하다. 이에 정부에서는 2008년 3월에 다문화 가족의 평등한 가족관계의 유지, 가정폭력 피해자 보호 · 지원, 다국어에 의한 서비스 제공, 다문화 가족지원센터의 지정 등의 내용을 골자로 한 다문화가족지원법(법률 8937호)을 제정하였다.

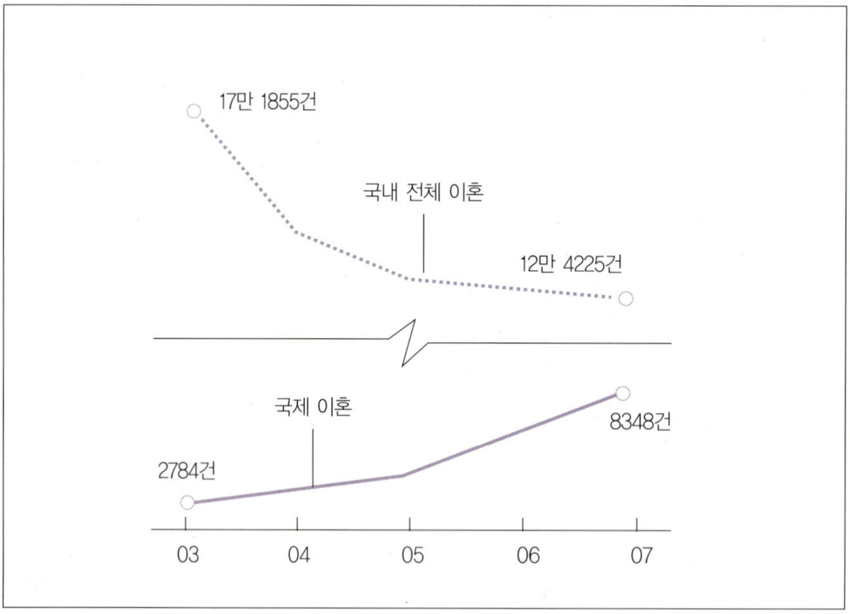

[그림 13-3] 최근 5년간 국내 · 국제 이혼 건수

출처: 조선일보

7) 동성애 가족

동성애 가족이란 동성애 관계를 맺고 있는 남성들(gay-men)이나 여성들(lesbians)이 가족을 형성한 경우를 일컫는다. 최근 들어 미국과 캐나다 등에서는 동성애 가족이 늘어나고 있다. 동성애 가족의 자녀들은 대부분이 이성 부모 사이에서 태어나 성장하다가, 후에 그 부모 중에 한쪽이 동성애자가 된 경우이다. 그 밖에 동성애자들은 부모가 되기 위해 정자나 난자를 기증받거나 입양을 한다. 이러한 동성애 가족 형태를 가족으로 보아야 하는가에 대한 논란은 계속되고 있다. 특히 많은 사람들이 동성애 부모가 자녀에게 건전한 환경을 제공할 수 있을지에 회의적이며, 동성애 부모의 자녀들이 성 정체성을 비롯하여 아동발달에 부정적인 영향을 받을 것을 우려하고 있다.

하지만 지금까지 이루어진 대부분의 연구들은 동성애 부모들도 이성부모와 마찬가지로 자녀양육을 효과적으로 잘 하고 있는 것으로 나타났다. 자아감, 도덕성, 지능, 사회관계 등에 초점을 두고 이루어진 동성애 자녀들의 아동발달 연구들 모두가 긍정적인 결과를 보여주었다(Patterson, 1992, 1997). 동성애 부모들은 일반적으로 자녀들과 긍정적인 관계를 유지하고 있으며, 동성애 자녀들은 정상적인 친구관계를 형성하고, 적응이나 정신적 부적응과 같은 심리적, 사회적 문제에서도 이성부모의 자녀들과 차이가 없었다(Chan, Roboy, & Patterson, 1998). 또한 동성애 부모의 자녀들은 성 정체성에서도 이성부모 자녀들과 차이가 없었으며(King, 1996; Patterson, 1997), 성장 후에도 이성지향적인 성향을 가지고 있었으며, 동성애자가 되는 경우도 많지 않았다(Golombok & Tasker, 1996).

이러한 연구 결과에도 불구하고 동성애 가족에 대한 연구는 아직 연구 자체가 희박하다. 또한 연구대상자 수도 적고 자진해서 연구에 참여하는 사람만으로 제한되어 있는 등 연구 방법의 적합성에 대한 논란의 문제를 지니고 있다. 더구나 많은 동성애 부모의 자녀들은 친구들의 놀림을 당하거나 친구의 부모들로부터도 기피당하고 있다(Morris, Balsam, & Rothblum, 2001). 이외에도 대부분의 사회에서 동성애 가족을 인정하지 않거나 다양한 사회적 차별이 존재하고 있다. 아직 미국에서조차 일부 주에서는 부부가 이혼할 경우 동성애자는 자녀 부양권을 가질 수 없으며, 동성애자에게는 어린이 입양도 금지하고 있다.

Chapter

14

또래, 교육기관, 미디어와 아동발달

미리 보기

거장 영화 제작자 Akira Kurosawa

Akira Kurosawa(1910~1998)

일본 영화 제작자 Akira Kurosawa(1910~1998)는 '라쇼몽(1951)', '7인의 사무라이(1954)'와 같은 걸작으로 아카데미 상을 수상한 영화 천재이다. Kurosawa는 캔버스처럼 영사막을 사용하였다. 예술적 지능-구성, 형식, 색깔, 그리고 짜임새 등의 치밀한 감각-은 그의 영화 장면 곳곳에 담겨 있다.

20대 중반 유명한 영화감독 Kajiro Yamamoto의 도제로서, Akira Kurosawa는 영민한 학습자였다. 시나리오를 쓰는 것을 위임받으면서 재능 있는 초심자는 아이디어에 또 아이디어를 내었다. 그러나 도쿄에 있는 서양식 학교에 다닐 아이였을 때, Kurosawa는 둔한 학습자로 기억되었다. 수업을 따라가는 것을 힘들어하였기 때문에 선생님은 Akira를 다른 학생들과 떨어뜨려 앉혔으며 자주 그를 비난하였다. Kurosawa는 외롭고 비참함을 느꼈다. 2학년 때 가족들이 이사를 해서 Kurosawa는 전통적 일본식 학교로 전학하였다. 짧게 깎은 머리를 한 새로운 학우들은 Akira의 긴 머리와 유럽식 옷을 놀려댔다. Akira는 울보가 되었다. 이제 그는 웃음거리가 되었다.

3학년 때 Akira는 지적이고 감정적인 혼미상황에서 빠져나왔다. 이러한 변화에 있어 가장 강력한 촉매는 Tachikawa라는 선생님이었다. 미술시간에 Akira는 자신의 그림을 색깔 연필이 부러질 정도로 눌러 그렸다. 그러고 나서 손가락 끝으로 종이 위 색깔들을 온통 문질렀다. Tachikawa 선생님이 Akira의 그림을 집어 들자 교실은 웃음바다가 되었다. 그러나 선생님은 칭찬을 아낌없이 주고 가장 높은 점수를 주었다.

Kurosawa는 후에 이렇게 회고하였다. "그때부터 나는 미술시간이 있는 날은 기대하면서 학교로 달려갔고…, 진정으로 그리기를 좋아하게 되었다. 동시에 다른 과목들의 점수가 갑자기 향상되기 시작하였다."

비록 Akira가 좋아한 과목들은 학급에서 최상이었지만, 그는 과학과 수학에서 간신히 통과할 정도였다. 그럼에도 불구하고 Akira는 졸업식에서 고별사를 말하는 졸업생 대표가 되었다. 그의 친구이자 예전의 같은 반 학우인 Uekusa Keinosuke에 따르면 "그는 확실히 그저 좋은 성적을 얻는 작은 천재 유형은 아니었다." 그러나 표면적으로는 노력 없이 인기를 얻는 "위풍당당한" 인물이다.

Tachikawa 선생님이 학교를 떠난 후에도, Akira와 Uekusa는 선생님의 집을 방문하고 몇 시간 동안 둘러 앉아 이야기를 나누었다. Akira의 아버지와 형과 더불어 Tachikawa 선생님은 Akira를 정밀 예술과 영화로 이끈 사람이었다. Tachikawa 선생님이 Akira의 그림들 중 하나를 호되게 비난하였을 때 그의 정신은 정말로 강해져서, Akira은 열심히 하여 이 선생님이 나를 다시는 비난할 수 없도록 해야겠다고 마음먹었다.

출처: Papalia, Gross, & Feldman (2003)

Akira Kurosawa의 학교 경험에서 우리는 몇 가지 교훈을 배울 수 있다. 첫째, 매우 천부적인 사람일지라도, 아동들은 상이한 속도로 발달한다. 둘째, Kurosawa의 이야기는 또래와 선생님들이 줄 수 있는 강한 영향력과 어떻게 가정, 학교, 그리고 미디어의 영향이 상호작용하는지를 예시한다. 마지막으로 인지발달과 정신사회발달 간에는 밀접한 관계가 있다는 것을 다시 한 번 확인할 수 있다. Kurosawa의 인지와 사회적 유능의 흐름은 자존감을 후원하는 Tachikawa 선생님의 노력과 밀접히 연결되어 있다.

이 장에서는 발달에 영향을 끼치는 3가지 가족 외적 요인인 또래, 교육기관, 그리고 미디어에 대하여 논의하고자 한다. 생후 초기 몇 년 동안의 사회성과 유아들이 놀이친구를 선택하는 방법에 대하여 살펴보고자 한다. 또래 그룹의 중요성이 어떻게 성장하는지도 기술하고 인기도에 영향을 끼치는 요소들을 검토하고자 한다. 우정을 다른 또래 관계와 다르게 만드는 것은 무엇인지, 그리고 아동이 나이가 들어감에 따라 우정이 어떻게 변하는지도 살펴보고자 한다. 다음에 학업 성취, 생애계획하기 요소들을 포함하는 교육기관과 관련된 이슈거리를 생각해 보고자 한다. 마지막으로 아동의 발달에 영향을 끼치는 생태적 맥락의 일부로서 텔레비전과 컴퓨터 등의 영향을 탐색하고자 한다.

1 >>> 또 래

또래와의 경험은 아동의 발달에 가장 결정적인 영향을 미친다. 초기 사회성의 징후들로 태어난 지 얼마 되지 않은 아기들도 서로를 쳐다보고 만지는 등 관심을 보이며, 한 아기가 울면 따라 우는 경향이 있다. 이러한 관심은 성장하면서 또래 간의 상호작용으로 발전하고, 또래 간 상호작용도 2세 이후부터 급격히 증가하는 반면 성인과의 상호작용은 감소하는 경향을 보인다. Ellis, Rogoff와 Cromer(1981)는 1~12세 사이 아동 400명을 대상으로 이들의 사회적 상호작용을 관찰한 결과 아래 [그림 14-1]과 같은 발달양상을 나타내었다. 이 연령 범위의 아동들은 평균적으로 26%의 시간을 혼자 보내고, 46%의 시간을 또래 아동과 함께 보내며, 어른과 함께 있는 시간은 15% 정도였다. 아동의 연령이 높아질수록 동성의 또래와 함께 지내는 시간이 증가한다. 7세경까지 아동은 이성의 또래와 섞여서 노는 빈도가 높지만 7세 이후부터는 동성의 또래와 함께 하는 시간이 급격히 증가하며, 이성 또래와의 상호작용은 제한된다.

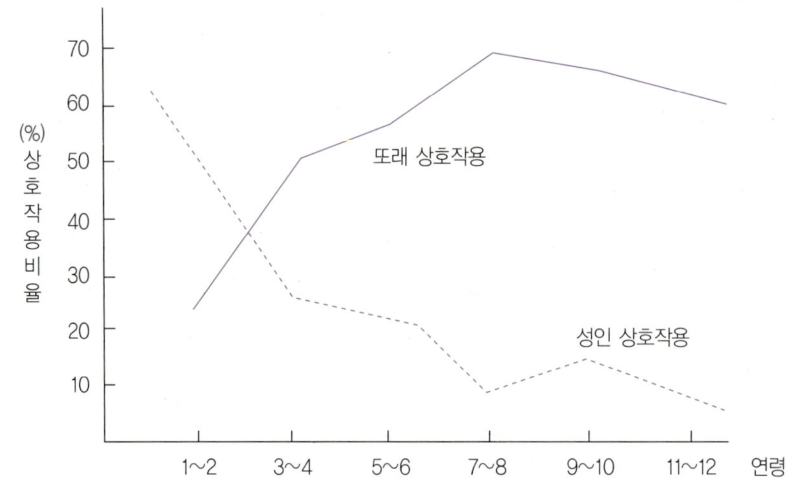

[그림 14-1] 또래 및 성인 상호작용의 발달적 변화
출처: Ellis, Rogoff, & Cromer (1981)

1) 초기 사회성

영아와 걸음마기 아이들은 가정 밖의 사람들, 특히 자신들과 비슷한 크기의 사람들에 관심을 보인다. 생후 첫 몇 개월 동안, 영아는 다른 아기들을 쳐다보고, 미소 짓고, 쿠잉을 한다. 6~12개월에 영아는 다른 아기에게 더 많이 미소 짓고, 만져보고, 옹알거린다(Hay, Pedersen, & Nash, 1982).

약 1년이 되면 아기들은 걸음마를 배우기 시작하고, 사물을 조작하고, 장난감에 더 많이 집중하는 대신 다른 사람에 덜 집중한다. 그러나 이 단계는 오래 지속되지 않고, 약 $1\frac{1}{2}$세에서 거의 3세까지 다른 아이들이 무엇을 하는가에 더 많이 관심을 갖고 그들을 다루는 방법을 점차적으로 이해하게 된다. 이러한 통찰은 분리된 개인으로서 자신들을 인식하는 것에 따르는 듯하다(Eckerman, Davis, & Didow, 1989; Eckerman & Stein, 1982). 반응적인 성인과의 상호작용을 통해서 영아는 다른 아이와의 첫연합에서 정서적 신호를 보내고 해석하는 방법을 학습한다. 영아와 영아 사이의 반응의 특성인 바라보기, 만지기, 미소, 소리내기 등이 엄마와 아기와의 상호작용에서 나타나는 독특한 특질과 유사하다.

걸음마기 아이들은 각자 옆에 있거나 가까이서 놀이를 한다. 그러나 약 3세까지 아이들은 일반적으로 함께 놀이를 시작하지 않는다. 보통 학령전기 아이들은 자신들의 나이와 성이 같은 또래들과 놀이하는 것을 좋아한다. 학령전기에 아이들은 긍정적인 경험을 가지고 자신들의 행동과 비슷한 몇몇의 다른 아이들과 함께 친구가 되는 경향이 있다. 취학 전 유아의 약 4명 중 3명은 이러한 상호 우정을 가진다(Hartup & Stevens, 1999).

2) 또래 그룹

학령전기 유아들은 함께 놀이를 하지만, 학령기 동안에 또래그룹은 그 자체에서 유래한다. 그룹은 자연스럽게 서로 가까이 사는 아동들 간에 형성되거나 함께 학교를 다니는 아동들 간에 형성된다. 놀이 그룹들은 보통 사회경제적 지위와 나이가 유사하고, 모두 여자아이거나 모두 남자아이끼리 논다. 같은 성의 아동들은 공통된 관심을 가지고 있는데, 여자와 남자는 서로 다르게 놀이하고 이야기한다. 같은 성의 그룹들은 성에 적절한 행동을 배우도록 하고 성역할을 자아-개념에 통합하도록 한다(Hibbard & Buhrmester, 1998).

아동들이 부모의 영향에서 멀어지기 시작하면서, 또래 그룹은 새로운 관점을 가지고 독립적인 판단을 하도록 한다. 또래들의 가치와 비교하여 아동 자신의 가치를 테스트 하는 것은 가치를 지킬 것인지 버릴 것인지를 결정하도록 한다. 자기 나이의 다른 친구들과 비교함으로써 아동들은 보다 더 실질적으로 자신의 능력을 평가할 수 있고 더 명확한 자기 효율감을 얻을 수 있다(Bandura, 1994). 또래 그룹은 어떻게 사회에서 잘 지내는지를 배울 수 있도록 하고 아동 자신의 필요와 욕구를 다른 친구의 필요와 욕구에 적응하는 방법과 양보하고 확고하게 주장할 때를 배우도록 한다. 또한 또래 그룹은 서로 간에 모방과 강화를 통해서 아동에게 영향을 미치며, 그 영향력은 성인의 영향력보다 크다. 놀이, 운동, 학습 등에서 아동은 또래의 행동을 관찰하여 모방하고 이를 내면화하며, 또래가 보여주는 칭찬과 비난에 민감한 반응을 나타내고 이에 따라 아동 자신의 행동을 바꾸어 간다.

청소년기에는 감정적 지지의 중요한 원천은 또래에 더 소속된다. 급격한 신체적 변화를 겪는 청소년기는 똑같은 변화를 겪는 또래에게서 안락감을 느낀다. 또래 그룹은 애정, 동정, 이해, 도덕적 기준의 원천이다. 즉 부모로부터 독립을 성취하는 실험의 장소이다. 또래 그룹은 성인기 친밀감을 '시연' 하고 친밀한 관계를 형성하는 터전이다(Buhrmester, 1996; Laursen, 1996).

또한 또래 그룹은 부정적인 영향을 끼칠 수 있다. 아동의 들치기, 마약 복용, 위험스런 신체적 겨루기, 그 밖의 다른 반사회적 행위로 행동하는 것은 주로 또래와 같이 있을 때이다. 물론 또래 규준에 순응하는 것은 건전하다. 그러나 또래 규준이 파괴적이거나 아동 자신의 더 나은 판단에 반하여 행동하도록 자극할 때 불건전한 것이다.

또래 그룹의 또 다른 부정적인 영향은 편견을 강화하는 경향이 있다는 것이다. 즉 '아웃사이더', 특히 어떤 민족이나 인종의 구성원들에게 호의적이지 않은 태도를 형성하는 것이다. Akira Kurosawa는 서구적인 학교에서 학우들의 머리 스타일과 옷차림이 그와 다른 보다 전통적인 학교로 전학했을 때 이러한 호의적이지 않은 태도를 경험하였다.

아동이 광범위한 경험을 하면 편견을 줄이거나 제거할 수 있다. 가장 효율적인 프로그램은 서로 다른 그룹의 아동들을 공동의 목표를 향해 함께 일하도록 하는 것이다.

3) 인기도

아동기의 가장 쓸쓸한 불평 중 하나는 '아무도 나를 좋아하지 않는다!' 는 비인기아의 불평이다. 무엇이 인기도에 영향을 주고, 성인은 어떻게 도와줄 수 있는가?

(1) 인기아와 비인기아의 특성

또래와 관련 있는 인기도는 또래들의 의견이 자아존중감에 크게 영향을 끼치는 아동 중기에 더 중요하게 된다. 학령기 동안 또래들이 좋아하는 아동들은 청소년기에 더 잘 적응할 가능성이 높다. 또래와 지내는 데 어려움을 겪는 아동들은 더 많은 심리적인 문제들을 가지고, 학교를 중도탈락하고, 비행자가 될 가능성이 더 많다(Morison & Masten, 1991; Newcomb, Bukowski, & Pattee, 1993).

인기아는 전형적으로 좋은 인지능력을 가지고 있으며, 높은 성취자이며, 사회적 문제해결에 능숙하고, 다른 아동들을 도와주고, 주로 파괴적이거나 공격적이지 않고 단언적이다. 그들은 믿을 수 있고, 성실하며, 자기를 드러낸다. 인기아들의 뛰어난 사회적 기술은 다른 사람으로 하여금 그들과 함께 있는 것을 즐겁게 만든다. 그러나 이러한 상황은 보편적인 진실은 아니다. 몇몇 공격적이거나 반사회적인 소년들은 가장 인기가 있다(Rodkin, Farmer, Pearl, & Van Acker, 2000). 거부당하는 4학년 아동에 대한 연구에서 공격적인 소년들은 5학년 학기 말에 지위를 얻는 경향이 있었다. 더 어린 아동들은 피하는 행동이 사춘기 전에는 '쿨' 하거나 매력적으로 보여질 수 있다는 것이다(Sandstrom & Coie, 1999).

아동들은 여러 이유로 인해 비인기아가 될 수 있다. 몇몇 비인기아는 공격적이고 몇몇은 과잉 행동적이고 집중하지 못한다. 그리고 몇몇은 학교에서 첫 두 해 동안 위축되어 있는 듯하다. 또 다른 아동들은 바보 같거나 미성숙하게 행동하거나, 불안하고 변덕스럽게 행동한다. 그들은 종종 다른 아동들의 감정에 민감하지 못하고 새로운 상황에 잘 적응하지 못한다. 몇몇은 다른 성의 그룹에 소속되는 것에 지나치게 관심을 보인다. 몇몇 비인기아는 다른 사람이 자신을 좋아하지 않을 것이라고 예상하는데, 이것이 자기-충족적 예언이 되기도 한다(Rabiner & Coie, 1989).

(2) 부모의 영향

유아가 인기도에 영향을 끼치는 행동을 획득하는 것은 종종 가족 안에 있다. 인기아는 일반적으로 어머니, 아버지와 따뜻하고 긍정적인 관계를 가진다. 권위 있는 부모를 둔 아동은 단언적이면서도 협력적일 수 있다.

벌을 가하고 위협하는 권위주의적인 부모의 아동들은 다른 아동을 위협하거나 심술궂게 대할 가능성이 있다. 즉 아동을 설득하고 다른 사람이 어떻게 느끼는지를 이해하도록 하는 권위 있는 부모의 아동들보다 덜 인기가 있다. 사무라이 무사 계급을 이은 전직 육군 장교 출신인 Akira Kurosawa의 아버지가 가정에서 엄격한 규율을 유지하였다는 사실은 아마 Akira의 초기 또래 문제에 한 원인이 되었을 수 있다. 불안정한 애착의 아동들 또는 부모가 거칠고, 소홀하고, 또는 우울하거나 결혼에 어려움을 겪는 부모의 아동들은 비매력적인 사회적 감정적 패턴을 형성하고 또래에 의해 거절되는 위험에 있다.

힘과 단어적인 규율에 의존하는 부모의 아동들은 또래 관계에서 위압적 수단을 사용하는 경향이 있다. 그리고 주고-받는 논리에 의존하는 부모의 아동들은 그 방식으로 또래와 충돌을 해결하는 경향이 있다(Crockenberg & Lourie, 1996). 화보다는 반대의견으로 분명히 의사소통하는 부모의 아동들은 강한 긍정적인 감정과 마찬가지로 보다 더 친사회적이고, 덜 공격적이고, 더 인기가 있다(Boyum & Parke, 1995).

(3) 문화와 인기도

인기도에 대한 영향들은 다른 문화권에서 다양한가? 서구 문화권과 중국 문화권 모두에서 학업성취와 사회적 유능성은 양방향으로 연결되어 있다. 높은 성취자들은 인기가 있고 사회적으로 숙련된다. 그리고 적응 잘 하고 선호되는 아동들은 학교에서 잘 하는 경향이 있다. 한 가지 차이는 부끄러움과 민감성이 중국에서는 가치 있게 여겨지지만 서구 문화에서는 그렇지 않다. 따라서 이러한 특성을 보이는 아동들은 적어도 중기 아동기 동안에는 중국에서 더 인기가 있는 경향이 있다. 그러나 12세가 지나면서 부끄러워하고 민감한 중국 아동들은 서구문화에서처럼 또래에 의해 거절되는 경향이 있다(Chen X., Rubin, & Li, 1995). 따라서 부끄러움에 대한 문화적 가치의 영향은 다소간 보편적인 발달적 과정에 의해 없앨 수 있다. 권위에 복종하는 강한 전통을 가진 중국에서조차 성인의 사회적 표준의 영향은 또래의 독립적 판단이 그 자체를 단언하도록 만들기 때문에 사춘기의 곡선처럼 약해진다.

사회 측정적 연구에서 아동들은 일반적으로 자신들이 가장 좋아하거나 가장 좋아하지 않는 학우의 이름을 대도록 요구받는다. 그러한 연구들은 5개의 또래 지위 그룹으로 나뉜다. 즉 인기아(긍정적인 지명을 많이 받는 아동), 거부아(부정적인 지명을 많이 받는 아동), 고립아(어떤 종류의 지명도 거의 받지 않는 아동), 양면아(긍정적인 지명을 많이 받으면서 부정적인 지명도 많이 받는 아동), 일반아(어떤 종류의 지명도 보통 이상의 수를 받지 않는 아동) 등으로 분류된다.

거부아 그룹은 가장 많은 적응 문제를 가지는데, 그들은 학업적 어려움과 낮은 성취 테스트 점수를 기록한다. 거부아 소년들, 특히 더 어린 소년들은 공격적이고 반사회적인 경향이 있다. 거부아 소녀들 그리고 더 나이 든 소년들은 보다 더 부끄러움이 있고, 고립되고, 더 불행해하고, 부정적인 자아상을 가진다. 고립아 그룹에는 고등학교 때까지 소녀들보다 소년들이 더 많이 포함되는데 덜 친사회적이고 평균보다 더 많은 학습 어려움을 가지며, 이는 열등한 자아상을 형성한다.

양면아 그룹은 또래보다 교사에 의해 다르게 보여진다. 이런 아동들은 학교에서 잘 하는 경향이 있기 때문에 교사들은 이들이 행동적 문제를 가지고 있다고 간주하지 않는다. 반면 또래는 이 소년들을 공격적이고 반사회적일 뿐만 아니라 리더로 생각한다. 특히 초등학교에서 또래는 종종 이러한 범주의 소녀들을 속물근성이 있고 건방지다고 평가하는데, 이는 아마 이 나이에 도당을 형성하는 소녀들의 경향을 반영한 것이다. 고등학교 때 이러한 소녀들은 이전보다 더 선호되고 또한 리더로 보여진다.

4) 또래 괴롭힘

최근에 대두되고 있는 또래 괴롭힘, 일명 왕따 현상은 긍정적이고 조화로운 또래 관계를 위협하는 것으로 심각한 사회문제로 전이될 가능성이 높다. 또래 괴롭힘은 한 명 또는 여러 명의 또래들에 의한 부정적인 행위에 반복적이며 지속적으로 노출되는 것이다. 이러한 또래 괴롭힘의 유형으로는 때리기, 차기, 밀기, 욕하기, 별명 부르기, 말로 위협하기 등과 같은 직접적인 신체적 · 언어적인 유형과 나쁜 소문을 퍼뜨리거나 또래 그룹으로부터 소외시키는 간접적인 유형이 있다. 청소년기는 남녀 모두 간접적인 괴롭힘이 빈번히 나타나지만, 아동기에는 남아는 직접적인 괴롭힘이, 여아는 간접적인 괴롭힘이 빈번한 것으로 보고되고 있다(Boulton & Smith, 1994).

또래 괴롭힘을 당하는 아동은 일반적으로 자아존중감이 낮고 학교 적응에 어려움을 가지고 있어 등교 거부의 행동을 나타내기도 한다. 또한 주의가 산만하고 우울증과 같은 증세를 보이기도 한다.

2 >>> 우 정

아동은 또래 그룹에서 훨씬 시간을 많이 보내고, 개인적으로는 우정을 형성한다. 인기도는 아동에 대한 또래 그룹의 의견이고, 우정은 양방향성을 갖는다. 우정은 선택과 구속에 기초한다. 또래 그룹과의 친밀하고 지속적인 애정적 유대를 우정이라고 한다. 아동은 자신을 좋아하는 친구를 찾는다. 가장 강한 우정은 동등한 구속과 상호 주고-받기를 포함한다(George & Hartmann, 1996; Newcomb & Bagwell, 1995). 우정을 정의하는 가장 큰 특징은 친밀감과 유사성이다. 친구끼리 자신을 개방하고 생각과 느낌을 나누면서 친밀감을 가지게 된다. 또한 친구들은 연령과 성을 비롯해 흔히 학교에 대한 태도, 교육적 열망, 성취동기가 유사하며, 같은 종류의 취미나 여가 활동을 선호한다. 아동은 친구를 서로 돕고, 나누며, 배려하는 친사회적 관계로 생각하므로 친사회적 성향이 높은 아동은 친구를 쉽게 사귀게 된다.

우정은 아동들로 하여금 그 자신에 대하여 좋은 감정을 느끼도록 한다. 또한 그들 자신에 대하여 좋은 감정을 느낀 아동들은 친구를 만드는 것이 더 쉽다. 아동기에 친구를 가진 젊은 성인은 친구가 없었던 사람보다 더 높은 자아존중감을 가진다(Bagwell, Newcomb, & Bukowski, 1998). 안정감과 확신을 제공하고 자아존중감을 향상시켜주는 정서적 지지와 실제적인 과제 해결을 도와주는 도구적 지지, 충고나 조언을 받는 정보적 지지, 활동과 경험을 공유하는 동반적 지지 등 사회적 지지도 우정을 통해 가능하다. 아동에게 가장 큰 사회적 지지를 주는 것은 물론 부모이지만 또래는 부모 못지않은 아동에게 중요한 사회적 지지자이다. 아동이 나이가 들수록 사회적 지지의 범위가 커져가며, 사회적 지지자로서 또래의 중요성 또한 높아져 간다.

아동의 우정에 대한 개념, 친구와 함께 행동하는 방식은 인지적이고 감정적인 성장을 반영하며 나이에 따라 변화한다. 학령전기 친구들도 함께 놀지만 학령기 아동간 우정은 더 깊고 보다 더 안정적이다. 아동은 자신뿐만 아니라 다른 사람의 견해와 요구를 고려하는 인지적 성숙을 성취할 때까지 진정한 친구가 될 수 없거나, 진정한 친구를 가질 수 없다.

1) Selman의 우정발달 단계

3~45세의 250명 이상을 인터뷰한 것에 기초하여 Robert Selman(1980; Selman & Selman, 1979)은 변화하는 우정의 개념을 부분적으로 겹치는 5단계를 통과하는 것으로 추적하였다(〈표 14-1〉 참조). 대부분의 학령전기 유아들은 단계 0 또는 단계 1에 있으며(순간적 놀이친구 형성 또는 일방적인 원조), 대부분의 학령기 아동들은 단계 2에 있다(자기-흥미에 기초한 상호호혜적 우정). 약 9세 이상의 더 나이 든 아동들은 단계 3에 있다(친밀한, 상호 공유된 관계).

표 14-1 Selman의 우정발달 단계

단계	기술	예
단계 0 순간적 놀이친구 형성 (3~7세)	• 우정의 미분화된 단계에서, 유아들은 자아중심적이고 다른 사람의 관점을 고려하는 데 어려움을 가진다. • 관계에서 자신이 원하는 것에 대해서만 생각하는 경향이 있다. • 대부분의 매우 어린 유아들은 친구를 신체적 접근에 의해 정의하고 물질적 또는 신체적 특성을 가치 있게 생각한다.	"나의 집과 가까운 곳에 산다" 또는 "파워 레인저를 가지고 있다"
단계 1 일방적인 원조 (4~9세)	• 일방적 수준인 '착한 친구'는 아이가 원하는 것을 친구가 하는 것이다.	"그 애는 더 이상 나의 친구가 아니다. 왜냐하면 내가 원할 때 나에게 동의하지 않았다" 또는 "내가 지우개를 빌리기를 원할 때 항상 빌려주기 때문에 그 애는 나의 친구이다"
단계 2 양방향적 공정한-분위기 협조 (6~12세)	• 상호호혜적 수준은 1단계와 겹친다. 주고-받기가 포함되지만 두 친구의 공통된 흥미가 아닌 여전히 많은 분리된 자기-흥미를 가진다.	"우리는 친구이다. 우리는 서로를 위해 어떤 것을 한다" 또는 "친구는 놀 사람이 없을 때 놀아주는 사람이다"
단계 3 친밀한, 상호 공유된 관계 (9~15세)	• 각자 어떤 일을 하는 것보다 상호 수준에서 협동하며 지속적이고 체계적이고 전념하는 관계이다. • 우정은 소유적이고 배타성을 요구한다.	"가까운 친구를 만들려면 오랜 시간이 걸리기 때문에 친구가 다른 친구를 만들려고 하면 나쁜 느낌이 든다"

단계	기술	예
단계 4 자율적인 상호의존성 (12세에 시작)	• 상호의존적 단계에서 아동은 의존성과 자율성에 대한 친구의 요구를 존중한다.	"좋은 우정은 진정한 헌신이며 위험을 가진다. 즉 지지와 믿음을 가지며 동시에 친구를 떠나보낼 수 있다"

출처: Selman (1980)

2) Damon의 우정에 대한 개념의 발달

Damon(1977)은 우정에 대한 개념을 3수준을 거쳐 가는 발달적 양상으로 설명하였다.

표 14-2 Damon의 우정단계

수준	기술	예
수준 1 (5~7세)	• 친구란 물건을 나누어 주고 친절하게 행동하고 재미있게 함께 노는 놀이짝이며, 그 관계를 일시적인 것으로 생각한다. 친구는 모두 같다고 생각하며 친구로서의 개별성은 인식하지 않는다.	• 그 애는 나와 함께 놀고, 나에게 장난감을 많이 주니까 친구예요. • 내가 그 애를 우리 집으로 오게 해서 함께 놀도록 해주기 때문에 그 애는 나를 좋아해요.
수준 2 (8~10세)	• 친구란 서로 자발적으로 돕거나 도움이 필요하다고 할 때 서로 돕는 사람이라는 데 초점을 맞춘다. 상대에 대한 신뢰와 상대의 성향이나 특질에 대한 호의가 이 수준의 우정에 대한 개념의 핵심적인 요소이다.	• 친구는 자전거를 타다 넘어졌을 때처럼 도움이 필요할 때 도와주는 사람이에요. • 내가 어떤 사람을 위해 많은 것을 해주고, 그 사람도 나를 위해 많은 것을 해줄 때 그 사람을 믿을 수 있어요.
수준 3 (11세 경)	• 친구란 서로 이해하고 마음속 깊은 이야기를 나누며 심리적인 문제를 서로 돕고 서로 간에 문제가 될 일은 피하는 사람으로 이해한다. 친구를 택하는 데 있어서 흥미와 성격의 일치를 중시하며, 상대에 대해 신뢰를 깨뜨릴 때는 우정이 깨어지는 것으로 여기며, 서로 돕고 생각을 나누는 수단으로 대화를 중시한다.	• 친구란 내가 가지고 있는 고민을 말할 수 있고, 그 고민을 이해해주는 사람이에요.

출처: Damon (1977)

Selman과 Damon의 우정에 대한 개념 발달을 종합해 보면, 우정에 대한 아동의 사고는 구체적이고 외적인 특성에 초점을 맞추는 경향에서 추상적인 측면을 고려하는 능력으로 발달한다. 유아기에도 또래 그룹과 우정을 형성하지만, 유아들은 지속적인 관계에 관심이 있는 것이 아니라 일시적인 놀이상대로서 또래에게 관심을 갖는다. 같이 놀고 있는 모든 유아가 친구가 될 수 있다. 그러나 연령이 증가함에 따라 친구는 일시적인 상호작용을 뛰어넘어 지속적인 관계로 생각하게 된다.

유사한 아동끼리 친해진다는 경향에 비추어 볼 때, 아동기의 친구 대부분은 동성 아동이다. 일반적으로 집단을 이루어 친구를 사귀는 남아들에 비해 여아들은 일대일의 단짝 친구와 보다 강한 유대감을 형성한다. 우정이 남아와 여아 모두에게 중요하지만 우정의 의미는 다르다. 여아들은 자신의 감정을 이야기하고 나눔으로써 친밀감이 형성되는 반면, 남아들은 운동경기를 함께 하거나 관람하는 등 같은 활동을 함으로써 친밀감을 형성한다.

3 >>> 교육기관

1) 유아교육

직장을 가진 취업 여성이 증가하고 핵가족화의 진전으로 자녀가 부모가 아닌 다른 사람에 의해 양육되는 경우가 많아지면서 자녀의 대리 양육을 위한 사회적 지원체계로써 보육시설 증가와 부모 외의 타인에 의한 양육이 유아의 발달에 미치는 영향에 대해 관심이 지속되어 왔다.

보육시설이 유아발달에 부정적인 영향을 미칠 것이라는 지배적인 편견은 여러 측면에서 비판을 받아왔다. 즉 보육시설을 이용한 영아도 가정에서 양육되는 영아와 별차이 없이 엄마와 안정적인 애착을 형성하였고, 또한 이들은 보육시설 내의 또래들과 어울리면서 일찍 사회성이 발달하는 것으로 나타났다. 지능발달에 있어서는 긍정적이거나 부정적인 영향을 끼치지 않았다. 정상적인 발달이 가능하지 않은 저소득층의 영아에게는 보육시설의 경험이 지적 기능에 긍정적으로 영향을 미치는 경향을 보였다. 뿐만 아니라 운동능력 등 신체발달에도 좋은 영향을 미쳤다

(이영, 1990).

물론 보육에 있어서 질적 측면을 간과해서는 안 된다. 질적 수준이 높은 보육시설에서는 유아발달에 부정적인 영향을 주기보다는 오히려 긍정적인 영향을 줄 수도 있다. 하지만 질적 수준이 높지 않은 보육시설은 해로울 수 있다. 교사 대 유아 비율이 낮고, 집단의 크기가 작으며, 교사의 교육 정도가 높고, 교사가 한 기관에 오래 근무하였으며, 사용 가능한 공간의 크기가 넓고, 물리적 환경이 적절하고, 교사-유아의 상호작용의 질이 긍정적일 때 유아발달이 더욱 촉진된다(김경중 외, 1998). 교사의 민감한 반응성 수준은 유아의 인지, 사회, 정서, 언어 발달에 긍정적인 영향을 주고 교사, 부모, 유아 간의 긍정적인 상호관계는 유아발달에 결정적이다. 질 높은 교육을 위하여 교실을 흥미 영역으로 조직하는 것도 전제조건으로 작용한다. 흥미 영역별 조직 방식 내에서 유아들은 그들이 상호작용할 영역들과 바람직한 행동을 유발할 수 있는 영역들을 선택한다. 구조성이 낮은 교육과정도 바람직한 유아 행동을 유발하는 효과적인 방법이다.

최근에는 기관평가가 강화되면서 보육이 바람직한가 바람직하지 않은가에 대한 논쟁보다는 좋은 보육환경을 만들어 주어 가정에서 부모에게 길러지는 것과 다름없도록 하는 것에 더욱더 관심이 모아지고 있다. 부모의 성격이나 영아의 기질, 결혼만족도, 사회 · 경제적 지위, 취업 조건 등에서 취약 요인이 있는 경우와 영아기 때 주당 20시간 이상의 보육 경험이 영유아의 문제 행동을 증가시킨다는 연구 결과(이영, 1994; 정진경, 1991)에 근거할 때 보육 자체보다 유아를 둘러싸고 있는 여러 환경 체계 간의 상호 관계에 의해 보육의 영향을 이해해야 한다.

유치원의 질적 수준에 따른 차등 지원체제를 주요 내용으로 하는 기관평가도 궁극적으로 유아의 발달에 긍정적 영향을 미치고 있다. 유치원에서의 경험은 또래와 긍정적 · 부정적 상호작용을 하면서 유아의 사회성 발달을 촉진하며 인지, 언어, 정서, 신체 발달 등 제 발달을 신장시킨다. 또한 초등학교 입학 후 적응을 더 잘 할 수 있도록 돕는다.

2) 초등학교 연계

유아교육에서 초등교육으로 전환하는 과정에 있는 아동들은 아동발달에 있어 동일한 발달단계에 있기 때문에 연계교육이 갖는 의미가 크다. 유 · 초 연계교육은 아동의 발달이 지속적으로 이루어진다는 점을 고려할 때 교육의 목표를 달성하는데 도움을 준다.

유아교육기관은 초등학교에 비해 학교규모나 학생 수가 적어 교사-아동 간 상호작용 빈도가 높으며 아동의 표현에 개방적이다. 또한 유아교육기관은 아동의 주도를 강조하는 아동중심철학을 가지고 있는 반면 초등학교는 교사의 주도를 중시하는 전통적인 교육철학을 지니고 있어 아동의 적응을 어렵게 한다. 아동이 지속적인 발달과업을 성취할 수 있도록 학교 적응을 도와줄 수 있는 유아교육기관과 초등학교의 연계교육이 이루어질 수 있는 방안이 모색되어야 할 것이다.

아동의 발달과업을 이해하고, 아동에게 관심을 가지고 아동의 적응문제를 이해하는 교사, 관대하고, 정서적으로 안정되고, 친절하고, 따뜻하고, 신뢰할 수 있고, 아동으로 하여금 열등감을 느끼지 않도록 만드는 교사는 아동의 학교적응을 도와줄 수 있다(Carter, 1984).

부모의 양육태도 또한 아동의 초등학교 적응과 학업성취와 관련이 있다. 부모가 애정적 · 수용적이고 아동의 성취에 대해 칭찬을 해주며, 적절한 통제를 하고, 아동의 독립심과 자율감을 격려해 주면 아동의 학업성취와 긍정적인 상관관계가 있다(Lamborn, Mounts, Steinberg, & Dornbusch, 1991). 중류계층과 상류계층의 아동은 일반적으로 성취욕구가 높고, 학교 성적이 좋은 것으로 나타났다. 중류계층의 아동들은 만족지연 능력 또한 높은 것으로 보고되고 있다(Mischel, 1974). 지연이라 함은 지금 바로 보상을 받는 것보다 만족을 지연시켜 나중에 더 큰 보상을 받게 되는 것을 의미한다.

또한 친구는 아동이 학교에 적응할 수 있도록 도와준다. 특히 학교에 입학하는 시기에 좋은 친구 관계를 형성하면 학교에 대한 긍정적인 태도를 발달시키며 더 높은 수준의 학업 수행을 나타낸다.

3) 초등학교 생활지도

현대사회에 접어들면서 가정의 교육적 기능이 약화됨에 따라 학교는 아동의 사회화 과정에서 중요한 역할을 하게 되었다. 학교는 사회에서 요구하는 지식을 전수하며 아동의 잠재능력을 최대한 계발시키고 창의성을 길러주는 곳이다. 아동 개개인의 특성에 따라 각각 독립적인 아동들이 모여 생활하는 곳이므로 이로 인해 아동의 부적응 행동이 나타나기도 한다.

교사의 긍정적인 기대가 아동의 긍정적인 행동을 유발할 수 있다는 자기 충족적 예언은 교사가 아동에 대해서 갖는 부정적인 선입관이나 편견 또한 자기 충족적 예언으로 작용할 수 있다. 교사는 실제로 아동을 보기 전에 성적, 지능, 사회경제적 계층, 이전에 가르쳤던 교사의 의견, 평판, 형제들의 성취도 등에 의해 아동에 대한 기대를 형성하게 되며, 이렇게 형성된 기대는 자기 충족적 예언으로 작용하게 된다. 특히 학습부진아, 저능아, 주의 산만아 등으로 아동을 규정하는 것은 교사들로 하여금 계속해서 부정적인 기대를 형성하게 할 위험이 있다. 이렇듯 아동 발달을 촉진하는 데 있어서 교사의 역할이 차지하는 비중이 크므로 교사-아동 간 바람직한 상호작용을 통한 학교환경의 조성이 중요하다.

(1) 학교 공포증

부모와 떨어지는 데 대한 격리불안의 특수한 형태로 학교에 가는 것을 매우 걱정하는 반응을 나타내는 것이다. 학교 공포증은 부모와의 관계가 근본적으로 장애받은 경우 나타난다. 아동에게 괴로운 상황인 어머니와의 분리를 아동이 잘 극복할 수 없어서 단 몇 시간만이라도 떨어질 수 없다. 학교 불안은 자칫 게으름으로 간주되어 벌이나 꾸중을 듣기도 하지만 게으름과는 근본적으로 다르다.

(2) 주의 산만

과제 수행을 위해 아동은 의식적으로 사태를 인식하여 일정시간 동안 몰두해야 한다. 주의집중을 못 하는 아동은 일관성 없이 행동하며 한 과제에 완전히 몰입하지 못한다. 주의력을 키울 수 있는 놀이나 과제를 제시받지 않았을 때, 무리한 요구를 받았을 때, 부모나 교사의 일관성 없는 교육으로 인해, 발달지체로 인해, 부모나 교사에게 걱정거리가 많을 때 주의 산만아가 되는 경향이 있다.

(3) 읽기-쓰기 곤란

읽기-쓰기 곤란은 지적 발달, 시지각 발달이 정상인데도 불구하고 읽기-쓰기를 습득하는 데 어려움을 겪는 것을 의미한다. 읽기-쓰기는 다른 교과의 습득에 기초가 되므로 이로 인한 자아 손상감은 학습에 대한 전반적인 흥미상실을 유발한다. 읽기-쓰기에 곤란을 가진 아동은 게으르고 부주의하다고 비난을 받는 경우가 많으며, 학교에 가기 싫어하는 태도로 나타난다. 발달지체, 뇌장애, 심리적 상처, 왼손잡이를 강압적으로 고치려 할 때 읽기-쓰기 곤란이 발생할 수 있다.

4) 처 벌

교육기관에서 논란이 되는 것 중의 하나는 아동을 통제하는 방법으로 벌을 사용하는 것이다. 벌은 즉각적이고, 일관성이 있고, 설명과 함께 행해질 때, 그리고 아동과 좋은 관계를 갖고 있는 사람에 의해서 수행될 때 가장 효과적이다. 그럼에도 불구하고 처벌은 많은 부정적인 영향을 가져올 수 있다.

타임아웃 의자

타임아웃 의자는 대부분의 유아기 프로그램에서 유아를 통제하는 수단이다. 유아는 규칙을 지키는 한 활동에 참여할 수 있지만 규칙을 위반하면 또래들과 어울려 활동하지 못하고 지정된 장소에서 정해진 시간동안 앉아 있어야 한다. 유아 스스로 그룹에 협동적으로 참여할 수 있다고 생각하는 시기를 결정하도록 하고 규칙을 지킬 수 있는지, 다시 그룹에 참여할 수 있는지 유아에게 물어본다는 측면에서 이러한 기법은 유아의 독립심과 자기-통제력을 배우도록 돕는 것으로 간주되었다. 그러나 타임아웃은 몇 가지 심각한 문제가 내재되어 있다. 첫째, 순응을 강조한다. 유아는 어른의 규칙을 이해하든 그렇지 않든 간에 벌을 피하기 위해 순응한다. 둘째, 권위주의적이다. 규칙을 따르거나 의자에 앉아야 하는 둘 중 하나를 선택해야 한다. 셋째, 격리에서 오는 거절감이다. 의자에 앉아 있는 유아들은 더 이상 그룹에 속하지 못하고 무시된다. 그러한 유아는 자아개념이 손상될 수 있다. 넷째, 유아가 벌에 반응하는 방식에는 개인차가 있다. 의자 그 자체가 어떤 유아에게는 불안감을 일으킬 수 있다. 대안책을 알지 못하는 유아들은 집에서 경험했던 것과 같은 행동에 대해 타임아웃을 당하면 어리둥절해 하고 감정이 상한다. 창피를 느끼는 유아들도 있다. 반면에 타임아웃 체어를 게임으로 생각하는 유아들도 있다. 이러한 익살맞은 현상에 대해 다른 유아들도 웃게 되고 어른들은 반복적으로 부정적인 행동을 강화하게 된다.

일반적으로 벌의 부정적인 측면은 벌 받고 있는 동안 아동은 고통을 느끼며 아동에게 적절한 행동을 가르치는 것을 방해한다는 것이다. 설명으로 부적절한 행동을 감소시킬 수 있을 때 벌을 받으면 아동이 배울 수 있는 좋은 기회를 없애는 결과를 낳는다. 벌은 특히 경고를 하지 않고 주면 탐색과 진취성을 감소시킬 수 있다. 아직 그 행동이 잘못되었다고 알지 못하는 아동이 벌을 받으면 벌을 피하는 유일한 방법은 '무조건 새로운 상황을 피하는 것이다' 라고 생각하게 된다. 아동이 벌을 받으면 적대감을 느끼게 되고 벌주는 사람을 혐오자극으로 생각하게 된다. 교사는 벌을 주지 않고도 적절한 행동의 유형을 가르쳐야 한다. 아동에게 사랑과 관심을 주는 것이 가장 중요하며 친사회적 행동을 가르치려면 그러한 행동 모델을 보여야 한다. 아동이 실수할 때 학습상황에서 제외시키기보다 부적절한 행동을 멈추고 대안적 행동을 코치하여 새로운 행동을 하도록 도와야 한다. 계속적으로 방해하는 아동에게 심부름을 가게 하면 신체적 활동과 긴장을 풀 수 있는 기회를 가지게 된다.

결론적으로 벌을 주는 것은 많은 부작용을 초래하기 때문에 적절한 방법이 아니다. 벌주는 행위는 인내를 가지고 다른 대안들을 찾으려고 하기보다는 손쉽고 즉각적인 해결을 찾으려는 안일한 문제 해결의 태도일 것이다. 또한 대부분의 경우 벌주는 사람은 벌주는 상황을 판단하는 데 합리적이지 못하고 벌주는 사람의 감정이 강하게 작용하는 경향이 짙다. 교사는 부적절한 행동을 지도할 수 있는 체계적이고 효과적인 지식과 기술을 끊임없이 배워가야 한다.

4 >>> 미디어

1) 텔레비전

텔레비전은 오락 이상의 것을 보여준다. 아동에게 세상이란 어떤 것인지, 세상에는 어떠한 종류의 사람이 살고 있는지, 그들이 무엇을 하는지, 그리고 사람들이 어떤 행동을 하면 어떤 결과가 뒤따르는지를 알려주는 중요한 정보원인 텔레비전은 가정과 학교 못지않은 아동의 사회화 과정에 많은 영향을 미치는 환경이다. 아동은 텔레비전에 나오는 역할 모델을 관찰함으로써 태도, 가치, 정서적 반응, 새로운 행동을 학습한다. 보다 구체적으로 이러한 모델을 통해서 도덕적 판단이나 도덕적 행동들을 배우게 된다.

Sesame Street

Rice, Huston, Truglio와 Wright(1990)의 연구에 의하면 'Sesame Street' 프로그램은 입학 전 유아의 어휘 능력과 읽기 능력을 향상시킨 것으로 밝혀졌다. 구체적으로 문자와 숫자의 재인과 같은 상징적 표상과 같은 인지적 기술, 문제해결, 추론방법, 물리적 · 사회적 환경에 대한 이해를 촉진시켰다. 또한 사회정서 발달 촉진을 목적으로 한 프로그램을 분석한 Hearold(1986)의 연구결과는 이러한 프로그램이 또래에 대해 애정적이고 협조적이며 사려 깊은 행동을 증가시킨 것으로 나타났다.

그러나 이러한 촉진 효과는 유아에게 단순히 프로그램을 시청하게 하는 것만이 아니라 성인이 주위에서 텔레비전 내용에 주의를 기울이도록 상호작용해 주고 그 가치와 중요성을 적절히 설명해 줄 때 현저하다. 특히 제한 없는 텔레비전 시청, 텔레비전과 실제와의 차이를 설명해 줄 수 있는 성인의 부재 등은 아동의 공격적인 행동의 유발과 창의성 저하 등의 부정적인 영향을 끼친다. 부모의 텔레비전 시청형태와 부모가 아동에게 시청을 허용하는 정도는 아동의 시청유형에 영향을 미친다.

텔레비전은 전통적인 성역할을 자주 묘사함으로써 많은 시간을 텔레비전 시청으로 보내는 아동에게 전통적 성역할을 고수하게 하는 결과를 낳는다. 고정관념화 된 인물을 자주 본 아동들은 적게 본 아동보다 남성과 여성에 대한 인습적인 견해를 더 많이 갖기 쉽다. 텔레비전 프로그램에서는 여성의 역할을 어머니 또는 자녀 양육으로 설정하며 간호원, 선생님, 비서와 같은 여성적인 직업으로 묘사한다. 반면 의사나 변호사, 기술자 등 전문적인 직업은 남성의 역할로 비춰진다. 텔레비전 등장인물의 성격에서도 여성은 의존적이며 수동적으로 묘사되며 남성은 적극적이고 지배적이며 합리적으로 연출된다. 따라서 아동들은 텔레비전 등장인물의 역할, 직업, 또는 성격을 이상적이라 여기고 이에 따른 성역할 고정관념을 갖거나 동일시한다. 문영숙(1983)은 텔레비전 광고물에 나타난 남녀 이미지를 비교 연구하였는데, 남성은 주로 상품 소개자인데 비해 여성은 장식적인 역할을 맡았다. 그리고 남성은 독립적인 역할을 하는 인물로 등장하며 주어진 역할이 다양한 반면, 여성은 주로 다른 사람에게 의존하는 역할에 제한되었다. 또한 남성은 20대에서 50대에 걸쳐 비교적 고른 연령 분포를 보였으나, 여성은 20～30대의 젊은 연령층이 많이 출연하였으며 그 중에서도 20대 초반이 가장 많았다. 이러한 연구 결과에 기초하면 텔레비전은 평등주의적인 성역할 개념을 제시함으로써 전통적인 성역할 고정관념을 감소시킬 수 있는 매체가 될 수 있다.

텔레비전의 부정적인 영향 중 가장 큰 논란은 공격성의 증가이다. 텔레비전은 폭력물로 가득 차 있으며, 특히 만화영화에는 폭력 장면이 많다. 아동은 성장함에 따라 만화영화를 더 적게 보지만, 14세까지 텔레비전을 통해 보게 되는 살인 건수는 무려 11,000건 이상이라고 한다(Slaby & Quarfoth, 1980). 폭력성 프로그램의 시청은 아동의 공격성을 증가시킬 수 있다. 폭력이 자연스럽게 행사되고 허용되는 텔레비전 프로그램의 내용을 통해 아동들은 일상생활에서 공격적 수단에 의존하는 경향이 높아진다. 더욱이 '좋은 사람' 도 '나쁜 사람' 과 비슷한 정도로 폭력적이며 선의의 목적을 위해서라 하더라도 위법행동을 한다. 아동은 텔레비전 폭력물을 통해 자신이 살고 있는 세계가 공격적 수단으로 문제를 해결하려는 사람들로 가득한 곳이며, 폭력적 수단이 용인되는 곳이라고 믿게 되는 경향이 있다. 또한 텔레비전 폭력물의 시청을 통해 유아들은 폭력에 점점 둔감해진다. 따라서 실제 생활 속에서도 공격성에 대해 민감한 반응을 보이지 않게 되어 곤경에 빠진 사람을 도와줄 가능성을 감소시킨다. 대부분의 텔레비전 프로그램이 공격성과 같은 반사회적 내용과 친사회적 내용이 혼합되어 형성되어 있는 것은 사실이지만, 아동은 두 가지 내용을 분리하여 판단하고 통합할 수 있는 능력이 없다. 그래서 자연히 공격적인 행동에 주의를 하게 되고 모방하기가 쉬운 것이 현실이다. 다행히 공격성에 대한 부적 태도를 갖고 있는 아동에게는 폭력물이 별다른 유해한 영향을 미치지 못한다는 연구가 있다(Hick, 1971). 이는 폭력물의 공격행동이 바람직하지 못하다는 점을 아동에게 지적해줌으로써 반공격적 태도를 길러주어야 함을 시사한다.

미국에서 아동이 평균 일 년에 접하는 텔레비전 상업광고는 약 20,000건에 달한다고 한다. 그 중 많은 광고는 어른들로서는 구입하고 싶지 않은 여러 장난감, 즉석

식품, 그리고 설탕이 많이 함유된 식품을 칭송하는 것이다. 부모들은 사고 싶지 않을지라도 자녀들은 텔레비전에서 본 제품을 사 달라고 계속 조르기 때문에 종종 갈등이 빚어지기도 한다.

한 연구에서 4~5세 된 유아에게 광고를 전혀 보여주지 않거나 두 가지 광고(특정 장난감에 대한 것)를 보여주었다. 그리고 이들에게 아빠와 아들의 모습이 담긴 사진을 보여주면서, 아들은 광고했던 장난감을 사 달라고 조르지만 아빠는 그것을 거절했다고 설명해 주었다. 그런 광고를 본 유아의 60% 이상이, 그리고 못 본 유아의 40% 미만이 사진의 소년은 화가 나서 아버지와 함께 놀지 않으려 할 것이라고 하였다. 또한 상업광고는 아동의 또래 관계에 간접적인 영향을 미칠 수 있다. 위의 연구에서 아동들에게 광고에서 본 장난감을 갖고 놀겠는가 아니면 모래상자에서 친구와 함께 놀겠는가를 물어보았다. 이때 장난감 광고를 본 아동은 못 본 아동에 비해 친구보다는 장난감을 택하는 경향이 훨씬 더 많았다. 또한 아동들에게 장난감은 없지만 유쾌한 친구와 장난감을 갖고 있지만 유쾌하지 않은 친구 중 누구와 놀겠느냐고 물어보았다. 그랬더니 광고를 본 아동의 65%와 못 본 아동의 30%가 장난감이 있는 불유쾌한 친구를 택했다(Newsweek, 2000).

이상의 연구를 볼 때 상업광고가 자녀에게 끼치는 영향에 대해 부모들이 염려하는 것은 당연하다 하겠다. 아동용 상업광고는 불안전하거나 영양가가 부실한 상품을 강권할 뿐 아니라 가족관계, 또래관계를 악화시킬 수조차 있다.

2) 컴퓨터

가정과 교육기관에 컴퓨터의 보급이 확산되고 일상생활에서 차지하는 비중이 커짐에 따라 컴퓨터가 아동의 발달에 미치는 영향에 대해 관심이 고조되고 있다. 컴퓨터가 아동에게 미치는 긍정적 측면으로는 컴퓨터 활동이 유아의 창의적 사고, 언어발달, 수학능력 발달에 도움이 되며, 교육기관에서 컴퓨터 보조학습을 받은 유아는 학교생활을 더욱 즐거워하며 컴퓨터 보조학습은 학습에 대한 긍정적 태도를 높이는 것으로 밝혀지고 있다. 반면 컴퓨터는 유아의 혼자놀이를 가능케 하므로 컴퓨터가 또래집단 내에서의 사회적 관계에 단절을 가져올 것이라는 우려의 측면도 있다. 개인적 놀이이며 실내 놀이 형태의 성격을 가진 컴퓨터는 사회성 결핍이나 운동 부족과 같은 부정적인 효과를 초래하기 쉽다는 것이다.

높은 컴퓨터 보급률은 인터넷 활용도 증가시켜 게임, 자료 검색, 메일, 학습 등에 이용되고 있다. 이에 따라 게임 중독, 통신 중독, 음란물 중독 등으로 유형화되는 인터넷 중독이 우려되고 있다. 게임은 놀이의 특성상 상대방이 주도권을 잡고 있어 아동에게 수동적으로 반응하게 하여 자발성의 발달에 부정적인 영향을 미칠 수 있다. 인터넷 중독은 학업에 소홀하고 현실의 일상생활에 흥미를 잃게 하며 게임을 하지 않으면 불안, 초조, 환상 등의 금단 현상을 경험하는 것으로 보고되고 있다(Young, 1996).

Chapter

15

발달장애

미리 보기

Daniel Gottlieb - 샘에게 보내는 편지

인간이 느끼는 감정 중에 가장 고통스러운 감정은 '부끄러움'이라고 한다. 그리고 부끄러움을 느끼는 사람들은 자신에게 그런 감정을 느끼게 하는 사람을 미워하게 된다고 한다. 그렇다면 사람은 어떤 때 부끄러움을 느낄까? ≪샘에게 보내는 편지≫를 쓴 대니얼 고틀립은 사람들이 "지금의 내가 나 자신이 바라는 바로 그 사람이 아니라는 사실을 깨달았을 때" 부끄러움을 느낀다고 한다.

"남들과 비교해서 자기가 더 낫다고 느끼는 사람은 별로 없다. 다른 사람과 비교하며 스스로를 초라하게 여기는 사람이 훨씬 많다. 저 사람은 나보다 더 똑똑하고, 더 능력 있고, 더 잘생겼고…. 그 밖에도 많은 이유들로 나보다 나은 사람이 많다. 그럴 때 우리는 어떤 감정을 느낄까? 바로 부끄러움이다."(본문 중에서)

이처럼 사람들은 끊임없이 남과 자신을 비교함으로써 부끄러움을 느낀다는 것이 바로 대니얼 고틀립의 생각이다. ≪샘에게 보내는 편지≫를 쓴 정신의학 전문의 대니얼 고틀립은 서른세 살에 교통사고로 척추를 다쳐 평생을 휠체어에 의지해서 살아가는 전신마비 장애인이다. 지은이 고틀립이 언젠가 자신이 쓴 이 편지를 읽을 것이라고 믿는 '샘'은 그의 둘째딸이 낳은 세상에 하나밖에 없는 손자다. 샘은 생후 14개월 만에 자폐진단을 받았으며, 그 후 일 년 반이 넘도록 화가 나면 자기 머리를 바닥에 찧고, 말을 건네면 악을 쓰고 소리를 질러대곤 하였다고 한다. 전신마비 장애인 고틀립은 남들과 다르게 살아온 자신의 삶을 돌아보며, 평생 남들과 다른 삶을 살아가야 할 손자 '샘'에게 남들과 다르다는 사실을 어떻게 받아들여야 하는지, 슬픔은 어떻게 위로하는지, 좌절감은 어떻게 다스려야 하는지 그리고 생산적인 삶은 어떻게 살아갈 수 있는지 일러주기 위하여 이 편지를 썼다고 한다. 〈중략〉

그는 진심으로 사랑하는 사람이 많아질수록 더 충만한 사랑과 행복을 느낄 수 있으며 그것이 진정한 성공이라고 강조한다. 판에 박힌 상투적인 이야기처럼 느껴지는 '더 사랑하라'는 충고가 가슴에 와 닿은 것은 이 책에 담긴 그의 목소리가 너무나 절절하기 때문이다. 고틀립은 상실과 아픔에서 탈출하라고 말하지 않는다. 그는 상실과 아픔 그리고 상처와 함께 살아가는 방법이 있다는 것을 알려주고 있다. 아니 그것이 오히려 세상을 더 '생산적으로' 사는 방법이라는 것을 깨우쳐준다. 책 말미에 실린 먼저 읽은 여러 사람들의 소감을 보면 한결같이 '샘'에게 들려주는 이야기를 '자신에게' 들려주는 이야기로 받아들였다고 한다. 사람들은 대부분 자신이 다른 사람보

> 다 못 하다고 느끼거나 부족하다고 느낀다고 한다. 가진 것이 없거나 부족하거나 모자란다고 느끼는 모든 사람들, 다른 사람과 비교하여 자신이 초라하다고 느끼는 세상의 모든 영혼들에게 ≪샘에게 보내는 편지≫가 큰 힘이 되어줄 것이 틀림없다.
>
> 출처: 이윤기 (2007. 12. 31), 오마이뉴스

장애를 극복해야 할 그 무엇으로 보는 것이 아니라 마음속으로 인정하고 받아들여 승화시킬 수 있는 것으로 바라보는 인생의 지혜와 용기가 담긴 고틀립 할아버지의 편지에는 위대한 사랑의 힘이 있다. 고틀립에 의하면 남들과 '다르다는 것'은 문제가 아니고, 그건 그냥 다른 것일 뿐이지만, '다르다고 생각하는 것'은 문제라고 한다. 남들과 다르다고 '생각'하면 그 생각이 세상을 보는 방식을 완전히 바꾸어 놓을 수 있기 때문이다..

발달장애(developmental disorder)란 아동이 출생한 후 진행되는 발달 과정에서 나타나야 할 행동 특성이 지연되거나 지체되는 것을 말한다. 아동의 신체 · 언어 · 인지 · 사회 · 정서 발달은 인간 발달의 초석이 되므로 장애를 예방하고 장애가 발생했을 때 조기에 발견하여 치료하는 것이 중요하다.

이 장에서는 보통 임상에서 널리 사용하는 미국정신의학협회(American Psychiatric Association; APA)의 정신장애의 진단 및 통계 편람(DSM: Diagnostic and Statistical Manual of Mental Disorders) 제4판의 내용을 중심으로 자폐장애, 주의력결핍 과잉행동장애, 학습장애, 기초신체기능장애를 살펴보고자 한다.

1 >>> 자폐장애(자폐증)

보건복지부의 통계에 따르면 2005년 9월 현재 우리나라 발달장애인 수는 9,100명이다. 그 중 자폐장애(autistic disorder) 또는 자폐증(autism)은 영화 '말아톤(2005)' 이 사회적으로 큰 파장을 일으키면서 자폐아에 대한 사회적 관심이 높아진 전반적 발달장애(Pervasive Development Disorders: PDDs) 중 하나이다. 우리나라에서 자폐인이 장애인으로 공식 인정받게 된 것은 2000년 장애인복지법 시행령이 개정된 뒤부터다.

미국 질병통제예방센터(Centers for Disease Control & Prevention: CDC)가 발표한 자료에 따르면 2003년 현재 166명 가운데 1명꼴로 자폐아가 발생하는 것으로 나타났다. 1980년대 1만명 중 1명꼴이었던 것과 비교해 보면 20여 년 만에 60배나 급증한 것이다(경향신문, 2006. 10. 9.).

오늘날 급증하는 추세에 있는 자폐증이란 용어는 1911년 스위스의 정신과 의사인 Eugen Bleuler가 현실접촉을 상실한 정신분열증 사람을 기술하려고 사용했다. 이후 미국의 Johns Hopkins 의과대학의 소아정신과 교수 Leo Kanner에 의해 알려졌다. 자폐장애는 다른 장애와는 달리 신체 발달이나 외모는 정상인데도 불구하고, 말이 늦고, 말을 하더라도 제대로 의사소통을 할 수 없으며, 언어를 사용하는 데 혼란이 있고, 대인 관계를 맺지 못한다. 또한 다양한 자발적 활동이 결여되어 있고, 반복적인 놀이 행동을 하며, 사물에 관심을 갖고, 사람에게는 부분적으로 반응하며, 상상력은 부족하지만 기억력은 좋은 특이한 아이들을 일컬어 '유아 자폐증(autism은 글자 그대로 'within oneself' 라는 의미)' 이라고 이름을 붙였다. 자폐장애의 핵심 특징을 '아동이 삶을 시작하면서부터 일상적 방식으로 자신을 사람과 상황에 관련시키지 못하는 무능력' 으로 보았다(Kanner, 1943). 그러나 여러 분야의 전문가들이 50년 이상을 자폐장애에 대해 연구했지만, 아직도 논쟁 여지가

영화 '말아톤' 포스터

많다. 자폐장애의 여러 핵심 특징을 각각 논의할 때는 언어 · 사회 · 정서 · 인지발달들과 상호 관련되어 있음을 명심해야 한다. 이런 기능들은 독자적으로 발달되는 것이 아니기 때문이다(Klinger & Dawson, 1996).

자폐장애는 DSM-III(1980)에서 처음으로 전반기 발달 장애가 공식 명칭으로 채택되어 자폐장애를 정신병으로 보지 않고 발달의 장애로 보게 되었고, DSM-IV(1994)에서는 자폐장애로 명명하였다.

표 15-1 자폐장애에 대한 DSM-IV 진단 기준

A	• (1), (2), (3)에서 총 6개(또는 그 이상) 항목, 적어도 (1)에서 2가지 항목, (2)와 (3)에서 각각 1가지 항목에 충족	**(1) 사회적 상호작용에서의 질적인 손상이 다음 항목들 가운데 적어도 2가지 항목으로 표현된다.** (a) 사회적 상호작용을 조절하기 위한 눈 마주치기, 얼굴 표정, 자세, 몸짓과 같은 다양한 비언어적 행동을 사용함에 있어서 현저한 손상 (b) 발달 수준에 적합한 친구 관계 발달의 실패 (c) 자발적으로 다른 사람들과 기쁨, 관심을 공유하지 못함(예: 관심의 대상을 보여주거나, 가져오거나, 지적하지 못함) (d) 사회적으로나 감정적으로 서로 반응을 주고받는 상호 교류의 결여 **(2) 의사소통에서의 질적 손상이 다음 항목들 가운데 적어도 1가지 항목으로 표현된다.** (a) 구두 언어 발달의 지연 또는 완전한 발달 결여(몸짓이나 흉내 내기와 같은 의사소통의 다른 방법에 의한 보상 시도가 수반되지 않음) (b) 적절하게 말을 하는 경우, 다른 사람과 대화를 시작하거나 지속하는 능력의 현저한 손상 (c) 상동증적이고 반복적인 언어나 괴상한 언어의 사용 (d) 발달 수준에 적합한 자발적이고 다양한 가상 놀이나 사회적 모방 놀이의 결여 **(3) 제한적이고 반복적이며 상동증적인 행동이나 관심, 활동이 다음 항목들 가운데 적어도 1가지 항목으로 표현된다.** (a) 강도나 초점에 있어서 비정상적인, 한 가지 이상의 상동증적이고 제한적인 관심에 집착 (b) 특이하고 비효율적인, 틀에 박힌 일이나 의식에 고집스럽게 매달림 (c) 상동증적이고 반복적인 동작성 매너리즘(예: 손이나 손가락으로 딱딱 두드리기나 비틀기, 또는 복잡한 몸 전체 움직임)

B	• 다음 영역 가운데 적어도 한 가지 영역에서 기능이 지연되거나 비정상적이며, 만 3세 이전에 시작	**(1) 사회적 상호 작용** **(2) 사회적인 의사소통에서 사용되는 언어** **(3) 상징적 또는 상상적 놀이**
C	• 장애가 레트 장애 또는 소아기 붕괴성 장애로 잘 설명되지 않는다.	

출처: APA의 DSM-IV (1994)

자폐장애는 대부분 출생 후 만 3세 이전에 부모들의 이상 소견으로 발견하게 되는데 여아보다 남아의 발생률이 높다. 자폐증의 원인에 대한 견해는 다양하나 생물학적인 요인과 심리적인 요인으로 나눌 수 있다. 생물학적 요인으로는 첫 번째, 자폐아는 어머니가 임신 초기에 풍진에 걸렸거나, RH 부조화, 독혈증, 질출혈 및 난산으로 인해 위험이 높으며, 부모의 연령이 증가할수록 위험이 높다. 두 번째, 유전적인 영향의 가능성으로 Folstein과 Rutter(1978)가 21쌍의 동성 쌍생아를 대상으로 연구한 결과 일란성 쌍생아의 자폐증 일치율이 약 36%였다. Bartak와 그의 동료들이(1975) 연구한 결과 연구 대상의 약 25%는 가족들이 언어지체를 지니고 있으며, 자폐증 아동의 형제자매 간의 자폐증 발생률이 일반적 아동의 약 50배 정도로 높게 나타났다. 세 번째, 도파민의 과잉활동 때문이라는 주장과 중추신경계의 바이러스 감염 때문이라는 주장이 있으나 연구를 통해 입증되지 못하고 있다. 심리적 요인으로는 첫 번째, 부모의 거부, 부모의 냉정함, 자극 결핍, 일탈적인 가족 상호작용에서 비롯되는 정신내적 갈등에서 기인된다고 본다. 두 번째, Kanner(1943)의 보고에 의하면 자폐아의 부모들은 지적이며, 전문직에 종사하는 등 사회적 지위가 높은 사람들로 인간에 대한 순수한 관심이 적은 성격 특성을 지녔다고 보며, 자녀 양육 시에도 냉정하고 초연한 태도를 취하는 냉장고형 부모로 기계적이고 차가운 자녀 양육 태도가 자폐증의 원인으로 작용할 수 있다. 세 번째, Bettleheim(1967)은 생의 초기에 어머니와의 관계에서 불만족스럽고 위협적인 경험을 하기 때문에 발생한다고 가정하였다. 그러나 Cantwell과 그의 동료들의 연구(1978)에서는 자폐아의 부모가 비장애아의 부모들에 비하여 심각한 정서적 문제나 성격적인 문제를 가지고 있지 않은 것으로 보아 최근에는 생물학적 원인에 대한 관심이 고조되고 있다. 생물학적 원인이 있는 아동들 중에 부모가 제대로 다루지 못하거나 애정을 주지 않았을 경우 자폐아는 보다 자폐적으로 발전하게 될 가능성이 높기 때문에 부모의 관심과 교육이 필요하다.

자폐아의 특징으로는 크게 언어 발달 장애와 행동 장애를 들 수 있다. 첫 번째, 언어 발달은 자폐아들에게 거의 일어나지 않거나 매우 지체되어 대인관계에 문제가 생기고, 간단한 지시, 질문 또는 농담을 이해하지 못하는 언어 이해 면에서도 장애를 보인다. 말을 할 수 있는 경우에도 자기 쪽에서 먼저 다른 사람과 말을 시작하거나 지속하는 능력에 장애가 있고, 반복적인 언어나 괴상한 단어를 사용하고 메아리처럼 말을 되받는다. 두 번째, 행동 장애로는 성인과의 관계에서 무관심을 보이며, 또래와 긍정적이고 상호호혜적인 관계를 맺는 능력과 끊임없이 변화하는 사회적 상황에 적응하는 데 문제를 갖고 있다. 자폐아는 행동이나 관심, 활동이 제한되어 있고, 반복적이며 정형화된 행동을 나타낸다. 또한 자신이 해 오던 행동을 반복적으로 하려고 하며, 변화나 제지가 있으면 매우 싫어하고, 심한 저항과 불안을 나타내며, 항상 특정 놀이만을 하고 의미 없는 행동을 되풀이한다.

자폐아를 정상화시키는 치료법은 아직까지는 없으며, 조기 발견으로 만 2세 이전에도 진단이 가능하며, 발견이 빠를수록 보다 효과적으로 다루기 쉽다. 다방면에 걸친 여러 전문가들이 도움을 제공해야 하고, 다영역적인 팀 접근법이 필요하며 서로의 협조가 필요하다. 자폐아는 생의 전 관정에 걸쳐 치료가 이루어져야 하는데 그 치료법으로는 생화학적 치료법과 행동주의 치료법, 정신분석적 치료법을 많이 사용한다.

자폐아 부모들은 치료 팀의 일원으로 비중을 차지하게 되며, 교사로서의 부모역할과 가족 건강을 보살펴야 하며, 다른 가족 구성원들과 형제자매들에게 적절한 주의와 관심을 기울여 그들 자신의 성숙 수준에 맞지 않는 의무감을 갖지 않도록 배려해야 한다. 또한 부모 자신의 능력이나 소질을 개발하고, 기관을 통해 도움을 받아야 하며, 부모의 재충전을 위해 휴식을 취해야 한다. 다른 자녀들과 부부관계에도 관심을 가져야 하며, 전문적인 의사의 도움을 받아 자폐아를 치료해야 한다.

2 >>> 주의력결핍 과잉행동장애

주의력결핍 과잉행동장애(ADHD: Attention Deficit Hyperactivity Disorder)란, 아동의 발달상 볼 수 있는 장애의 하나로서 주의집중력 부족, 충동적인 행동 그리고 과잉행동의 성향을 주로 나타내는 행동장애이다.

미국의 경우는 전체 아동의 약 7%, 한국의 경우는 약 10~15% 수준이 ADHD인 것으로 보고되어 있고, 남자 아동 특히 장남에게 더 많이 발생하는 경향이 있다. 일반적으로 3세 이전에 이 질병이 시작되지만 주의력 및 집중력을 요구하는 정규 교육을 받기 전까지는 진단하기가 어렵다. 증세는 12~20세 되어야 나아지지만 부분적으로만 좋아지고, 환자의 15~20% 정도는 성인이 되어서도 증세를 유지한다. 2차적 우울증, 비행장애, 학습장애, 언어장애 등으로 이행하기 쉽다.

여러 요소가 복합적으로 작용하여 나타나는 것으로 알려져 있다. 임신 중에 약 · 음식첨가물 · 식용색소 · 방부제 · 단것 등을 섭취했거나 유해 물질에 노출, 조산 등도 원인으로 알려져 있다.

행동이 부산스러우며, 감정의 변화가 심하고 소근육 운동이 떨어진다. 집중력이 떨어지고 충동적이다. 또한 물건을 잘 잃어버리고, 기억력이 저하된 상태에 있다. 읽기, 쓰기, 셈하기 등 학습능력이 떨어지며, 언어능력도 떨어진다.

증세는 태중에서 시작되는 경우도 많다. 이 장애를 가진 아동은 예민하고 쉽게 자극을 받으며 많이 울고 잠도 잘 안 자는 등 유아기 때부터 다르며, 학교에서는 정상아보다 활동의 절제가 부족하면서 참견도 잘 한다. 또한 쉽게 화를 내고, 충동적이고 감정도 불안정하면서 기분 변화가 심하며, 행동을 예측하기 어렵다. 이 장애 아동의 75% 정도는 지속적으로 공격성, 분노, 적대감, 반항 등 행동문제를 일으킨다. 만약 학교적응 장애가 교사에 의해 부정적으로 문제 아동으로 전해지는 경우에는 교우와의 관계에서 좌절을 겪으면서 반사회적 행동, 자기비하 행동 등을 보인다.

치료방법으로는 항우울제 투여 등 약물치료, 놀이치료, 정신치료, 행동치료, 부모상담, 학습치료 등이 있다.

● 표 15-2 ● 주의력결핍 과잉행동장애에 대한 DSM-IV 진단 기준

A	• (1) 또는 (2) 중 한 가지	(1) 부주의에 관한 다음 증상 가운데 6가지(또는 그 이상) 증상이 최소한 6개월 이상 부적응적이고 발달 수준에 적합하지 않은 정도로 지속되어 왔다. **〈부주의〉** (a) 흔히 세부적인 면에 대해 면밀한 주의를 기울이지 못하거나 학업, 직업 또는 다른 활동에서 부주의한 실수를 한다. (b) 흔히 과제나 놀이 활동에서 지속적인 주의집중이 어렵다. (c) 흔히 다른 사람이 직접 말을 할 때 경청하지 않는다. (d) 흔히 지시를 따르지 못하고, 학업, 잡일, 직장에서의 임무를 끝내지 못한다(반항적 행동이나 지시를 이해하지 못해서가 아님). (e) 흔히 과업이나 활동을 조직화하는 데 어려움이 있다. (f) 흔히 지속적인 노력을 요구하는 과제(학업 또는 숙제)에 참여하기를 피하고, 싫어하고, 저항한다. (g) 흔히 과제나 활동에 필요한 물건들(예, 장난감, 학교 숙제, 연필, 책 또는 도구)을 잃어버린다. (h) 흔히 외부의 자극에 의해 쉽게 산만해진다. (i) 일상적인 활동을 잊어버리는 일이 흔하다. (2) 과잉행동 및 충동에 관한 다음 증상 가운데 6가지(또는 그 이상) 증상이 최소한 6개월 이상 부적응적이고 발달 수준에 맞지 않는 정도로 지속되어 왔다. **〈과잉행동〉** (a) 흔히 손발을 가만히 두지 못하거나 의자에 앉아서도 몸을 움직인다. (b) 흔히 앉아 있도록 요구되는 교실이나 다른 상황에서 자리를 떠난다. (c) 흔히 부적절한 상황에서 지나치게 뛰어다니거나 기어오른다(청소년 또는 성인에서는 주관적인 안절부절 못함으로 제한될 수 있음). (d) 흔히 조용히 여가 활동에 참여하거나 놀지 못한다. (e) 흔히 '끊임없이 활동하거나' 마치 '모터로 움직이는 것'처럼 행동한다. (f) 흔히 지나치게 말을 많이 한다.

A	• (1) 또는 (2) 중 한 가지	**〈충동성〉** (g) 흔히 질문이 끝나기도 전에 성급하게 대답한다. (h) 흔히 차례를 기다리는 것이 어렵다. (i) 흔히 다른 사람의 활동을 방해하고 간섭한다(예, 대화나 게임에 참견).
B	• 결함이 있는 일부 과잉행동 및 충동 또는 주의결핍 증상이 만 7세 이전에 있었다.	
C	• 증상에서 오는 결함이 두 가지 또는 그 이상의 장면에서 나타난다(예: 학교(혹은 직장과 가정에서).	
D	• 사회적 · 학업적 · 직업적 기능에 임상적으로 심각한 결함의 증거가 분명하게 나타난다.	
E	• 증상이 광범위성 발달장애, 정신분열증, 또는 기타 정신증적 장애의 경과 중에만 발생하지 않으며, 다른 정신장애(예: 기분장애, 불안장애, 해리성 장애 또는 성격장애)로는 잘 설명되지 않는다.	**〈유형에 기초한 진단 부호〉** • 주의결핍/과잉행동장애, 복합형: 지난 6개월 동안 진단 기준 A1과 A2 모두를 충족시킨다. • 주의결핍/과잉행동장애, 주의결핍형: 지난 6개월 동안 진단 기준 A1은 충족시키지만, A2는 충족시키지 않는다. • 주의결핍/과잉행동장애, 과잉행동형: 지난 6개월 동안 진단 기준 A2은 충족시키지만, A1는 충족시키지 않는다. 유의사항: 현재 증상을 갖고 있지만, 기준을 완전히 충족시키지는 않는 경우(특히, 청소년과 성인) '부분 관해'가 기재되어야 한다.

출처: APA의 DSM-IV (1994)

3 >>> 학습장애

학습장애(learning disorders)는 시각, 청각, 정신지체, 정서장애, 환경적 · 문화적 · 경제적 불리함 때문에 일어나는 학습결손을 제외하고 언어와 산수 및 논리적 사고력에서 심한 어려움을 겪는 경우를 말한다. 즉, 지능은 정상범위에 있고, 시각 · 청각장애, 정신지체, 정서장애가 없으며, 교육기회가 부족하지 않았음에도 불구하고 읽기, 쓰기, 셈하기에서 자기 학년보다 1.5년 이상 일탈된 학업상의 학습장애를 보이는 아동을 의미한다.

〈표 15-3〉 학습장애에 대한 DSM-IV 진단기준은 기본 준거가 동일하기 때문에

영향을 미치는 특정 능력을 제외하고 세 개의 별개의 학습장애가 여기에서는 함께 제시되었다.

● 표 15-3 ● 학습장애에 대한 DSM-IV 진단 기준

A	개별적으로 실시된 표준화검사로 측정하여 읽기성취/산수능력/쓰기기능이 그 개인의 생활연령, 측정된 지능, 연령에 적합한 교육에서 기대되는 것보다 대체적으로 낮다.
B	준거 A에서 장애가 읽기기능/산수능력/글로 쓰여진 교재의 작문에서 요구되는 일상생활 활동 또는 학업수행에 현저하게 방해가 된다.
C	만약 감각 손상이 있다면, 읽기 · 산수 · 쓰기의 어려움은 보통 감각 손상에 연관된다고 생각하는 것보다 초과해서 나타난다.

출처: APA의 DSM-IV (1994)

학습장애아의 특성으로 첫 번째, 읽기와 산수학습에 필요한 상위인지 기술이 결여되어 있어 학습시 자신의 학습을 조절하는 데 문제가 있어 학업성취가 저조하다. 두 번째, 동기에 문제가 있으므로 성적보다는 새로운 학습 기술이나 이해 · 노력이 더 필요하다. 특히 학령기 초기에 많은 학업적 실패의 경험으로 지속적인 학업적 실패를 경험할 가능성이 높다. 세 번째, 학습장애아는 시연, 정교화, 조직화 전략에서 결함을 보일 뿐만 아니라 학습시 인지적 노력에도 부족하고 자신의 자원을 스스로 관리하는 능력이 결여되어 있다.

학습장애의 원인은 명확하게 밝혀지고 있지는 않지만 유전적 요인이 학습장애의 원인으로 추정되며, 심리학적 입장에서는 정보처리 과정의 결함으로 보며, 지각결함설로 소리를 종합하는 데 어려움이 있으며, 환경적인 요인으로 심리적 자극이 결여된 경우와 생의 초기의 영양실조와 자극 결핍 등이 동시에 영향을 미치는 것으로 본다.

학습장애아의 교육과정은 첫 번째, 언어적 측면으로 읽기 향상을 위한 특수 프로그램이 필요(발음 중심의 어학교습법인 정음법, 음성언어, 언어경험 등을 제공)하다. 쓰기 장애의 경우 협응력의 부족, 지각운동 장애 및 왼손잡이가 원인이므로 연필을 바로 잡고 종이 위에 글을 쓸 수 있도록 도와주어야 한다. 두 번째, 산수 및 셈하기로 지각, 추상적 사고, 기억, 읽기 등과 관련되기 때문에 단계별 교수, 아동의 산수 성취도 수준에서 시작하기, 아동의 학습 속도에 맞추어 진도 나가기 등을 고려하여 실용적인 물건으로 구체적인 경험을 하면 효과적이다. 세 번째, 학습전략은 상위인지 훈련과정인 자기교시, 자기조절, 자기질문법 훈련과 학습전략 훈련, 상위인지 이해 훈련 등 여러 전략을 인위적으로 가르쳐 문제를 계획, 점검, 검사, 수정, 평가하게 하여 효율적으로 문제해결을 하도록 도와주어야 한다(Mash & Wolfe, 2006).

표 15-4 2006년 상반기 아동 정신건강 선별검사 결과

(단위: %)

구분	정서행동문제			학습 장애	인터넷 사용문제	정신 신체 증상	틱
	정서 또는 행동 문제	정서 문제	행동 문제				
전체	25.8	20.1	11.6	20.3	26.2	33.1	12.1
남자	29.6	22.2	15.3	23.2	26.9	35.6	15.6
여자	21.8	17.9	7.7	17.3	25.5	30.4	8.4
1학년	26.8	20.3	12.8	24.2	31.9	33.5	10.4
2학년	21.5	16.3	9.9	18.6	28.6	27.8	11.0
3학년	22.0	18.0	9.3	16.3	27.8	30.3	13.5
4학년	30.1	22.5	13.2	22.2	22.9	36.6	12.3
5학년	27.0	21.3	13.8	20.2	21.1	34.8	12.6
6학년	28.9	23.5	11.3	20.2	19.8	36.8	13.1

출처: 보건복지부 (2006)

보건복지부 2006년 상반기 전국 94개 초등학교 학생 7,700명을 대상으로 실시한 정신건강 선별검사에서 초등학생 4명 중 1명 정도가 정서 또는 행동문제가 있었다(〈표 15-4〉 참조). 특히 학습에 장애가 있는 경우는 20.3%였다. 공부를 못 한다고 해서 모두 학습장애는 아니다. 학습부진이 있는 아동의 경우 정확한 원인을 진단하여 적절한 치료와 교육이 필요하다.

4 >>> 기초신체기능장애

기초신체기능장애는 배설장애, 수면장애, 섭식장애로 크게 나누어 볼 수 있다(강문희 · 장연집 · 정정옥, 2003).

1) 배설장애 (Elimination Disorders)

배설장애란 인지능력, 언어능력 등은 연령에 걸맞게 제대로 성장하지만, 적합한 시기가 되었는데도 불구하고, 대 · 소변을 가리는 행동에 문제가 있는 경우를 뜻한다. 소변을 제대로 가리지 못하는 유뇨증, 특히 밤에 소변을 가리지 못하는 야뇨증과 대변을 제대로 가리지 못하는 유분증이 있다.

(1) 유뇨증(Enuresis)

유뇨증은 만 5세가 되어도 소변을 적절히 가리지 못하는 장애로 5세 남아의 약 5%, 여아의 약 3%에서 볼 수 있다. 대개는 밤에 자다가 소변을 실수하므로 흔히 '야뇨증' 이라고 하기도 한다. 전체 유뇨증의 약 80%가 밤에 자다가 소변을 싸는 야간성 유뇨증, 15% 정도가 낮잠을 자다가 소변을 싸는 주간성 유뇨증, 나머지 5%정도가 주 · 야간성 유뇨증이다. 유뇨증은 태어나서 현재까지 지속적으로 소변을 가리지 못하는 경우인 일차성 유뇨증과 어느 시점에서 소변을 가리다가 사회 · 환경적인 스트레스 등으로 인하여 다시 소변을 가리지 못하는 경우인 이차성 유뇨증으로 나눈다.

유뇨증의 특징은 사회활동의 제약, 친구로부터의 놀림과 배척, 부모에 대한 불안과 분노, 낮은 자아존중감 등의 문제를 지닐 수도 있다. 야간형 유뇨증은 REM수면일 때 소변 보는 꿈을 꾸면서 나타나는 경우가 많다. 주간형 유뇨증은 여자가 남자보다 많다. 9세 이후에는 흔하지 않고, 사회적 불안이나 학업, 놀이에 열중하여 화장실 가기를 싫어하기 때문에 발생하기도 한다.

유병율은 5세 아동의 경우 남자아동은 7%, 여자아동은 3%이고, 10세 아동의 경우 남자아동은 3%, 여자아동은 2%이며, 18세경은 남자 1%, 여자는 드물다. 유뇨증을 가진 아동 대부분은 청소년기에 소변을 가릴 수 있으나 1%는 성인까지 지속되고, 5세까지 소변을 가리지 못하면 일차성 유뇨증, 5~8세 사이 가장 흔하게 발생하여 이를 이차성 유뇨증이라고 한다.

유뇨증의 원인으로는 유전적 요인과 관련되어 있다는 자료가 많다. 유뇨증을 지닌 아동의 약 75%가 같은 장애의 직계가족이 있다고, 쌍둥이 연구에서는 일란성 쌍둥이 일치율이 이란성 쌍둥이 일치율보다 높았다. 해부학적 요인으로는 중추신경계의 미성숙, 방광의 부분적 기능장애, 요농축능력의 장애, 자발적 배뇨를 할 수 없을 정도의 낮은 방광 용적을 들 수 있다. 동생의 출생, 2~4세의 병원입원, 부모의 이혼이나 사망, 입학, 이사 등 심리사회적 스트레스도 원인이 될 수 있다. 정신분석적 입장에서 보면 유뇨증은 부모에 대한 불만, 두려움, 분노 등의 억압된 감정이 수동공격적인 복수의 형태로 나타난다.

표 15-5 유뇨증에 대한 DSM-IV 진단 기준

A	침구나 옷에 반복적으로 소변을 본다(불수의적이든 고의적이든).
B	이 행동은 적어도 연속 3개월 동안 주 2회의 빈도로 일어나거나, 사회적 · 학업적(직업적), 또는 다른 중요한 기능 영역에서 임상적으로 심각한 고통이나 손상을 초래한다는 점에서 임상적으로 중요하다.
C	생활연령이 적어도 5세(또는 그와 동일한 발달수준)이다.
D	행동이 물질(예: 하제)이나 일반적인 의학적 상태(예: 변비를 일으키는 기제를 제외한)의 직접적인 생리적 효과로 인한 것이 아니어야 한다.
비고	〈유형을 세분할 것〉 • 야간형 (nocturnal enuresis) • 주간형 (diurnal enuresis) • 주야간형((nocturnal and diurnal)

출처: APA의 DSM-IV (1994)

유뇨증의 치료는 일단 방광의 이상이 의심되거나, 소변 문제로 아이의 일상생활 수행에 지장이 생기는 경우, 심리적인 후유증이 생긴 경우, 그리고 부모가 지나치게 엄격하고 처벌적인 반응을 보인다면 전문가의 직접적인 진료를 받는 것이 좋다. 그리고 이 과정에서 아이의 자발적인 참여를 유도하는 것이 매우 중요하다. 적절한 소변 가리기 훈련, 방광훈련과 벨-패드 기구를 사용하는 행동치료, 심리적 갈등이 유뇨증의 주원일 때는 놀이치료와 상담, 그리고 앞의 치료 방식이 효과가 없을 때는 약물치료(imipramine, desmopressin)를 한다(Jongsma, Peterson, McInnis, & Bruce, 2006).

(2) 유분증(Encopresis)

유분증은 만 4세에 도달한 아동이 특별한 기질적인 병변이 없이 대변을 잘 가리지 못하여 옷에 싸거나 적절한 장소에서 대변을 보지 못하는 경우를 뜻하며, 유뇨증처럼 일반적으로 불수의적이지만 때로는 고의적일 수도 있다. 진단 기준에서는 적어도 3개월 동안 한 달에 한 번은 발생해야 하고, 연령은 최소한 만 4세 이상이어야 한다(발달지체가 있는 아동은 최소한 만 4세의 정신 연령이 필요하다). 대변 실금이 신체 기관이나 일반적인 의학적 상태로 인한 것이 아니어야 하며, 크게 두 가지 유형으로 변비나 대변 실금이 있는 경우와 없는 경우로 구분한다.

유분증이 있는 유아의 특징은 수줍음이 많고 난처한 일이 일어날 수 있는 상황을 피하려고 한다. 사회적 활동의 제약, 친구들로부터의 놀림과 배척, 부모에 대한 불안과 분노, 낮은 자아존중감의 문제가 있고, 유뇨증과 함께 나타나기도 한다. 유병률은 5세 아동의 약 1%이고 남자아동에게 더 흔하다.

유분증은 적절한 시기에 대소변 훈련을 시키지 않았거나, 대소변 훈련과정에서 일관성이 없었거나, 지나치게 강압적이거나, 발달단계에 맞지 않게 너무 일찍 대소변 훈련을 시켰을 경우 나타나기 쉽다. 대소변 훈련과정에서 부모와 아동은 통제와 자율의 갈등을 경험하게 되며, 갈등이 유분증을 악화시키고, 행동적 문제를 초래하며 정신분석적 입장에서는 분노의 표현으로 본다. 심리사회적 스트레스, 입학, 동생의 출산, 부모 불화, 어머니와의 이별, 병에 걸리거나 입원하는 사건, 변기사용에 대한 공포가 원인일 수 있다. 또한 뇌신경발달의 지연과 관계가 있어 주의가 산만하고 집중력이 낮으며 과잉행동을 나타낸다.

유분증의 치료에는 규칙적인 시간에 대변을 보게 하는 습관을 기르는 훈련인 대변가리기 훈련, 대변가리기를 잘 했을 때 보상을 하는 방법의 행동치료, 가족 내의 긴장을 줄이고 아동을 수용하는 분위기를 유도하면서 낮아진 자아존중감을 높여주고 자신감을 길러주는 심리치료, 변비약을 투여하는 약물 치료가 있다(Jongsma et al., 2006).

표 15-6 유분증에 대한 DSM-IV 진단 기준

A	적절치 않은 곳(예: 옷 또는 바닥)에 불수의적이든 의도적이든 반복적으로 대변을 본다.
B	이러한 사건이 적어도 3개월 동안 최소한 매달 1회 나타난다.
C	생활연령이 적어도 만 4세(또는 그와 동일한 발달수준)이다.
D	행동이 물질(예: 하제)이나 일반적인 의학적 상태(예: 변비를 일으키는 기제를 제외한)의 직접적인 생리적 효과로 인한 것이 아니어야 한다.

출처: APA의 DSM-IV (1994)

2) 수면장애 (Sleep Disorders)

수면장애라고 하면 잠이 들기가 어렵거나, 지나치게 잠을 많이 자거나, 수면 중에 이상한 행동이나 현상들이 나타나거나, 정교한 수면주기의 이상이 나타날 때를 모두 포함하는데 야경증 등은 바로 그 중에서 세 번째에 해당하는 증상들이다. 잠들기 어려운 불면증이나 과수면, 수면주기의 이상과 같은 증상들은 대개 성인기에 나타나는 증상들이고, 아동들에서는 대신 야경증과 같은 수면 중의 이상 현상(parasomnias)들이 흔하다.

수면장애의 원인으로 첫 번째는 모자 관련 요인으로 모유 먹이기, 야간에 우유 먹이기, 부모와 함께 자기, 가족 스트레스, 어머니의 우울증 등이 있으며 다소의 논란이 있지만 어머니의 취업을 원인으로 보는 경우도 있다. 두 번째는 분리문제로 아동들이 처음 잠자리에 들거나 REM 수면 상태에서 깨어나면 울면서 부모를 찾을지도 모른다. 부모들, 특히 엄마들이 아이로부터 분리되는 것을 두려워하는 경우도 있다. 만약 아동들이 부모의 팔에서 잠들거나 무언가를 먹는 동안 잠이 들면 깨어났을 때 잠들 때와 같은 상태(엄마의 존재)가 아닐 수 있다고 생각될 경우 잠을 못 잔다. 세 번째는 심리적인 저항으로 9개월부터 (특히 2년 동안) 아동들은 자신의 몸과 환경을 적극적으로 조절하려고 한다. 자주성을 보장받지 못한 경우 아동들은 저녁에 잠을 자지 않는 방식으로 저항하는 경우가 있다. 대부분의 아동들은 취침시간을 일방적으로 강요하면서 간단하게 통제할 수 있다. 그러나 어떤 아동들은 "당장 가서 자라"는 명령에 시끄럽게 반항하며 잠들지 않는 것으로 맞선다. 네 번째는 환경적 요인으로 시끄럽고 무질서한 수면 환경이 문제가 된다. 부모가 늦게 들어와 큰 소리를 낸다든지 TV를 보거나 밤늦게 전화를 주고받고 늦게까지 불을 켜놓거나 하는 경우 아동들은 잠들기가 어려워지고 수면을 유지하기 어렵다. 다섯 번째는 신체적 요인으로 통증, 열 그리고 불편함을 주는 신체질환이 있을 때나 비만이나 편도선의 비대 등으로 호흡곤란이 있을 때도 불면증이 생길 수 있다. 항생제, 스테로이드 제재, 진정제, 정신자극제, 기관지 확장제 등의 약물도 불면증을 유발할 수 있다. 뇌손상, 뇌기형, 신진대사 장애 등에 의한 신경질환 등으로도 불면증이 야기될 수 있다. 여섯 번째는 정신적 요인으로 가정불화, 가정파탄, 부모의 우울증, 부모의 야단, 학교가 시작하거나 동생 출생 등의 스트레스가 있을 때 불면증이 쉽게 올 수 있다.

중요 수면장애는 약물의 사용, 정신 장애, 신체장애 등과 관련된 수면 문제와는 대립되는 것으로 신체의 수면 시간이나 규칙적인 수면 기제를 조절하는 신체의 능력에 이상이 생긴 것으로 본다. DSM-IV(1994)에서는 중요 수면장애를 비정상 수면과 사건수반 수면장애, 두 범주로 나눈다. 비정상 수면(dyssomnias)에는 수면시작 장애나 수면유지 장애가 있는데, 특징으로 충분한 수면을 취하지 못하는 것, 자고 싶을 때 자지 못하는 것, 잠을 자도 상쾌한 기분이 들지 않는 것 등이 있다. 사건수반 수면장애(parasomnias)는 행동적 사상이나 생리적 사상이 잠을 자는 와중에 침투해 들어오는 장애를 말한다.

아동기 수면 문제는 일시적이라는 특성이 있기 때문에 수면장애에 대한 DSM-IV의 기준이 아동에게 완전히 맞지는 않다(Anders & Eiben, 1997).

●표 15-7● 비정상 수면과 사건수반 수면장애

	수면장애	내용	출현율과 연령	치료
비정상 수면	아동 급성 수면증	• 수면 시작 장애 또는 수면 유지 장애, 활력을 주지 못하는 수면; 유아의 반복성 야간 보행이나 수면을 취하지 못함.	• 1~3세 • 25~50%	• 행동치료 • 가족상담
	수면 과다증	• 긴 수면 또는 낮잠 수면으로 나타나는 것과 같이 과다한 수면 호소	• 어린 아동에 흔함	• 행동치료 • 가족상담
	수면 발작	• 근육 긴장의 감소가 동반되는 불가항력의 수면 발작	• 아동이나 청소년의 0.04~0.07%	• 구조화, 지지, 정신흥분제, 항우울제

	수면장애	내용	출현율과 연령	치료
비정상수면	호흡 관련 수면장애	• 수면 관련 호흡 곤란을 야기하는 과다한 수면 또는 불면증을 일으키는 수면장애	• 유치원, 초등학교 연령의 1~2%	• 편도선 · 아데노이드 제거
	수면 주기장애	• 환경에 의한 수면 주기와 신체 수면 주기(일주 주기)의 불일치로 과다한 수면 또는 불면증이 되풀이되는 수면장애, 밤늦게 수면을 취함(한밤중 이후), 아침에 깨기 힘듦, 주말에 잠자기, 변화에 저항	• 알려지지 않음; 청소년의 7% 정도	• 행동치료 • 생체시간약물치료(chrono-therapy)
사건수반수면장애	악몽장애	• 흔히 생존, 안전, 자존감을 위협하는 아주 무서운 꿈을 자세히 기억하면서 반복해서 깸, 일반적으로 두 번째 수면 주기의 절반에서 일어남.	• 보통 3~8세 사이	• 위로해 주고 스트레스 감소시킴.
	수면 경악장애	• 반복적으로 잠에서 갑자기 깸. 보통 첫수면 주기의 3분의 1에서 일어나고 비명으로 시작, 자동적 방출, 빠른 심장박동, 발한, 언어화된 고통, 노려보는 눈으로 응시, 깨기 어려움, 위로할 길 없음, 방향 감각 혼란, 아침에 기억 없음.	• 18개월~6세 아동의 3%	• 피로와 스트레스를 감소시킴 • 늦은 오후에 잠을 자게 함.
	수면 보행장애	• 수면 중에 침대에서 일어나서 5초에서 30분 동안 걸어 다니는 행동이 반복됨, 수면 주기의 첫 1/3에서 일어남, 불완전한 근육 활동, 각성되기 어려움, 방향 감각 혼란, 아침에 기억 없음.	• 아동의 15%는 일주일에 한번, 1~6%는 매주 한 번에서 네 번 나타냄. 청소년에서는 드물다.	• 안전조치 취함. • 피로와 스트레스 감소시킴. • 늦은 오후에 잠을 자게 함.

출처: Mash & Wolfe(2006)

3) 섭식 장애 (Eating Disorders)

유아와 아동기 초기의 섭식장애에는 이식증, 반추장애, 급식장애가 있다(Jongsma et al., 2006).

(1) 이식증(Pica)

이식증은 1개월 동안 흙, 쓰레기, 종이, 머리카락 등의 비영양성 물질을 먹는 것으로 정신지체와 관련되어 있다. 역학 자료는 거의 없으나, 학령기 이전에 발병하여 청소년기까지 지속되거나, 드물게 성인까지 지속되기도 한다. 원인으로는 가정의 빈곤, 부모의 무지와 무관심, 아동의 발달지체와 관련되어 있으며, 정신분석적 입장에서는 구강기의 욕구가 충족되지 못한 것이라고 보고 있다. 치료는 부모와 아동에 대한 교육이 중요하고, 어머니에게 양육방식 교육, 행동치료적 방법을 한다.

● 표 15-8 ● 이식증에 대한 DSM-IV 진단 기준

A	적어도 1개월 동안 비영양성 물질을 지속적으로 먹는다.
B	비영양성 물질을 먹는 것이 발달수준에 부적절하다.
C	먹는 행동이 문화적으로 허용된 관습의 일부가 아니다.
D	만약 먹는 행동이 다른 정신장애(예: 정신지체, 전반적 발달장애, 정신분열증)의 기간 중에만 나타난다면, 이 행동은 별도로 임상적인 관심을 받아야 할 만큼 충분히 심각한 것이어야 한다.

출처: APA의 DSM-IV (1994)

(2) 반추장애(Rumination Disorder)

반추장애는 음식물을 반복적으로 게우고 다시 씹는 행위를 지속적이고 반복적으로 행하는 것이다. 음식물을 게우는 사이에 일반적으로 안절부절못하고 배고파한다. 유아는 배고파하고 많은 양의 음식물을 섭취하지만 먹은 후 게우므로 영양실조

가 일어날 수 있다. 체중감소, 체중획득의 실패, 심한 경우 사망할 수도 있다(25%의 사망률). 역학 자료는 남자가 여자보다 많으며, 생후 3~12개월 사이에 발병한다. 대부분 자연적으로 회복되나 심하면 만성적으로 지속된다. 원인으로는 부모의 무관심, 정서적 자극의 결핍, 스트레스가 많은 생활환경, 부모-아동 관계의 갈등에서 오며 정신분석학적 입장에서는 어머니로부터 오는 과잉자극에 대처하려는 시도로 본다. 행동주의적 입장에서는 정적 자극에 의해 강화되고 지속되는 행동이라 보고, 생물학적 입장에서는 식도역류와 같은 신체적 기제가 관여하는 것이라고 본다. 치료는 아동에게 음식을 먹이고 정서적인 관계를 맺는 어머니의 태도를 변화시키는 교육이 필요하며, 행동치료에 의해 치료되지 않으면 토하지 못하도록 외과적인 처치를 시행해야 한다.

● 표 15-9 ● 반추장애에 대한 DSM-IV 진단 기준

A	정상적으로 기능하는 기간이 있고 난 다음 적어도 1개월 동안 음식물의 반복적인 역류와 되씹기 행동이 있다.
B	이 행동은 동반되는 위장상태 또는 다른 일반적인 의학적 상태(예: 식도역류)로 인한 것이 아니어야 한다.
C	이 행동은 거식증 또는 폭식증의 경과 중에만 나타나는 것은 아니다. 만약 증상이 정신지체, 또는 전반적 발달장애의 경과 중에만 나타난다면 이 증상은 별도로 임상적 관심을 받아야 할 만큼 충분히 심각한 것이어야 한다.

출처: APA의 DSM-IV (1994)

(3) 유아기 또는 아동기 초기의 급식장애(Feeding Disorder of Infancy or Early Childhood)

6세 이하의 아동이 지속적으로 적절히 먹지 못하여 최소한 1달이 지나도 체중이 늘지 않거나, 현저한 체중감소가 나타날 경우이며, 안절부절못하며 먹는 동안에 달래기가 어렵다. 정서적으로 무감각하며, 위축되어 있고 발달지체를 보이는 경우가 많다. 수면과 각성의 불규칙성과 빈번한 음식역류를 나타낸다. 소아과 입원병동 가운데 1~5%는 적절한 체중획득에 실패하며, 이 중 절반 정도는 소인이 될 만한 일반적인 의학적 상태 없이 섭식장애를 나타낸다. 대부분 생의 첫해에 발생하며, 2~

3세의 아동에게 발병하기도 한다. 원인은 부모-아동의 상호작용의 문제, 유아의 음식거부에 대한 신경질적 반응, 신경학적 결함, 부모의 정신장애, 아동학대 및 방치이다. 치료는 부모로 하여금 유아의 회복을 위해 부모로서 역할을 하도록 허용함으로써 급식행동에 대한 세부적인 평가와 함께 미소 짓기, 이야기하기 및 달래기 등과 같은 다른 형태의 부모・자녀 간의 상호작용에 대한 세부적인 평가를 포함한다.

표 15-10 유아기 또는 초기 아동기의 급식장애에 대한 DSM-IV 진단 기준

A	급식장애는 지속적으로 적절하게 먹지 못하는 것으로서, 적어도 1개월 이상 체중이 현저하게 증가하지 않거나 또는 체중감소가 심각하게 나타난다.
B	장애가 동반되는 위장상태 또는 다른 일반적인 의학적 상태(예: 식도역류)로 인한 것이 아니어야 한다.
C	장애가 다른 정신장애(예: 반추장애) 또는 먹을 수 있는 음식의 부족에 의해 더 잘 설명되지 않아야 한다.
D	발병은 만 6세 이전이다.

출처: APA의 DSM-IV (1994)

한편 청소년기에 나타나는 섭식장애에는 거식증과 폭식증이 있다(유제민・김정휘, 2004).

(4) 거식증(Anorexia Nervosa)

신체상의 심한 장애로 먹지 않아서 체중이 지나치게 감소하는 질환이다. 주 증상은 살찌는 것에 대한 두려움이 있고, 식욕부진과 스스로 식사를 제한한다. 특이한 식사 행동을 하며, 현저한 체중감소(기대되는 체중의 85% 이하로 감소를 보이고), 기타 심한 신체상 장애, 기초대사저하, 무월경 등이 있다.

● 표 15-11 ● 거식증에 대한 DSM-IV 진단 기준

<table>
<tr><td>A</td><td colspan="3">연령과 신장에 비하여 최소한의 정상적인 몸무게를 유지하기를 거부한다. 즉 체중의 감소가 있는데, 이러한 결과로 기대치보다 85% 미만의 체중이거나 성장기의 체중의 증가가 기대치의 85% 미치지 못하는 경우이다.</td></tr>
<tr><td>B</td><td colspan="3">저체중인 상태에서도 체중의 증가나 비만에 대한 공포심이 있다.</td></tr>
<tr><td>C</td><td colspan="3">자신의 체중이나 체형에 대한 왜곡된 경험이 있다. 예를 들면, 자신에 대한 평가에 있어서 체중이나 체형의 영향이 과다하거나, 현재 저체중으로 야기되는 문제의 심각성을 부인한다.</td></tr>
<tr><td rowspan="2">D</td><td rowspan="2">정상적으로 월경이 있어야 하는 연령에서 나타나는 경우, 적어도 3회 이상 지속적으로 월경이 없다.</td><td>제한형</td><td>거식증의 증상이 존재하는 일화에서 폭식이나 세척하는 행위(스스로 유발하는 구토, 관장, 하제나 이뇨제 사용 등)가 규칙적으로 나타나지 않는다.</td></tr>
<tr><td>폭식형</td><td>거식증의 증상이 존재하는 일화에서 상기에 기술한 폭식 또는 세척행위가 규칙적으로 일어난다.</td></tr>
</table>

출처: APA의 DSM-IV (1994)

(5) 폭식증(Bulimia Nervosa)

폭식증의 진단을 내리기 위해서는 폭식과 부적절한 보상행동 둘 다 3개월 동안 평균적으로 최소 1주일에 두 번 발생해야 한다. 폭식은 일정 기간 내에 음식의 양이 유사한 기간과 유사한 상황에서 대부분의 사람들이 먹는 양보다 분명히 많은 양을 먹는 것으로 정의된다(일정기간이란 일반적으로 2시간 이내). 하루 종일 소량의 가벼운 식사를 지속하는 경우에는 폭식으로 간주하지 않는다.

대부분의 전문가들이 거식증이나 폭식증은 개인, 가족, 사회문화적 요인의 복잡한 상호작용으로 인해 발생한다는 것에 동의한다. 거식증의 경과는 다양한데 치료 없이 자연적으로 낫는 군, 다양한 치료를 받은 후 회복되는 군, 재발과 호전을 반복하는 군, 그리고 지속적인 악화를 보여 결국 사망에 이르게 되는 군으로 분류할 수 있다. 정상적인 체중을 회복하여도 음식과 체중증가에 대한 왜곡된 집착과 대인관계 장애 등은 지속되는 경우가 많고 적지 않게 우울증을 보이기도 한다. 사망률은 5~18% 정도로 보고되고 있다. 거식증 환자의 30~50%에서 폭식증 증세를 보일 수 있는데 보통 거식증이 발생한 후 일 년 반 이내에 발생한다. 폭식증은 대개 청소년기 후기나 성인기 초기에 발병된다. 예후는 내과적인 합병증이 얼마나 심각하게 동반되는가에 달려 있다. 식도염, 전해질 불균형, 고아밀라제혈증, 타액선 비대, 치아골절 등이 동반된 경우에는 예후가 좋지 않다. 일부에서는 치료를 받지 않는 경우에도 1~2년 내에 저절로 호전되기도 하고, 후에 스트레스를 받는 경우에는 재발되기도 한다. 치료는 크게 두 가지 목적을 갖는다. 하나는 정상적인 영양상태의 회복이며, 두 번째는 심리적 또는 가족들 간의 갈등을 해결하는 것이다. 입원치료 또는 외래치료를 시도할 수 있다(Jongsma et al., 2006).

●표 15-12● 폭식증에 대한 DSM-IV 진단 기준

<table>
<tr><td>A</td><td>폭식의 반복적인 일화가 있다.
폭식의 일화는 다음과 같은 특징들을 갖는다.
• 어느 특정한 시간 동안(대개 2시간 이내) 비슷한 시간 내에 보통 사람들이 먹을 수 있는 양을 훨씬 초과하는 양의 음식을 섭취한다.
• 이 일화 동안에는 먹는 것에 대한 통제력이 상실됨을 느낀다. 즉 이 기간 동안에 무엇을 얼마나 먹을 것인가에 대하여 통제가 불가능해진다.</td><td rowspan="5">〈유형의 세분화〉
① 하제 사용형 : 일화 중에 규칙적으로 스스로 토하거나, 하제나 이뇨제의 남용, 관장 등의 행동이 관찰된다.
② 하제 비사용형: 일화 중에 단식을 한다거나 과도한 운동을 하는 등의 부적절한 보상 행동이 있으나 스스로 토한다거나, 하제나 이뇨제의 남용 또는 관장을 하는 행동 등이 관찰되지는 않는다.</td></tr>
<tr><td>B</td><td>체중증가를 예방하기 위하여 보상행동을 하는데, 이것이 부적절하다. 즉 스스로 토하거나, 하제나 이뇨제의 남용, 관장, 단식 또는 과다한 운동과 같은, 체중 증가를 억제하기 위한 반복적이고 부적절한 보상 행동이 있다.</td></tr>
<tr><td>C</td><td>이러한 행동들이 1주일에 2회 나타나며, 적어도 3개월 이상 계속된다.</td></tr>
<tr><td>D</td><td>자기 평가가 자신의 체중이나 체형에 의하여 과다하게 영향을 받는다.</td></tr>
<tr><td>E</td><td>이러한 일화가 거식증의 경과 중에 나타나는 것이어서는 안 된다.</td></tr>
</table>

참고문헌
References

강문희 · 장연집 · 정정옥(2003). 아동정신건강. 서울: 정민사.

강영희(2006). 초등학생의 자아개념 및 사회적 능력과 학업성취도 간의 관계. 단국대학교 대학원 석사학위 청구논문.

강임정(2006). 아동의 성역할 정체감과 자아존중감 및 학교적응 관계. 경북대학교 대학원 박사학위 청구논문.

공경혜(2003). 어머니의 자아개념 및 양육태도와 자녀의 자아개념과의 관계. 광운대학교 대학원 석사학위 청구논문.

권민균 · 권희경 · 문혁준 · 성미영 · 신유림 · 안선희 외(2005). 아동발달. 서울: 창지사.

김경옥(2004). 유아의 성역할 사회화에 관한 문화기술적 연구: K 어린이집을 중심으로. 창원대학교 대학원 박사학위 청구논문.

김경중 · 류왕효 · 류인숙 · 박은준 · 신화식 · 유구종 외(1998). 아동발달심리. 서울: 학지사.

김경중 · 류왕효 · 류인숙 · 박은준 · 신화식 · 유구종 외(2006). 아동발달심리(개정판). 서울: 학지사.

김범수 · 서은주 · 손병돈 · 정재훈 · 조석연 · 최현미 외(2007). 다문화사회복지론. 서울: 양서원.

김용란(2005). 보육시설의 양성평등교육이 유아의 성 역할 고정관념에 미치는 영향. 서울신학대학교 대학원 석사학위 청구논문.

김유숙(1999). 가족치료: 이론과 실제. 서울: 학지사.

김윤하(2006). 유아의 또래 인기도에 따른 자아개념 및 사회적 기술에 관한 연구. 인제대학교 교육대학원 석사학위 청구논문.

김정희 · 김현주 · 정인숙(1998). 아동발달심리. 서울: 동문사.

노미영(2005). 교사 언어 속에 나타나는 성차별 연구: 성차별 고정관념을 중심으로, C 초등학교 사례. 성공회대학교 교육대학원 석사학위 청구논문.

대한소아과학회(2002). 한국소아발육표준치. http://cafe.naver.com/bebezoa.cafe.

문영숙(1983). 광고물에 나타난 남녀이미지 비교연구. 서울대학교 대학원 석사학위 청구논문.

박성연(1998). 영아기 정서성 및 부모의 양육행동에 따른 3세 아동의 행동억제. 대한가정학회지. 36(4). 19-33.

박연경(2006). 초등학교 고학년 학생들의 부모애착과 자아개념, 자기효능감 및 또래관계간의 모형검증. 경성대학교 대학원 석사학위 청구논문.

보건복지부(2007). 2006년 보건복지백서. 서울: 보건복지부.

서인숙(2001). 어머니의 성역할 태도와 유아의 성역할 개념 및 자아개념과의 관계. 성신여자대학교 대학원 석사학위 청구논문.

손미정(2007). 아동이 지각한 교사행동과 자아개념 및 학교생활 적응과의 관계. 서강대학교 교육대학원 석사학위 청구논문.

송명자(1977). 발달심리학. 서울: 학지사.

신영숙(2003). 부모의 사회경제적 지위, 가정 내 역할 분담에 따른 초등학생의 성역할 유형 연구. 인제대학교 교육대학원 석사학위 청구논문.

원세희(2003). 5 · 6차 유치원 교육활동 지도 자료의 동화에 나타난 성역할 분석. 이화여자대학교 교육대학원 석사학위 청구논문.

유아교육사전(2000). 한국사전연구사.

유제민 · 김정휘(2004). 아동과 청소년의 발달정신병리학. 서울: 시그마프레스.

이광자(2005). 초등학교 저학년 교과서에 나타난 성 역할 분석. 부산대학교 교육대학원 석사학위 청구논문.

이미숙(2003). 성 역할 동화를 통한 극화활동이 유아의 성 역할 이해 및 인지능력에 미치는 효과. 전남대학교 교육대학원 석사학위 청구논문.

이사라(2000). 부모와 또래가 아동의 자아개념 발달에 미치는 영향에 관한 종단적 연구. 이화여자대학교 대학원 박사학위 청구논문.

이영(1990). 탁아와 유아발달. 탁아와 유아교육 세미나 자료집, 3-18. 덕성여대 유아교육연구소.

이영(1994). 어린이집과 가정에서의 양육환경과 유아의 언어행동, 애착, 어떻게 다른가?: 우리 탁아의 질, 어디로 가야 하는가? -미국과 영국의 경험을 토대로-. 삼성복지재단 어린이개발센터 국제학술대회.

이윤진(2007). 유아 부모의 성역할 태도와 양성평등적 자녀양육현황. 이화여자대학교 교육대학원 석사학위 청구논문.

이재효(2002). 학습 구성 형태와 부모의 사회 · 경제적 지위가 중학생의 성역할 정체감 유형과 자아존중감에 미치는 영향. 안양대학교 교육대학원 석사학위 청구논문.

이정화(2002). 유아들의 혼잣말에 관한 이론적 고찰: 혼잣말의 자기조절기능에 관한 제 견해 및 연구동향 탐색. 유아교육연구, 22(1), 143-161.

장종희(2007). 부모의 양육행동이 유아 자아개념 형성에 미치는 영향. 총신대학교 선교대학원 석사학위 청구논문.

장휘숙(2001). 가족심리. 서울: 박영사.

정옥분(2002). 아동발달의 이해. 서울: 학지사.

정옥분 · Rubin, K. H. · 박성연 · 윤종희 · 도현심(2003). 영아기 기질 및 부모의 양육행동에 따른 2~4세 아동의 행동억제에 관한 단기종단연구: 8개국 비교문화연구를 위한 기초 연구. 가정관리학회지, 21(3), 29-38.

정진경(1991). 어머니가 키우는 아이와 탁아소에 다니는 아이. 우리 아이들의 육아 현실과 미래-공동육아제도의 전망, 21-32. 탁아제도와 미래의 어린이 양육을 걱정하는 모임(편).

조복희(1999). 아동발달. 서울: 교육과학사.

조현철(2000). 다면적 · 위계적 모델을 중심으로 본 초 · 중학생들의 자아개념 구조 분석. 아동학회지, 21(2), 99-118.

최경숙(2006). 아동발달심리학. 경기: 교문사.

최영주(2001). 유치원 내 남자 체육교사가 유아의 성역할 발달에 미치는 영향. 동국대학교 교육대학원 석사학위 청구논문.

통계청(2006). 2005년 혼인 · 이혼 통계결과 보고서.

현정환(2005). 아동발달의 이해. 서울: 창지사.

Abramovitch, R., Corter, C., & Lando, B. (1979). Sibling interaction in the home. *Child Development, 50*, 997-1003.

Abramovitch, R., Corter, C., Pepler, D., & Stanhope, L. (1986). Sibling and peer interactions: A final follow-up and comparison. *Child Development, 57*, 217-229.

Ainsworth, M. D. S., Blehar, M., Waters, E., & Wall, S. (1978). *Patterns of attachment*. Hillsdale, NJ: Erlbaum.

Allgood-Merten, B., & Stockard, J. (1991). Sex role identity and self-esteem: A comparison of children and adolescents. *Sex Roles, 25*, 129-139.

Amabile, T. M. (1983). *The social psychology of creativity*. New York: Springer-Verlag.

Amato, P. R. (1994). The implications of research findings on children in stepfamilies. In A. Booth, & J. Dunn (Eds.), *Stepfamilies: who benefits? who does not?* (81-87). Hillsdale, NJ: Erlbaum.

Amato, P. R. (2000). The consequences of divorce for adults and children. *Journal of Marriage and Family, 62*, 1269-1287.

Amato, P. R. (2001). Children of divorce in the 1990s: An update of the Amato and Keith (1991) meta-analysis. *Journal of Family Psychology, 15*, 355-370.

Amato, P. R., & Keith, B. (1991). Parental divorce and the well-being of children: A meta-analysis. *Psychological Bulletin, 110*, 26-46.

American Psychiatric Association (1994). *Diagnostic and statistical manual of mental disorders* (4th ed.). Washington, DC: Author.

American Psychiatric Association (2000). *Diagnostic and statistical manual of mental disorders DSM-IV-TR*(Text Revision). Washington, DC: Author.

Anastasi, A. (1998). *Psychological testing* (6th ed.). New York: Macmillan.

Anastasi, A., & Schaefer, C. E. (1971). Note on concepts of creativity and intelligence. *Journal of Creative Behavior, 3*, 113-116.

Anders, T. F., & Eiben, L. A. (1997). Pediatric sleep disorders: A review of the past 10 years. *Journal of American Academy of Child and Adolescent, 36*, 9-20.

Anderson, E. (1992). *Speaking with style: The sociolinguistic skills of children*. London: Routledge.

Anderson, G. C. (1999). Kangaroo care of the premature infant. In E. Goldson (Ed.), *Nurturing the premature infant: Developmental interventions in the neonatal intensive care nursery* (131-160). New York: Oxford University Press.

Apgar, V. (1953). A proposal for a new method of evaluation in the newborn infant. *Current Research in Anesthesia and Analgesia, 32*, 260-267.

Aronson, E., & Rosenbloom, S. (1971). Space perception in early infancy: Perception within a common auditory-visual space. *Science, 172*, 1161-1163.

Bagwell, C. L., Newcomb, A. F., & Bukowski, W. M. (1998). Preadolescent friendship and peer rejection as predictors of adult adjustment. *Child Development, 69*, 140-153.

Bandura, A. (1977). *Social learning theory*. Englewood Cliffs, New Jersey: Prentice-Hall.

Bandura, A. (1989). Social cognitive theory. In R. Vasta (Ed.), *Annals of child development*. Greenwich, CT: JAI.

Bandura, A. (1994). Self-efficacy. In V. S. Ramachaudran (Ed.), *Encyclopedia of Human Behavior, 4*, 71-81. New York: Academic Press.

Bartak, L., Rutter, M., & Cox, A. (1975). A comparative study of infantile autism and specific developmental receptive language disorder. *British Journal of Psychiatry, 126*, 127-145.

Baumrind, D. (1971). Current patterns of parental authority. *Developmental Psychology Monograph, 4* (No. 1, Pt.2).

Baumrind, D. (1973). The development of instrumental competence through socialization. In A. Pick (Ed.), *Minnesota Symposium on Child Psychology* (Vol. 7). Minneapolis: University of Minnesota Press.

Baumrind, D. (1991). Parenting styles and adolescent development. In J. Brooks-Gunn, R. Lerner, & A. C. Peterson (Eds.), *The encyclopedia of adolescence* (746-758). New York: Garland.

Belsky, J. (1981). Early human experience: A family perspective. *Developmental Psychology, 17*, 3-23.

Bem, S. L. (1974). The measurement of psychological androgyny. *Journal of Consulting and Clinical Psychology, 42*, 155-162.

Bem, S. L. (1981). Gender schema theory: A cognitive account of sex typing. *Psychological Review, 88*, 354-364.

Bem, S. L. (1985). Androgyny and gender schema theory: A conceptual and empirical integration. In T. B. Sonderegger (Ed.), *Nebraska symposium on motivation, 1984: Psychology and gender* (179-226). Lincoln: University of Nebraska Press.

Berenbaum, S. A. (1998). How hormones affect behavioral and neural development: Introduction to the special issue on gonadal hormones and sex differences in behavior. *Developmental Neuropsychology, 14*, 175-196.

Berk, L. E. (1996). *Child development*(3th ed.). Boston: Allyn & Bacon.

Berk, L. E. (1999). *Infants and children: prenatal through middle childhood*(3rd ed.). Boston: Allyn & Bacon.

Berk, L. E. (2005). *Infants, children and adolescents*. MA: Prentice-Hall.

Berk, L. E. (2006). *Child development*(7th ed.). Boston: Pearson Education.

Berkow, R. (1987). *The mercy manual of diagnosis and therapy*(15th ed.). Rahway, NJ: Merrck, Sharp, & Dohme Reseaech Laboratories.

Bettleheim, B. (1967). *The empty fortress: Infantile autism and the birth of the self.* New York: Free Press.

Bhutta, A. T., Cleves, M. A., Casey, P. H., Cradock, M. M., & Anand, K. J. S. (2002). Cognitive and behavioral outcomes of school-aged children who were born preterm. *Journal of the American Medical Association, 288*, 728-737.

Boldizar, J. P. (1991). Assessing sex-typing and androgyny in children: The children' s sex-role inventory. *Developmental Psychology, 27*, 505-515.

Booth, A., & Amato, P. R. (2001). Parental predivorce relations and offspring postdivorce well-being. *Journal of Marriage and the Family, 63*, 197-212.

Bornstein, M. H., Tamis-LeMonda, C. S., & Haynes, O. M. (1999). First words in the second year: Continuity, stability, and models of concurrent and predictive correspondence in vocabulary and verbal responsiveness across age and context. *Infant Behavior and Development, 22*, 65-85.

Boulton, M. J., & Smith, P. K. (1994). Bully/victim problems in middle-school children: Stability, self-perceived competence, peer perceptions and peer acceptance. *British Journal of Developmental Psychology, 12*, 315-329.

Bowlby, J. (1958). The nature of the child' s tie to his mother. *International journal of Psychoanalysis, 39*, 35.

Boyum, L. A., & Parke, R. D. (1995). The role of family emotional expressiveness in the development of children' s social competence. *Journal of Marriage and the Family, 57*, 593-608.

Bramlett, M. D., & Mosher, W. D. (2001). *First marriage dissolution, divorce, and remarriage: United States.* (Advance data from vital and health statistics, no. 323). Hyattsville, MD: National Center for Health Statistics.

Bray, J. H. (1999). From marriage to remarriage and beyond: Findings from the developmental issue in stepfamilies research project. In E. M. Hetherington (Ed.), *Coping with divorce, single parenting, and remarriage: A risk and resiliency perspective* (253-271). Mahwah, NJ: Erlbaum.

Brazelton, T. B., Nugent, J. K., & Lester, B. M. (1987). Neonatal behavioral assessment scale. In J. Osofsky (Ed.), *Handbook of infancy* (2nd ed.). New York: Wiley.

Brides, L., & Grolnick, W. (1995). The development of emotional self-regulation in infancy and early childhood. In N. Eisenberg (Ed.), *Social development: Review of child development research* (185-211). Thousand Lakes, CA: Sage.

Brodzinsky, D. M. (1990). A stress and coping model of adoption adjustment. In D. M. Brodzinsky, & M. D. Schechter (Eds.), *The psychology of adoption* (3-24). New York: Oxford University Press.

Bronfenbrenner, U., & Crouter, A. (1982). Work and family through time and space. In S. B. Kamerman, & C. D. Hayes (Eds.), *Families that work: Children in a changing world* (39-83). Washington, DC: National Academy of Science.

Brooks-Gunn, J., Schley, S., & Hardy, J. (2002). Marriage and the baby carriage: Historical change and intergenerational continuity in early parenthood. In L. J. Crockett, & R. K. Sibereisen (Eds.), *Negotiating adolescence in times of social change* (36-57). New York: Cambridge University Press.

Brown, J. D. (1998). *The self.* New York: McGraw-Hill.

Bruner, J. S. (1981). Interaction and language acquisition. In W. Deutsch(Ed.), *The child's construction of language.* New York: Norton.

Buchanan, C. M., Maccoby, E. E., & Dornbusch, S. M. (1996). *Adolescents after divorce.* Cambridge, MA: Harvard University Press.

Buhrmester, D. (1996). Need fulfillment, interpersonal competence, and the developmental contexts of early adolescent friendship. In W. M. Bukowski, A. F. Newcomb, & W. W. Hartup (Eds.), *The company they keep: Friendship in childhood and adolescence* (158-185).

Buhrmester, D., & Furman, W. (1990). Perceptions of sibling relationships during middle childhood and adolescence. *Child Development, 6*, 138-139.

Bulter, R. (1998). Age trends in the use of social and temporal comparison for self-evaluations: Examination of a novel developmental hypothesis. *Child Development, 69*, 1054-1073.

Buss, A. H., & Plomin, R. (1975). *A temperament theory of personality development.* New York: Wiley.

Buss, A. H., & Plomin, R. (1984). *Temperament: Early developing personality traits.* Hillsdale. NJ: Erlbaum.

Buss, D. M. (1995). Psychological sex differences: Origins through sexual selection. *American Psychologist, 50*, 164-148.

Cantwell, E., Baker, L., & Rutter, M. (1978). A comparative study of infantile autism and specific developmental receptive language disorder: IV. Analysis of syntax and language function. *Journal of Child Psychology and Psychiatry, 19*, 351-362.

Carey, W. B. (1981). The importance of temperament-environment interaction for child health and development. In M. Lewis, & L. A. Rosenblum (Eds.), *The uncommon child*. New York: Plenum.

Carlson, C., Uppal, S., & Prosser, E. (2000). Ethnic differences in processes contributing to the self-esteem of early adolescent girls. *Journal of Early Adolescence, 20*, 44-67.

Carter, E. B. (1984, June). A teacher' s view: Learning to be wrong. *Psychology Today, 18*, 35.

Caspi, A., & Silva, P. A. (1995). Temperamental qualities at age three predict personality traits in young adulthood: Longitudinal evidence from a birth cohort. *Child Development, 66*, 486-498.

Cattell, R. B. (1965). *The scientific analysis of personality*. Baltimore, MD: Penguin.

Centers for Disease Control and Prevention (1993). Rates of cesarean delivery -United States, 1991. *Morbidity and Mortality Weekly Report, 42*, 285-289.

Centers for Disease Control and Prevention (2000). Trends in attendant, place, timing of births and in the use of obstetric interventions in the United States, 1989-1997. *Mortality and Morbidity Weekly Report, 49*, 1-4.

Chan, R. W., Raboy, B., & Patterson, C. J. (1998). Psychosocial adjustment among children conceived via donor insemination by lesbian and heterosexual mothers. *Child Development, 69*, 443-457.

Chen, X., Rubin, K. H., & Li, Z. (1995). Social functioning and adjustment in Chinese children: A longitudinal study. *Developmental Psychology, 31*, 531-539.

Chess, S., & Thomas, A. (1977). Temperamental individuality from childhood to adolescence. *Journal of Child Psychiatry, 16*, 218-226.

Chess, S., & Thomas, A. (1984). *Origins and evolution of behavior disorders*. New York: Brunner/Mazel.

Chomsky, N. (1957). *Syntactic structures*. The Hague: Mouton.

Chomsky, N. (1972). *Language and mind* (2nd ed.). New York: Harcourt Brace Jovanovich.

Cicirelli, V. G. (1994). Sibling relationships in cross-cultural perspective. *Journal of Marriage and the Family, 56*, 7-20.

Cicirelli, V. G. (1995). *Sibling relationships across the life span.* NY: Plenum.

Clarke-Stewart, A., Friedman, S., & Koch, J. (1985). *Child development.* New York: John Wiley & Sons.

Coie, J. D., & Dodeg, K. A. (1998). Aggression and antisocial behavior. In W. Damon (series Ed.) & N. Eisenberg(Vol. Ed), *Handbook of child psychology, Vol. 3.* NY: Wiley.

Colby, A., & Damon, W. (1992). *Some do care: Contemporary lives of moral commitment.* New York: Free Press.

Colby, A., Kohlberg, L., Gibbs, J., & Lieberman, M. (1983). A longitudinal study of moral judgement. *Monographs of the society for Research in Child Development.* (Serial No. 201)

Cole, P. M. (1986). Children' s spontaneous control of facial expression. *Child Development, 57*, 1309-1321.

Cole, M., & Cole, S. R. (1993). *The development of children*(2nd ed.). New York: Scientific American Books.

Colley, A., Griffiths, D., Hugh, M., Landers, K., & Jaggli, N. (1996). Childhood play and adolescent leisure preferences: Associations with gender typing and the presence of siblings. *Sex Roles, 35*, 233-245.

Conger, R. D., & Chao, W. (1996). Adolescent depressed mood. In R. L. Simons (Ed.), *Understanding differences between divorced and intact families*(pp. 157-175). Thousand Oaks, CA: Sage.

Conger, R. D., Ge, X., Elder, G. H. Jr., Lorenz, F. O., & Simons, R. L. (1994). Economics stress, coercive family process, and developmental problems of adolescents. *Child Development, 65*, 541-561.

Cook, J. L., & Cook, G. (2005). *Child Development: Principle and Perspectives.* Boston: Allyn and Bacon.

Council on Scientific Affairs of the American Medical Association. (1995). Female genital mutilation. *Journal of the American Medical Association, 274*(21), 1714-1716.

Crockenberg, S., & Lourie, A. (1996). Parents' conflict strategies with children and children's conflict strategies with peers. *Merrill-Palmer Quarterly, 42*, 495-518.

Cummings, E. M., Iannotti, R. J., & Zahn-Waxler, C. (1989). Aggression between peers in early childhood: Individual continuity and developmental change. *Child Development, 60*, 887-895.

D' Agostino, J. A., & Clifford, P. (1998). Neurodevelopmental consequences associated with the premature neonate. *AACN Clinical Issues, 9*, 11-24.

Daley, K. C. (2004). Update on sudden infant death syndrome. *Current Opinion in Pediatrics, 16*, 227-232.

Damon, W. (1977). *The Social world of the child.* San Francisco: Jossey-Bass.

Darwin, C. R. (1872). The origin of species by means of natural selection, or the preservation of favoured races in the struggle for life. London: Jon Murray. 6th edition; with additions and corrections. Eleventh thousand.

Davidson, E., Levine, M., Malvern, J., Niebyl, J., & Tobin, M. (1993). A rebirth of obstetrical care. *Medical World News, 34*(5), 42-47.

DeCasper, A. J., Lecaneut, J., Busnel, M., Granier-Deferre, C., & Maugeais, R. (1994). Fetal reactions to recurrent maternal speech. *Infant Behavior and Development, 17*, 19-25.

DeCasper, A. J., & Spence, M. J. (1986). Prenatal maternal speech influences newborns' perception of speech sounds. *Infant Behavior and Development, 9*, 133-150.

DeHart, G. B., Sroufe, L. A., & Cooper, R. G. (2000). *Child Development: its nature and course* (4th ed.). McGraw-Hill Higher Education.

de Weerd, A. W., & van den Bossche, A. S. (2003). The development of sleep during the first months of life. *Sleep Medicine Review, 7*, 179-191.

Diamond, A., Prevor, M., Callender, G., & Druin, D. (1997). Prefrontal cortex cognitive deficits in children treated early and continuously for PKU. *Monographs of the Society for Research in Child Development, 62*(4. senal No. 253).

DiPietro, J. A., Hodgson, D. M., Costigan, K. A., & Hilton, S. C. (1996). Fetal neurobehavioral development. *Child Development, 67*, 2553-2567.

Dondi, M., Simion, F., & Caltran, G. (1999) Can newborns discriminate between their own cry and the cry of another newborn infant? *Developmental Psychology, 35*, 418-426.

Dunn, J., & Hughes, C. (2001). "I got some swords and you' re dead!": Violent fantasy, antisocial behavior, friendship and moral sensibility in young children. *Child Development, 72*, 491-505.

Dunn, J. (2002). Sibling relationships. In P. K. Smith, & C. H. Hart (Eds.), *Blackwell handbook of childhood social development* (223-237). Malden, MA: Blackwell.

Eccles, J. S., Wigfield, A., Harold, R., & Blumenfeld, P. B. (1993). Age and gender differences in children' s and task perceptions during elementary school. *Child Development, 64*, 830-847.

Eckerman, C. O., Davis, C. C., & Didow, S. M. (1989). Toddlers' emerging ways of achieving social coordination with a peer. *Child Development, 60*, 440-453.

Eckerman, C. O., & Stein, M. R. (1982). The toddler' s emerging interactive skills. In K. H. Rubin & H. S. Ross (Eds.), *Peer relationships and social skills in childhood*. New York: Springer-Verlag.

Edwards, K. I. (1981). The comparative study of the development of moral judgment and reasoning. In R. L. Munroe, R. H. Munroe, & B. B. Whiting (Eds.), *Handbook of cross-cultural human development*. New York: Garland.

Ehrardt, A. A., & Baker, S. W. (1974). Fetal androgens. human central nervous system differentiation, and behavioral sex differences. In R. C. Friedman, R. M. Rickard, & R. L. Van de Wiele (Eds.), *Sex differences in behavior*. New York: Wiley.

Eisenberg, N., & Fabes, R. A. (1998). Prosocial development. In W. Damon (Series Ed.), & N. Eisenberg (Vol. Ed.), Handbook of child psychology: Vol.3. *Social, emotional, and personality development* (5th ed., 701-778). New York: Wiley.

Eisenberg, N., Fabes, R. A., & Murphy, B. C. (1996). Parents' reactions to children' s negative emotions: Relations to children' s social competence and comforting behavior. *Child Development, 67*, 2227-2247.

Eisenberg, N., Fabes. R. A., Shepard, S. A., Guthrie, I. K., Murphy, B. C., & Reiser, M.(1999). Parental reactions to children' s negative emotions: Longitudinal relations to quality of children' s social functioning. *Child Development, 70*(2), 513-534.

Ellis, S., Rogoff, B., & Cromer, C. D. (1981). Age segregation in children's social interactions. *Developmental Psychology, 17*, 399-407.

Fabes, R. A., Eisenberg, N., Karbon, M., Bernzweig, J., Speer, A., & Carlo, G. (1994). Socialization of children's vicarious emotional responding and prosocial behavior. *Developmental Psychology, 30*, 44-55.

Fagot, B. I. (1978). The influence of sex of child on parental reactions to toddler children. *Child Development, 49*, 459-465.

Fagot, B. I. (1985). Beyond the reinforcement principle: Another step toward understanding sex-role development. *Developmental Psychology, 21*, 1097-1104.

Fagot, B. I., & Leinbach, M. D. (1989). The young Child's gender schema: Environmental input, internal organization. *Child Development, 60*, 663-672.

Fagot, B. I., Rodgers, C. S., & Leinbach, M. D. (2000). Theories of gender socialization. In T. Eckes, & H. M. Trautner (Eds.), *The developmental social psychology of gender* (65-89). Mahwah, NJ: Erlbaum.

Falbo, T., & Polit, D. F. (1986). Quantitative review of the only child literature: Research evidence and theory development. *Psychology Bulletin, 100*(2), 176-189.

Fasing, L. G. (2000). Toddlers' understanding of ownership: Implications for self-concept development. *Social Development, 9*, 370-382.

Feiring, C., & Taska, L. S. (1996). Family self-concept: Ideas on its meaning. In B. Bracken (Ed.), *Handbook of self-concept* (pp. 317-373). New York: Wiley.

Feldman, R., & Eidelman, A. I. (2003). Skin-to-skin contact (kangaroo care) accelerates automatic and neurobehavioral maturation in preterm infants. *Developmental Medicine and Child Neurology, 45*, 274-281.

Field, T., Hernandez-Rief, M., & Freedman, J. (2004). Stimulation programs for preterm infants. *Social Policy Report, 18*, 1-19.

Flavell, J. H., Speer, J. R., Green, F. L., & August, D. L. (1981). The development of comprehension monitoring and knowledge about communication. *Monographs of the Society for Research in Child Development, 46* (5, Serial No. 192).

Folstein, S., & Rutter, M. (1978). A twin study of individuals with infantile autism. In M. Rutter, & E. Schopler(Eds.), *Autism: A reappraisal of concepts and treatment.* New York: Plenum.

Francis, P. L., Self, P. A., & Horowitz, F. D. (1987). The behavioral assessment of the neonate: An overview. In J. Osofsky(ed.), *Handbook of infancy*(2nd ed.). New York: Wiley.

Frederiksen-Goldsen, K. I., & Sharlach, A. E. (2000). *Families and work: New directions in the twenty-first century*. New York: Oxford University Press.

Freud, S. (1961). Introduction lectures on psychoanalysis. In J. Strachey(Ed.), *The standard edition of the complete works of Sigmund Freud*. London: Hogarth Press. (Original work published, 1925)

Friend, M., & Davis, T. (1993). Appearance-reality distinction: Children' s understanding of the physical and affective domains. *Developmental Psychology, 29*, 907-913.

Gallup, G. G., Jr. (1979). Self-recognition in chimpanzees and man: A developmental and comparative perspective. In M. Lewis, & L. A. Rosenblum (Eds.), *Genesis of behavior. Vol.2: The child and its family*. New York: Plenum.

Galton, F. (1869). *Hereditary Genius: An Inquiry into its Laws and Consequences*. London: Macmillan.

Galton, F. (1876). The history of twins, as a criterion for the relative powers of nature and nurture. *Journal of the Anthropological Institute*.

Garmon, L. C., Basinger, K. S., Gregg, V. R., & Gibbs, J. C. (1996). Gender differences in stage and expression of moral judgment. *Merrill-Palmer Quarterly, 42*, 418-437.

Garrison, W., Earls, F. J., & Kindel, D. (1984). Temperament characteristics in the third year of life and behavior adjustment at school entry. *Journal of Clinical Child Psychology, 13*, 298-303.

Genesee, F., Nicoladis, E., & Paradis, J. (1995). Language differentiation in early bilingual development. *Journal of Child Language, 22*, 611-631.

George, T. P., & Hartmann, D. P. (1996). Friendship networks of unpopular, average, and popular children. *Child Development, 67*, 2301-2316.

Getzels, J. W., & Jackson, P. W. (1963). The highly intelligent and highly creative adolescent: A summary of some research findings. In C. W. Taylor & F. Baron(Eds.) *Scientific Creativity: Its' recognition and development*(pp.161-172). New York: Wiley.

Gibson, E. J., & Walk, R. D. (1960). The "visual cliff". *Scientific American, 202*, 64-71.

Gielen, U., & Kelly, D. (1983). *Buddhist Ladakh: Psychological portrait of a nonviolent culture*. Paper presented at the annual meeting of the Society for Cross-Cultural Research, Washington, DC.

Gilligan, C. (1982). *In a different voice*. Cambridge, MA: Harvard University Press.

Gnepp, J. (1983). Children' s social sensitivity: Inferring emotions from conflicting cues. *Developmental Psychology, 19*, 805-814.

Goldenberg, I., & Goldenberg, H. (1980). *Family therapy: An overview*. Monterey, CA: Books/Cole.

Goldsmith, H. H. (1987). Roundtable: What is temperament? Four approaches. *Child Development, 58*, 505-529.

Golombok, S., & Tasker, F. (1996). Do parents influence the sexual orientation of their children: Findings from a longitudinal study of lesbian families. *Developmental psychology, 32*, 3-11.

Goodman, G. S., Emery, R. E., & Haugaard, J. J. (1998). Developmental psychology and law: Divorce, child maltreatment, foster care, and adoption. In W. Damon (Series Ed.), I. E. Sigel & K. A. Renninger (Vol. Eds.), *Handbook of child psychology, 4*, 775-874. New York: Wiley.

Goodwyn, S. W., & Acredolo, L. P. (1998). Encouraging symbolic gestures: A new perspective on the relationship between gesture and speech. In J. M. Iverson, & S. Goldin-Meadow (Eds.), *The nature and functions of gesture in children' s communication* (61-73). San Francisco: Jossey-Bass.

Grotevant, H. D. (1978). Sibling constellations and sex-typing of interests in adolescence. *Child Development, 49*, 540-542.

Grotevant, H. D., & Kohler, J. K. (1999). Adoptive families. In M. E. Lamb (Ed.), *Parenting and child development in nontraditional families* (161-190). Mahwah, NJ: Erlbaum.

Grusec, J. E., & Goodnow, J. J. (1994). Impact of parental discipline methods on the child' s internalization of values: A reconceptualization of current points of view. *Developmental Psychology, 30*, 4-19.

Grusec, J. E., & Goodnow, J. J., & Kuczynski, L. (2000). New Directions in analysis of parenting contributions to children' s acquisition of value. *Child Development, 71*, 205-211.

Guilford, J. P. (1956). Structure of Intellect. *Psychological Bulletin, 53*, 2567-293.

Guilford, J. P. (1986). *Creative talents: Their nature, uses and development.* New York: Bearly.

Hanson, T. L. (1999). Does parental conflict explain why divorce is negatively associated with child welfare? *Social Forces, 77*, 1283-1316.

Harlow, H. F., & Zimmerman, R. R. (1959). Affectional responses in the infant monkey. *Science, 130*, 421-432.

Harris, P. L. (1989). *Children and emotion: The development of psychological understanding.* Oxford, England: Basil Blackwell.

Hart, B., & Risley, T. R. (1996, August). *Individual differences in early intellectual experience of typical American children: Beyond SES, race, and IQ.* Address at the annual convention of the American Psychological Association, Toronto, Canada.

Harter, S. (1982). The perceived competence scale for children. *Child Development, 53*, 87-97.

Harter, S. (1999). *The construction of self: A developmental perspective.* New York: Guilford.

Harter, S. (2003). The development of self-representations during childhood and adolescence. In M. R. Leary, & J. P. Tangney (Eds.), *Handbook of self and identity* (610-642). New York: Guilford.

Harter, S., & Pike, R. (1984). The pictorial scale of perceived competence and social acceptance for young children. *Child Development, 55*, 1969-1982.

Hartup, W. W. (1989). Social relationships and their developmental significance. *American Psychologist, 44*, 120-126.

Hartup, W. W., & Stevens, N. (1999). Friendships and adaptation across the life span. *Current Directions in Psychological Science, 8*, 76-79.

Harvey, E. (1999). Short-term and long-term effects of early parental employment on children of the National Longitudinal Survey of Youth. *Developmental Psychological Science, 8*(3), 93-95.

Haskett, M. E., & Kistner, J. A. (1991). Social interaction and peer perceptions of young physically abused children. *Child Development, 62*, 979-990.

Haugaard, J. J. (1998). Is adoption a risk factor for the development of adjustment problems? *Clinical Psychology Review, 18*, 47-69.

Havighust, R. (1952). *The developmental tasks and education*. New York: David McKay.

Hay, D. F., Pedersen, J., & Nash, A. (1982). Dyadic interaction in the first year of life. In K. H. Rubin, & H. S. Ross (Eds.), *Peer relationships and social skills in children*. New York: Springer.

Hearold, S. (1986). A synthesis of 1,043 effects of television on social behavior. In G. Comstock (Ed.), *Public communications and behavior, 1*, 65-133. New York: Academic Press.

Helwig, C. C., & Jasiobegzka, U. (2001). The relationship between law and morality: Children' s reasoning about socially beneficial and unjust laws. *Child Development, 72*, 1382-1383.

Henry, B., Caspi, A., Moffitt, T. E., & Silva, P. A. (1996). Temperamental and familial predictors of violent and nonviolent criminal convictions: Age 3 to age 18. *Developmental Psychology, 32*, 614-623.

Hetherington, E. M. (1989). Coping with family transitions: Winners, losers, and survivors. *Child Development, 60*, 1-14.

Hetherington, E. M. (1999). Should we stay together for the sake of the children? In E. M. Hetherington (Ed.), *Coping with divorce, single parenting, and remarriage: A risk and resiliency perspective* (pp. 93-116). Mahwah, NJ: Erlbaum.

Hetherington, E. M., & Kelly, J. (2002). *For better or for worse: Divorce reconsidered*. New York: W. W. Norton.

Hetherington, E. M., Parke, R. D., Gauvain, M. & Virginia, O. L. (2006). *Child Psychology*. New York: McGraw Hill.

Hibbard, D. R., & Buhrmester, D. (1998). The role of peers in the socialization of gender-related social interaction styles. *Sex Roles, 39*, 185-202.

Hick, D. J. (1971). Girls' attitudes toward modeled behaviors and the content of imitative private play. *Child Development, 42*, 139-147.

Hoffman, L. W. (2000). Maternal employment: Effects of social context. In R. D. Taylor & M. C. Wang (Eds.), *Resilience across contexts: Family, work, culture, and community* (147-176). Mahwah, NJ: Erlbaum.

Hoffman, M. L. (1984). Empathy, its limitations, and its role ina comprehensive moral theory. In W. M. Kurtines & J. L. Gewirtz (Eds.), *Morality, moral behavior, and moral development: Basic issues in theory and research* (283-302). New York: Wiley.

Holden, G. W. (1988). Adults' thinking about a child-rearing problem: Effects of experience, parental status and gender. *Child Development, 59*, 1623-1632.

Howe, D. (1998). *Patterns of adoption: Nature, nurture, and psychosocial development.* Oxford, England: Blackwell Science.

Huttenlocher, J. (1998). *Language input and language growth. Preventive Medicine, 27,* 195-199.

Izard, C. E., Fantauzzo, C. A., Castle, J. M., Haynes, O. M., Rayias, M. F., & Putnam, P. H. (1995). The ontogeny and significance of infants' facial expressions in the first 9months of life. *Developmental Psychology, 31*, 997-1013.

Izard, C. E., & Malatesta, C. Z. (1987). Perspectives on emotional development 1: Differential emotions theory of early emotional development. In J. D. Osofsky (Ed.), *Handbook of infant development*, 494-555. New York: Wiley.

Johnson, M. H. (1998). The neural basis of cognitive development. In D. Kuhn, & R. S. Siegler (Eds.), *Handbook of Child psychology: Vol.2. Cognition, perception, and language* (5th ed., 1-49). New York: Wiley.

Jongsma, A. E., Peterson, L. M., McInnis, W. P., & Bruce, T. J. (2006). *The Child Psychotherapy Treatment Planner* (4th ed.). New York: John Wiley & Sons.

Kagan, J. (1992). Behavior, biology, and the meanings of temperamental constructs. *Pediatrics, 90*, 510-513.

Kagan, J., Arcus, D., Snidman, N., Feng, W. Y., Hendler, J., & Greene, S. (1994). Reactivity in infants: A cross-national comparison. *Developmental Psychology, 30,* 342-345.

Kanner, L. (1943). Autistic disturbances of affective contact. *Nervous Child, 2*, 217-250.

Kenrick, D. T., & Luce, C. I. (2000). An evolutionary life-history model of gender differences and similarities. In T. Eckes, & H. M. Trautner (Eds.), *The developmental social psychology of gender* (35-63). Mahwah, NJ: Erlbaum.

King, B. M. (1996). *Human sexuality today.* Englewood Cliffs, NJ: Prentice-Hall.

Kitzmann, K. M., Cohen, R., & Lockwood, R. L. (2002). Are only children missing out? Comparison of the peer-related social competence of only children and siblings. *Journal of social and Personal Relationships, 19*, 299-316.

Klinger, L. G., & Dawson, G. (1996). Autistic disorder. In E. J. Mash, & R. A. Barkley (Eds.), *Child psychopathology*, 311-339. New York: Guilford Press.

Knafo, A., & Schwartz, S. H. (2003). Parenting and adolescents' accuracy in perceiving parental values. *Child Development, 74,* 595-611.

Knobloch, H., & Pasamanick, B. (Eds.). (1974). *Gesell and Amatruda's Developmental Diagnosis.* Hagerstown, MD: Harper & Row.

Kohlberg, L. (1966). A cognitive-developmental analysis of children's sex-role concepts and attitudes. In E. E. Maccoby (Ed.), *The development of sex differences.* Stanford, CA: Stanford University Press.

Kohlberg, L. (1969). Stage and sequence: The cognitive developmental approach to socialization. In *Handbook of socialization theory and research.* Chicago: Rard McNally.

Kohlberg, L. (1981). *The philosophy of moral development.* New York: Prentice-Hall.

Kostelnik, M. J., Stein, L. C., Whiren, A. P., & Soderman, A. K. (1993). *Guiding children's social development*(2nd ed.). Albany, New York: Delman Publishing.

Krevans, J., & Gibbs, J. C. (1996). Parents' use of inductive discipline: Relations to children's empathy and prosocial behavior. *Child Development, 67,* 3263-3277.

Kuczynski, L. (2000). New directions in analyses of parenting contributions to children's acquisition of values. *Child Development, 71,* 205-211.

Kuhl, P. K., Williams, K. A., Lacerda, F., Stevens, K. N., & Lindblom, B. (1992). Linguistic experience alters phonetic perception in infants by 6 months of age. *Science, 255,* 606-608.

Lagercrantz, H. & Slotkin, T. A. (1986). The stress of being born. *Scientific American, 254,* 100-107.

Lalonde, C. E., & Werker, J. F. (1995). Cognitive influences on cross-language speech perception in infancy. *Infant Behavior and Development, 18,* 459-475.

Lamborn, S. D., Mounts, N. S., Steinberg, L., & Dornbusch, S. M. (1991). Parents of competence and adjustment among adolescents from authoritative, authoritarian, indulgent, and neglectful families. *Child Development, 62,* 1049-1065.

Langlois, J. H., & Downs, A. C. (1980). Mothers, fathers, and peers as socialization agents of sex-typed play behaviors in young children. *Child Development, 51,* 1237-1247.

Laursen, B. (1996). Closeness and conflict in adolescent peer relationships: Interdependence with friends and romantic partners. In W. M. Bukowski, A. F. Newcomb, & W. W. Hartup (Eds.), *The company they keep: Friendship in child-*

hood and adolescence (186-210). New York: Cambridge University Press.

Legerstee, M., Anderson, D., & Schaffer, A. (1998). Five-and eight-month-olds recognize their faces and voices as familiar Social Stimuli. Child Development, 69, 37-50.

Leinbach, M. D., & Fagot, B. I. (1986). Acquisition of gender labeling: A test for toddlers. *Sex Roles, 15*, 655-666.

Lenneberg, E. H. (1967). *Biological functions of language.* New York: Wiley.

Lenneberg, E. H. (1969). *On explaining language. Science, 164* (3880), 635-643.

Leve, L. D., & Fagot, B. I. (1997). Gender-role socialization and discipline processes in one- and two-parent families. *Sex Roles, 36*, 1-21.

Levine, L. E. (1983). Mine: Self-definition in 2-year-old boys. *Developmental Psychology, 19*, 544-549.

Lewis, M., Alessandri, S. M., & Sullivan, M. W. (1990). Violation of expectancy, loss of control, and anger expressions in young infants. *Developmental Psychology, 26*, 745-751.

Lewis, M., & Brooks-Gunn, J. (1979). *Social cognition and the acquisition of self.* New York: Plenum.

Lewis, M., Stanger, C., & Sullivan, M. W. (1989). Deception in 3-year-olds. *Developmental Psychology, 25*, 439-443.

Levy-Shiff, R. (2001). Psychological adjustment of adoptees in adulthood: Family environment and adoption-related correlates. *International Journal of Behavioral Development, 25*, 97-104.

Liben, L. S., & Signorella, M. L. (1993). Gender-schematic processing in children: The role of initial interpretations of stimulus. *Developmental Psychology, 29*, 141-149.

Lieberman, M. (1983). A longitudinal study of moral development. *Monographs of the Society for Research in Child Development, 48*(1-2, Serial No. 200).

Lin, C. C., & Fu, V. R. (1990). A comparison of child-rearing practices among Chinese, immigrant Chinese, and Caucasian-American Parents. *Child Development, 61*, 429-433.

Lipsitt, L. P. (2003). Crib death: A biobehavioral phenomenon? *Psychological Science, 12*, 164-170.

Localio, A. R., Lawthers, A. G., Bengston, J. M., Herbert, L. E., Weaver, S. L., Brennan, T. A., & Landis, J. R. (1993). Relationship between malpractice claims and caesarean delivery. *Journal of the American Medical Association, 269*, 366-373.

Louis, J., Cannard, C., Bastuji, H., & Challamel, M. J. (1997). Sleep ontogenesis revisited: A longitudinal 24-hour home polygraphic study on 15 normal infants during the first two years of life. *Sleep, 20*, 323-333.

Ludington-Hoe, S. (1993). *Kangaroo care: the best you can do to help your preterm infant*. New York: Bantam.

Lytton, H. (1990). Child and parent effects in boys' conduct disorder. A reinterpretation. *Developmental Psychology, 26*, 683-697.

Mackinno-Lewis, C., Starnes, R., Volling, B., & Johnson, S. (1997). Perception of parenting as predictors of boys' sibling and peer relations. *Developmental Psychology, 33*, 1024-1031.

Maccoby, E. E., & Martin, J. A. (1983). Socialization in the context of the family: Parent-child interaction. In E. M. Hetherington (Ed.), *Handbook of child psychology, Vol. IV. Socialization, personality, and social development*. New York: Wiley.

Mahler, M. S., Pine, F., & Bergman, A. (1975). *The Psychological birth of the infant*. New York: Basic Books.

Mandel, D. R., Jusczyk, P. W., & Pisoni, D. B. (1995). Infants' recognition of the sound patterns of their own names. *Psychological Science, 6*(5), 314-317.

Marsh, H. W. (1990). The structure of academic self-concept: The Marsh/Shavelson model. *Journal of Educational Psychology, 82*, 623-636.

Marsh, H. W., & Ayotte, V. (2003). Do multiple dimensions of self-concept become more differentiated with age? The differential distinctiveness hypothesis. *Journal of Educational Psychology, 95*, 687-706.

Marsh, H. W., Craven, R., & Debus, R. (1998). Structure, stability, and development of young children's self-concept: A multicohort-multioccasion study. *Child Development, 69*, 1030-1053.

Marsh, H. W., Ellis, L. A., & Craven, R. G. (2002). How do preschool children feel about themselves? Unraveling measurement and multidimensional self-concept structure. *Developmental psychology, 38*, 376-393.

Marshall-Baker, A., Lickliter, R. & Cooper, R. P. (1998). Prolonged exposure to a visual pattern may promote behavioral organization in preterm infants. *Journal of Perinatal and Neonatal Nursing, 12*, 50-62.

Martin, C. L., & Fabes, R. A. (2001). The stability and consequences of young children' s same-sex peer interactions. *Developmental Psychology, 37*, 431-446.

Martin, C. L., & Halverson, C. F., Jr. (1983). The effects of sex-typing schemes on young children' s memory. *Child Development, 54*, 563-574.

Martin, C. L., & Halverson, C. F., Jr. (1987). The roles of cognition in sex-roles and sex-typing. In D. B. Carter (Ed.), *Current conceptions of sex roles and sex-typing: Theory and Research*. New York: Praeger.

Mash, E. J., & Wolfe, D. A. (2006). *Abnormal Child Psychology* (3rd ed.). Belmont: Wadsworth Publishing Company.

Maurer, D., & Salapatek, P. (1976). Developmental changes in the scanning of faces by young infants. *Child Development, 47*, 523-527.

McCarthy, J. D., & Hoge, D. R. (1982). Analysis of age effects in longitudinal studies of adolescent self-esteem. *Developmental Psychology, 18*, 372-379.

McConaghy, M. J. (1979). Gender permanence and the genital basis of gender: Stages in the development of constancy of gender identity. *Child Development, 50*, 1223-1226.

McLoyd, V. C., Jayaratne, T. E., Ceballo, R., & Borquez, J. (1994). Unemployment and work interruption among Africa American single mothers: Effects on parenting and socioemotional functioning. *Child Development, 65*, 562-589.

Meltzoff, A. N. (1990). Foundations for developing a concept of self: The role of imitation in relating self to other and the value of social mirroring, social modeling, and self-practice in infancy. In D. Cicchetti, & M. Beeghly (Eds.), *The self in transition: Infancy to childhood* (pp. 139-164). Chicago: University of Chicago Press.

Miller, B. C., Xitao, F., Christensen, M., Grotevant, H. D., & van Dulmen, M. (2000). Comparisons of adopted and nonadopted adolescents in a large, nationally representative sample. *Child Development, 71*, 1458-1473.

Miller, L. f., Trathner, H. M., & Ruble, D. N.(2006). The role of gender stereotypes in children' s preferences and behavior. In L. Balter, & C. S. Tamis-LeMonda. (Eds.) *Child Psychology*. NY: Psychology Press.

Minde, K. (2000). Prematurity and serious medical conditions in infancy: Implications for development, behavior, and intervention, In C. H. Zeanah, Jr. (Ed.), *Handbook of infant and mental health* (176-194). New York: Guilford.

Mischel, W. (1974). Processes in the delay of gratification. In L. Berkowitz (Ed.), *Advances in experimental social psychology* (Vol. 7). New York: Academic.

Mischel, W., & Liebert, R. M. (1966). Effects of discrepancies between observed and imposed reward criteria on their acquisition and transmission. *Journal of Personality and Social Psychology*.

Money, J., & Ehrhardt, A. (1972). *Man and woman, boy and girl*. Baltimore: Johns Hopkins University Press.

Montemayor, R., & Eisen, M. (1977). The development of self-conceptions from childhood to adolescence. *Developmental Psychology, 13*, 314-319.

Moon, J., & Lee, S. (1992). A comparison of psychological characteristics between Korean gifted children and non-gifted children as seen through human figure drawing. *Proceedings in the Second Asian Conference on Giftedness*, 417-424.

Moore, K. L., & Persaud, T. V. N. (1998). *Before we are born* (5th ed.). Philadelphia: Saunders.

Morison, P., & Masten, A. S. (1991). Peer reputation in middle childhood as a predictor of adaptation in adolescence: A seven-year follow-up. *Child Development, 62*, 991-1007.

Morris, J. F., Balsam, K. F., & Rothblum, E. D. (2001). Lesbian and bisexual mothers and nonmothers: Demographics and the coming-out process. *Journal of Family Psychology 16*, 144-156.

National Research Council (NRC). (1993). *Understanding child abuse and neglect*. Washington, DC: National Academy Press.

Newcomb, A. F., & Bagwell, C. L. (1995). Children' s friendship relations: A meta-analytic review. *Psychological Bulletin, 117*(2), 306-347.

Newcomb, A. F., Bukowski, W. M., & Pattee, L. (1993). Children' s peer relations: A meta-analytic review of popular, rejected, neglected, controversial, and average sociometric status. *Psychological Bulletin, 113*, 99-128.

Newman, D. L., Caspi, A., Moffitt, T. E., & Silva, P. A.(1997). Antecedents of adult interpersonal functioning: Effects of individual differences in age 3 temperament. *Developmental Psychology, 33*, 206-217.

Newport, E. L. (1991). Contrasting conceptions of the critical period for language. In S. Carey & R. Gelman (Eds.), *The epigenesis of mind: Essays on biology and cognition*. Hillsdale, NJ: Erlbaum.

Newsweek (2000). *Your child: from birth to three*. Newsweek, Inc.

Nisan, M., & Kohlberg, L. (1982). Universality and variation in moral judgment: A longitudinal and cross-sectional study in Turkey. *Child Development, 53,* 865-876.

O' Malley, P. M., & Bachman, J. G. (1983). Self-esteem: Change and stability between ages 13 and 23. *Developmental Psychology, 19*, 257-268.

Owens, R. E. (1996). Language development (4th ed.). Boston: Allyn and Bacon.

Papalia, D. E., Gross, D., & Feldman, R. D. (2003). *Child Development*. A Topical Approach. NY: McGraw Hill.

Parazzini, F., Luchini, L., La Vecchia, C., & Crosignani, P. G. (1993). Video display terminal use during pregnancy and reproductive outcome - a meta - analysis. *Journal of Epidemiology and Community Health, 47*, 265-268.

Parer, J. T. (1998). Effects of fetal asphyxia on brain cell structure and function: Limits of tolerance. *Comparative Biochemistry and Physiology, 119A*, 711-716.

Parke, R. D., & Buriel, R. (1998). Socialization in the family: Ethnic and ecological perspectives. In W. Damon (Series Ed.), & N. Eisenberg (Ed.), *Handbook of child psychology: Vol. 3. Social, emotional, and personality development*(5th ed., 463-552). New York: Wiley.

Patterson, C. J. (1992). Children of lesbian and gay parents. *Child Development, 63*, 1025-1042.

Patterson, C. J. (1997). Children of gay and lesbian parents. In T. H. Ollendick & R. J. Prinz (Eds.), *Advances in clinical child psychology, 19*, 235-282. New York: Plenum.

Petitto, L. A., & Marentette, P. F. (1991). Babbling in the manual mode: Evidence for the ontogeny of language. *Science, 251*, 1493-1495.

Piaget, J. (1929). *The child' s conception of the world.* New York: Harcourt Brace.

Piaget, J. (1932). *The moral judgment of the child.* New York: Harcourt Brace.

Piaget, J. (1952). *The origins of intelligence in children.* New York: International Universities Press.

Piaget, J. (1954). *The construction of reality in the child.* New York: Basic Books.

Piaget, J. (1962). *The language and thought of the child* (M. Gabain, Trans.). Cleveland, OH: Meridian. (Original work published 1923)

Piaget, J. (1966). *The child' s conception of time* (A. J. Pomerans, Trans.). London: Routledge & Kegan Paul.

Pipp, S., Easterbrooks, M. A., & Harmon, R. J. (1992). The relation between attachment and knowledge of self and mother in one-to infants. *Child Development, 63*, 738-750.

Polit, D. F., & Falbo, T. (1987). Only children and personality development: A quantitative review. *Journal of Marriage and the Family, 49*, 309-325.

Pomerantz, E. M., Ruble, D. N., Frey, K. S., & Grenlich, F. (1995). Meeting goals and confronting conflict: Children' s changing perceptions of social comparison. *Child Development, 66*, 723-738.

Powlishta, K. K., Serbin, L. A., & Moller, L. C. (1993). The stability of individual differences in gender typing: Implications for understanding gender segregation. *Sex Roles, 29*, 723-737.

Priel, B., & DeSchonen, S. (1986). Self-recognition: A study of a population without mirrors. *Journal of Experimental Child Psychology, 41*, 237-250.

Rabiner, D., & Coie, J. (1989). Effect of expectancy induction on rejected peers' acceptance by unfamiliar peers. *Developmental Psychology, 25*, 450-457.

Raffaelli, M., & Larson, R. W. (1987). *Sibling interactions in late childhood and early adolescence.* Paper presented at the biennial meeting of the Society for research in Child Development, Baltimore, MD.

Rice, M. L., Huston, A. C., Truglio, R., & Wright, J. (1990). Words from "Sesame street" Learning vocabulary while viewing. *Developmental Psychology, 26*, 421-428.

Robins, R. W., Trzesniewski, K. H., Tracey, J. L., Gosling, S. D., & Potter, J. (2002). Global self-esteem across the life span. *Psychology and Aging, 17*, 423-434.

Rodkin, P. C., Farmer, T. W., Pearl, R., & Van Acker, R. (2000). Heterogeneity of popular boys: Antisocial and prosocial configurations. *Developmental Psychology, 36*(1), 14-24.

Roopnarine, J. L. (1984). Sex-typed socialization in mixed-aged preschool classroom. *Child Development, 55*, 1078-1084.

Rose, A. J., & Montemayor, R. (1994). The relationship between gender role orientation and perceived self-competence in male and female adolescents. *Sex Roles, 31*, 579-595.

Ross, H. S. (1996). Negotiating principles of entitlement in sibling property disputes. *Developmental Psychology, 32,* 90-101.

Rothbart, M. K., & Bates, J. E. (1998). Temperament. In W. Damon & N. Eisenberg (Eds.), Handbook of child psychology(5th ed.), Vol. 3. *Social and Emotional Development*, 105-176. New York: Wiley.

Rothbart, M. K., Derryberry, D., & Posner, M. I. (1994). A psychobiological approach to the development of temperament. In J. E. Bates & T. D. Wachs (Eds.), *Temperament: Individual differences at the interface of biology and behavior*, 83-116. Washington, DC.: American Psychological Association.

Rovee-Collier, C. (1995). Time windows in cognitive development. *Developmental Psychology, 31*, 147-169.

Ruble, D. N., & Martin, C. L. (1998). Gender development. In W. Damon & N. Eisenberg (Eds.), *Handbook of child psychology: Vol.3. Social, emotional, and personality development* (933-1016). New York: Wiley.

Rust, J., Golombok, S., Hines, M., Johnson, K., & Golding, J. (2000). The role of brothers and sisters in the gender development of preschool children. *Journal of Experimental Child Psychology, 77,* 292-303.

Rutter, M. (1987). Continuities and discontinuities from infancy. In J. Osofsky (Ed.), *Handbook of infant development.* New York: Wiley.

Samad, A. (1996). Understanding a controversial rite of passage: Afterword. Natural History, 52.

Sameroff, A. J. (1994). Developmental Systems and Family Functioning. In *Exploring Family Relationships with other Social Systems*, edited R. D. Parke and S. G. Kellam. Hillsdale, NJ: Erlbaum.

Samuels, C. (1986). Bases for the infant' s development of self-awareness. *Human Development, 29*, 36-48.

Samuels, M. (2003). Viruses and sudden infant death. *Pediatric Respiratory Review, 4*(3), 178-183.

Sandstrom, M. J., & Coie, J. D. (1999). A developmental perspective on peer rejection: Mechanisms of Stability and change. *Child Development, 70*(4), 955-966.

Sanson, A., & Rothbart, M. K. (1995). Child temperament and parenting. In M. H. Bornstein(Ed.), *Handbook of parenting, 4*, 229-322. Hillsdale, NJ: Erlbaum.

Santrock, J. W. (1995). *Life span development*(9th Ed.). New York: The McGraw-Hill Companies.

Satir, V. (1972). *People making*. Palo alt, CA: Science & Behavior Books.

Schaffer, H. R., & Emerson, P. E. (1964). The development of social attachments in infancy. *Monographs of the Society for Research in Child Development, 29*, 3, Serial No. 94.

Schneider, M., Roughton, E. C., & Lubach, G. R. (1997). Moderate alcohol consumption and psychological stress during pregnancy induce attention and neuromotor impairments in primate infants. *Child Development, 68*, 747-759.

Schnorr, T. M., Grajewski, B. A., Hornung, R. W., Thun, M. J., Egeland, G. M., Murray, W. E., Conover, D. L., & Halperin, W. E. (1991). Video display terminals and the risk of spontaneous abortion. *The New England Journal of medicine, 324*, 727-733.

Schott, J. M., & Rossor, M. N. (2003). The grasp and other primitive reflexes. *Journal of Neurological and Neurosurgical Psychiatry, 74*, 558-560.

Scott, W. A., Scott, R., & McCabe, M. (1991). Family Relationships and Children' s personality: A cross-cultural, cross-source comparison. *British Journal of Social Psychology, 30*, 1-20.

Seifert, K. L., & Hoffnung, R. J. (1997). *Child and adolescent development* (4th ed.). Houghton Mifflin Company.

Selman, R. L. (1980). *The growth of interpersonal understanding: Developmental and clinical analyses*. New York: Academic.

Selman, R. L., & Selman, A. P. (1979, April). Children' s ideas about friendship: A new theory. *Psychology Today*, 71-80.

Serbin, L. A., Powlishta, K. K., & Gulko, J. (1993). The development of sex typing in middle childhood. *Monographs of the Society for Research in Child Development, 58*(2, Serial No.232).

Shaffer, D. R. (1988). *Social and personality development*(2nd ed.). CA: Brooks/Cole.

Shaffer, D. R. (1998). *Developmental psychology: Childhood and Adolescence*(5th ed.). Belmont: Wadsworth.

Shaffer, D. R. (1998). *Social and personality development.* CA: Thompson Wadsworth.

Shaffer, D. R. (1999). *Developmental psychology: Childhood and adolescence* (5th ed.). Brooks/Cole.

Shaffer, D. R. (2002). *Developmental Psychology childhood & adolescence*(6th ed.). CA: Thompson Wadsworth.

Shaffer, D. R., & Kipp, K. (2007). *Developmental Psychology childhood & adolescence*(7th ed.). CA: Thompson Wadsworth.

Sharma, A. R., McGue, M. K., & Benson, P. L. (1996). The emotional and behavioral adjustment of Unites States adopted adolescents: I. A comparison study. *Children and Youth Services Review, 18*, 77-94.

Shiwach, R. (1994). Psychopathology in huntington' s disease patients. *Acta Psychiatria Scandinavica, 90*, 241-246.

Shweder, R. A., Mahapatra, M., & Miller, J. G. (1990). Culture and moral development, In J. W. Stigler, R. A. Shweder, & Herdt (Eds.), *Cultural psychology: Essays on comparative human development.* Cambridge, UK: Cambridge University Press.

Signorella, M. L., Bigler, R. S., & Liben, L. S. (1993). Developmental differences in children' s gender schemata about others: A meta-analytic review. *Developmental Review, 13*, 147-183.

Silverman, B. G. (1983). Analogy in Systems Management: A Theoretical Inquiry. *IEEE Transaction on Systems, Man, and Cybernetics, 13*(6), 1049-1075.

Singer, J.L., & Singer, D.G. (1998). Barney & Friends as entertainment and education: Evaluating the quality and effectiveness of a television series for preschool children. In J. K. Asamen & G. L. Berry (Eds.), *Research paradigms, television, and social behavior* (305-367). Thousand Oaks, CA: Sage.

Skinner, B. F. (1957). *Verbal behavior.* New York: Appleton-Century-Crofts.

Slaby, R. G., & Quarfoth, G. R. (1980). Effects of television on the developing child. In B. W. Camp(Ed.), *Advances in behavioral pediatrics*(Vol. 1). Greenwich, Conn: Johnson Associates.

Smetana, J. G. (1995). Parenting style and conceptions of parental authority during adolescence. *Child Development, 66*, 299-316.

Sorce, J. F., Emde, R. N., Campos, J. J., & Klinnert, M. D. (1985). Maternal emotional signaling: Its effect on the visual cliff behavior of 1-year-olds. *Developmental Psychology, 21*, 195-200.

Standley, J. M. (1998). The effect of music and multimodal stimulation on responses of premature infants in neonatal intensive care. *Pediatric Nursing, 24*, 532-538.

Steiner, J. E. (1979). Human facial expressions in response to taste and smell stimulation. In H. W. Reese & L. P. Lipsitt (Eds.), *Advances in child development behavior, 13.* New York: Academic Press.

Stern, D. N. (1995). Self/other differentiation in the domain of intimate socio-affective interactions: Some considerations. In P. Rochat(Ed.), *The self in infancy: Theory and research* (419-429). Amsterdam: North Holland- Elsevier.

Sternberg, R. J. (1997). Intelligence and lifelong learning: What' s new and how can we use it? *American Psychologist, 52*, 1134-1139.

Stipek, D. J., & Maclver, D. (1989). Developmental change in children' s assessment of intellectual competence. *Child Development, 60*, 531-538.

Streissguth, A. P., Barr, H. M., Sampson, P. D., & Bookstein, F. L. (1994). Prenatal alcohol and offspring development: The first fourteen years. *Drugs & Alcohol Dependence, 36*, 89-99.

Sullivan, H. S. (1953). The interpersonal theory of psychiatry. New York: Basic books.

Szkrybalo, J., & Ruble, D. N. (1999). "God made me a girl": Sex-category constancy judgements and explanations revisited. *Developmental Psychology, 35*, 392-402.

Tamis-LeMonda, C. S., Bornstein, M. H., & Baumwell, L. (2001). Maternal responsiveness and children' s achievement of language milestones. *Child Development, 72*, 748-767.

Teti, D. M., & Ablard, K. E. (1989). Security of attachment and infant-sibling relationships: A laboratory study. *Child Development, 60*, 1519-1528.

Thomas, A., & Chess, S. (1977). *Temperament and development.* New York: Brunner/Mazel.

Thomas, A., & Chess, S. (1986). The New York longitudinal study: From infancy to early adult life. In R. Plomin & J. Dunn (Eds.). *The study of temperament: Changes, continuities, and challenges.* Hillsdale, NJ: Erlbaum.

Thomas, A., & Chess, S. (1991). Temperament in adolescence and its functional significance. In R. M. Lerner, A. C. Petersen, & J. Brooks-Gunn (Eds.), *Encyclopedia of adolescence, 2.* New York: Garland.

Thomas, A., Chess, S., & Birch, H. G. (1968). *Temperament and behavior disorders in children.* New York: New York University Press.

Thomas, A., Chess, S., & Korn, S. (1982). The reality of difficult temperament. *Merrill-Palmer Quarterly, 28*, 1-20.

Thompson, S. K. (1975). Gender labels and early sex role development. *Child Development, 46*, 339-347.

Tincoff, R., & Jusczyk, P. W. (1999). Some beginnings of word comprehension in 6-month-olds. *Psychological Science, 10*, 172-177.

Torff, B., & Gardner, H. (1999). The vertical mind-the case for multiple intelligences. In Mike Anderson (Ed.) et al. *The development of intelligence.* Hove, England Uk: Psychology Press / Taylor & Francis.

Torrance, E. P. (1974). *The Torrance Tests of Creative Thinking: Technical norms manual.* Bensonville, IL: Scholastic Testing Service.

Torrance, E. P. (1981). Predicting the creativity of elementary school children (1958-1980)-and the teacher who made e "difference." *Gifted Child Quarterly, 25*, 55-62.

Treffinger, D. J. (1986). Research on creativity. *Gifted Child Quarterly, 30*(1), 15-19.

Turiel, E. (1998). The development of morality. In W. Damon (Ed.) and N. Eisenberg (Vol Ed.), *Handbook of child psychology. Vol. 3: Social, emotional, and personality development* (5th ed., 863-932). New York: Wiley.

Turner, P. J., & Gervai, J. (1995). A multidimensional study of gender typing in preschool children and their parents: Personality, attitudes, preferences, behavior, and cultural differences. *Developmental Psychology, 31*, 759-772.

Underwood, M., Coie, J., & Herbsman, C. (1992). Display rules for anger and aggression in school-age children. *Child Development, 63*, 366-380.

Vandell, D. L., & Bailey, M. D. (1992). Conflicts between siblings. In C. U. Shantz & W. W. Hartup (Eds.), *Conflict in child and adolescent development* (242-269). New York: Cambridge University Press.

van den Boom, D. C. (1995). Do first-year intervention efforts endure? Follow-up during toddlerhood of a sample of Dutch irritable infants. *Child Development, 66,* 1798-1816.

Visher, E. B., Visher, J. S., & Pasley, K. (2003). Remarriage families and stepparenting. In F. Walsh (Ed.), *Normal family processes: Growing diversity and complexity*(153-175). New York: Guilford.

Vygotsky, L. S. (1962). *Thought and language*. Cambridge, MA: MIT Press. (Original work published 1934).

Vygotsky, L. S. (1978). *Mind in society: The development of higher psychological processes*. Cambridge, MA: Harvard University Press.

Walker, D., Greenwood, C., Hart, B., & Carta, J. (1994). Prediction of school outcomes based on early language production and socioeconomic factors. *Child Development, 65*, 606-621.

Walker-Andrews, A. S., Bahrick, L. E., Raglioni, S. S., & Diaz, I. (1991). Infants' bimodal perception of gender. *Ecological Psychology, 3*, 55-75.

Walker, L. J., & Taylor, J. H. (1991). Family interactions and the development of moral reasoning. *Child Development, 62*, 264-283.

Wegman, M. E. (1994). Annual summary of vital statistics-1993. *Pediatrics, 93,* 771-782.

Weisner, T. S. (1993). Ethnographic and ecocultural perspectives on sibling relationships. In Z. Stoneman, & P. W. Berman (Eds.), *The effects of mental retardation, visibility, and illness on sibling relationships* (51-83). Baltimore, MD: Brooks.

Welch-Ross, M. K., & Schmidt, E. R. (1996). Gender-schema development and children's constructive story memory: Evidence for a developmental model. *Child Development, 67*, 820-835.

Whitehurst, G. J., Falco, F. L., Lonigan, C. J., Fischel, M. D., & Caufield, M. (1988). Accelerating language development through picture book reading. Developmental Psychology, 24, 552-559.

Williams, J. A. (1979). Psychological androgyny and mental health. In O. Harnett, G. Boden & M. Fuller (Eds.), *Sex-role stereotyping.* London: Tavistock.

Williams, J. E., Bennett, S. M. & Best, D. L. (1975). Awarness and expression of sex stereotypes in young children. *Developmental Psychology, 11*, 635-642.

Wintre, M. G., & Vallence, D. D. (1994). A developmental sequence in the comprehension of emotions: Intensity, multiple emotions, and valence. *Developmental Psychology, 30*, 509-514.

Wolff, P. H. (1966). The causes, controls and organizations of behavior in the neonate. *Psychological Issues, 5*(1, Whole No. 17).

Wynn, K. (1996). Infants' individuation and enumeration of actions. *Psychological Science, 7*, 164-169.

Yarrow, M. R., Scott, P. M., & Waxler, C. Z. (1973). Learning Concern for Others. *Developmental Psychology.*

Yau, J., & Smetana, J. G. (2003). *Conceptions of moral, social-conventional, and personal events among Chinese preschoolers in Hong Kong.*

Young, K. S. (1996). Internet addition: The emergence of a new clinical disorder. *Cyber Psychology and Behavior, 1*, 237-244.

Zafeiriou, D. J. (2000). Plantar grasp reflex in high-risk infants during the first year of life. *Pediatric Neurology, 22*, 75-76.

Zelazo, N. A., Zelazo, P. R., Cohen, K. M., & Zelazo, P. D. (1993). Specificity of practice effects on elementary neuromotor patterns. *Developmental Psychology, 29*, 686-691.

저자 소개

문 정 화

Oklahoma State Univ. 교육심리 전공(Ph. D.)
재능대학 아동학과 교수
「당신은 자녀를 창의적인 아이로 키우고 있습니까」 외

나 귀 옥

Oklahoma State Univ. 교육심리 및 유아교육 전공(Ph. D.)
순천향대학교 유아교육과 교수
「유아수학교육 이론과 실제」 외

박 경 빈

Univ. of Iowa 발달심리 전공 (Ph. D.)
경원대학교 아동복지학과 교수
「남다른 아이 특별한 여자」 외

오 선 영

중앙대학교 유아교육 전공(Ph. D.)
대원과학대학 유아교육과 교수
「유아교육과정」 외

김 은 영

명지대학교 아동학 전공(박사과정 수료)
복음신학대학원대학교 아동학과 교수
「게임을 시작하는 체험수학」 외

아동발달

초판 1쇄 인쇄 2008년 12월 2일
초판 3쇄 발행 2018년 9월 4일

지은이_ 문정화 · 나귀옥 · 박경빈 · 오선영 · 김은영

펴낸이_ 황호철
펴낸곳_ 도서출판 파란마음
주소_ 04315 서울시 용산구 백범로90라길 47 | 전화_ (02) 3275-2110~1 | 팩스_ (02) 3275-2199
홈페이지_ http://paranmaum.co.kr/
등 록_ 2006년 4월 24일 · 제302-2006-00024호

© 문정화 외, 2008
* 이 책 내용의 전부 또는 일부를 재사용하려면
반드시 저작권자와 파란마음 양측의 동의를 받아야 합니다.
* 저자와 협의하여 인지는 생략합니다.

ISBN 978-89-92546-19-5 93370
값 20,000원